MAR CANTÁBRICO

FRANCIA

Santander

Avilés • Gijón
PRINCIPADO • Oviedo
DE
ASTURIAS
La Coruña
GALICIA
Lugo

San Sebastián
Bilbao

CANTABRIA

PAÍS VASCO

PIRINEOS

Pamplona

COM. FORAL DE
NAVARRA

ANDORRA

CORDILLERA CANTÁBRICA

León • Burgos

LA RIOJA

ARAGON

CATALUÑA

Pontevedra

Palencia

Barcelona

Vigo

CASTILLA Y LEÓN
Valladolid

Zaragoza

Lérida

Braga

Zamora

SISTEMA IBÉRICO

Tarragona

R. Ebro

R. Duero

Oporto

Salamanca

Segovia

Ávila

MADRID

ESPAÑA

ISLAS BALÉARES

Menorca

Palma de Mallorca
Mallorca

Coimbra

Madrid

SIERRA DE GUADARRAMA

Toledo

CASTILLA-LA MANCHA

COMUNIDAD VALENCIANA

Valencia

SIERRA DA ESTRELA

Cáceres
R. Tajo

EXTREMADURA

Mérida

R. Júcar

Albacete

Eivissa
(Ibiza)

Formentera

Lisboa

PORTUGAL

R. Guadiana

Almadén

Ciudad Real

Setúbal

Badajoz

Alicante

SIERRA MORENA

MAR MEDITERRÁNEO

R. Guadalquivir

Córdoba

Linares
Jaén

Murcia
REGIÓN DE
MURCIA

Cartagena

Huelva

Sevilla

ANDALUCÍA

Granada

SIERRA NEVADA

Almería

Jerez de la
Frontera

Málaga

Cádiz

Algeciras

Estrecho de Gibraltar

Ceuta (Esp.)

Tánger

Melilla(Esp.)

Santa Cruz
de la Palma

La Palma
Gomera

Lanzarote
Arrecife

Santa Cruz
Tenerife

Puerto del Rosano
Fuerteventura

Hierro

Las Palmas
Gran Canaria

MARRUECOS

OCÉANO ATLÁNTICO

ISLAS CANARIAS

España

0 ——— 150 mi

0 ——— 250 km.

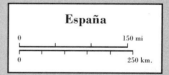

Second Edition

Latinoamérica

Presente y pasado

Arturo A. Fox
Emeritus, Dickinson College

Prentice
Hall

Upper Saddle River, New Jersey 07458

Library of Congress Cataloging-in-Publication Data

Fox, Arturo A.
    Latinoamérica : presente y pasado / Arturo A. Fox.— 2nd ed.
       p. cm.
    Includes bibliographical references and index.
    Spanish and English.
    ISBN 0-13-060903-X (alk. paper)
       I. Latin America—Civilization. I. Title.

    F1408.3 .F69 2002
       980—dc21   2002021426

A la memoria de Rositina

Publisher: *Phil Miller*
Assistant Director of Production: *Mary Rottino*
Editorial/Production Supervision: *Nancy Stevenson*
Senior Acquisitions Editor: *Bob Hemmer*
Assistant Editor: *Meriel Martínez*
Editorial Assistant: *Meghan Barnes*
Marketing Manager: *Stacy Best*
Prepress and Manufacturing Buyer: *Tricia Kenny*
Interior Design: *Wanda España/Wee Design Group*
Director, Image Resource Center: *Melinda Reo*
Formatting and Art Manager: *Guy Ruggiero*

Photo Acknowledgments appear on pp. 377–378, which constitute a continuation of the copyright page.

This book was set in 10/12 Sabon typeface by TSI Graphics and was printed and bound by RR Donnelley & Sons Company, Harrisonburg. The cover was printed by Phoenix Color Corp.

 © 2003, 1998 by Pearson Education, Inc.
Upper Saddle River, NJ 07458

Printed in the United States of America
10 9 8 7 6 5 4 3 2

ISBN 0-13-060903-X

Pearson Education LTD., *London*
Pearson Education Australia PTY, Limited, *Sydney*
Pearson Education Singapore, Pte. Ltd.
Pearson Education North Asia Ltd., *Hong Kong*
Pearson Education Canada, Ltd., *Toronto*
Pearson Educación de Mexico, S.A. de C.V.
Pearson Education—Japan, *Tokyo*
Pearson Education Malaysia, Pte. Ltd.
Pearson Education, *Upper Saddle River*, New Jersey

Contenido

Prefacio

This second edition of *Latinoamérica: presente y pasado* intends to fulfill two primary objectives: to bring the material of the first edition up to date, especially with regards to recent political and economic developments in specific Latin American countries, and to introduce several changes in the coverage that I hope will be welcomed by both instructors and students; some of these changes have been suggested by faculty who are using the first edition.

I have changed the order of the first three chapters in order to follow a more strict chronological sequence. In an effort to offer a more comprehensive review of the main cultural areas of Latin America, this second edition expands the coverage to include the Hispanic countries of the Caribbean and Central America, the Andean region, and the southern cone. This has been accomplished by partially reducing the coverage of Mexico, Argentina, and Cuba, thus adopting a regional approach without increasing the length of the chapters, and by dropping the chapter on U.S.–Latin American relations. The role of the United States in Latin American affairs, however, is still brought up in the context of the different regions, particularly Central America, Mexico, and the Caribbean. A list of useful Web sites on Latin America has also been added to this edition.

While doing these revisions, I have endeavored to maintain the type of narrative approach and the linguistic tone and range that the users of the first edition have found appealing. This second edition still presents the historical and cultural data, not as an end in itself, but as factual support to the presence of cultural trends and structures. No mere laundry list of dates and names, it still contains the basic information the instructor will need in a survey course of Latin American culture and civilization. One of my main concerns has been to provide instructors with a text that makes using ancillary and complementary material a matter of choice rather than of necessity and that offers students an account that is truly pleasurable to read.

Organization

The book begins with an introduction to the main pre-Columbian civilizations of the New World (Chapters 1 and 2), followed by an examination of 15th-century Europe and Columbus's life and first voyage (Chapter 3), Spanish exploration and conquest (Chapter 4), and colonial Spanish America (Chapters 5 and 6). Chapter 7 is devoted to the period of Spanish American independence and to the emergence of the new Spanish American nations. Chapters 8 and 9 undertake an overview of 20th-century Latin America, including its main geographic features, its ethnic components, and significant developments in the real worlds of politics and economics; Chapter 9 also includes a discussion of the Latin American value system, the region's social structures, the role of religion, and the changing status of women, with a closing note on the problem of *narcotráfico*. Chapters 10 and 11 deal with the main intellectual, artistic, and literary trends of 20th-century Spanish America.

Chapters 1–11 form the core of the book. Chapters 12–16 give instructors the opportunity to select the specific material to be emphasized beyond the basic core. They include an examination of modern and contemporary developments in such key cultural areas of Latin America as Central America and Mexico, the Caribbean, the main countries in the central Andean region, and the nations of South America's southern cone. The book ends with a discussion of the Hispanic population of the United States (Chapter 16). Instructors may, of course, prefer to concentrate on complementary topics of their own choosing, or to assign the topics included under Chapters 12–16 in imaginative ways—for example, as individual or small-group oral presentations or written reports.

Pedagogy

Each chapter is preceded by a *Cronología* that gives students the basic chronology of the chapter and a summary of its contents at a glance. In the text itself, marginal glosses cover vocabulary items that may be beyond the range of the student of intermediate Spanish. At the end of each chapter, a number of *Notas* provide additional factual information and terminology. Each chapter also contains a complete set of exercises that test vocabulary comprehension and knowledge of the contents of the lesson. Two closing exercises, *Comentarios* and *Opiniones e hipótesis*, challenge students to contribute personal comments and opinions, often raising the controversial implications of the topics discussed in the chapter. At the end of the text, the list of Web sites—*Latinoamérica en la red*—is followed by an extensive bibliography, a general Spanish-English vocabulary, and an index of the book's contents.

Acknowledgments

I am deeply indebted to the editorial staff at Prentice Hall and especially to Meriel Martínez, Assistant Editor, who worked closely with me in the preparation of this second edition, always showing patience and understanding, and to Meghan Barnes, Modern Language Editorial Assistant at PH, for her able assistance during the last stages of the manuscript's preparation. I am also very thankful to Sue K. Norman, Librarian, Waidner-Spahar Library, Dickinson College, for kindly furnishing the valuable list of Web sites on Latin America that appears in this edition; to Jane Schroeder, Coordinator, Archives & Special Collections of said library, for permission to use the Collection's photograph of Jorge Luis Borges; and to the following friends and colleagues who have graciously granted permission to use photographic materials from their private collections in this edition: Herbert Boothroyd, Douglas and Linda Buchele, Enrique Martínez-Vidal, Kathleen Rodney, and J. Mark Ruhl.

I also wish to thank the following reviewers for their thoughtful comments and suggestions:

Nicolás E. Alvarez, *Auburn University*

Julián E. Bueno, *Southern Illinois University–Edwardsville*

Jennifer L. Eich, *University of Kentucky*

David William Foster, *Arizona State University*

Karl H. Heise, *Minnesota State University, Mankato*

Lora L. Looney, *University of Portland*

Lucila Inés Mena, *Indiana University at Indianapolis*

Abelardo Moncayo-Andrade, *Ohio University*

Giorgio Perissinotto, *University of California, Santa Barbara*

Ruth E. Smith, *University of Louisiana at Monroe*

María Elena Soliño, *University of Houston*

Arturo A. Fox

1

Las grandes civilizaciones precolombinas (I)

Cronología

50.000? A. DE C. Llegada de los primeros seres humanos a América, probablemente desde el Asia, a través del estrecho de Bering.

1.500 A. DE C.–300 D. DE C. Período formativo. Aparición de las primeras culturas relativamente avanzadas en Mesoamérica, incluyendo la cultura olmeca (1.200–400 a. de C.), probablemente la "cultura madre" de toda esta región.

300–650/900+ D. DE C. Período clásico de Mesoamérica; gran avance cultural, especialmente en dos regiones:

El altiplano de México (300–650 d. de C.), dominado por el gran centro urbano de Teotihuacán.

La región maya de Centroamérica (300–900 d. de C.), con centro en las tierras bajas de Guatemala y tierras adyacentes de México y Honduras, donde el período clásico termina con un colapso cultural aún no explicado.

Principales logros del período clásico: construcción de grandes centros urbanos; escritura jeroglífica; sofisticado sistema numérico, incluyendo la "cuenta larga"; avanzado calendario; sorprendentes conocimientos astronómicos; refinada arquitectura, arte decorativo, escultura y pintura mural; complejo sistema social y vasto sistema de relaciones comerciales.

650/900+–1519 Período posclásico de Mesoamérica; aumento del militarismo.

En el altiplano de México, período de inestabilidad tras la destrucción de Teotihuacán en 650. Luego, ascensión de los toltecas, que dominan la región entre el siglo X y el XII, con capital en Tula. El príncipe tolteca Topiltzín (siglo X) adopta el culto y el nombre del pacífico dios mesoamericano Quetzalcóatl, el dios de la serpiente emplumada. Quetzalcóatl pierde la lucha por el poder contra la facción más militarista de los toltecas y tiene que exilarse, jurando regresar algún día para reclamar su trono.

Aparentemente, Topiltzín-Quetzalcóatl y sus seguidores toltecas se trasladan a la península de Yucatán —año 987 de nuestra era— y allí penetran la cultura maya de la región, inyectándola de elementos mexicanos. Chichén-Itzá será su principal centro urbano.

Desaparece la influencia tolteca en Yucatán hacia el siglo XIII. Otros pueblos menos avanzados, como los itzás, ocupan la región y forman alianzas, como la que tuvo a la ciudad de Mayapán por capital. Luchas intestinas entre estos pueblos traen el colapso cultural de la región en el siglo XV. Cuando los españoles llegan a Yucatán en el siglo XVI, los días de esplendor de estos pueblos ya han llegado a su fin.

En el altiplano de México, Tula es destruida en el siglo XII y se inicia un período de inestabilidad que culminará con la ascensión de los aztecas, a partir del siglo XIV.

No hay duda de que la población precolombina del Nuevo Mundo era considerable: cincuenta, quizás sesenta millones de habitantes distribuidos por todo el continente. Y es muy probable que la mayoría de ellos, si no todos, vinieran en una serie de emigraciones procedentes del Asia que, hace quizás 50.000 años, atravesaron el actual estrecho de Bering —cubierto de hielo en aquella época— y descendieron poco a poco desde Alaska hasta el extremo sur de Suramérica. Dos regiones, en particular, fueron los escenarios de las más altas culturas que se desarrollaron en el Nuevo Mundo antes de la llegada de los españoles: en primer lugar, el área que los arqueólogos llaman Mesoamérica, en territorios pertenecientes hoy a México y a varias repúblicas de Centroamérica; en segundo lugar, la región de los Andes, en el oeste de Suramérica, donde se hallan las actuales repúblicas de Perú, Bolivia y Ecuador.

Mesoamérica

Este término, acuñado° por el antropólogo Paul Kirchoff en 1943, se refiere a las civilizaciones del período precolombino que existieron en la región donde hoy se encuentran México, Belice, Guatemala, El Salvador y la parte oeste de Honduras. Distingue a esta zona el hecho de que los pueblos indígenas que vivieron en ella antes de la llegada de los españoles poseían un buen número de características culturales en común: desde los métodos de cultivar la tierra hasta el culto a ciertos dioses, como Quetzalcóatl, el dios de la serpiente emplumada°; la escultura, la pintura y la arquitectura adquirieron en esta área un refinamiento y una individualidad inconfundibles, con la pirámide como construcción monumental más típica. Allí se creó también un sistema de escritura jeroglífica que no existió en ninguna otra parte de América; el calendario que desarrollaron era más exacto que el que se usaba en esa época en Europa. En contraste con esto, otros aspectos de la civilización mesoamericana permanecieron a un nivel relativamente primitivo: sus arquitectos, por ejemplo, no llegaron a desarrollar el arco° ni captaron la potencial importancia práctica de la rueda°, aunque la usaban en su calendario.

Es imposible estudiar la cultura de estos pueblos sin sentir que tenían muchas cosas en común con la civilización europea: su curiosidad científica, su sensibilidad artística, su miedo ante lo desconocido°, su deseo de predecir el futuro y controlar las fuerzas naturales del universo. Incluso su sentido de competencia se expresaba en un deporte, el juego de pelota, algo similar al moderno baloncesto°. Al mismo tiempo, su concepto de la realidad era bien diferente al nuestro. Los occidentales° concebimos el futuro en un sentido lineal y abierto que se extiende infinitamente en el tiempo (de ahí nuestra fe° en la idea del progreso); los mesoamericanos, en cambio, lo concebían como un proceso cíclico, que avanzaba en círculos. Los mayas, por ejemplo, creían que el universo había sido ya creado y destruído cuatro veces, y que nos hallamos ahora en su quinto ciclo. Habían incluso calculado, al parecer, una fecha fatal, el 24 de diciembre del

coined

*plumed, feathered
serpent*

arch

wheel

the unknown

basketball
westerners

hence our faith

año 2011, en la que el presente ciclo llegará a su fin y el universo será inevitablemente destruido de nuevo. Por otra parte, fuerzas misteriosas podían decretar la destrucción del mundo antes del final de cada ciclo, y los pueblos de Mesoamérica *deities, gods* se dedicaron con pasión a identificar esas fuerzas, convirtiéndolas en deidades°, y *to placate them* a tratar de aplacarlas° y de predecir los períodos de tiempo en que se hacían más peligrosas. Esta concepción del universo tuvo, sin duda, varias consecuencias negativas para estos pueblos: un sentido de inseguridad, de constante aprensión ante la posibilidad de inminentes catástrofes. Al mismo tiempo, muchos de sus *achievements* logros° pueden ser asociados con esas nociones sobre la realidad: su pasión por las matemáticas, sus asombrosos cálculos sobre los movimientos cíclicos de la luna y del planeta Venus, su predicción de eclipses, el refinamiento de su calendario. Las primeras culturas relativamente avanzadas aparecieron en Mesoamérica durante el llamado período formativo (circa 1.500 a. de C.–300 d. de C.), y entre ellas la de los olmecas fue la que alcanzó el mayor grado de refinamiento.

Los olmecas

En 1862, un viajero encontró en el estado mexicano de Veracruz, cerca de la costa del Golfo de México, una enorme cabeza de piedra que se atribuyó por muchos años a la civilización maya. A partir de 1920, sin embargo, empezó a sospecharse que esta cabeza y otras cabezas y objetos hallados en la región eran obra de una cultura independiente y muy antigua. En 1938, el norteamericano Matthew Stirling, de la Smithsonian Institution, comenzó una serie de expediciones arqueológicas en el área en cuestión que produjeron resultados espectaculares. Sus excavaciones revelaron la existencia de una alta civilización que floreció varios siglos antes de la de los mayas y que hoy conocemos como la cultura olmeca.

Niño jaguar olmeca.

Los olmecas ocuparon un área de unas 7.200 millas cuadradas, situada a lo largo de la costa del Golfo de México, en terrenos *swampy* pantanosos° atravesados por una multitud de ríos. Su principal centro ceremo- *swamps* nial, La Venta, se halla en una pequeña isla rodeada de pantanos°, a unas 18 millas de la costa. Las excavaciones realizadas allí dejaron al descubierto una serie de estructuras de barro que se extienden por más de milla y media, dominadas por una monumental pirámide de más de 100 pies de altura. Ignacio Bernal ha calculado la población olmeca en unas 350.000 personas. Stirling rea- *finding* lizó su hallazgo° más impresionante en el pueblecito de Tres Zapotes: la famosa *stele* Estela C°, un bloque de piedra donde puede leerse, en el sistema numérico

Cabeza olmeca—Parque Museo de la Venta, Villahermosa, México.

mesoamericano, una fecha correspondiente al año 31 a. de C. Cuando empezó a usarse el método del "carbón 14", en la década de 1950, se comprobó que esta civilización alcanzó su fase más importante en el período 1.200–400 a. de C. Esto ha llevado a muchos expertos a proclamar a la cultura olmeca como la primera alta civilización de Mesoamérica. Algunos la consideran como la "cultura madre" de toda la región, y ciertamente hay indicios° de que su influencia se extendió a muchas otras regiones de esta área cultural. La influencia olmeca es, en efecto, bastante fácil de discernir° debido a la inconfundible° individualidad de su estilo artístico. Aparte de las gigantescas cabezas de piedra, destaca° su obsesión con las figuras de rasgos felinos° esculpidas en piedra o en jade. Algunas de estas esculturas poseen facciones° monstruosas, como en el caso de los famosos "niños jaguares", que eran quizás representaciones míticas de la unión de una mujer con un jaguar. Otras esculturas, en cambio, sí parecen representar a personas reales, y esto plantea uno de los enigmas de la cultura olmeca: ¿cuál era su apariencia física? Las muchas cabezas gigantescas que se han encontrado en la zona olmeca parecen representar un tipo étnico —caras redondas, facciones y labios gruesos— muy diferente al de otras esculturas, como la del famoso "Luchador" que está en el Museo Nacional de Antropología de México; éste, en efecto, parece un elegante tipo asiático de facciones finas, barba y bigote. Quizás nunca lo sabremos, pues la alta humedad de la región ha impedido que se conserve ningún resto humano de esta cultura.

clues

to discern

unmistakable

stands out/feline features

El período clásico de Mesoamérica (300–650/900 d. de C.)

Las culturas precolombinas de Mesoamérica alcanzaron, sin embargo, su mayor esplendor durante el llamado período clásico, que comenzó hacia el año 300 d. de C., la misma época en que, al otro lado del Atlántico, el emperador Constantino proclamaba al cristianismo como la religión oficial del Imperio Romano. En el sur de México, cerca de la actual ciudad de Oaxaca, se desarrolló el importante centro zapoteca de Monte Albán, en tanto que el valle central de la meseta mexicana fue dominado por el gran centro urbano de Teotihuacán. Más al sur, en las tierras bajas de Guatemala y regiones aledañas° de México y Honduras, la civilización maya alcanzó los logros más impresionantes del período clásico.

adjacent

Teotihuacán

Teotihuacán asombra todavía hoy a los incontables visitantes que viajan desde la capital de México, a unas 25 millas de distancia, para ver sus ruinas. Fue en su día un gran centro urbano de quizás 100.000 habitantes que aparentemente extendió su influencia por vastas regiones de Mesoamérica hasta su destrucción en el siglo VII de nuestra era. Lo que más impresiona es el carácter monumental de su zona central, dominada por la llamada "Avenida de los muertos", de más de dos millas de largo, y por las dos pirámides más grandes, la de la luna y la del sol; esta última, con sus 660 pies de lado y 200 de altura, es una de las mayores estructuras de Mesoamérica.

to burn   No sabemos a ciencia cierta quiénes construyeron esta gran ciudad (tenían la "mala costumbre" de quemar° a sus muertos), pero no hay duda de que fueron el poder dominante de la meseta central de México durante el período clásico y que poseyeron los adelantos que asociamos con ese período: la escritura jeroglífica, el sistema numérico y el calendario mesoamericano. Su arte alcanzó especial distinción en la cerámica policromada y en la pintura mural, y es posible que su arquitectura estableciera patrones que luego fueron imitados en muchas otras partes de Mesoamérica. En la capital de la actual Guatemala, por ejemplo, a más de 600 millas de distancia, se han hallado las ruinas de una ciudad precolombina, Kaminaljuyú, que muestra claras influencias del estilo teotihuacano. Los dos dioses más prominentes en las ruinas de Teotihuacán, Tláloc y Quetzalcóatl, fueron dos de las deidades más universalmente adoradas a lo largo de Mesoamérica. En general, tanto el carácter benigno de sus dioses como el de su gran centro urbano —que aparentemente no tenía murallas defensivas ni fortificaciones militares— nos dan la impresión de una civilización relativamente pacífica, un estado gobernado quizás por una burocracia interesada en la expansión por motivos comerciales más que militares. El final de los teotihuacanos, ocurrido hacia el año 650, fue violento. Es probable que cayeran víctimas de tribus más primitivas y guerreras procedentes del norte de México. En todo caso, su cultura sobrevivió en la memoria colectiva del valle central de México y alcanzó la estatura de una civilización mítica. Sabemos que, ocho siglos después de su caída, Teotihuacán era todavía un centro de peregrinación religiosa visitado por los habitantes de todo el valle, el lugar legendario donde gigantes semidivinos habían construido una vez aquellas estructuras enormes.

Teotihuacán, México. Pirámide del sol.

Los mayas del período clásico (300–900+ d. de C.)

Estos "griegos" de Mesoamérica desarrollaron su civilización en un ambiente poco favorable de densa vegetación tropical, abundantes lluvias e intenso calor. Sus principales centros, como Tikal, Uaxactún y Piedras Negras, florecieron en el

actual Departamento del Petén, Guatemala, pero también hubo centros impor- *neighboring*
tantes en las zonas vecinas°: Palenque y Bonampak, por ejemplo, se hallan en el
estado de Chiapas, México, en tanto que Copán se encuentra ya en territorio de
Honduras. Una gran parte de la población maya —que quizás llegó a los tres millones durante el período clásico— era rural o vivía en pequeñas aldeas en torno
a° centros ceremoniales. Había, sin embargo, verdaderas ciudades. Tikal, por *around, in the vicinity of*
ejemplo, probablemente el mayor centro urbano del período, tenía en su centro
una impresionante concentración de cientos de estructuras —plazas, templos,
palacios, calzadas°— rodeadas por un área poblada que ocupaba más de 30 mi- *roadways*
llas cuadradas.

Físicamente, los mayas del período clásico, como muchos de sus descendientes actuales, eran individuos de piel oscura, baja estatura y cráneos redon-
dos con la frente típicamente plana°. Esto *flat forehead*
último era aparentemente un signo de
belleza pues cuando los niños nacían les
ponían la cabeza entre dos tablas ama-
rradas° para aplanársela° aún más. Otro *tied down boards / to flatten*
rasgo físico que igualmente apreciaban
eran los ojos bizcos°, pues solían colgar- *cross-eyed*
les a sus hijos una pequeña bola de cera° *wax ball*
frente a los ojos. El típico habitante de la
región maya vivía de la agricultura bajo el
control de una elite de nobles, funcionarios y sacerdotes, pero buena parte de la
población se dedicaba a la práctica de ofi-
cios° especializados: comerciantes, arte- *trades*
sanos, etc. Parece que los principales
centros del período clásico funcionaban
como ciudades-estados más o menos
autónomas, gobernadas por reyezuelos° *kinglets*
que se hacían la guerra entre sí con bastante frecuencia y ferocidad, como su-
gieren las espléndidas pinturas murales
descubiertas en el centro clásico de
Bonampak: se ven en ellas escenas bélicas
de innegable crueldad, con víctimas a
punto de ser sacrificadas o torturadas. Sin duda los sacrificios humanos fueron
practicados por los mayas, aunque nunca con la frecuencia y el carácter ob-
sesivo que distinguieron a los aztecas siglos más tarde.

Bajorrelieve, maya clásico.

El sistema numérico maya

Los mayas heredaron —probablemente de los olmecas— el sistema numérico
mesoamericano, basado en puntos, con un valor de uno, y en barras°, con un *bars*
valor de cinco. El número ocho, por ejemplo, se escribía así: ≡•••

También poseían un símbolo para el valor cero, que representaban como una concha (). Estos símbolos, por otra parte, eran colocados en columnas verticales y su valor, dentro de ellas, aumentaba —de abajo hacia arriba— de veinte en veinte. Por ejemplo:

$$
\begin{array}{lll}
400\ (20\times20) & \bullet\bullet\bullet = 3 \times 400 = 1.200 & \underline{\underline{}} = 7 \times 400 = 2.800 \\
20 & \bullet\ \bullet = 2 \times 20 = 40 & \text{concha} = 0 \times 20 = 0 \\
1 & \underline{\bullet\bullet} = 7 \times 1 = 7 & \underline{\bullet\bullet\bullet} = 8 \times 1 = 8 \\
& 1.247 & 2.808
\end{array}
$$

Estas cifras se empleaban sin duda en los cálculos de la vida diaria, pero *to measure* eran especialmente importantes para medir° el tiempo con propósitos prácticos y astrológicos. Los mayas del período clásico perfeccionaron el calendario mesoamericano hasta un grado asombroso. Se componía, en realidad, de dos calendarios coordinados. El primero era un calendario ritual de 260 días, que *glyphs* constaba de los números 1 al 13 (• ~ ▬▬▬), combinados con 20 glifos° que representaban los nombres rituales de los días (13×20=260). El segundo calendario era el del año solar, que constaba de l8 meses de 20 días también identificados con sus propios glifos (18×20=360), y al que se le agregaba un período de 5 días que los mayas consideraban especialmente peligroso. Lo interesante es que combinaban esos dos ciclos para formar una rueda calendárica, de modo que los cuatro componentes de un día dado sólo podían coincidir cada 52 años, que era el "siglo" de los mayas. Para medir períodos de más de 52 años los mayas utilizaban unidades mayores, como el *katún* (360×20=7.200 días) y el *baktún* (7.200×20=144.000 días). Este sistema conocido como "la cuenta larga", les permitía registrar en sus monumentos largos períodos de tiempo contados a partir de una misteriosa fecha inicial: el 11 de agosto del año 3.114 a. de C., que quizás marcaba para ellos el primer día del presente ciclo del universo. Estos conocimientos fueron también aplicados por los mayas a los cálculos astronómicos, en los que alcanzaron una exactitud asombrosa. Calcularon, por ejemplo, que el planeta Venus tiene un período *synodical* sinódico° de 584 días. Hoy sabemos que la cifra exacta es de 583.92 días.

Templo de las inscripciones, Palenque, maya clásico.

El sistema jeroglífico

Los cálculos numéricos y calendáricos de los mayas eran parte de un sistema de escritura jeroglífica tan complicado que aún no ha sido descifrado por completo. No sólo cubrieron sus monumentos y su cerámica con incontables inscripciones sino que usaron "libros". Estos consistían en unas largas tiras de corteza de árbol° que eran dobladas en forma de acordeón; sobre ellas pintaban los mayas sus fascinantes series de misteriosos signos y figuras animales y humanas. Esta tradición fue transmitida por los mayas del período clásico a sus descendientes, de manera que cuando los conquistadores españoles ocuparon la península de Yucatán en el siglo XVI todavía encontraron muchos de estos libros, llamados códices, entre la población indígena local. Desgraciadamente, sin embargo, la mayoría de estos manuscritos fueron destruidos por el paso del tiempo o por el celo religioso de los conquistadores, quienes consideraron que eran "obras del diablo". Un fraile franciscano, en particular, Fray Diego de Landa (más tarde nombrado obispo° de la región) tiene el triste honor de haber sido uno de los mayores destructores de estos códices: en 1562 dio la orden de quemar todos los que se pudiese encontrar, y 27 fueron destruidos. "Los quemamos todos", escribió Landa con satisfacción[1]. No todos, por fortuna. Por lo menos cuatro de los códices escaparon a la destrucción y han sido objeto de considerable y apasionado estudio. El mejor de ellos, el Códice de Dresden, de 78 "páginas", data posiblemente del siglo XII y es de contenido religioso y astronómico.

Tras muchos años de estudio, ha sido posible descifrar los glifos mayas que tienen que ver con el sistema numérico, el calendario y los cálculos astronómicos. Pero buena parte de este complicado sistema de signos permanece sin descifrar, pues se compone de una compleja combinación de signos pictográficos, ideográficos y fonéticos; es decir, algunos signos representan objetos, por ejemplo, el dibujo de un pescado o de una iguana; otros, en cambio, simbolizan ideas: una mano abierta sobre un dibujo° del sol, por ejemplo, significa la dirección "oeste", o, "fin del sol" (Thompson 48); finalmente, no pocos glifos representaban sonidos como parte de un primitivo sistema fonético similar al que usamos en inglés en tales acertijos° como ⊙ ⌒⌒⌒ ⌣ para expresar la idea de *I see you*. El inglés Sir Eric Thompson, el ruso Yuri Knorosov y, más recientemente, la antropóloga norteamericana Linda Schele, se cuentan entre los más distinguidos investigadores que, con considerable esfuerzo, han contribuido al conocimiento de este sistema de escritura. Uno de los descubrimientos más importantes ocurrió en 1959 y se lo debemos a una arqueóloga de la Carnegie Institution, Tatiana Proskouriakoff. Hasta entonces se había pensado que los jeroglíficos mayas se referían principalmente a temas calendáricos, astronómicos y religiosos. Proskouriakoff descubrió, sin embargo, que los mayas también habían utilizado su escritura para narrar su historia, especialmente las biografías de sus hombres y mujeres ilustres. Su estudio de las inscripciones de dos ciudades mayas del período clásico, Piedras Negras y Yaxchilán, le permitió leer, por ejemplo, la historia de una importante dinastía del siglo VIII, la de los "reyes jaguar". Su punto de partida fue el descubrimiento de que un enigmático signo, el que Eric Thompson llamara humorísticamente el "glifo del dolor de muelas" (*toothache glyph*), aludía a la fecha en que un monarca maya ascendía al poder. Y que otro signo, el de "la rana" (*upended frog glyph*) se refería al nacimiento de una persona. Pronto, Proskouriakoff pudo identificar, por

tree bark strips

appointed bishop

drawing

riddles

shield ejemplo, al rey "escudo° jaguar", y a su hijo, "pájaro jaguar", que se hizo rey en el año 752. Como ha destacado Linda Schele, ahora podemos pensar en los mayas como individuos de carne y hueso cuya historia personal hemos empezado a conocer.

Con posterioridad a la Conquista, cronistas nativos escribieron libros sobre la historia, cultura y leyendas de los mayas, usando el alfabeto español para transcribir los sonidos de las lenguas indígenas. El *Popol Vuh* (siglo XVI), la "Biblia de los mayas", describe en la lengua quiché de los mayas de Guatemala los orígenes e historia del pueblo quiché. Los *Libros de Chilam Balam* (siglos XVII y XVIII) son crónicas en que se mezclan la historia y los mitos de los mayas de Yucatán. Tales obras contienen información muy valiosa sobre la civilización maya.

El colapso del período clásico maya

Quizás el mayor enigma de esta civilización es la abrupta manera en que parece haber desaparecido. De pronto, hacia el año 900 de nuestra era, los mayas dejaron de inscribir fechas en los monumentos de sus principales ciudades de Guatemala y zonas aledañas, y las abandonaron por alguna razón que desconocemos. La causa no pudo haber sido la insuficiencia de su sistema agrícola, pues eran expertos agricultores. ¿Fueron conquistados por otros pueblos indígenas? ¿Fueron víctimas de una epidemia u otro tipo de desastre natural? No se ha encontrado suficiente evidencia que apoye ninguna de estas teorías. Pronto sus templos, plazas y monolitos quedaron cubiertos por la vegetación tropical y cayeron en el olvido. Por fin, en el siglo XIX, dos intrépidos exploradores aficionados, el norteamericano John Lloyd Stephens y el británico Frederick Catherwood, redescubrieron la civilización maya para el mundo moderno. El memorable libro de Stephens, *Incidents of Travel in Central America, Chiapas and Yucatan* (1841), ilustrado con admirables dibujos de las ruinas mayas realizados por Catherwood, hizo sensación en los Estados Unidos y en Europa. Los mayas se pusieron de moda y comenzó una era de exploración y excavaciones arqueológicas que ha continuado hasta el presente.

Otra rama de la civilización maya floreció en la península de Yucatán a fines del período clásico y desarrolló sus propias características, el llamado estilo Puuc. Algunas de las ciudades de estos mayas de Yucatán, como Uxmal, rivalizaron en belleza arquitectónica con los centros clásicos de Guatemala, pero en el siglo X una invasión de los toltecas de México penetró este horizonte cultural maya y le impuso sus características mexicanas.

El período posclásico de Mesoamérica (650/900+–1519)

Tras el colapso de Teotihuacán hacia el año 650 de nuestra era y el de los centros mayas de Guatemala y áreas circundantes en el siglo X, se abre en Mesoamérica el período posclásico, que dura hasta la llegada de los conquistadores españoles a México en 1519.

Entramos ahora en una época más militarista e inestable[2]. Los pueblos de la meseta mexicana son afectados por invasiones de tribus menos civilizadas procedentes del norte —conocidas por el nombre genérico de chichimecas— y se producen cambios notables en el perfil cultural de Mesoamérica. Los centros urbanos que aparecen en el posclásico son a menudo ciudades fortificadas cuya escultura y decoración reflejan la importancia que adquirieron en este período las actividades militares: estatuas de guerreros°, bajorrelieves° con escenas bélicas°, representaciones de dioses sanguinarios°. La práctica de sacrificios humanos se intensifica y entre algunos de estos pueblos adquiere un carácter masivo y sistemático; del gobierno de sacerdotes y funcionarios se pasa al gobierno de castas militares. El dios por excelencia del período clásico, el benigno y generoso Quetzalcóatl, tendrá ahora que compartir el panteón mesoamericano con otros dioses más agresivos como Tezcatlipoca, asociado con la noche y la destrucción, y Huitzilopochtli, el sanguinario dios de los aztecas. Al mismo tiempo, sin embargo, el posclásico fue un período de intensa actividad económica y construcción de grandes centros urbanos; la utilización del riego° hizo más eficiente la agricultura y se crearon vastos sistemas de intercambio comercial en toda la región. La invención de la tortilla de maíz, como ha sugerido S.F. Cook, proveyó a los ejércitos del posclásico de una nueva forma de alimento compacto y de larga duración que hizo posible emprender campañas militares más ambiciosas.

warriors/bas-relief
warlike/bloodthirsty

irrigation

El principal escenario del posclásico fue la meseta central de México, donde surgió, primero, la civilización de los toltecas (siglos X a XII) y luego la de los aztecas, que fue conquistada por los españoles al mando de Hernán Cortés.

Los enigmáticos toltecas

Hay muchas interrogantes sobre la identidad de los toltecas pero puede decirse que crearon el primer "imperio" del período posclásico y que tuvieron a la ciudad de Tula como capital. Fueron, al parecer, un conglomerado de varios pueblos en el que estaban representados tanto los elementos más primitivos y belicosos de ascendencia chichimeca como algunos descendientes de la desaparecida y mucho más avanzada cultura de Teotihuacán. Entre el siglo X y el XII llegaron a dominar una extensa área del norte y del centro de México, y establecieron "colonias" en lugares tan distantes como Guatemala, en el lado del océano Pacífico, y la

Tula, México. Capital tolteca, período posclásico.

península de Yucatán, donde, como vimos, se impusieron a los pueblos mayas que allí habitaban.

Las ruinas de Tula, ciudad que llegó a tener 50.000 habitantes en el siglo XII, se hallan en el presente estado mexicano de Hidalgo, a unas 50 millas de la capital de México. Su estructura más notable, la pirámide B, tiene en su cima° cuatro impresionantes columnas de 15 pies de altura que representan

top

belicosos guerreros toltecas, lo que parece confirmar la imagen militarista que tenemos de esta cultura. Sin embargo, los pueblos que les sucedieron en el altiplano mexicano admiraban con reverencia religiosa los logros de esta cultura; consideraban a los toltecas como ilustres señores de una mítica tierra de abundancia y refinamiento donde habían florecido las artes, la artesanía° y la agricultura; siglos más tarde, las tribus del altiplano que gozaban de mayor prestigio eran las que podían proclamarse descendientes de los toltecas. Esa contradictoria imagen —violencia y militarismo de un lado, cultura y refinamiento de otro— refleja probablemente la variedad de componentes disímiles que tuvo el fenómeno tolteca. En las ruinas de Tula, por ejemplo, las figuras militares y la decoración bélica coexisten con representaciones de Quetzalcóatl, representante de los aspectos más benignos y refinados de la cultura clásica de Mesoamérica.

crafts

La leyenda de Quetzalcóatl

Representación de Quetzalcóatl, Teotihuacán, México.

La estudiosa Laurette Séjourné ha sugerido que Quetzalcóatl, el dios de la serpiente emplumada, simboliza la unión del elemento material, terrestre, representado por la serpiente, y el aspecto celestial, representado por las plumas del quetzal, el reverenciado pájaro mesoamericano; unión que se hace posible con la aparición del ser humano en la Tierra (Vol. I 255). En todo caso, es cierto que este gran dios del período clásico —dios de las artes y de la agricultura— continuó teniendo devotos en el posclásico entre un selecto grupo de líderes toltecas. El más famoso de ellos, el príncipe Topiltzín, hijo del primer gran líder de la nación tolteca, adoptó él mismo el nombre de Quetzalcóatl y se hizo sacerdote del culto a este dios, rodeado por una elite de personas educadas que compartían su creencia. Fue Topiltzín, aparentemente, quien fundó la ciudad de Tula en el año 960 y quiso imponer el culto a Quetzalcóatl entre los toltecas; personalmente, se dedicó a vivir una vida pacífica de constante meditación, abstinencias y castidad°, una vida dedicada a un dios, Quetzalcóatl, que sólo exigía flores y mariposas° como ofrendas°. Naturalmente, esta actitud encontró una violenta oposición entre los elementos chichimecas de la población tolteca, que adoraban al dios Tezcatlipoca y eran partidarios de los sacrificios humanos. Según cuenta una de las leyendas sobre el tema, un día el astuto dios Tezcatlipoca se le apareció al príncipe Topiltzín disfrazado° como un viejo y lo tentó° con un licor alcohólico. El príncipe sucumbió a la tentación y después de embriagarse° rompió su voto° de castidad con una hermosa doncella°. Como consecuencia, cayó en desgracia y, acompañado por un grupo de seguidores, abandonó Tula rumbo al exilio. Antes de marcharse, sin embargo, juró regresar algún día para reclamar su reino.

chastity
butterflies/offerings

disguised/tempted him
after getting drunk/vow
young woman, maiden

Esta leyenda de Quetzalcóatl tiene una base histórica. Es probablemente la versión mítica de una lucha por el poder que ocurrió realmente en la sociedad tolteca del siglo X; una lucha en que la facción más militarista triunfó decisivamente. Aparentemente, el derrotado Topiltzín y sus seguidores consiguieron llegar a la costa mexicana, navegaron por el golfo de México y desembarcaron por fin en la península de Yucatán, en plan de conquistadores. Este grupo tolteca fue

El observatorio, Chichén Itzá, México.

presumiblemente el que conquistó a los mayas de Yucatán. La fecha del exilio de Topiltzín-Quetzalcóatl, el año 987 de nuestra era, coincide exactamente con la fecha en que, según las crónicas de los mayas yucatecos, un gran hombre llamado Kukulkán llegó a ellos como conquistador y benefactor. En la lengua maya de Yucatán, Kukulkán quiere decir "serpiente emplumada". Los invasores toltecas ocuparon un antiguo centro maya estratégicamente situado en la parte norte de la península de Yucatán (no lejos de la actual ciudad de Mérida) y lo convirtieron en su capital, hoy conocida como Chichén Itzá. La principal pirámide de este centro urbano, el magnífico "Castillo", estaba dedicada al culto de Kukulkán. La presencia tolteca allí, por otra parte, no fue tan pacífica como sugiere la leyenda del amable príncipe Topiltzín–Quetzalcóatl: el militarismo tolteca ha dejado numerosos signos en la escultura y la arquitectura de la región.

La ocupación tolteca de Yucatán parece haber terminado en el siglo XIII, en circunstancias que no están claras. Chichén Itzá quedó abandonada y otros pueblos vinieron a llenar el vacío de poder, aunque en forma deplorablemente inadecuada. Uno de estos pueblos, los itzás, llegaron a dominar parte de la región yucateca hasta el siglo XV desde la capital que fundaron, Mayapán, pero este centro monumental no ofrece más que una pobre imitación de la arquitectura de Chichén Itzá. Cuando los conquistadores españoles llegaron a Yucatán en el siglo XVI, encontraron a la población maya viviendo pobremente y diseminada en pequeños centros independientes. Los días de gloria de Uxmal y de Chichén Itzá, eran ya sólo un recuerdo en la memoria colectiva. Entretanto, en el altiplano de México, Tula era también sólo un recuerdo: había sido destruida hacia el año 1150, probablemente por nuevas invasiones de chichimecas. El reino de la serpiente emplumada llegó así a su fin, pero no fue olvidado. Los pueblos que sucedieron a los toltecas, especialmente los aztecas, preservaron en sus códices la leyenda de Quetzalcóatl, incluyendo la fecha ominosa en que el gran príncipe-dios Topiltzín regresaría a México para reclamar su perdido reino tolteca. Por una coincidencia casi increíble, la fecha registrada en la leyenda como el año de su retorno —el año Ce Acatl del calendario azteca— corresponde al año 1519 del calendario cristiano, es decir, el año en que Hernán Cortés y su expedición llegaron a México e iniciaron la conquista del estado azteca.

NOTAS

[1] Diego de Landa, el mismo fraile que destruyó tantos manuscritos mayas, escribió hacia 1566 un libro, *Relación de las cosas de Yucatán*, en que ofreció valiosísima información sobre la cultura maya, incluyendo un "alfabeto" de su escritura jeroglífica el cual Landa había obtenido mediante interrogatorios a indígenas de Yucatán. La publicación del manuscrito en 1864 hizo concebir grandes esperanzas, pero al cabo se hizo obvio que lo que había reconstruido Landa no era un verdadero alfabeto; se pensó que los glifos dibujados por Landa representaban los sonidos correspondientes, no a las letras de nuestro alfabeto, sino a los nombres de esas letras en español. Según Eric Thompson, el nombre de la letra "b", por ejemplo, es "be", y cuando Landa le mencionó este sonido a su informante indígena, éste escribió el símbolo de la palabra maya que significa "camino", y se pronuncia "be" (Thompson *American Antiquity*, Vol. 24, 1959, pp. 349–364). Yuri Knorosov, sin embargo, exploró la posibilidad de que el "alfabeto" de Landa fuese en realidad un imperfecto pero útil sistema de sílabas, y su teoría parece haber recibido confirmación en la interpretación de un número de inscripciones.

[2] Los pueblos del período clásico no fueron exactamente pacíficos, pero el militarismo no fue uno de los signos definidores de su cultura, como ocurrió en el posclásico.

Ejercicios y actividades

A. Preguntas sobre la lectura

1. ¿De dónde y por dónde creemos que vinieron los primeros habitantes de América?

2. ¿Qué países actuales comprende la región arqueológica que llamamos Mesoamérica? ¿Por qué podemos considerarla como una sola zona cultural precolombina?

3. ¿Qué importante diferencia hay entre la idea del universo que tenían los mayas y la nuestra?

4. Mencione dos o tres características distintivas de la cultura olmeca.

5. ¿En qué dos regiones de Mesoamérica fue especialmente importante el período clásico?

6. ¿Por qué sabemos que Teotihuacán fue una ciudad del clásico y no del posclásico?

7. Comente uno de los logros culturales de los mayas que le parezca particularmente brillante.

8. ¿Cuándo usaban los mayas la "cuenta larga"?

9. Describa un códice maya.

10. ¿Por qué no han quedado muchos códices?

11. ¿Qué características tuvo el período posclásico?

12. ¿Qué fue Tula? ¿Por qué parece ser una ciudad típica del posclásico?

B. Sinónimos. Relacione las siguientes palabras con sus sinónimos.

1. ____ acuñado	a. glifo
2. ____ deidades	b. calmar
3. ____ aplacar	c. cabeza
4. ____ cráneo	d. libro
5. ____ hallazgo	e. inventado
6. ____ rasgos	f. descubrimiento
7. ____ aledañas	g. calles
8. ____ calzadas	h. facciones
9. ____ signo	i. vecinas
10. ____ códice	j. dioses

C. Definiciones. Relacione las siguientes definiciones con las palabras correspondientes.

1. ____ Un terreno bajo abundante en agua.	a. serpiente
2. ____ Bloque de piedra cubierto de inscripciones.	b. funcionario
3. ____ Individuo cruel a quien le gusta matar.	c. cima
4. ____ Acción de echar agua a un terreno seco.	d. mariposa
5. ____ Persona que se dedica al culto de un dios o religión.	e. castidad
6. ____ Burócrata que trabaja para el gobierno.	f. estela
7. ____ Ocupación que requiere trabajo manual.	g. pantano
8. ____ La parte más alta de una estructura.	h. sanguinario
9. ____ Hermoso insecto volador.	i. riego
10. ____ Abstinencia sexual.	j. sacerdote
11. ____ Animal que los cristianos asocian con la idea del mal.	k. oficio

D. Asociaciones. Complete los espacios en blanco con la cultura correspondiente.

olmecas　　　　mayas　　　　toltecas

1. _____ Grandes cabezas de piedra
2. _____ El rey "pájaro jaguar"
3. _____ El príncipe Topiltzín
4. _____ Chichén Itza
5. _____ niños jaguares
6. _____ Tikal
7. _____ Mathew Stirling
8. _____ La Venta

E. Opiniones. Haga un comentario sobre los siguientes temas.

1. En el área donde están situadas las principales ruinas olmecas se han descubierto importantes depósitos de petróleo que están bajo explotación. Felizmente, buena parte de los tesoros arqueológicos olmecas han sido trasladados a lugares seguros, pero, en general, ¿qué piensa de la disyuntiva entre la extracción de una riqueza petrolífera necesaria para la economía mexicana y la preservación de los importantes tesoros arqueológicos que allí se encuentran?

2. ¿Qué le parece el comercio de objetos que son encontrados en las excavaciones arqueológicas: cerámica, estatuillas, etc.? ¿En su opinión, debe estar permitido. ¿Por qué sí o por qué no? ¿Compraría usted uno de esos objetos para exhibirlo en su casa?

F. Hipótesis.

1. Usted es el obispo Diego de Landa. Trate de justificar el hecho de que usted ordenó destruir los manuscritos mayas.

2. Usted es un hombre o una mujer maya. Exprese sus reacciones al ver que Landa quema los códices.

3. Usted es John Lloyd Stephens. Exprese sus sentimientos y pensamientos al encontrar las primeras ruinas mayas en medio de la vegetación tropical.

4. Usted es un ciudadano maya y es el 23 de diciembre del año 2011. Explique lo que piensa y lo que siente.

2

Las grandes civilizaciones precolombinas (II)

Cronología

LOS AZTECAS DE MÉXICO

1215 Llegan al valle central de México; son "bárbaros" procedentes del norte que se establecen en las márgenes del lago Tezcoco (hoy ciudad de México) como vecinos indeseables. Son adoradores del sanguinario dios Huitzilopochtli.

1325 Después de muchas vicisitudes, fundan su capital, Tenochtitlán, en el lugar donde, según la leyenda, encuentran un signo profetizado por sus dioses: un águila devorando una serpiente.

1428 Forman una alianza con otros dos estados del valle central, Tezcoco y Tlacopán, y juntos derrotan al otro estado poderoso de la región: Azcapotzalco. Al cabo, los aztecas dominan la alianza y se hacen el estado más respetado y temido del altiplano de México debido a su pericia militar y a su sistemática práctica de sacrificios humanos. Su poder se extiende por todo el centro de México y hacia el sur hasta la actual Guatemala.

1502 Moctezuma II asciende al trono; con él, la estructura relativamente democrática de los antiguos clanes (*calpullis*) del estado azteca pierde poder. Moctezuma se convierte en un monarca absoluto que se hace adorar como un dios desde sus palacios de Tenochtitlán.

1519 Hernán Cortés y sus tropas llegan a las puertas de Tenochtitlán el 8 de noviembre. Moctezuma sale a recibirlos con la premonición de que sus días de gloria han llegado a su fin.

LAS CULTURAS DE LOS ANDES

?–1460 Gran número de culturas relativamente avanzadas se desarrollan en varias regiones: la de los chibchas, en la actual Colombia; las culturas Chavín, Mochica, Nazca, Tiahuanaco, Huari y Chimú, en el Perú.

1200 Aparecen los incas en el valle del Cuzco, Perú. Leyenda: el dios sol, Inti, envió a sus hijos, los hermanos Manco Capac y Mama Ocllo, para que civilizaran a los pueblos que habitaban la región andina. Fundaron su capital en Cuzco y crearon la dinastía de los incas.

1438–1471 El noveno emperador inca, Pachacuti, emprende una espectacular serie de conquistas que agrandan considerablemente el estado incaico.

1471–1527 El décimo inca, Topa Inca Yupanqui (1471–1493) y su hijo, Huayna Capac (1493–1527), continúan las conquistas y llevan al imperio inca a su máxima extensión: los territorios de las actuales repúblicas del Ecuador, Perú, Bolivia, el oeste de la Argentina y la mitad norte de Chile.

1527–1532 Al morir Huayna Capac, sus dos hijos, Huáscar y Atahualpa se disputan el poder y en la guerra civil que sigue, Huáscar es derrotado por Atahualpa (1532).

1532 16 de noviembre: una expedición española comandada por Francisco Pizarro sorprende a Atahualpa en la ciudad andina de Cajamarca y lo hace prisionero.

Las culturas precolombinas que hemos visto hasta ahora habían declinado o prácticamente desaparecido cuando los españoles emprendieron la conquista de América en el siglo XVI. Ahora, en cambio, vamos a examinar dos civilizaciones, la de los aztecas de México y la de los incas del Perú, que estaban en todo su esplendor en el momento en que los europeos entraron en contacto con ellas. Fueron ellas las que recibieron el impacto más traumático de la conquista española, las que más dramáticamente vieron su modo de vida, religión, gobierno y tradiciones culturales substancialmente modificados, subvertidos o simplemente liquidados por el nuevo orden europeo que se les impuso.

Los señores de Tenochtitlán

En México, la caída de los toltecas en el siglo XII fue seguida por un largo período de confusión e inestabilidad. Nuevos contingentes de primitivos chichimecas, así como algunos refugiados toltecas de la destruida Tula, fueron a establecerse en la parte meridional° del valle central de la meseta, en torno al lago Tezcoco, hoy ocupado por la populosa capital de México. Este sería el principal escenario del próximo capítulo de la historia mexicana, un capítulo extremadamente violento, marcado por constantes guerras entre los habitantes de las pequeñas ciudades-estados que en esa época se fundaron en las márgenes° del lago.

    Es en ese confuso y violento escenario que hace su aparición el ₁ blo azteca. Al principio fueron sólo un grupo más de chichimecas, de "bárbaros del norte" que llegaron al valle hacia el año 1215. Hablaban *nahuatl* y decían venir de un lugar llamado "Aztlán", situado en el noroeste de México. Su número original quizás no pasara de unos pocos miles de personas, pero pronto se hicieron bien conocidos y detestados en todo el lago. En primer lugar, seguían al pie de la letra° las instrucciones que les daba su dios tribal, Huitzilopochtli, quien exigía constantes sacrificios humanos. Además, tenían el hábito de secuestrar a las mujeres de otras tribus, pues parece que su población femenina era insuficiente. No es extraño que los demás estados del lago trataran repetidamente de deshacerse de° estos vecinos tan indeseables, pero los aztecas mostraron una particular habilidad para sobrevivir en las condiciones más difíciles. En una ocasión, por ejemplo, otros dos estados del lago, Colhuacán y Azcapotzalco, se aliaron y los derrotaron decisivamente. Los seguidores de Huitzilopochtli fueron confinados a una de las peores áreas del lago Tezcoco, con la esperanza de que las miles de serpientes que infestaban el lugar mataran a buen número de ellos. Resultó, sin embargo, que las serpientes eran precisamente uno de los platos favoritos de los aztecas, que se dedicaron con el mayor contento a capturarlas y a comérselas (Bernal, México 91). Por fin, en 1325, lograron fundar un asentamiento permanente, Tenochtitlán, en una pequeña isla pantanosa del lago. Según la leyenda, los aztecas hallaron allí a un águila posada sobre un nopal° devorando a una serpiente, es decir, el signo del lugar donde, según sus profecías, debían establecer su capital (el águila y la serpiente aparecen ahora en la bandera de México).

southern

banks, shores

literally

to get rid of

an eagle perched on a nopal (prickly pear) tree

Durante los próximos cien años los aztecas tuvieron que servir a menudo como mercenarios de otros pueblos más poderosos, pero aprovecharon este período para familiarizarse con la superior cultura de sus señores. En agricultura, por ejemplo, aprendieron a usar el sistema de *chinampas*, un ingenioso método de rellenar tierras sumergidas o pantanosas para crear nuevos lotes de suelo fértil que necesitaban desesperadamente. También aprendieron a organizar sus tradicionales "clanes" (*calpullis*) en una estructura centralizada y se apropiaron de muchos de los avances culturales de los pueblos que les precedieron, tales como el calendario, el sistema numérico y la escritura, aunque ésta no tuvo la complejidad de la escritura maya. Por fin, en 1428, demostraron haber adquirido también el arte de la diplomacia: formaron una alianza con otros dos estados del lago, Tezcoco y Tlacopán, y juntos consiguieron derrotar a sus últimos opresores, los tepanecas de Azcapotzalco. Los aztecas pronto se convirtieron en el poder predominante de todo el valle e iniciaron la expansión militar que los llevó a dominar casi todo el México central, de costa a costa, y a extenderse hacia el sur hasta la frontera de la actual Guatemala.

Tenochtitlán como centro de un "imperio"

Ya en el siglo XVI los aztecas ejercían control sobre una población de varios millones de personas (los cálculos varían dramáticamente, entre seis y veinte millones). No era, sin embargo un control absoluto. Algunos de los estados que habían conquistado se hallaban bajo su dominación directa, pero muchos otros —los más alejados de la capital— tenían diferentes grados de autonomía. Con frecuencia, en efecto, los aztecas permitían que los líderes de los pueblos que conquistaban permanecieran en el poder si accedían a pagar tributo y a aceptar la autoridad de Tenochtitlán. De esta manera no tenían que mantener un gran ejército de ocupación. El terror que inspiraba la perspectiva de un nuevo ataque azteca era su instrumento de control más persuasivo.

Sacrificio humano en Tenochtitlán, capital azteca.

Ese terror estaba más que justificado. El culto a Huitzilopochtli había creado tal demanda de prisioneros que a menudo los aztecas hacían la guerra (las célebres "guerras floridas") con el objetivo principal de capturar a futuras víctimas para los sacrificios. La ascensión al trono de un nuevo rey era a veces celebrada con el sacrificio de miles de personas en el Templo Mayor de Tenochtitlán. Cada víctima era obligada a subir los peldaños° de la gran pirámide del templo, en cuya cima la esperaban cinco sacerdotes. Cuatro de ellos sujetaban° al prisionero, mientras el quinto sacerdote ejecutaba el sacrificio extrayéndole el corazón con un cuchillo de piedra. Se cree que

steps

held

los sacerdotes conducían esta ceremonia después de consumir substancias alucinatorias.

Diosa azteca Tlazolteotl, dando a luz.

Repugnante como era esa práctica de los aztecas, es bueno recordar que fue un aspecto aberrante de una cultura que en otros sentidos se mostró capaz de los mayores refinamientos. Cuando Hernán Cortés y sus hombres vieron por primera vez la capital azteca, en noviembre de 1519, les costó dar crédito a sus ojos. Tenían ante ellos una vital y próspera ciudad de más de 200.000 habitantes (aproximadamente la población de París en esa época). También les admiró el diseño simétrico y la limpieza de la ciudad, en contraste con el plan caótico y la falta de higiene que caracterizaba a las ciudades europeas del siglo XVI. Tenochtitlán, escribió Hernán Cortés en una de sus cartas, "...es tan grande como Sevilla y Córdoba. Son las calles de ella... muy anchas y muy derechas... Tiene... muchas plazas donde hay continuo° mercados. Tiene otra plaza tan grande como dos veces la de la ciudad de Salamanca... donde hay cotidianamente arriba de° sesenta mil ánimas (personas) comprando y vendiendo." Construida sobre el lago Tezcoco, conectada con las orillas° del lago por cuatro anchas calzadas°, Tenochtitlán tenía un impresionante centro monumental ocupado por varias plazas y unos ochenta edificios de piedra entre los que se destacaban el palacio del emperador y la gran pirámide del Templo Mayor. Alrededor de este centro ceremonial, se hallaban las viviendas de los nobles, y, después de ellas, las viviendas de la gente común, normalmente construidas de adobe°. Muchas de estas viviendas tenían tierras de cultivo gracias al sistema de *chinampas* que le había reclamado mucha tierra al fondo del lago, de manera que la capital azteca ofrecía el aspecto de una ciudad-jardín con sus bloques de tierras cultivadas separados por canales de agua por donde circulaban las canoas que transportaban las mercancías para los mercados: una verdadera Venecia situada a más de 7.000 pies sobre el nivel del mar Caribe. Más de treinta provincias enviaban tributos a Tenochtitlán.

daily more than

banks (e.g., of a lake)/ causeways

sun-dried brick

Los de arriba y los de abajo

Esa sociedad, sorprendentemente bien organizada, no era exactamente igualitaria. En la cima estaban los nobles y los sacerdotes, que disfrutaban de grandes privilegios; el *tatloani*, por ejemplo, era el señor o "rey" de una ciudad o de una parte de ella, en tanto que el título de *huey tatloani*, o "gran señor", se reservaba para una sola persona: el emperador de los aztecas, el señor de Tenochtitlán. Muy por debajo de ellos estaba la gente común, dividida en varias categorías: siervos° y esclavos (a menudo prisioneros de guerra), y, sobre ellos, el ciudadano común, el *macehual*. Aparte de esto, había ciertos plebeyos° que gozaban de trato especial, como los *pochtecas*, una elite de comerciantes que estaban a cargo del movimiento de mercancías a lo largo del imperio y, al parecer, actuaban también como espías° para el gobierno de Tenochtitlán, por lo que eran muy apreciados. En general, sin embargo, la persona común sólo tenía oportunidad de ascender en la escala social si se distinguía en la guerra. Un héroe militar tenía incluso la posibilidad de hacerse miembro de la nobleza menor.

Las desigualdades de la sociedad azteca se notaban especialmente en el campo de la educación. Los hijos de la nobleza asistían a colegios especiales, *los calmecacs*, donde recibían un entrenamiento religioso y militar muy riguroso que los preparaba para ser los futuros líderes. Los niños *macehuales*, en cambio, eran separados de sus padres y enviados a "casas de solteros" donde aprendían, entre otras cosas, el arte de la guerra; cuando se hacían adultos retornaban a su grupo comunitario, a su *calpulli*, en el que pasarían el resto de sus vidas, excepto cuando se les llamaba para servir en la guerra. Si sobrevivían hasta los 52 años —el ciclo del calendario azteca— se les permitía retirarse. La vida diaria del *macehual* en tiempos de paz era dura y monótona; una vida orientada, no hacia los valores individuales, sino hacia los colectivos. El *macehual* que trabajaba en la agricultura, por ejemplo, normalmente poseía una pequeña parcela de tierra° que cultivaba para su familia, pero la mayor parte del tiempo tenía que trabajar para el beneficio de la comunidad a la que pertenecía. Ni siquiera era propietario de su parcela familiar, pues si dejaba de cultivarla durante dos años, podía perderla. Además, los productos de las tierras comunales del *calpulli* o de su trabajo artesanal° no eran sólo para los miembros de la comunidad; buena parte de ellos iban, como tributo, a los miembros de la nobleza. El lado positivo de esta tradición colectivista era que el ciudadano común podía contar con la protección de su grupo y sentirse parte de una familia extensa, pues muchos de los miembros del *calpulli* tenían relaciones de parentesco° y compartían el culto de dioses o antepasados° comunes. El precio de esto, sin embargo, era una vida tremendamente estructurada con poca iniciativa individual y un alto grado de subordinación a la autoridad del grupo o de los nobles.

La mujer azteca, por su parte, se hallaba en una situación de franca desventaja. Se calcula que la mujer de una familia típica pasaba de cinco a seis horas diarias preparando los alimentos; luego, tenía que dedicarse a hacer la ropa de la familia o a hilar mantas° artísticas para consumo de los nobles. Además, se esperaba que tuviera muchos hijos para compensar el alto nivel de mortalidad que producían las campañas militares. La mujer azteca tenía derecho al divorcio en ciertas circunstancias extremas (por ejemplo, cuando el marido la abandonaba), pero se le exigía que fuera casta y fiel a su esposo, en tanto que se permitía que éste tuviera relaciones extramatrimoniales y que se divorciara de su mujer si ella tenía un temperamento desagradable.

Marginal glosses:
- serfs
- plebeians
- spies
- lot of land
- handicraft work
- were related/ ancestors
- to spin blankets

El emperador Moctezuma II (1502–1520)

A la muerte del rey Ahuizotl en 1502, subió al poder su sobrino Moctezuma II, miembro del linaje real de Tenochtitlán. El nuevo *huey tatloani* iba a transformar el carácter del trono azteca. Los vestigios de democracia que habían sobrevivido en los antiguos clanes o *calpullis* acabaron por desaparecer, el poder de los nobles fue considerablemente limitado y Moctezuma pronto comenzó a comportarse° como un monarca absoluto. Fue, sin embargo, un déspota ilustrado°, pues mostró muy buenas cualidades como político y diplomático. Antes de ser emperador, por ejemplo, había tenido sólo dos esposas oficiales, pero ahora adquirió varios cientos de ellas, provenientes de todas las regiones de su imperio. De esta manera, los pueblos conquistados por los aztecas podían decir que una de sus princesas era mujer del emperador y esto ayudaba sin duda a dar mayor cohesión al imperio. Algo similar hizo Moctezuma con los nobles: sustituyó a buena parte de ellos por nobles jóvenes de otras tribus del imperio, confiriéndoles todo tipo de honores y riquezas. Estos nuevos aristócratas eran así neutralizados como potenciales enemigos de Tenochtitlán.

to behave

enlightened despot

Moctezuma II (1466–1520), *huey tatloani* (jefe supremo) de la nación azteca.

Naturalmente, el estilo de vida del emperador se hizo más suntuoso° y empezó a ser tratado como una divinidad. Sus vasallos° no podían mirarlo a los ojos y los nobles tenían que acercarse a él descalzos° y vestidos con ropas muy pobres. Según el cronista español Bernal Díaz del Castillo —uno de los soldados de Cortés— cada comida de Moctezuma constaba de treinta platos diferentes y era consumida en medio de un complejo ritual. Para su entretenimiento, el emperador disponía de un zoológico privado de aves y animales raros. Y, según el propio Cortés, el rey azteca tenía incluso un "zoológico" de seres humanos anormales. Al mismo tiempo, parece que era un hombre amable y generoso, que regalaba constantemente todo tipo de objetos personales, incluyendo joyas de oro y piedras preciosas. Podía ser cruel cuando la ocasión lo requería pero trataba de actuar dentro de los límites de las leyes y tradiciones del estado azteca. Todo indica que era muy admirado y reverenciado por sus vasallos, al menos hasta que la llegada de los españoles destruyó en pocos meses su prestigio.

luxurious
vassals
barefoot

Suramérica antes de Colón

Ninguna alta cultura se desarrolló, durante el período precolombino, en los inmensos territorios de Suramérica que yacen al este de la cordillera de los Andes. En el norte del área andina, en territorios de la actual República de Colombia, varias culturas indígenas alcanzaron un nivel intermedio de desarrollo, como fue el caso de los *chibchas* de Cundinamarca, en la zona de la actual ciudad de Bogotá. Los *chibchas* no construyeron centros urbanos que hayan sobrevivido al paso de los siglos, pero quien quiera tener una idea del extraordinario refinamiento artístico que consiguieron estos pueblos debe visitar el Museo del Oro en Bogotá, donde se exhiben miles de muestras del arte orfebre° de estas culturas: delicadas joyas, figurillas ceremoniales de una maestría que lo deja a uno sin respiración.

samples of goldsmith work (marginal gloss for *orfebre*)

El Perú antes de los incas

El desarrollo cultural del Perú se remonta° a varios miles de años antes de la era cristiana, tanto en la costa del Pacífico como en las alturas de los Andes[1]. En el norte de la cordillera andina, la cultura Chavín, que alcanza su apogeo hacia el año 1000 a. de C., produce ya las botellas con asa de estribo° características de la cerámica andina y arquitectura religiosa en piedra ejemplificada por el templo de Chavín de Huantar. Siglos más tarde, en el árido suelo de la costa sur del Perú, la cultura Paracas nos ha dejado maravillosas muestras de su arte textil increíblemente bien conservado gracias a la sequedad° del clima. Durante los primeros siglos de nuestra era se desarrolla un período "clásico" en el que florecen la cerámica más refinada, como la de la cultura Mochica, y los metales preciosos —plata, oro— son trabajados con gran pericia°. Los peruanos de esa época nos han dejado otro impresionante regalo artístico en la costa sur del país: las misteriosas líneas Ica-Nazca, que forman una serie de enormes dibujos trazados en la arena del desierto. Los dibujos representan una serie de animales, que incluyen pájaros, reptiles, ballenas, un mono, una araña°, como parte de un inmenso sistema de líneas que se extienden por varios kilómetros y trazadas con una simetría que —según un astrónomo que las examinó— no podría ser mejorada hoy día. No sabemos con qué propósito fueron dibujadas esas figuras, y lo más asombroso es que tienen un tamaño tan grande que sólo pueden ser observadas desde el aire, desde un aeroplano. En otras palabras, los indígenas que las hicieron crearon obras de arte que nunca podrían ver en toda su gloriosa perspectiva.

dates back (marginal gloss for *se remonta*)

stirrup spout (marginal gloss for *asa de estribo*)

dryness (marginal gloss for *sequedad*)

craftsmanship (marginal gloss for *pericia*)

whales, a monkey, a spider (marginal gloss for *ballenas, un mono, una araña*)

Tiahuanaco, centro pre-incaico cerca del lago Titicaca, Bolivia.

Por fin, el período 600–1460 d. de C. verá la aparición de una serie de estados más poderosos que construyen importantes centros urbanos y en algunos casos conquistan vastos territorios; tal fue el caso de Tiahuanaco, cerca del lago Titicaca, en Bolivia, y el de Huari, no lejos de la actual ciudad de Ayacucho, Perú. Finalmente, aparece el imperio Chimú, cuya capital, Chan Chan, en la costa norte del Perú —cerca de la presente ciudad de Trujillo— será el mayor centro de poder hasta la aparición de los incas en el escenario andino.

Los hijos del sol

Los llamamos "incas", pero, en realidad, tal era el nombre de los miembros de la familia real que los gobernaba, no el de la gente común. Aparecen hacia el año 1.200 d. de C., en el área del lago Titicaca, hoy Bolivia, un escenario de majestuosa grandeza a 12.000 pies sobre el nivel del mar. Como los aztecas de México, fueron al principio sólo una tribu sin mayor importancia, pero, como los aztecas, una vez que se hicieron poderosos realizaron convenientes correcciones en la historia de los Andes, presentándose a sí mismos en

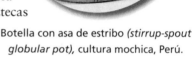

Botella con asa de estribo *(stirrup-spout globular pot)*, cultura mochica, Perú.

sus crónicas orales como el pueblo que había traído la civilización a la región de los Andes. Siglos después, uno de sus descendientes, el Inca Garcilaso de la Vega —hijo de una princesa inca y de un conquistador español— escribió un libro excepcional sobre la historia del pueblo de su madre, los *Comentarios reales de los incas* (1609; 1617). Un día, escribe Garcilaso, le pidió a un viejo tío suyo —un inca de sangre real— que le diera noticias sobre el origen de su pueblo, y el tío le contestó: "Sobrino, yo te las diré de muy buena gana, a ti te conviene oírlas y guardarlas en el corazón". Según el tío de Garcilaso, el divino padre de los incas, el dios Sol (Inti) se apiadó° del estado primitivo en que vivían los habitantes del Perú y envió del cielo a la tierra un hijo y una hija de los suyos para que los civilizaran. Estos dos hijos del Sol, Manco Capac y su hermana Mama Ocllo, fueron los fundadores legendarios del imperio inca. Después de depositarlos en el lago Titicaca, el dios les dio una varilla de oro° y les ordenó que en todos los lugares donde se detuviesen para comer y dormir tratasen de hundirla en el suelo°. El lugar donde la varilla se hundiese "con un solo golpe que con ella diesen en tierra, allí quería el Sol... que parasen e hiciesen su asiento y corte". Así lo hicieron Manco Capac y su hermana, y el lugar donde la varilla se hundió de un solo golpe [es decir, un terreno extremadamente fértil] fue el valle del Cuzco, la cuna° del futuro imperio inca.

Las conquistas territoriales de los incas fueron relativamente modestas hasta el año 1438, cuando el emperador Pachacuti —el noveno emperador inca— inició un espectacular período de expansión que culminó bajo el onceno, el emperador Huayna Capac (1493–1527). Cuando los conquistadores españoles llegaron al Perú en 1532, los incas controlaban una enorme porción del oeste de Suramérica que, comenzando en la frontera sur de la actual Colombia, se

took pity

golden staff
sink it in the ground

the cradle

Masiva fortaleza inca de Sacsayhuamán, cerca de Cuzco.

extendía por el Ecuador, Perú, Bolivia, el oeste de Argentina y la mitad norte de Chile, hasta el río Maule: unas 2.400 millas, de norte a sur, con una población de entre cinco y doce millones de personas, según los diferentes estimados.

La forja de un imperio

Los incas nunca llegaron a inventar la escritura, y su civilización jamás alcanzó el esplendor arquitectónico de las altas culturas de Mesoamérica. Cuzco, su capital, situada a 11.000 pies de altura en un valle de los Andes, fue, sin embargo, una ciudad notable y de una belleza que, desafortunadamente, sólo unos pocos europeos consiguieron ver en toda su gloria. Allí residían el emperador inca y su corte, en espléndidos palacios de piedra, y también allí se hallaba el gran templo del Sol, cuyas piedras, cubiertas con placas de oro, brillaban de una manera deslumbrante° durante el día. Naturalmente, estas placas cautivaron la atención de los conquistadores al llegar a la ciudad, y muy pronto desaparecieron. Pero en las construcciones que han sobrevivido, todavía es posible admirar hoy día la perfección —no igualada en ningún otro lugar de las Américas— con que los incas acoplaban° las enormes piedras de sus edificios mayores. También ha sobrevivido otra estructura monumental, la ciudadela de Machu Picchu, que permaneció escondida durante cuatro siglos gracias a su remota y casi inaccesible ubicación a 2.000 pies de altura, en las montañas andinas que dominan la corriente del río Urubamba. Descubierta en 1911 por el historiador y arqueólogo norteamericano Hiram Bingham, al frente de una expedición patrocinada por la Universidad de Yale, Machu Picchu ha sido objeto de numerosas teorías sobre el uso que le dieron los incas. ¿Fue, como algunos han sostenido, un refugio de los emperadores incas? ¿O tal vez un lugar de retiro para las vírgenes del Sol, dedicadas en cuerpo y alma a la adoración del dios Inti? Lo más probable es que Machu Picchu fuera una fortaleza militar pero su espectacular emplazamiento, entre dos picos situados a la altura de las nubes, invita al ejercicio de la imaginación.

Mas el genio de los incas fue especialmente militar y administrativo. Comprendieron que para crear un imperio era necesario no sólo conquistar territorios sino integrar a su gente dentro de una cultura común. Así, a cada nuevo pueblo que conquistaban le imponían su lengua, el quechua, y su religión oficial, el culto al dios Sol, cuyo representante en la tierra era el emperador inca mismo. Además, enviaban a grupos de sus ciudadanos más leales a las nuevas regiones conquistadas para enseñarles a los más recientes vasallos del imperio las virtudes del sistema inca. A veces esto exigía la relocalización forzada de comunidades enteras que eran trasladadas en masa a las más lejanas provincias. Como parte de este vasto proyecto imperial, los incas construyeron una estupenda red° de comunicaciones que les permitió ejercer un efectivo control sobre sus vastos territorios. Dos caminos paralelos corrían, de norte a sur, a todo lo largo del imperio, uno a través de los Andes, el otro por la costa, con caminos laterales que los conecta-

glittering

fit together

network

ban. Cada pocas millas, un *tampu*, o estación de abastecimiento°, ofrecía alimen-   *provisioning*
tos a los que viajaban por ellos en misiones oficiales (que era la única manera de
viajar que permitía el estado inca). Este sistema resultó extremadamente eficiente
para el movimiento rápido de las tropas y para la transmisión de información importante a una velocidad increíble. Los incas, en efecto, crearon un ingenioso sistema de correos. Cientos de corredores° profesionales, los *chasquis*, estaban a   *runners*
cargo de transmitir mensajes y noticias mediante un eficaz sistema de relevos°:   *relays*
cada *chasqui* corría una corta distancia —poco más de media milla— y le trans-
mitía el mensaje al próximo *chasqui*. De esta manera les era posible recorrer más
de 250 millas en un solo día, según comprobó el moderno explorador Víctor W.
Von Hagen. La transmisión de mensajes no sólo se realizaba de manera oral; los
chasquis transportaban también unos manojos de cuerdas con nudos°, los *qui-*   *bunches of strings*
pus, que, por la posición y el color de los nudos, comunicaban información im-   *with knots*
portante a través de un código secreto. Aparentemente, los *quipus* les permitían
llevar todo tipo de cuentas y estadísticas económicas y demográficas.

Vida del ciudadano común

El ciudadano común del imperio inca, el *puric*, existía en una cultura que, como la
de los aztecas de México, no hacía hincapié° en los valores individuales sino en los   *didn't emphasize*
colectivos. Nacía, vivía y moría dentro de su comunidad, el *ayllu*. Salía de ella sólo
cuando el estado lo necesitaba, por ejemplo, para servir en el ejército en tiempos
de guerra o para cumplir la obligación de la *mita*, es decir, el deber de trabajar
para el imperio un cierto número de días al año en la construcción de obras públicas o en las minas. El resto del tiempo trabajaba en las tierras del *ayllu*. A cada
puric se le asignaba una pequeña parcela que podía cultivar para beneficio de su
familia, pero su obligación más importante era trabajar las tierras y atender los re-
baños° de llamas y alpacas que pertenecían a la comunidad o estaban dedicados al   *herds*
sostenimiento del estado inca y de la re-
ligión oficial. Si llegaba a la edad de
veinte años sin haber escogido mujer, la
comunidad le escogía una y los casa-
mientos del *ayllu* se celebraban una vez
al año, en una ceremonia colectiva. Esta
casi total falta de libertad era compen-
sada con la protección que ofrecía el
sistema al *puric* y a su familia: cuando
éste se enfermaba, se hacía viejo o
moría, o cuando ocurrían desastres naturales, el estado inca estaba siempre allí
para proveer asistencia.

Machu Picchu.

La pirámide imperial

El *ayllu* era la unidad local básica de una impresionante pirámide de poder
basada en el sistema decimal. Cada diez *purics* trabajaban y vivían bajo la supervisión de un capataz°; cada diez capataces eran, a su vez, supervisados por un   *overseer*

jefe, o *curaca*, y la estructura ascendía así hasta el nivel de gobernador de provincia. Las provincias, por su parte, se hallaban agrupadas en cuatro grandes unidades que daban su nombre quechua al imperio: *Tahuatinsuyu*, o "Tierra de las cuatro partes". Los cuatro altos jefes que gobernaban estas unidades residían en Cuzco, la capital, y respondían sólo ante la autoridad suprema del Inca. El poder del Inca no tenía límites. Como encarnación del dios Sol, todas las tierras eran sus tierras, todos los metales preciosos de las minas le pertenecían. En un sistema donde no existía el concepto de dinero, todo el oro y la plata que producía el imperio era dedicado a la fabricación de objetos preciosos destinados al culto del sol y de la luna o al disfrute estético de la familia real. En la residencia real de Cuzco, los españoles encontraron, por ejemplo, jardines enteros en los que cada planta estaba hecha de oro. Y si al ciudadano común sólo se le permitía tener una mujer, el Inca se hallaba rodeado de cientos de concubinas. Tenía, sin embargo, una esposa oficial, la *Coya*, que era su hermana. Esta rara excepción a la prohibición universal del incesto estaba justificada por el deseo de preservar la pureza de sangre de la familia real inca como descendiente de la pareja original, Manco Capac y su hermana Mama Ocllo. Normalmente el emperador inca escogía como sucesor a uno de sus hijos con la Coya.

El culto al sol dominaba la vida del imperio, incluyendo la existencia de una poderosa clase sacerdotal y de numerosos conventos en que mujeres escogidas entre la nobleza, las vírgenes del Sol, vivían en total aislamiento°, dedicadas desde la niñez a adorar a Inti y a tejer las ropas° que vestía el Inca. Sin embargo, los incas también creían en un dios supremo que había creado el universo, incluyendo al Sol, su hijo. Este supremo dios, normalmente conocido como Viracocha, era capaz de adquirir forma humana pero, si hemos de creer al Inca Garcilaso, los incas más refinados tenían de él, bajo el nombre de Pachacamac, una concepción extremadamente similar a la del Dios cristiano. Según Garcilaso, en efecto, los reyes incas y sus filósofos, los *amautas*, además de adorar al sol, el dios visible, adoraban "al verdadero Dios y Señor nuestro que crió el cielo y la tierra... al cual llamaron Pachacamac... que quiere decir el que da ánima al mundo universo", y cuando les preguntaban "quién era el Pachacamac, decían que era el que da vida al universo y le sustentaba, pero que no le conocían porque no le habían visto, y que por esto no le hacían templos ni le ofrecían sacrificios; mas que lo adoraban en su corazón".

Esto sugiere la existencia de una élite inca poseedora de un nivel intelectual bastante alto. El propio Garcilaso describió varios aspectos fascinantes de sus actividades literarias: "No les faltaba habilidad a los *amautas*... para componer comedias y tragedias que en días y fiestas solemnes representaban delante de sus reyes y de los señores... Los representantes no eran viles sino Incas y gente noble." Los argumentos de estas obras, añade Garcilaso, "eran de hechos militares, de triunfos y victorias..."

El *último capítulo*

En 1527 el emperador Huayna Capac murió repentinamente sin haber tenido ocasión de nombrar un sucesor al trono, lo cual provocó una aguda crisis. Dos de sus hijos, Huáscar, que residía en el Cuzco, y Atahualpa, comandante de las

isolation
weave the clothes

tropas de Quito, se prepararon para luchar por el poder. En la guerra civil que resultó, Atahualpa salió vencedor pero el imperio, que ya posiblemente se había extendido demasiado, quedó seriamente debilitado. En noviembre de 1532, el victorioso Atahualpa se hallaba acampado a poca distancia de la ciudad de Cajamarca, famosa por sus baños termales, preparándose para hacer su entrada triunfal en Cuzco, cuando recibió aviso° de que un pequeño contingente de hombres blancos se acercaba a la ciudad. La presencia de esos extraños y agresivos seres en la costa del Pacífico era conocida por los incas desde hacía varios años, pero ahora, por primera vez, se atrevían° a ascender a los Andes, al corazón del imperio. Atahualpa, rodeado por varios miles de sus guerreros, decidió recibirlos sin el menor temor, probablemente dominado por la curiosidad. Éste probó ser el error más grande de su vida. El 16 de noviembre de 1532 ocurrió lo impensable: Francisco Pizarro y su pequeño contingente de conquistadores —unos ciento cincuenta hombres en total— prepararon una emboscada° en la plaza central de Cajamarca y, tras sólo media hora de sangriento combate, los españoles lograron capturar al desprevenido° Atahualpa. Los días de gloria del imperio inca habían llegado a su fin.

got news

dared

ambush

off guard

NOTA

[1] En la primavera de 2001, arqueólogos de la Universidad de San Marcos de Lima anunciaban que las ruinas pre-incaicas existentes en el sitio de Caral, cerca de la costa peruana, 120 millas al norte de Lima, tenían mucha mayor antigüedad de la que se había pensado. Al someter varias fibras (*fibres*) a la prueba del Carbón 14, resultaron remontarse al año 2627 a. de C. Caral, un complejo centro urbano que incluye varias pirámides y dos anfiteatros, sería así la primera civilización avanzada que floreció en el Nuevo Mundo.

Ejercicios y actividades

A. Preguntas sobre la lectura

1. ¿Por qué fue importante el lago Tezcoco en este período?
2. Mencione tres características de los aztecas.
3. ¿Qué eran las "guerras floridas"?
4. ¿Dónde fue construida Tenochtitlán? ¿Se parecía a las ciudades europeas de esa época?
5. ¿Por qué alentaba el estado azteca la creación de familias numerosas?
6. ¿Era la sociedad azteca una sociedad igualitaria? Dé un ejemplo.
7. ¿Qué tipo de gobernante fue Moctezuma II?
8. ¿Por qué es famosa la cultura Ica-Nazca?
9. ¿Por qué le interesaba la cultura de los incas al cronista Garcilaso de la Vega?

10. Según el tío de Garcilaso, ¿cómo vivían los indígenas del Perú antes de la llegada de los incas? ¿Era verdad eso?

11. ¿Quiénes fueron Manco Capac y Mama Ocllo?

12. Mencione dos logros importantes de la civilización inca.

13. ¿Qué tipo de religión tenían los incas?

14. ¿Qué problema ocurrió al morir el emperador Huayna Capac en 1527?

B. Asociaciones. Relacione las palabras de las dos columnas.

1. _I_ águila   a. clan
2. _E_ nahuatl   b. sangre
3. _F_ quipu   c. cultivo
4. _A_ calpulli   d. dinero
5. _G_ chasqui   e. lengua
6. _C_ chinampa   f. mensaje
7. _B_ sacrificio   g. corredor
8. _D_ tributo   h. espía
9. _J_ vasallo   i. pájaro
10. _H_ pochteca   j. ciudadano

C. Definiciones. Complete las siguientes definiciones con las palabras correspondientes.

amautas	ayllus	calmecacs
chibchas	llama	macehual
Inti	parcela	

1. _Calmecacs_ Los colegios a los que asistían los hijos de los nobles aztecas.

2. _Chibchas_ Civilización indígena de Colombia famosa por su maestría en la confección de objetos de oro.

3. _macheual_ Así llamaban al ciudadano común azteca.

4. _parcela_ Lote de terreno dedicado al cultivo.

5. _Inti_ El dios sol de los incas.

6. _llama_ Uno de los animales más importantes para los indígenas de los Andes.

7. _ayllus_ Así se llamaban las comunidades de los incas.

8. _amautas_ Así llamaban los incas a sus intelectuales.

D. ¿Cierto o falso? Si es falso, explique por qué.

1. Tanto en la cultura azteca como en la inca la comunidad era mucho más importante que el individuo.

2. Los aztecas eran descendientes directos de los admirados toltecas.

3. Cuando los incas conquistaban una nueva región permitían que sus nuevos vasallos continuaran hablando su lengua local y adorando a sus propios dioses.

4. A veces los aztecas permitían un cierto grado de autonomía a los pueblos que conquistaban, siempre que les pagasen tributo.

5. Las mujeres aztecas tenían más o menos los mismos derechos que los hombres.

6. Moctezuma vivía de una manera más bien modesta.

7. El oro y la plata eran utilizados por los incas para acuñar monedas.

E. Opiniones

1. Solemos referirnos al "imperio azteca" y al "imperio inca", pero, estrictamente hablando, en realidad sólo uno de los dos merece el título de imperio. ¿Cuál de ellos y por qué?

2. En el texto de esta unidad se ha calificado de "repugnante" y "aberrante" la práctica de sacrificios humanos por los aztecas. Hoy día, sin embargo, algunos piensan que es condescendiente y hasta racista criticar de esa manera los usos y costumbres de otras culturas basados en criterios occidentales. ¿Qué piensa usted?

3. ¿Encuentra algunas similitudes entre el papel de la mujer en la sociedad azteca y el que desempeña en las modernas sociedades occidentales? Comente.

4. Nos parece criticable el hecho de que Moctezuma tuviera en su palacio un "zoológico" de seres humanos anormales. Sin embargo, los reyes europeos tenían bufones y enanos (*dwarfs*) en sus cortes, y aún en la actualidad hay individuos poderosos que se rodean de personas que los entretienen, los adulan y viven de ellos. ¿Conoce usted algunos casos como estos, por ejemplo, en el mundo de los deportes, de las finanzas o del espectáculo? ¿Qué opina de ello?

F. Hipótesis

1. ¿En qué sentidos sería su vida diferente si, retrocediendo en el tiempo, se viese usted de pronto convertido en un *puric* de un *ayllu* inca?

2. Ud. es un prisionero de los aztecas a punto de ser sacrificado, pero en el último momento le conceden una audiencia con el emperador Moctezuma para tratar de convencerlo de que lo/la deje vivir. ¿Qué argumentos lógicos le expondría usted?

3

Europa en la época del descubrimiento de América

Cronología

SIGLO XV

El Renacimiento florece en las ciudades italianas. La curiosidad del hombre renacentista y los nuevos avances en el arte de la navegación permiten emprender ambiciosas expediciones marítimas.

Portugal, nación joven (se había independizado de España en 1385), se hace el país líder en la navegación y exploración de los mares, bajo los reyes João I y João II, de la Casa de Aviz. Un hijo de João I, el príncipe Enrique el Navegante (1394–1460), es el principal promotor de las expediciones desde el centro de estudios que funda en Sagres, en el extremo suroeste de Portugal.

1415–1487 Los portugueses toman el puerto de Ceuta (1415), bastión musulmán en el norte de África, se adentran en el Atlántico, y navegan a lo largo de la costa oeste de África.

1488 La expedición de Bartolomeu Díaz llega al Cabo de Buena Esperanza, en el extremo sur de África.

1498 Vasco da Gama dobla el Cabo de Buena Esperanza, asciende por el Océano Índico y llega a Calcuta, en la Índia.

ESPAÑA

1469 El matrimonio de Fernando de Aragón e Isabel de Castilla permite unificar la mayor parte del territorio español.

1485 Después de buscar sin éxito la ayuda del rey de Portugal, el marino genovés Cristóforo Colombo (1451–1506) desembarca en España con su proyecto de llegar al Oriente navegando hacia el oeste.

1485–1492 Tras adoptar el nombre de Cristóbal Colón, se dedica a convencer a Isabel y a Fernando para que apoyen su proyecto. Pero los expertos que aconsejan a los reyes dan informes negativos y la Corona está escasa de dinero, pues prepara la costosa campaña militar para expulsar a los moros del reino de Granada, último bastión musulmán que queda en España.

1492 Granada es conquistada, alcanzándose así la unidad territorial de España.

Isabel y Fernando decretan la expulsión de los judíos que vivían en España, con lo que consiguen la unidad religiosa de la nación bajo la cruz cristiana.

Una vez conquistada Granada, Isabel y Fernando están en mejor disposición para apoyar a Cristóbal Colón; firman con él un contrato, las "Capitulaciones de Santa Fe", en que Colón es nombrado Almirante del Mar Océano y se le conceden los derechos y privilegios que había pedido.

La expedición de Colón parte del puerto de Palos, en el sur de España, el 3 de agosto. El 12 de octubre desembarcan en una pequeña isla de las Bahamas a la que Colón llamó San Salvador. Se produce el primer encuentro entre el hombre europeo y los indígenas del Nuevo Mundo. América ha sido descubierta, aunque Colón persistirá en creer que ha llegado a tierras de Asia.

Los marinos que acompañaron a Cristóbal Colón en su primer viaje eran hombres que vivían en una época de transición entre la mentalidad medieval y la moderna. En Italia, el Renacimiento° florecía ya durante el siglo XV, y este importantísimo movimiento de renovación artística e intelectual se fue extendiendo poco a poco por el resto de Europa. Al mismo tiempo, sobrevivían todavía muchas ideas, creencias y supersticiones características de la Edad Media: los hombres que aprendieron a usar con eficiencia los nuevos instrumentos de navegación, como la moderna brújula o el cuadrante°, aún creían, sin embargo, en la existencia de extraños gigantes con pies enormes, de hombres que tenían los ojos en el estómago y habitaban misteriosas regiones del Asia o del África. Cuando juzgamos la conducta de los europeos del siglo XV, es bueno recordar con cuánta frecuencia sus mentes tuvieron que debatirse entre la razón y la superstición, entre el mito° y la realidad.

Renaissance

quadrant

myth

El espíritu renacentista

Una cosa importante que hizo el Renacimiento fue poner al ser humano en el centro del universo, como tema central de su interés. Los europeos de la Edad Media habían estado obsesivamente preocupados con las cuestiones religiosas, especialmente con el tema de la vida después de la muerte. Los del Renacimiento, en cambio, se preocuparon más por el destino del hombre aquí en la Tierra. Sintieron el deseo de conocer mejor el mundo que nos rodea, de disfrutar la belleza y los placeres que ofrece. Como resultado, ocurrió en esta época una impresionante revolución artística y un dramático progreso en el conocimiento científico.

rodar→to surround

El arte del Renacimiento fue fundamentalmente un arte sensual, centrado en el cuerpo humano; al mismo tiempo, no fue un arte de excesos sino de armonía y equilibrio. En esta época, los europeos volvieron a descubrir la belleza del arte clásico de Grecia y Roma, y se dieron a imitarlo. Se pusieron de moda° los grandes temas de la mitología griega, y el ideal de serenidad, simetría y perfectas proporciones de los modelos clásicos; recuérdese, por ejemplo, el maravilloso cuadro "El nacimiento de Venus" de Sandro Boticelli en la Galería Uffizi de Florencia, o el "David", la famosa escultura de Michelangelo Buonarroti, también en Florencia. Al mismo tiempo, sin embargo, los humanistas del Renacimiento no aceptaron que el ser humano sea —como los héroes de la mitología griega— un ser dominado por la voluntad caprichosa° de los dioses o por un destino superior a él; por el contrario, el individuo renacentista es un ser libre, una persona en control de su propio destino. Pico de la Mirándola, el gran humanista italiano del siglo XV, escribió un admirable texto, su *Oración sobre la dignidad del hombre,* en el que Dios le dice al primer hombre, Adán: "las demás criaturas del universo están limitadas por mis leyes; tú, en cambio, usando el libre albedrío° que he puesto en tus manos, deberás decidir por ti mismo los límites de tu ser". Este es el espíritu, independiente e individualista, que produjo a los grandes descubridores como Cristóbal Colón y el portugués Vasco Da Gama.

became fashionable

whimsical will

free will

Condiciones favorables

Por fortuna, esa nueva mentalidad europea pudo contar, entre otras cosas, con el notable progreso tecnológico y científico que se produjo también en esa época. La invención de la imprenta por Gutemberg, por ejemplo, hizo posible un espectacular aumento en la circulación de las ideas y del conocimiento científico; se diseñaron mapas más exactos y mejores instrumentos de navegación, se construyeron barcos más ligeros que—como las carabelas° —podían maniobrar fácilmente y navegar contra el viento. En esta época ocurrió también una notable expansión del comercio, especialmente en el Mediterráneo, y aparecieron importantes industrias, como la industria textil en Italia. Las ciudades italianas—Florencia, Venecia, Génova, Milán—fueron el primer gran escenario de un nuevo estilo de vida que luego se extendió a otras partes de Europa, un estilo de vida basado en el poder económico de nuevos sectores medios de la población: comerciantes, empresarios°, los primeros banqueros. Ahora se hizo posible financiar más ambiciosas empresas de comercio y de exploración. El otro fenómeno característico de esta época fue la consolidación de varios estados nacionales en Europa: Inglaterra, Francia, España, Portugal; en mayor o menor medida, estos nuevos poderes militares actuarían como promotores de las más importantes expediciones ultramarinas°.

caravels

entrepreneurs

overseas

El mar y sus misterios

Europa había aprendido a apreciar los objetos de lujo que producía el Oriente (sedas°, porcelanas, piedras preciosas…), así como las especias° que venían también de allí y permitían conservar la carne y darle un sabor agradable (e.g., la pimienta°, el clavo°, la canela°). En el siglo XV, sin embargo, las rutas tradicionales que comunicaban a Europa con el Asia y sus productos se habían vuelto más difíciles y costosas. Los turcos° y los árabes controlaban los territorios del Asia y del norte de Africa por donde pasaban esas rutas, y a veces las bloqueaban o exigían el pago de grandes sumas de dinero para permitir el tránsito de los productos. Los comerciantes europeos soñaban con encontrar una vía de acceso directo por mar a las legendarias Islas de las Especias (hoy Indonesia), a Cipango (Japón), a China y a la India. A los navegantes más atrevidos de esa época el Océano Atlántico les ofrecía dos posibilidades tentadoras°: navegar directamente hacia el oeste desde Europa, o descender hacia el sur, a lo largo de la costa oeste de África, darle la vuelta a° ésta, y ascender por el Océano Índico hasta llegar a la India y demás regiones del Oriente.

Pero, ¿era posible realizar esos viajes? La respuesta no era nada clara. Las personas educadas de entonces sabían que la Tierra es redonda, pero tenían una serie de creencias bastante erróneas sobre nuestro planeta. Según Ptolomeo, el prestigioso geógrafo egipcio del siglo II, el Océano Índico era un mar interior, de modo que no era posible circunnavegar el África para llegar a la India. Otra creencia muy común era que la temperatura aumentaba a medida que uno se aproximaba al ecuador°, de manera que las tierras que estaban en las regiones ecuatoriales eran inhabitables por el insoportable calor. Por fortuna, en la Europa del siglo XV empezaron a aparecer voces disidentes que cuestionaron esas teorías

silks/spices

pepper/clove/cinnamon

Turks

tempting

go around

equator

en nombre de la razón. Circularon también los textos escritos de viajeros que se habían aventurado en las más remotas regiones del Asia y del África sin encontrar los obstáculos que mencionaban los geógrafos. Cristóbal Colón, por ejemplo, tenía en su biblioteca *Los viajes de Marco Polo,* el famoso libro en el que este arriesgado viajero italiano del siglo XIII contaba sus increíbles y excitantes aventuras en la India, China y las regiones más lejanas del Asia. Y también tenía Colón un ejemplar del *Imago Mundi* (1483), el influyente libro del Cardenal Pierre D'Ailly en el que éste declaraba (oponiéndose a Ptolomeo) que África era circunnavegable, y que también era posible llegar al Oriente navegando directamente hacia el oeste por el Atlántico. Pero, claro, estas eran teorías e historias de cronistas y viajeros que no eran fáciles de comprobar°. No había garantías. Los marinos que se aventuraron por primera vez en el Atlántico y perdieron de vista la costa de Europa no podían saber con seguridad lo que les esperaba más allá del horizonte.

to verify

Portugal y la imaginación de un príncipe

Portugal fue el primer país europeo que inició la exploración atlántica de manera sistemática. Aunque era un país pequeño (más o menos del tamaño del estado norteamericano de Indiana) y con una reducida población de no más de un millón de habitantes, era también una nación joven y vigorosa, lista para emprender una política de expansión. Había tenido que librar una dura y exitosa batalla contra la poderosa Castilla en 1385 para asegurar su independencia —de lo cual se sentía muy orgullosa— y una nueva dinastía real, la Casa de Aviz, miraba hacia el futuro bajo el dinámico rey João I. Lisboa se convirtió en el siglo XV en una de las ciudades más importantes y cosmopolitas de Europa, un punto de reunión de comerciantes, marinos, científicos y aventureros provenientes de todo el continente que discutían y se intercambiaban las últimas noticias sobre el mundo de la navegación y

Sagres, Portugal.

el conocimiento geográfico; entre ellos se distinguían sobre todo los italianos —especialmente los de Génova—, que eran expertos hombres del mar. Portugal había sido tradicionalmente una nación de pescadores y en el siglo XV utilizó su experiencia marítima para transformarse —con la ayuda técnica de los capitanes italianos— en el primer poder naval de Europa. El perfeccionamiento, en particular, del velamen° que utilizaba la vela latina° y del mejor barco de la época, la carabela, le aseguraron el papel de líder de la navegación atlántica durante la mayor parte del siglo XV.

sails/lateen sail

La primera aventura marítima importante de los portugueses fue la expedición que en 1415 atacó y ocupó con éxito a Ceuta, el bastión musulmán del norte de África, cerca del estrecho de Gibraltar.

Uno de los participantes en la expedición a Ceuta fue el príncipe Enrique, hijo del rey de Portugal, que sólo tenía entonces 21 años y quedó permanentemente fascinado por las perspectivas de la exploración oceánica. De regreso en

Cabo de São Vincente, Portugal,
cerca de Sagres.

Portugal, Enrique fundó en Sagres un importante centro de estudios e investigación para promover la navegación. El lugar que escogió para construir este instituto fue simbólico: Sagres es un sitio solitario y poco habitado situado en el extremo sur de Portugal, mirando hacia el Atlántico sur, hacia África. Todavía hoy sobrevive la estructura del gran edificio de piedra construido allí por Enrique, y es aún hoy, en el siglo veintiuno, un lugar solitario, muy apropiado para la concentración mental y el estudio. En Sagres, el príncipe Enrique, reunió a una elite de científicos, cartógrafos y experimentados capitanes de mar, de modo que la institución funcionó al mismo tiempo como centro de estudios sobre la navegación y como práctica escuela de diseño de mapas, instrumentos de navegación y entrenamiento de futuros marinos. La historia ha dado a este príncipe el nombre de "Enrique el Navegante" (aunque en realidad navegó poco) y su papel como promotor e inspirador de la expansión marítima de Portugal fue crucial. Los capitanes de Enrique se adentraron, por una parte, en el océano, navegando hacia el oeste y el suroeste, y ocupando, entre otras, las islas de Madeira y Porto Santo, e incluso las islas Azores, a mil millas de la costa portuguesa. Pero las exploraciones más importantes fueron las que realizaron a lo largo de la costa oeste de África.

Marfil, esclavos y... españoles

Para 1434 los barcos portugueses habían sobrepasado el legendario Cabo Bojador, el mítico "punto sin retorno" de la costa africana, y se hizo evidente que el agua hirviente y el calor infernal de la región ecuatorial sólo habían existido en la imaginación europea. Lo que sí existían en la costa africana eran muchas oportunidades comerciales. Los portugueses no trataron de conquistar el interior de África, se dedicaron más bien a establecer puestos fortificados en la costa (feitorías), protegidos por soldados, para traficar con la población nativa en productos que generaban considerables ganancias°: oro, marfil°, pimienta... En 1441 se agregó un infame renglón° más, el tráfico de seres humanos, cuando el primer cargamento de esclavos africanos fue enviado en un barco a Portugal. La muerte de Enrique el Navegante en 1460 no detuvo el impulso explorador de los portugueses y con el ascenso al trono de João II en 1481, la exploración adquirió un nuevo ímpetu. En 1488 la expedición de Bartolomeu Díaz alcanzó el extremo sur de África, el Cabo de Buena Esperanza, y diez años más tarde Vasco da Gama, con una expedición de cuatro barcos, alcanzó el Océano Índico° y llegó por fin a Calicut (Calcuta). El sueño europeo de alcanzar el Oriente a través del mar había sido por fin realizado.

Como es fácil imaginar, España había visto con preocupación esta expansión de Portugal por el Atlántico, y las relaciones entre los dos países se hicieron cada vez más difíciles. Cuando, además, ocurrió una seria disputa entre España y Portugal sobre la sucesión a la corona de Castilla (de la que salió triunfante la

profits/ivory
infamous item

Indian Ocean

Torre de Belem, Lisboa.
Punto de partida de las expediciones
portuguesas en el siglo XV.

futura Isabel la Católica, en contra de Juana, la esposa del rey portugués), estalló una guerra abierta cuyos resultados demostraron la superioridad de Portugal en el mar. La guerra terminó con el Tratado° de Alcaçovas (1479), en el que España tuvo que reconocer el derecho de Portugal a la posesión de las Azores, las islas de Cabo Verde, las de Madeira y, sobre todo, la costa africana. Todo lo que consiguió España fue el reconocimiento de sus derechos sobre las Islas Canarias, frente a la costa de África.

Treaty

España a fines del siglo XV

Esa situación desfavorable para España no iba a durar mucho tiempo, por supuesto: el descubrimiento de América por Cristóbal Colón en 1492 vino a cambiar radicalmente la ecuación en favor de España, que en 1469 había alcanzado su unificación política con el matrimonio de Fernando de Aragón e Isabel de Castilla. Y si examinamos las características que tenía la sociedad española de esa época, encontraremos que se trataba de una nación que en algunos aspectos estaba preparada para iniciar una empresa imperial, pero, en otros, sufría de varios puntos débiles que, a la larga, iban a traerle serios problemas.

Desde el punto de vista militar, España poseía un ejército de tierra numeroso, bien entrenado y con abundante experiencia de combate adquirida en las guerras contra la ocupación musulmana de la Península. Fernando e Isabel, además, eran reyes muy competentes que consiguieron —sobre todo en Castilla— concentrar en sus manos buena parte del poder político, a expensas del poder de la nobleza. España tuvo así una estructura política centralizada capaz de tomar decisiones. Y si el espíritu religioso declinaba en el resto de Europa, los españoles, en cambio, se hallaban poseídos por una agresividad religiosa y un espíritu misionero poco común en esa época. La reina Isabel, en particular, era una mujer profundamente religiosa que siempre mostró una muy favorable disposición a apoyar expediciones destinadas (al menos en teoría) a convertir infieles a la fe católica. En ese importantísimo año de 1492 España consiguió su unidad territorial con la conquista de Granada y su unidad religiosa con la bastante brutal expulsión de los judíos; por otra parte, era un país que había alcanzado su unidad lingüística al extenderse el uso del castellano como lengua principal de la Península.

Isabel la Católica (1451–1504).

Igual que Roma había poseído la lengua latina como gran arma cultural de su imperio, España tenía ahora una lengua común para imponer su cultura al otro lado del Atlántico. Precisamente en ese año de 1492, el ilustre profesor de la Universidad de Salamanca Elio Antonio de Nebrija publicó su *Arte de la lengua castellana*, la primera gramática escrita sobre una lengua moderna. Según una *copy* anécdota, cuando el profesor Nebrija le regaló a la reina Isabel un ejemplar° de su libro, ella le preguntó: ¿Qué es esto? Y él le respondió: "Un instrumento de imperio, Majestad".

ready/to undertake En ciertos aspectos, pues, España se hallaba lista° para emprender° la conquista de un imperio; en otros, en cambio, las condiciones no eran tan favorables. La economía española, por ejemplo, no estaba preparada para emprender una empresa imperial con eficiencia; era una economía predominantemente agrícola, basada en un sistema todavía feudal y con poca producción industrial. Como resul- *supply them with* tado, cuando estableció sus colonias en América, España no pudo suministrarles° los productos manufacturados necesarios. La Corona española no tuvo más remedio que comprárselos a otros países europeos, de manera que buena parte de las ganancias que producían las colonias americanas no se quedaba en España sino *ended up* que iba a parar° a los centros más industrializados del norte de Europa.

Otro problema fue el sistema de valores que se había desarrollado en España durante los largos siglos de lucha contra la ocupación musulmana. Era una sociedad que exaltaba la imagen del caballero cristiano: las actividades militares, el individualismo, el valor personal inyectado de militancia religiosa; en cambio, des- *despised* preciaba° las tareas domésticas, el trabajo manual, las actividades comerciales; asociaba a la agricultura con los infieles musulmanes, pues éstos habían realizado tradicionalmente las labores agrícolas en España, e identificaba a los judíos con la banca y el comercio. El prejuicio religioso, en otras palabras, creó una psicología contraria a actividades que en otras sociedades se consideraban como trabajo *reluctant* digno y productivo. La América española fue colonizada por europeos renuentes° *to dirty their hands* a ensuciarse las manos°. Esto, inevitablemente, habría de hacer difícil establecer un sistema colonial eficiente. Con todas sus limitaciones, sin embargo, hay que reconocer que España fue el único país importante de Europa que estuvo dispuesto a apoyar el improbable proyecto de Cristóbal Colón.

Un hombre llamado Colombo

Cristóforo Colombo fue, en efecto, su nombre original y no hay duda de que nació en Génova, probablemente en 1451, lo cual no quiere decir necesariamente que pueda llamársele "italiano", pues Italia no existía como nación en el siglo XV. Génova, Venecia, Milán, etc. eran ciudades-estado autónomas que tenían incluso sus propios dialectos. Como ha observado Samuel Eliot Morison, no es extraño que Colón no haya dejado ningún texto escrito en italiano, pues el genovés era un dialecto que raramente se escribía. Todos los documentos de su mano que se conservan están escritos en un español que muestra influencia de la lengua portuguesa. No sabemos mucho de los primeros años de su vida. Probablemente él y sus dos hermanos, Bartolomé y Diego, ayudaron a su padre en el negocio fami- *wool-weaving shop* liar, un taller de fabricación de paños°, pero, tan pronto tuvo la oportunidad, el

joven Cristóforo comenzó a hacer viajes por mar, como aprendiz° de marino. *apprentice*
Acumuló así considerable experiencia marítima y parece que también se hizo experto en la confección de mapas y cartas marinas. Pero el momento crucial de su
vida ocurrió cuando, teniendo 25 años, el barco en que navegaba naufragó° en el *was shipwrecked*
Atlántico, frente a Portugal, y el joven genovés consiguió nadar unas seis millas
hasta llegar a la costa de ese país. Durante los próximos nueve años (1476–1485)
Colón vivió en territorio portugués, se casó con una aristocrática dama portuguesa, Filipa de Perestrelo, y tuvo de ella un hijo, Diego. Fue probablemente en
estos años que maduró en su mente la idea de llegar al Oriente navegando hacia
el oeste por el Atlántico.

Portugal, recordemos, era el país líder en la exploración marítima y sucedió
que el padre de Filipa, la esposa de Colón, había sido un prominente marino
poseedor de un importante archivo° de documentos, mapas, etc., al que Colón *archives*
tuvo acceso. El navegante genovés mostró una clara parcialidad hacia los libros,
mapas y opiniones de expertos que parecían favorecer el tipo de viaje que él tenía
en mente. Por ejemplo, le escribió al famoso astrónomo italiano Paolo Toscanelli
consultándole sobre su proyecto y, para su alegría, Toscanelli le contestó dándole
ánimo° y enviándole información bastante optimista sobre la distancia entre *encouraging him*
Europa y el Oriente. La distancia calculada por Toscanelli era más corta que la
real y Colón manipuló los cálculos de Toscanelli y otras autoridades, como
Ptolomeo, para obtener una distancia aún menor; como resultado, el futuro
Almirante° concluyó que la distancia entre Portugal y Japón era más o menos la *Admiral*
que hay en realidad entre Portugal y Cuba: un error de casi 8.000 millas. Armado
con sus optimistas cálculos, Colón se presentó ante el rey de Portugal para pedir
apoyo° económico para su proyecto. João II, sin embargo, estaba demasiado ocu- *backing*
pado con los viajes portugueses por la costa de África para prestar atención al
joven genovés. Desalentado°, Colón decidió probar suerte en el otro país que *disheartened*
quizás podría ayudarle: España. Su mujer, doña Filipa, había muerto ya y su hijo
Diego era todavía un niño pequeño. En el verano de 1485, padre e hijo llamaron a
la puerta del monasterio de La Rábida, un convento franciscano situado cerca de
Huelva, en el sur de España. Los monjes del monasterio recibieron muy bien a
Colón, accedieron a que el pequeño Diego se quedara con ellos por un tiempo y
escucharon con receptiva seriedad los detalles de su proyecto; uno de los monjes,
Antonio de Marchena, persona influyente, le dio incluso una carta de pre-
sentación para unos de los hombres más importantes de España, el Duque de
Medina Sidonia. Los próximos siete años iban a ser el período más difícil y deci-
sivo en la vida de este hombre extraordinario.

No ha quedado un retrato confiable° de Colón, pero tenemos una buena idea *reliable portrait*
de su apariencia física por las descripciones de personas que lo conocieron. Fue
un hombre alto, de piel blanca, ojos claros y pelo rubio o rojizo que se volvió
blanco cuando era todavía joven. Su apariencia física era sin duda impresionante
y carismática, con una dignidad que inspiraba respeto. Obviamente, era un hombre que sabía ser persuasivo y tenía la habilidad de relacionarse con personas importantes. Sólo un año después de haber llegado a España, desconocido y sin
dinero, conseguía que la misma reina Isabel lo recibiera en el Alcázar (Palacio) de
los Reyes Cristianos, en la ciudad de Córdoba. El salón del trono, donde tuvo
lugar la entrevista, puede ser visitado todavía hoy. Pero después de ese exitoso

disappointment

comienzo siguieron muchos momentos de desengaño°. La reina simpatizó desde el primer momento con Colón y con su idea, pero la comisión de expertos que nombró para estudiar el proyecto dio un dictamen negativo; no es que tomaran a Colón por un loco ni mucho menos, sino que estimaron que su plan era impracticable debido a las enormes distancias y dificultades para la navegación que con-

that went with it/ advisers

llevaba°. Estos consejeros° de la reina pensaban, con razón, que la distancia real que separa a Europa del Oriente era mucho mayor que la estimada por Colón. El problema es que les tomó cuatro años decir que no, y mientras tanto Colón tuvo

wait/(the king and queen/without a job

que vivir la agonía de la espera° interminable. La Corona° le había dado una pequeña pensión para vivir, pero fue hombre sin oficio°, a menudo objeto del ridículo y... solitario. Por esos años conoció en Córdoba a una muchacha de la que tuvo un hijo, Fernando; éste, años después, llegaría a ser un hombre educado que escribió la biografía de su padre.

hesitated

El "no" de la comisión, por otra parte, no fue la última palabra. Isabel y Fernando todavía vacilaron° durante dos años. Un problema era el dinero, que estaba escaso, pues los reyes estaban en medio de la campaña militar contra los moros de Granada. Otro problema era que Colón, como buen visionario, era

stubborn

testarudo° y exigía mucho: quería, entre otras cosas, que los reyes lo nombraran Almirante y gobernador de todas las tierras que descubriese, y que se le diera una décima parte de todas las cosas de valor —oro, plata, especias, etc.— que encontrara. Por fin, en el último momento, cuando ya Colón les había dicho adiós a los reyes, decidido a irse a Francia, un mensajero° de Isabel y Fernando

messenger

lo alcanzó en el camino para darle la buena noticia: los reyes, finalmente, accedían a su plan. En abril de l492, en el pueblo de Santa Fe, cerca de Granada, Colón firmó con los reyes el contrato llamado "Las capitulaciones de Santa Fe"; en él, Isabel y Fernando aceptaron todas las demandas del marino genovés. En esa decisión final probablemente influyó decisivamente el consejo de Luis de Santángel, un judío converso que era consejero del rey Fernando. Santángel —uno de los héroes menos conocidos de esta historia— urgió a los reyes a que

proposal

accedieran a la propuesta° de Colón e incluso ofreció reunir los fondos para financiar la expedición (la leyenda de que la reina vendió sus joyas con este propósito es sólo eso, una leyenda).

El pequeño puerto de Palos, cerca de Huelva y de la frontera con Portugal, fue el lugar escogido para organizar la expedición. Colón obtuvo la ayuda de

get ready

varias familias prominentes de Palos para conseguir y alistar° los barcos necesa-

crew

rios y para reclutar la tripulación°. Esto último era esencial, pues no era fácil hallar hombres dispuestos a embarcarse en una aventura tan peligrosa; sólo el prestigio y la persuasión de capitanes locales como Martín Alonso y Vicente Yáñez Pinzón lograron convencer al número necesario de marinos. No es cierto, por supuesto, que fuese una tripulación de delincuentes sacados de la cárcel: la mayoría de los 90 hombres de la expedición eran marinos locales. De los tres pequeños barcos, la Santa María —la nave capitana— era la mayor (unas 120 toneladas y 85 pies de largo); las otras dos naves tenían más o menos la mitad de ese tamaño.

fleet
set sail

Temprano en la mañana del viernes 3 de agosto de 1492, la pequeña flota° zarpó° del puerto de Palos y se dirigió hacia el sur. Varias reparaciones la obligaron a permanecer en las Islas Canarias durante varias semanas. Pero por

Cristóbal Colón (1451–1506).

fin, el 6 de septiembre, los tres barcos enfilaron directamente hacia el mar abierto, en dirección oeste, a lo largo del paralelo 28. El resto de lo que ocurrió durante el viaje lo sabemos por el *Diario de navegación* que mantuvo Colón. Sabemos así, por ejemplo, que el Almirante decidió engañar a la tripulación sobre la distancia que recorrían cada día, haciéndoles creer que era menos que la distancia real, para que no se alarmaran demasiado. El 7 de octubre, desanimados°, *discouraged* hacen una corrección del rumbo° y proce- *course* den en dirección sudoeste (de haber seguido directamente hacia el oeste, habrían llegado a la costa de la Florida). El tiempo era favorable: "Los aires —escribió Colón en su *Diario*— son muy dulces como en abril en Sevilla, que es placer estar a ellos: tan olorosos° son". Pero la tripulación había *fragrant* llegado casi al límite de su resistencia y protestaba: "Aquí la gente ya no lo podía sufrir: quejábase° del largo viaje", *complained* anotó Colón el 10 de octubre. No podía saber que estaba a sólo dos días del gran descubrimiento. Pues el 12 de octubre, a las dos de la mañana, un marinero de la "Pinta", Rodrigo de Triana, dio al fin el esperado grito: "¡Tierra!". Al aclarar el día, vieron que estaban ante una pequeña isla (Watling's Island, una de las Bahamas), que Colón llamó San Salvador y describió como "isla… muy llana y de árboles muy verdes y muchas aguas y una laguna° en medio muy grande, sin *lagoon* ninguna montaña, y toda ella verde, que es placer mirarla". "Luego" —nos dice el Almirante— "vinieron gente desnuda". Un gran número de cuerpos oscuros, en efecto, aparecieron en la playa y contemplaron con temor y curiosidad el espectáculo de la pequeña flota y sus extraños tripulantes°. Iba a producirse el *crew* primer contacto entre los habitantes de dos mundos totalmente diferentes. Y las consecuencias de aquel primer encuentro están sintiéndose aún y no han cesado de producir controversias hasta hoy, más de quinientos años más tarde.

Primera imagen del indígena americano

Colón quiso creer que aquellos primeros hombres y mujeres que encontró en la isla de San Salvador eran habitantes de las fabulosas "Indias". Por eso los llamó "indios" y al parecer, nunca estuvo dispuesto a rectificar su error. Estos habitantes de las islas Bahamas eran en realidad taínos, un pueblo indígena que había venido probablemente de Suramérica y en el siglo XV constituía la población predominante en muchas islas del Caribe, especialmente en las Grandes Antillas, es decir, Cuba, La Española (hoy Haití/República Dominicana), Jamaica y Puerto Rico. Los taínos eran indígenas relativamente pacíficos que vivían de la agricultura, la caza° y la pesca°. En su *Diario de viaje* *hunting/fishing*

Colón hizo un retrato idealizado de estos indígenas, de su apariencia física, su carácter y del escenario natural de las islas del Caribe. Según el Almirante, los taínos "estaban todos desnudos... y tenían hermosos y lindos cuerpos y muy buenas caras"; además, eran generosos pues "daban de aquello que tenían de *willingly* buena voluntad°" y no usaban ni conocían las armas. Igualmente, el paisaje de *paradiselike* las Bahamas fue presentado por Colón como el de una región paradisíaca°: "Son estas islas muy verdes y fértiles, y de aires muy dulces..." Con este lenguaje, no muy diferente al que usan hoy las agencias de turismo, Colón intentaba impresionar favorablemente a los reyes de España, Isabel y Fernando, sobre el valor de su descubrimiento. Pedro Henríquez Ureña, el eminente *essayist* ensayista° dominicano, observó que esas descripciones de Colón fueron el origen de dos ideas que fascinaron y continúan fascinando a la mentalidad occidental: América como tierra de oportunidad y abundancia, y el indígena americano como "noble salvaje", es decir, como ser humano que fue originalmente bueno e inocente antes de ser sometido a la influencia corruptora de la civilización occidental. Siglos después, los escritores románticos de Europa utilizarían ese modelo del hombre natural como el del ser humano ideal. Además de los taínos, otros dos pueblos indígenas, los siboneyes y los caribes, se habían establecido en las islas Antillas. Los siboneyes fueron quizás los habitantes más antiguos de esta región, pero su cultura, bastante primitiva, no pudo resistir el avance de los taínos; para el siglo XV quedaban sólo algunos grupos de ellos, diseminados especialmente por el interior de Cuba. Más conocidos, en cambio, fueron los indígenas que dieron nombre al mar Caribe, sobre todo por su reputación como feroces guerreros y caníbales (el término "caníbal" y su versión inglesa, *cannibal,* provienen de la palabra "caribe"). Probablemente esa reputación de ferocidad ha sido exagerada pero parece cierto que consumían carne humana, al menos con propósitos rituales, y que las expediciones militares eran una de sus actividades favoritas, aunque también se dedicaban a la caza y a la pesca. Llegaron a expulsar a los taínos de las islas situadas en la parte este del mar Caribe y éstos daban muestras de terror cuando se mencionaba el nombre de esos problemáticos vecinos. Al parecer, los caribes eran también aficionados *to kidnap* a secuestrar° mujeres taínas para procrear con ellas, ya que no tenían suficiente población femenina.

En todo caso, ni los caribes ni los demás pueblos indígenas que habitaban las islas Antillas poseían una organización militar capaz de oponerse con éxito a la conquista europea, aunque tenían una gran superioridad numérica sobre los españoles. Es posible, por ejemplo, que la población indígena de Cuba en 1492 llegara a las 100.000 personas, y que la de Santo Domingo pasara del medio millón. Pero el noble salvaje descrito por Colón no estaba destinado a sobrevivir. Según varios cronistas de la época, como Las Casas y Oviedo, para 1550 la población nativa se había extinguido casi por completo. En la Española parece que quedaban para entonces sólo unos pocos centenares de indígenas.

Ejercicios y actividades

A. Preguntas sobre la lectura

1. ¿Dónde y cuándo comenzó el Renacimiento? *donde – Italia cuando – siglo XV*

No fue una época de transicion entre la mentalidad medieval y moderna.

2. Los europeos del siglo XV, ¿eran completamente renacentistas? ¿Por qué?

3. Nombre tres cualidades o características que eran muy apreciadas por el arte del Renacimiento. *arte sensual, el cuerpo humano, armonía*

4. ¿Por qué es lógico que un artista renacentista como Boticelli sintiera atracción hacia el tema El Nacimiento de Venus?

5. Dé dos ejemplos del progreso tecnológico que ocurrió en esa época. *una brújula, la imprenta*

6. ¿Por qué se mencionan aquí a las ciudades italianas? *Porque en esa época es donde empezó el renacimiento y es el País de Colombo*

7. Para llegar a Asia desde Europa, una posibilidad era navegar hacia el sur, por la costa de África; la otra era... *pasar por la tierra, y el norte de Africa*

8. Muchos expertos del siglo XV tenían ideas erróneas sobre nuestro planeta. Mencione una. *la distancia entre Europa y otro continente al oeste creen que el mundo era plano*

9. ¿Qué fue Sagres? ¿Por qué fue importante? *Un centro de estudios para improvar el navigacion. Es en Portugal*

10. ¿Se dedicaron los portugueses a conquistar el interior de África? ¿Qué hicieron? *No*

11. ¿Era España un país bastante industrializado en el siglo XV? Comente. *No era industrializado porque mucho de la gente eran hacendado con mucho torreno*

12. ¿Cuál era la actitud de muchos españoles hacia el trabajo manual? *No les gustaba entonces no tenían*

13. ¿Por qué llamó Colón indios a los habitantes del Caribe? *Porque pensó que fue en indio*

14. ¿Qué tipo de descripción dio de ellos?

15. ¿Qué le sucedió a la población indígena del Caribe? *esclavos por trabajar*

B. Sinónimos. Relacione las siguientes palabras con sus sinónimos correspondientes.

1. *E* carabela ✓   a. capturar *(la policia ... un ladron)*
2. *G* estado ✓   b. indígena
3. *I* contrato ✓   c. lugar
4. *C* sitio ✓   d. escenario
5. *F* traficar ✓ *(ilegalmente)*   e. barco
6. *H* moro ✓   f. comerciar *(legalmente)*
7. *J* corona ✓   g. nación
8. *B* indio ✓   h. musulmán
9. *A* secuestrar *(conotacion neg.)*   i. capitulación
10. *D* paisaje ✓   j. rey/reina

C. Asociaciones. Complete los espacios en blanco con la forma apropiada de las siguientes palabras.

exemplary	*essayist*	*marine*	*columnist*
ejemplar	ensayista	marino	cronista
negocio	feitoría	testarudo *stubborn*	
business			

1. Los genoveses eran expertos ___marinos___.

2. Los portugueses establecieron ___feitoría___ en la costa de África.

3. Varios ___cronistas___ del siglo XV contaron sus viajes a países exóticos.

4. Colón tenía en su biblioteca un ___ejemplar___ de la *Geografía* de Ptolomeo.

5. Cuando era niño, Colón trabajó con su padre en el ___negocio___ familiar.

6. Colón era bastante ___testarudo___ en cuanto a las demandas que les hizo a Isabel y a Fernando.

7. Pedro Henríquez Ureña fue un notable ___ensayista___ dominicano.

D. Definiciones. Relacione las siguientes definiciones con las palabras correspondientes.

1. __D__ Instrumento de navegación.

2. __K__ Creencia que no está basada en el conocimiento científico.

3. __I__ Tipo de barco muy utilizado en el siglo XV.

4. __A__ Especia del Oriente.

5. __B__ Persona que vive de los animales del mar.

6. __H__ La ocupación de una persona que presta dinero.

7. __F__ Grupo de barcos que navegan juntos.

8. __C__ La facultad del ser humano que asociamos con la inteligencia.

9. __J__ Círculo que divide a la Tierra en dos mitades.

10. __G__ El grupo de marinos que operan un barco.

11. __E__ Pintura que representa la cara de una persona.

a. canela
b. pescador
c. mente
d. brújula
e. retrato
f. flota
g. tripulación
h. banquero
i. carabela
j. ecuador
k. mito

a) cinnamon
b) fisherman
c) mind
d) compass
e) portrait, depiction
f) fleet
g) crew
h) banker
i) ?
j) equator
k) myth

E. **¿Cierto o falso?** Decida si las siguientes afirmaciones son C (ciertas) o F (falsas). Si son falsas, explique por qué.

	C	F
1. Colón pensó que la Tierra era más grande de lo que es en realidad.		✓
2. Colón decía que la Tierra era redonda y por eso lo tomaron por loco.		✓
3. La reina Isabel vendió sus joyas para ayudar a Colón.	✓	
4. Luis de Santángel estaba a favor del proyecto de Colón.	✓	
5. Colón tuvo dos hijos, Diego y Fernando.	✓	
6. Colón viajó por España acompañado de su pequeño hijo Diego.	✓	
7. Probablemente el español fue la primera lengua que el Almirante aprendió a escribir.	✓	
8. La primera entrevista entre Colón y la reina Isabel ocurrió en el pueblo de Santa Fe.		✓
9. La mayoría de los miembros de la tripulación que descubrió América eran delincuentes de varios lugares de España.	✓	
10. Colón engañó a sus hombres sobre la distancia que sus barcos navegaban cada día.		✓
11. La primera isla que descubrieron era un lugar seco y sin vegetación.		✓

F. Comentarios. Usando el vocabulario y la información aprendida en esta unidad, haga un comentario sobre los siguientes temas.

1. La idea del Renacimiento sobre el ser humano.
2. El gran interés de los europeos en llegar al Oriente por vía marítima.
3. El miedo justificado que sentían los marinos cuando pensaban en adentrarse en el océano.
4. La personalidad de Cristóbal Colón: sus virtudes y sus defectos.
5. La manera en que Isabel y Fernando trataron a Colón.

G. Opiniones e hipótesis

1. Póngase usted en el lugar de Isabel o Fernando. Si usted hubiera sido uno de ellos, ¿le habría dicho que sí a Colón? Justifique su respuesta.

2. Usted es un marino del puerto de Palos en 1492. Si Colón se hubiera acercado a usted para pedirle que le acompañara en su viaje, ¿cuál habría sido su respuesta? ¿Por qué?

3. Por fin, usted accedió a acompañar al Almirante y se encuentra en la Santa María. ¿Qué pensamientos vienen a su mente mientras la costa desaparece de su vista? ¿Qué sueños y ambiciones tiene en mente?

4. Póngase en el lugar de uno de los indígenas taínos que vio por primera vez a Colón y a sus hombres. ¿Le parecerían raros esos europeos? ¿Por qué?

4

La conquista de la América Hispana

Cronología

1494 España y Portugal firman el Tratado de Tordesillas, que establece la línea de demarcación entre los territorios españoles y los portugueses.

1493–1519 Colón realiza otros tres viajes de descubrimiento (1493–1504); muere en 1506. Se funda una colonia permanente en la Española (hoy Haití/Santo Domingo), que se hace el primer centro del gobierno colonial español. Colón es nombrado primer gobernador de la colonia, pero fracasa como administrador; su sucesor, Nicolás de Ovando (1502–1509) pone orden con mano dura; es sucedido en 1509 por Diego Colón, hijo del Almirante, que trae el refinamiento europeo a la joven colonia.

Los indígenas son repartidos entre los conquistadores, bajo el sistema de la encomienda, establecido bajo el gobierno de Ovando. Las Leyes de Burgos (1511) tratan de hacer más humano el sistema de la encomienda, pero los encomenderos no las obedecen. La población indígena comienza a disminuir rápidamente y se traen los primeros esclavos de África para sustituirla.

Desde la Española se exploran y conquistan las principales islas del Caribe y se establece la primera colonia en Panamá.

Desde Panamá, Vasco Núñez de Balboa capitanea una expedición que llega a la costa del Océano Pacífico (1513); Juan Ponce de León descubre la Florida (1513).

1519–1521 La expedición de Hernán Cortés realiza la conquista del imperio azteca de México y destruye la capital azteca de Tenochtitlán, sobre cuyas ruinas se construye la actual capital de México. Cortés narra los hechos de su campaña militar en cinco cartas, las Cartas de Relación, que dirige al emperador Carlos V. Uno de los soldados de Cortés, Bernal Díaz del Castillo, escribe una valiosa crónica, la *Historia verdadera de la conquista de la Nueva España* (México).

A partir de México y de Panamá, se realiza la conquista de la actual Centroamérica.

1532–1533 En el Perú, la expedición encabezada por Francisco Pizarro hace prisionero al emperador de los incas, Atahualpa, y lo usa como rehén (*hostage*) para emprender la conquista del imperio inca. Cuzco, la capital del imperio, es capturada y los españoles fundan la ciudad de Lima, en la costa del Perú.

1533–1550+ Prosiguen las exploraciones y conquistas. El mito de las riquezas de El Dorado estimula la exploración de la actual Colombia; la expedición de Francisco de Orellana navega el río Amazonas desde el Perú hasta el Atlántico (1541–1542).

En Norteamérica, las expediciones de Francisco Vázquez de Coronado y de Hernando de Soto exploran vastos territorios de los actuales Estados Unidos (1539–1542), descubriendo el río Mississippi y el Gran Cañón del Colorado.

En el sur de Suramérica —Chile, Argentina, Uruguay— la conquista progresa con lentitud debido a la hostilidad de los indígenas de la región y a la ausencia de metales preciosos que estimulen la presencia española.

after

discovery

Tras el sorprendente hallazgo de Cristóbal Colón, Isabel y Fernando estuvieron muy interesados en obtener un título legal que les diera derecho a conquistar y colonizar los nuevos territorios descubiertos y otros que pudieran descubrirse en el futuro. Su principal preocupación eran las ambiciones territoriales de Portugal. Después de una serie de negociaciones, los dos países firmaron el Tratado de Tordesillas en 1494, que estableció una nueva línea de demarcación, situada a 370 leguas (unas 1.100 millas) al oeste de las islas de Cabo Verde, un grupo de islas que se hallan frente a la costa oeste de África. Los territorios situados al oeste de esta línea pertenecerían a España; los situados al este, a Portugal. Al aceptar esta división, España, sin saberlo, concedió a Portugal las tierras del Brasil, que serían descubiertas poco después, en 1500, por una expedición portuguesa. La línea de Tordesillas nunca fue objeto de una comprobación adecuada y provocó muchas disputas territoriales durante los dos siglos siguientes, pero, en ese momento, le dio a España un "justo título" sobre las tierras del Nuevo Mundo.

El período de las islas (1492–1519)

Cristóbal Colón realizó un total de cuatro viajes al Nuevo Mundo entre 1492 y 1504. Durante ellos descubrió las principales islas del mar Caribe, la costa de Venezuela y la costa caribeña de Centroamérica, desde la actual Honduras hasta Panamá. Al mismo tiempo, estableció la primera colonia permanente en suelo americano en la Española, la isla donde hoy se encuentran Haití y la República Dominicana. Pero resultó ser mejor explorador que administrador. Desde el principio tuvo problemas con los colonos° que empezaron a llegar a la Española en busca de rápidas ganancias. Colón quería establecer, como socio de la corona española, un sistema de factorías similares a las *feitorías* establecidas por los portugueses en la costa de África; según este plan, los inmigrantes españoles vendrían a América a trabajar para los reyes de España bajo la supervisión del Almirante. Como es fácil adivinar, los colonos no estuvieron conformes con tal sistema, que les privaba de su libertad para hacer fortuna en las nuevas tierras y disfrutar de una vida independiente. Pronto, Colón tuvo que enfrentar una seria rebelión contra su autoridad y tomar medidas represivas. En la investigación que siguió, el inspector enviado por los reyes arrestó al Almirante y lo devolvió a España en cadenas°.

colonizers

in chains

Al llegar a la Península hubo una escena de reconciliación en la que la reina Isabel lloró al ver cómo habían tratado al gran marino, pero éste nunca volvió a recuperar su poder en el Nuevo Mundo. Habría de morir en Valladolid, España, en 1506, dos años después de su gran mentora, la reina Isabel. Su funeral atrajo poca atención y hasta hoy no estamos seguros del lugar donde reposan sus restos[1].

Tras la destitución de Colón, los Reyes Católicos impusieron la ley y el orden en la Española y dieron los primeros pasos hacia la creación de un sistema colonial[2]. A partir de ese momento haría falta una licencia real para extraer oro y los reyes percibirían una quinta parte del metal (el llamado "quinto"). Se estableció la primera Audiencia, tribunal que tenía amplias funciones judiciales y administrativas, y un sistema, el de la encomienda, mediante el cual se repartió la población indígena entre los colonos españoles a fin de que trabajaran para ellos. Los colonos, por su parte, se comprometían a mantener económicamente° a los indígenas y a convertirlos a la fe cristiana. Al principio, la explotación más importante fue la del oro que se encontraba en los lechos de los ríos°. Los indígenas, obligados a trabajar interminables horas con pobre alimentación y constantes malos tratos, protagonizaron varias rebeliones que fueron brutal-

to support

riverbeds

VASCO NUÑEZ DE BALBOA.
Descubridor del Mar del Sur. Nació en Xeréz de Extremadura en el año de 1475 y fué muerto en Acla en 1517.

Vasco Núñez de Balboa (1457–1519), descubridor del Océano Pacífico.

crushed

mente aplastadas°. La Corona hizo un intento por mejorar las condiciones de trabajo de la población nativa mediante las Leyes de Burgos (1512), pero los derechos que en ellas se les reconocían a los indígenas fueron ignorados en la práctica. Como consecuencia, la población nativa comenzó a mermar° de manera alarmante, en tanto los depósitos de oro de los ríos empezaban a agotarse°. Gradualmente, la Española se fue haciendo una colonia dedicada más que nada a la agricultura y a la ganadería°. La exitosa introducción del cultivo del azúcar, por otra parte, aumentó la necesidad de mano de obra°, y como los indios eran cada vez más escasos e incapaces de soportar las condiciones de trabajo de las plantaciones de caña°, empezaron a importarse esclavos negros, primero desde España, luego desde África. Coincidieron así dos de los más trágicos eventos de la historia de la humanidad: la virtual extinción de la población indígena del Caribe y el comienzo del infame tráfico de esclavos africanos.

to decrease
began to dwindle

cattle raising
labor, manpower

sugar cane

A muchos de los colonizadores no les atrajo la idea de convertirse en agricultores y pronto se lanzaron al mar en busca de nuevos horizontes. Durante los años siguientes, quedaron conquistadas las Antillas Mayores, Juan Ponce de León descubrió la Florida (1513) y se inició la conquista de la Tierra Firme°, como llamaban a la costa norte de Suramérica, desde la actual Colombia hasta el istmo de Panamá. Tras varios desastres iniciales, Vasco Núñez de Balboa logró establecer una colonia permanente en Darién, Panamá, y desde allí encabezó la expedición que en septiembre de 1513 avistó el océano Pacífico, el legendario "Mar del Sur" que Colón había soñado en encontrar[3]. A pesar de tales avances, este llamado "período de las islas" fue más bien decepcionante° ya que

Spanish Main

disappointing

no se realizaron los espectaculares descubrimientos de fabulosas riquezas que Colón había prometido. Muchos se refirieron al marino genovés como "el Almirante de los mosquitos", una alusión al excesivo optimismo con que Colón había descrito la naturaleza del Caribe, silenciando sus aspectos menos agradables.

La Española dejó de ser la principal colonia española en América a partir de 1519, pero esta primera fase de la colonización fue extremadamente importante. En esos años, no sólo se echaron las bases del sistema colonial español, sino también las del modo de vida que caracterizaría a los colonizadores de la Península, un modo de vida no siempre congruente con la realidad americana. En este sentido fue crucial la llegada a la Española de Diego Colón, el hijo del Almirante, como gobernador de la isla, en 1509. Se había casado con una dama de la aristocracia española, sobrina del poderoso Duque de Alba, y esto probablemente le ayudó a obtener el nombramiento°. Diego llegó a Santo Domingo, la capital de la *appointment* colonia, con su aristocrática esposa, María de Toledo, y una comitiva de cortesanos° acostumbrados a vivir a la manera de la aristocracia europea y no muy *courtiers* dispuestos a adaptarse a la aún primitiva vida de la colonia. Las damas castellanas tuvieron que arrastrar° sus largas faldas de seda y terciopelo° por calles to- *drag along/silk and* davía cubiertas de charcos°. En los próximos años, Diego y su mujer crearon en *velvet/puddles* Santo Domingo una pequeña corte renacentista° que transformó el carácter de la *Renaissance-like* ciudad. Su signo más visible fue el ambicioso programa de construcción de igle- *court* sias, conventos y edificios públicos que reprodujeron por primera vez en el Nuevo Mundo los estilos arquitectónicos de España. Para 1514, Diego se había instalado en un palacio construido especialmente para él. Dos años antes había comenzado la construcción de la primera catedral de América, que todavía se conserva. En realidad, se estaba creando un modo de vida bastante artificial, centrado en lo urbano, y que sobrevaloraba los modelos europeos y sus virtudes sobre las cosas nativas.

Cortés y la conquista de México

Ninguna otra empresa de conquista se halla tan bien documentada como la de la Nueva España, nombre que le dieron los españoles a México. Fue descrita con sorprendente maestría por el mismo Cortés en las *Cartas de relación* que dirigió al emperador Carlos V entre 1519 y 1526. Por otra parte, uno de los soldados de Cortés, Bernal Díaz del Castillo, escribió su *Historia verdadera de la conquista de la Nueva España*, que se ha hecho un clásico de la literatura hispanoamericana. Estas crónicas de la conquista reflejan, por supuesto, el punto de vista de los españoles. Sólo en el siglo pasado se empezó a prestar atención a la otra mitad de esta historia: la de la tragedia que la conquista significó para la población indígena de México. Varios investigadores mexicanos se han dedicado

Hernán Cortés (1485–1547), conquistador de México.

a recoger testimonios de la conquista que dan la perspectiva indígena sobre el conflicto y nos permiten apreciar mejor el tremendo trauma que sufrió el pueblo azteca. El libro de Miguel León Portilla, *Visión de los vencidos* (1959), es una buena introducción a este tema.

Hernán Cortés tenía sólo 19 años cuando llegó a la Española. Como muchos otros emigrantes al Nuevo Mundo, era natural de Extremadura, una de las regiones más pobres de España. Su familia había tenido medios suficientes para mandarlo a la Universidad de Salamanca pero Cortés, personalidad hiperactiva, abandonó sus estudios al cabo de dos años y decidió probar suerte en el Nuevo Mundo. Las complicaciones de una aventura amorosa demoraron° su viaje a América, pero por fin logró embarcarse y llegó a suelo americano en 1504. Era ya para entonces un robusto joven que, aunque no había terminado sus estudios, era bien versado en latín y poseía un bagaje intelectual° poco común entre los colonos españoles. Le fue bien° en la Española. Obtuvo una encomienda de indios e hizo amigos importantes. Con uno de ellos, Diego Velázquez, participó en la conquista de Cuba, que se llevó a cabo en sólo un año (1511) y, tras recibir una nueva encomienda de indios, su fortuna pareció asegurada. Cuando Velázquez —ahora gobernador de Cuba— lo escogió para capitanear la expedición que se preparaba para la conquista de México, Cortés no vaciló en aceptar, invirtiendo incluso una parte considerable de sus propios fondos en financiar la empresa. A última hora, Velázquez receló° de Cortés y decidió quitarle el mando de la expedición, pero el inquieto extremeño° se hizo a la mar° con una pequeña flota antes de que los hombres de Velázquez pudieran detenerlo. Era el mes de febrero de 1519.

La expedición de Cortés se componía de once pequeños barcos que transportaban unos 600 soldados y marineros, 200 indios de Cuba, 16 caballos, diez cañones y otras piezas de artillería ligera. ¿Cómo pudieron los españoles conquistar el poderoso imperio azteca con fuerzas tan exiguas°? Además de la superioridad militar de los españoles y las cualidades de mando de Cortés, otras circunstancias influyeron en el éxito de los conquistadores. En la isla de Cozumel, por ejemplo, encontraron a un español, Jerónimo de Aguilar —superviviente de una expedición anterior— que había aprendido la lengua maya de los indígenas de la región. Poco después, ya en la costa mexicana, un cacique le regaló a Cortés veinte esclavas, entre las que se hallaba una princesa indígena a quien los españoles dieron el nombre cristiano de Marina; ésta sabía hablar tanto la lengua maya como el nahuatl, la lengua de los aztecas, y esto le permitió al capitán español establecer un eficiente puente lingüístico: Cortés le hablaba a Aguilar en español y éste traducía a la lengua maya; Marina, entonces, traducía de la lengua maya al nahuatl, y así podían comunicarse con los indígenas mexicanos. Marina, mujer obviamente inteligente y astuta, pronto aprendió también el español y se hizo indispensable para la expedición. Tuvo un hijo de Cortés y, por lo menos en una ocasión, le salvó la vida. Su colaboración con los españoles ha hecho que muchos en México la tachen de traidora° a la causa indígena, mientras otros destacan sus admirables cualidades personales.

La expedición española pasó varios meses en la costa de México, tiempo que utilizaron para vencer la resistencia de las tribus locales y establecer un asentamiento permanente, la Villa Rica de la Vera Cruz (Veracruz). Las primeras batallas con los indígenas demostraron que, a pesar de la superioridad numérica

delayed

stock of knowledge
He did well

became suspicious
from the Extremadura region/set sail

scarce

chief

La Malinche

accuse her of having betrayed

to vanquish

de éstos (a veces de 100 a 1), los españoles todavía los aventajaban debido a la superioridad de sus armas y a sus conocimientos de estrategia militar. Los indígenas atacaban sin coordinación, en grupos sólidos que ofrecían blancos° fáciles a las armas españolas. Además, los 16 caballos de la expedición inspiraban terror a los guerreros indígenas, quienes pensaban que caballo y jinete° eran un solo animal monstruoso.

En agosto de 1519, la expedición salió de Veracruz en dirección oeste, en un ascenso gradual desde las tierras calientes de la costa hasta las altitudes de la meseta central. En Veracruz, Cortés dejó una guarnición de 150 hombres. Ya tenía suficientes noticias sobre el poder y las riquezas del imperio azteca. Antes de salir, tomó una medida radical: mandó hundir° los barcos de la expedición para que nadie tuviera la tentación de regresar a Cuba. Por otra parte, calculando que su insubordinación contra Velázquez habría llegado ya a oídos de Carlos V, le había escrito una carta al monarca —la primera de las Cartas de relación— relatando sus hazañas° hasta aquel punto y pidiéndole un nombramiento como autoridad suprema de los nuevos territorios. Para hacer más convincente su petición, le envió al soberano un cargamento de riquezas, entre las que había una rueda de oro macizo° de 38 libras de peso.

En su camino hacia Tenochtitlán, la capital azteca, la expedición tuvo que librar constantes batallas contra los indígenas, pero Cortés supo usar una cuidadosa mezcla de dureza, crueldad y generosas ofertas de reconciliación y amistad; casi invariablemente, las tribus derrotadas° accedieron a convertirse en aliadas° de Cortés. A ello contribuyó el hecho de que el imperio azteca estaba todavía en proceso de consolidación, y que varios de los pueblos indígenas recientemente conquistados por los guerreros de Moctezuma sentían un marcado resentimiento contra el poder azteca y sus constantes demandas de tributos. Muchos de estos pueblos vieron en los españoles a los aliados que podían librarlos de la tiranía de Tenochtitlán. El caso más importante fue el del pequeño estado de Tlaxcala, que había resistido con éxito los intentos de conquista de los aztecas; sus habitantes le dieron dura batalla a Cortés y a sus hombres pero, una vez vencidos, se convirtieron en los aliados más eficaces de los españoles.

Otro factor puramente fortuito intervino en favor de los conquistadores. Los aztecas, recordemos, creían que el legendario dios-rey de los toltecas, Quetzalcóatl, volvería para reclamar su imperio. En la leyenda, además, Quetzalcóatl era representado como un hombre de piel blanca y con barba°. Moctezuma aparentemente pensó, al menos al principio, que era el gran monarca tolteca el que había llegado a la costa de México. Luego, al saber de las acciones a menudo brutales de los españoles, tuvo sus dudas, pero fue impotente para detener el avance de la expedición española. El emperador azteca no tuvo más remedio que° salir a recibir a los conquistadores —400 soldados, seguidos por varios miles de aliados indígenas— cuando éstos llegaron por fin a la entrada de Tenochtitlán el 8 de noviembre de 1519. Moctezuma, con amables palabras, les ofreció su hospitalidad a los españoles, que fueron alojados en un magnífico edificio del centro de la capital azteca. Allí tuvieron la oportunidad de ver algunas muestras del culto al dios Huitzilopochtli: más de cien mil calaveras°, cuidadosamente apiladas°, recordaban la celebración de recientes sacrificios humanos.

Sólo seis días después de su llegada a Tenochtitlán, Cortés, receloso de las intenciones de Moctezuma, decidió nada menos que arrestar al emperador en su

targets

horse rider

to sink

exploits

solid gold

defeated/allies

beard

had no choice but

skulls/piled up

propio palacio. Acompañado de cinco de sus mejores oficiales y de Marina como intérprete, Cortés, increíblemente, persuadió a Moctezuma, con una mezcla de palabras amables y de amenazas°, para que lo acompañara al edificio donde se alojaban los españoles. ¿Se sintió el emperador azteca víctima de un destino inexorable? En cualquier caso, Moctezuma se convertiría en adelante en un rehén° de los conquistadores y perdería rápidamente el respeto de sus vasallos. La situación se hizo todavía más tensa cuando Cortés, sintiéndose ahora más seguro, subió al Templo Mayor y echó al suelo las estatuas de Huitzilopochtli y demás dioses que allí estaban, sustituyéndolas por imágenes cristianas.

En mayo de 1520 Cortés tuvo que ausentarse de Tenochtitlán para salir al encuentro de una expedición punitiva enviada por Velázquez que había desembarcado en la costa de México. Cortés la derrotó fácilmente e hizo prisionero al jefe de la expedición, Pánfilo de Narváez. Como resultado, los 800 soldados de Velázquez decidieron unirse a las fuerzas de Cortés y regresar con él a Tenochtitlán. Durante la ausencia del comandante español, sin embargo, su impulsivo oficial, Pedro de Alvarado, había ordenado una masacre de indígenas en el centro de la capital, y el aire de rebelión y de guerra se podía respirar en sus calles. Poco después de que Cortés entrara de regreso en la ciudad, los aztecas iniciaron un feroz ataque. Como Tenochtitlán estaba edificada sobre un lago, a los indígenas les fue fácil cortar las calzadas° que comunicaban la ciudad con la tierra firme. Atrapados en su cuartel general, la situación de los españoles se hizo desesperada. Cuando Moctezuma, a petición de Cortés, trató de hablarles a sus vasallos, éstos le tiraron piedras y lo hirieron° [4]. Combatiendo cuerpo a cuerpo contra miles de indígenas, los españoles iniciaron la difícil retirada°. Por cada indio que mataban, diez nuevos aparecían. Muchos soldados se resistían a abandonar el oro que habían obtenido y el peso del metal los hundía° en las aguas del lago. Por fin, los supervivientes consiguieron llegar a la orilla del lago durante la noche del 30 de junio de 1520. Más de la mitad de los conquistadores había perecido° en la batalla y Cortés, desplomándose° al suelo, exhausto, se echó a llorar° bajo las ramas de un árbol luego conocido en la leyenda como "el árbol de la noche triste".

El comandante español, sin embargo, no admitió la derrota. Sus aliados, los habitantes de Tlaxcala, le ofrecieron refugio y allí pasó los próximos meses, preparando un nuevo ataque contra Tenochtitlán. Esta vez las aguas del lago no servirían para atraparlo: con la ayuda de los tlaxcaltecas, sus hombres construyeron 13 pequeños barcos y, pieza a pieza, los transportaron por tierra hasta las orillas del lago Tezcoco. El sitio° de Tenochtitlán duró dos meses y medio. La población azteca de la ciudad había sido diezmada° por una epidemia de viruela°, enfermedad traída a México por los españoles. Aún así, los aztecas, bajo el mando de su nuevo emperador, el joven Cuauhtémoc, resistieron fieramente, hasta que el ochenta por ciento de la ciudad fue destruida. Finalmente, Cuauhtémoc fue hecho prisionero y la ciudad tuvo que rendirse° [5]. Era el 13 de agosto de 1521. "Y así —le escribió Cortés a Carlos V en otra de sus cartas— preso° este señor [Cuauhtémoc]... cesó la guerra. De... manera que desde el día que se puso cerco° a la ciudad... hasta que se ganó, pasaron setenta y cinco días, en los cuales vuestra majestad verá los trabajos, peligros y desventuras que éstos, sus vasallos, padecieron°... ". La versión de estos hechos que dio otro cronista, el mestizo° Fernando de Alva Ixtlilxóchitl, descendiente de la nobleza

Margin glosses:

threats
hostage

to leave

causeways

wounded him
retreat

sank them

perished
collapsing/burst into tears

siege
decimated
smallpox

surrender

in custody
siege

endured
half-breed

Handwritten annotations: where the spanish were lodged · to leave

azteca, es similar en contenido pero refleja la sensibilidad del punto de vista indígena: "Duró el cerco de México... ochenta días...; de los mexicanos murieron
más de doscientos cuarenta mil, y entre ellos casi toda la nobleza mexicana, pues
que apenas quedaron algunos señores y caballeros... Este día, despúes de haber
saqueado° la ciudad, tomaron los españoles para sí el oro y plata... haciendo   *sacked*
grandes fiestas y alegrías. (León Portilla 135–136)[6]."

Renovado impulso de los conquistadores

Pizarro conquered the Andes

La conquista del Perú

El éxito de Cortés en México dio un nuevo ímpetu a la conquista. Cortés mismo
descubrió la costa de California mientras varios de sus capitanes avanzaban hacia
el sur: Cristóbal de Olid hasta Honduras, Pedro de Alvarado hasta Guatemala,
donde impuso el dominio español con su habitual dureza; mientras tanto, el
ejecutor° de Balboa, Pedrarias, expandía también la conquista española en   *executioner*
Centroamérica desde su base en Panamá.

Pero la otra gran hazaña del período fue sin duda la conquista del Perú. Su
protagonista, Francisco Pizarro, nacido probablemente en 1475, era de
Extremadura, como Cortés, pero su niñez fue bien distinta a la de éste. Pizarro
fue hijo ilegítimo de un oficial del ejército que no se ocupó de enseñarle siquiera a
leer y escribir. Al parecer, se ganaba la vida cuidando un manada de cerdos° y   *herd of pigs*
aprovechó la primera oportunidad que se le presentó de emigrar a las Indias. Fue
uno de los soldados que acompañó a Balboa en la expedición que descubrió el
océano Pacífico, y desde ese momento la idea de navegar hacia el sur por el
Pacífico en busca de nuevos imperios indígenas se convirtió en la obsesión de su
vida. En Panamá mismo, Pizarro formó una sociedad con otro conquistador,
Diego de Almagro, y con un sacerdote, Hernando de Luque, que puso el dinero
para organizar la proyectada expedición.

En el curso de los próximos ocho años (1524–32), Pizarro y Almagro
pasaron incontables penalidades° en sus repetidos intentos por establecer el   *hardships*
dominio de España sobre el Perú. En junio de 1532 lograron finalmente fundar el primer pueblo permanente en la costa, San Miguel de Piura, que habría
de servir de base para penetrar en el interior del país en busca de las riquezas
del imperio inca. El emperador Atahualpa, como ya hemos visto, acababa de
ganar una guerra civil contra su hermano Huáscar y se hallaba por el momento en la ciudad de Cajamarca. Hacia allí se dirigió Pizarro con un pequeño
contingente —poco más de cien soldados de infantería, 62 jinetes— y el 15 de
noviembre de 1532, en un ataque por sorpresa, logró hacer prisionero a
Atahualpa.

Existen obvias similitudes entre las tácticas empleadas por Pizarro y las que
antes había usado Cortés en México. Como Cortés, Pizarro tomó como rehén al
jefe supremo de sus adversarios, lo que le permitió actuar con bastante impunidad; y también como Cortés, supo aprovechar en su favor las disensiones internas que existían en el imperio, explotando la rivalidad entre las facciones de
Huáscar y de Atahualpa. Por otra parte, Cortés fue un hombre de cierta educación y complejidad de carácter, y parece haber tenido sinceras convicciones religiosas, no obstante la frecuente dureza que exhibió en sus actuaciones. Para

Pizarro, en cambio, las consideraciones éticas o religiosas no parecen haber tenido un papel particularmente importante. Fue un individuo de casi increíble tenacidad, determinación y coraje personal pero también de pocos escrúpulos a la hora de conseguir lo que quería.

ransom
El episodio del rescate° de Atahualpa es ilustrativo del carácter de Pizarro. El emperador inca le ofreció que, si lo dejaba en libertad, llenaría de objetos de oro la habitación donde se encontraba, hasta la altura que su mano alcanzara (más de seis pies), y también llenaría otra habitación, dos veces, de objetos de plata. Pizarro aceptó y se firmó el apropiado contrato. Durante los dos meses siguientes, miles de los vasallos del Inca vinieron a Cajamarca para traer el tesoro prometido, hasta que los términos del contrato quedaron cumplidos. Cuando los

melted
ingots
españoles derritieron° los objetos que llenaban las habitaciones, se obtuvieron lingotes° que pesaban más de 13.000 libras de oro y 26.000 de plata. No obstante, Atahualpa no fue puesto en libertad y poco después fue ejecutado. El emperador inca, por su parte, había hecho asesinar a su hermano Huáscar ante el temor de que éste ayudara a los españoles.

La captura de Cuzco, la capital de los incas, en 1533, y la fundación de Lima como la nueva capital en la costa, dos años después, establecieron el dominio español pero la paz tardó años en llegar[7]. La rivalidad que se desarrolló entre Francisco Pizarro —incluyendo a los cuatro hermanos que éste había traído de España— y su socio Almagro, acabó en una serie de encuentros sangrientos. La facción de los Pizarro salió al cabo vencedora y Almagro fue ejecutado por Hernando Pizarro en Cuzco. Tres años después, sin embargo, un hijo de Almagro consiguió asesinar a Francisco Pizarro en Lima. Las continuas luchas internas entre los conquistadores no terminaron hasta 1549, cuando Gonzalo Pizarro se rindió ante la autoridad de un sacerdote enviado por Carlos V para restablecer el

cradle
orden en el Perú. En la pequeña ciudad española de Trujillo, Extremadura, cuna° de Francisco Pizarro, se puede ver hoy día una imponente estatua ecuestre del conquistador del Perú y, en una esquina de la plaza central, el edificio del Palacio de Pizarro, no demasiado impresionante en sus dimensiones, y vacío: un

reminder
elocuente recordatorio° de los pocos beneficios que la conquista produjo a sus protagonistas y a España.

La conquista del cono sur

Diego de Almagro había fracasado en sus esfuerzos por conquistar Chile en 1535, pero otro conquistador, Pedro de Valdivia, decidió hacer un nuevo intento. En 1539, Pizarro le dio autorización y Valdivia partió hacia el sur con un contingente de 150 españoles y unos 1.000 indígenas. Durante los 15 años siguientes Valdivia y sus hombres tuvieron que luchar contra la raza indígena más combativa e independiente que encontraron los españoles en América, la de los araucanos. Valdivia consiguió establecer asentamientos permanentes en tierra chilena pero al cabo pagó el reto a los araucanos con su propia vida: fue

quartered
hecho prisionero y descuartizado° el día del Año Nuevo de 1554. Su sucesor, Garci Hurtado de Mendoza, logró infligirles importantes derrotas a los indígenas e incluso capturó y ejecutó a uno de sus principales líderes, el cacique Caupolicán, pero no consiguió vencer la resistencia araucana. Uno de los soldados de Hurtado de Mendoza, el aristocrático Alonso de Ercilla, inmortalizó la

contienda° entre españoles y araucanos en un largo y célebre poema épico de *war*
21.000 versos titulado *La araucana* (1569–1589). Ercilla, por una parte, se distinguió luchando contra los indígenas; por otra, adquirió una profunda admiración por la valentía de éstos y su amor a la independencia, hasta el punto de que los héroes de su poema resultan ser no los españoles sino los caciques° indígenas como Lautaro y Caupolicán. La muerte de este último fue un duro golpe para la causa araucana, pero la resistencia de este pueblo a ser subyugado continuó hasta el siglo XIX. Durante todo el período colonial, las tierras al sur del río Bío Bío —patria° de los araucanos— estuvieron siempre expuestas a inesperados ataques indígenas y no pudieron ser desarrolladas. Sólo en el siglo XIX, ya como república independiente, Chile llegó a concertar tratados con los araucanos y se estableció para ellos un sistema similar al de las "reservaciones" de los Estados Unidos, que ha sobrevivido hasta el siglo XXI. Los araucanos, en otras palabras, nunca capitularon.

chieftains

fatherland

La región de Suramérica que recibió menos atención fue la del río de la Plata, hoy correspondiente a Argentina, Uruguay y Paraguay. La hostilidad de los indígenas y la falta de metales preciosos o de leyendas sobre reinos fabulosos hicieron poco atractiva esta área, que fue colonizada tardíamente. Las ciudades más antiguas del oeste de Argentina, como Santiago del Estero, Tucumán y Mendoza, fueron fundadas por colonizadores procedentes de Chile y del Perú a partir de 1553. La colonización desde el Atlántico, en cambio, encontró mayores dificultades. Una poderosa expedición al mando de Pedro de Mendoza fundó Buenos Aires en 1536, pero la hostilidad de los indios pampas la hizo fracasar. Un grupo de los hombres de Mendoza ascendió por el río Paraná y fundó Asunción, Paraguay, en 1537, entre los más amigables indios guaraníes. Buenos Aires sería fundada nuevamente en 1580, pero fue una ciudad de segundo orden durante los dos siglos siguientes.

Mitos que crearon realidades

La imaginación de los conquistadores, como hemos visto, estuvo influida aún por la fascinación medieval con lo fantástico y lo maravilloso. Por eso durante la conquista se crearon buen número de mitos que actuaron como potentes incentivos para la exploración. Uno de los más importantes fue el mito de El Dorado, según el cual en algún lugar del norte de Suramérica existía un rey indígena fabulosamente rico que una vez al año, en una ceremonia religiosa, se cubría el cuerpo de polvo de oro° y echaba un gran número de objetos de oro en el fondo de un lago como ofrenda° a sus dioses. Una de las versiones de la leyenda situaba este lago en el área de la actual Bogotá. Este y otros mitos que prometían considerables riquezas alentaron la organización de numerosas expediciones que abrieron para España vastos territorios del norte de Suramérica, incluyendo los de la actual Colombia[8]. Los miembros de otra de aquellas expediciones, bajo el mando de Francisco de Orellana, navegaron por un inmenso río en el que cruzaron todo el continente, hasta el Atlántico; durante su viaje, los expedicionarios dijeron haber sostenido un encuentro armado con un contingente de mujeres guerreras, y así revivieron el antiguo mito griego de las Amazonas, que daría su nombre al gran río.

gold dust

offering

Algo similar ocurrió durante la exploración de Norteamérica. El mito de la Fuente de la Juventud, recordemos, fue el que impulsó a Juan Ponce de León a organizar la expedición que descubrió la Florida en 1513. Años después, en l527, Pánfilo de Narváez organizaría otra exploración de la Florida que terminó en desastre, pero uno de los supervivientes de esta expedición, Alvar Núñez Cabeza de Vaca junto con otros tres compañeros, consiguió sobrevivir entre los indios haciéndose pasar por médico-hechicero°, y en el proceso recorrió a pie° toda la costa del Golfo de México hasta llegar al norte de México, donde lo encontró otra expedición española…¡ocho años después! Cabeza de Vaca contó más tarde esta aventura en un libro, *Naufragios*, que se ha hecho un clásico entre las crónicas de viajes del siglo XVI. Este propio explorador dijo haber oído historias sobre la existencia de las siete ciudades de Cíbola, fabulosamente ricas en oro, en algún lugar del interior de Norteamérica, lo cual motivó la organización de una serie de expediciones que nunca llegaron a encontrar las legendarias ciudades, pero exploraron extensas áreas de los actuales Estados Unidos. La de Francisco Vázquez de Coronado, en particular, lanzada desde México en 1540, hizo un enorme recorrido° que incluyó los presentes estados de Nuevo México, Colorado, Arizona, Kansas, Oklahoma y Texas. Fue la primera vez que los ojos europeos contemplaron a los bisontes pastando° en las grandes praderas. Independientemente, Hernando de Soto organizó otra expedición que tras desembarcar en la costa oeste de la Florida, a la altura de lo que actualmente es Fort Myers, ascendió hasta Georgia y luego recorrió Alabama, Mississippi y Tennessee, donde cruzó el río Mississippi. Después de avanzar por Arkansas y Oklahoma, la expedición decidió regresar. De Soto, sin embargo, no consiguió ver el final de la aventura; enfermó de fiebres y murió mientras la expedición andaba por Louisiana. Su cuerpo fue arrojado° a las aguas del Mississippi el 21 de mayo de 1542.

Las riquezas legendarias de los actuales Estados Unidos nunca fueron encontradas y España perdió interés en la región, demasiado ocupada en la colonización de México y Perú. En la Florida, el puesto de San Agustín, fundado por Menéndez de Avilés en 1565, languideció° durante muchos años. En el oeste, Santa Fe (Nuevo México), fundada en 1609, fue la frontera norte del imperio español durante el siglo XVII. Sólo a fines de dicho siglo comenzaron a establecerse, de modo más o menos sistemático, puestos fortificados, especialmente en el área del noroeste de México y de California. La llegada a México en 1679 del famoso padre Kino, de la orden jesuita, marcó el comienzo de la fundación de una serie de misiones que sirvieron no sólo a la causa de la Iglesia sino también a la de la corona española. Los frailes de las misiones se aplicaban con extraordinaria dedicación a adoctrinar y educar a los indígenas, pero junto a ellos había casi siempre una guarnición militar, o presidio, bajo cuya protección se establecían nuevas comunidades de colonizadores. Después de la expulsión de los jesuitas de los territorios españoles en 1767, los padres franciscanos continuaron la obra misionera a lo largo de la costa de California bajo el efectivo liderazgo de fray Junípero Serra; unas veinte misiones, incluyendo las de San Francisco, San José y Santa Bárbara, fueron fundadas entre 1769 y 1823 (Gibson, *Spain in America,* 189).

witch doctor
covered on foot

sweep

bisons grazing

thrown

languished

NOTAS

[1] Lo más probable es que las cenizas de Colón se encuentren en la catedral de Santo Domingo. Véanse los detalles que se dan sobre el asunto en Morison, *The Southern Voyages*, 269–271.

[2] Isabel y Fernando enviaron a la Española al honesto pero duro Nicolás de Ovando, que en sus seis años como gobernador (1502–1508) restableció el orden de manera a veces brutal. Los Reyes Católicos, por su parte, se olvidaron del contrato que habían firmado con Colón y asumieron el control directo de los negocios coloniales.

[3] Balboa, uno de los mejores capitanes que produjo la conquista, fue un excelente gobernador de la colonia de Panamá, distinguiéndose sobre todo en sus esfuerzos por establecer buenas relaciones con la población indígena. Fue reemplazado por un hombre que lo odiaba, Pedro Arias de Ávila ("Pedrarias") el cual acusó falsamente a Balboa de planear una rebelión, y lo hizo ejecutar en 1514.

[4] Moctezuma murió poco después de este incidente, posiblemente no tanto a consecuencia de la herida que recibió como de la depresión que le produjo la situación humillante en que se hallaba.

[5] Cuauhtémoc fue finalmente ejecutado por Cortés en 1525. Después de la Revolución Mexicana de 1910, el último emperador azteca se convirtió en una figura venerada como el símbolo de la verdadera identidad mexicana que fue violada por la conquista española.

[6] Después de su gran triunfo, Cortés fue honrado por Carlos V y nombrado gobernador y capitán general de la Nueva España. También recibió, entre otras cosas, el título de Marqués del Valle de Oaxaca y una enorme encomienda que incluía 22 pueblos y 23.000 indígenas. El Emperador, sin embargo, recibió repetidas noticias negativas diseminadas por los enemigos del conquistador en México y, además, desconfiaba de la poderosa personalidad e independencia de su vasallo más famoso. En 1528, cuando Cortés viajó a España, Carlos lo recibió con grandes honores pero no le renovó el título de capitán-general. A su regreso a México, Cortés se encontró con una Audiencia que limitaba sus poderes y poco después, en 1535, tuvo que aceptar la autoridad del primer virrey de México, Antonio de Mendoza. Una nueva visita a España en 1540 no consiguió mejores resultados y, antes de que tuviera tiempo de regresar a México, Cortés enfermó y murió en un pueblo cercano a Sevilla en 1547.

[7] Muerto Atahualpa, Pizarro encontró a otros miembros de la familia real de los incas dispuestos a llenar el puesto de emperador; el primero de ellos murió inesperadamente; el segundo, Manco Inca, se cansó de ser sólo un instrumento de los españoles y organizó una rebelión en 1536; después de varios éxitos iniciales, tuvo que retirarse a las montañas donde continuó luchando hasta su muerte en 1545. Un hermano suyo, Túpac Amaru, mantuvo la actitud rebelde de sus predecesores hasta que fue capturado y ejecutado por los españoles en 1572.

[8] Las dos más importantes expediciones que conquistaron la región ocupada por los indios chibchas en la actual Colombia fueron la de Gonzalo Jiménez de Quesada, que en 1538 avanzó hacia el sur desde el mar Caribe por el río Magdalena y la de Sebastián de Belalcázar, uno de los conquistadores del Perú, quien ese mismo año partió de Quito, con rumbo norte.

Ejercicios y actividades

A. Preguntas sobre la lectura

1. La línea de demarcación de Tordesillas resultó ser muy beneficiosa para Portugal. ¿Por qué?

2. ¿Por qué no aceptaron el plan de Colón los colonos de La Española?

3. ¿Qué era la encomienda? *Un sistema que dividió entre los colonios los indígenas.*

4. ¿Por qué razón se empezaron a importar esclavos de África? *Las indígenas se murieron porque el trabajo fue muy difícil*

5. ¿Cuál fue la principal hazaña de Vasco Núñez de Balboa? *en descubrio el oceano pacifico, forma un ciudad*

6. ¿Quién fue Marina? ¿Por qué fue ella importante para la expedición de Cortés? *(amante de Cortés) una esclava) princessa quien podaba hablar muchos idiomas, era una traductora para Cortés*

7. ¿Por qué favoreció a Cortés la leyenda de Quetzalcóatl? *porque Cortes tuvo unos de los characteristics de Quetzal...*

8. ¿Qué episodio de la conquista de México evoca el "árbol de la noche triste"?

9. ¿Qué consecuencias tuvo para la ciudad de Tenochtitlán el sitio de las fuerzas de Cortés?

10. ¿Qué contrastes había entre las personalidades de Cortés y de Pizarro?

11. ¿Qué hizo Atahualpa para comprar su libertad? *tuvo educacion y religion* ¿Tuvo éxito? *No tuvo nada*

12. ¿Quiénes son los araucanos? ¿Qué características les distinguieron durante la conquista?

13. ¿Qué característica poco común tiene el punto de vista que adoptó Alonso de Ercilla en su gran poema épico *La araucana*?

14. ¿Por qué fueron importantes mitos como el de El Dorado en la conquista de América?

15. ¿Por qué no intentó España colonizar la mayor parte de los territorios de los actuales Estados Unidos? *no encontraro riquesas y no necesitaron mas teritorio*

B. Sinónimos. Relacione las siguientes palabras con sus sinónimos.

food	1. alimentación G	a. narración
chronicle, history	2. crónica A	b. establecimiento
hostage	3. rehén J	c. matar
penalty	4. penalidad K	d. conseguir
to found, estab.	5. fundar I	e. cerco
to obtain	6. lograr D	f. tribunal
Settlement	7. asentamiento B	g. comida
execute	8. ejecutar C	h. disminuir
to diminish	9. mermar H	i. establecer
site, place	10. sitio E	j. prisionero
audience	11. audiencia F	k. sufrimiento

C. Definiciones. Complete las siguientes definiciones con las palabras correspondientes.

alentar _to encourage_   ganancia _a profit_   renacer _to be reborn_
aplastar _to crush_   hazaña _an exploit_   repartir _to distribute_
cacique _a chief_   mantener _to support_   traidora _traitor_
derrotada _to defeat_   población _population_   seda _silk_

1. _hazaña_ Una acción que demanda mucho valor y coraje.
2. _derrotada_ Se dice de una persona que ha perdido una batalla.
3. _ganancia_ Beneficio que obtiene una persona de una empresa económica.
4. _repartir_ Distribuir cosas o personas.
5. _mantener_ Darle a una persona las cosas que necesita para vivir.
6. _aplastar_ Suprimir brutalmente una rebelión.
7. _población_ Así llamamos al conjunto de personas que habitan en un lugar.
8. _seda_ Material costoso que se usa para hacer ropa.
9. _cacique_ Así se le llama a un jefe indígena en América.
10. _traidora_ Se dice de una persona que no es fiel a su país o a su raza.

D. Palabras relacionadas.

Modelo:

El hecho	La actividad	El individuo
la exploración	explorar	explorador
1. la conquista	conquistar	conquistador
2. el descubrimiento	descubrir	descubridor
3. la inmigración	imigrar	imigrante
4. la explotación	explotar	explotador
5. la navegación	navegar	navegante
6. el gobierno	gobernar	gobernador

E. Relaciones. Relacione los nombres de la primera columna con los nombres correspondientes de la segunda.

1. ____ Junípero Serra
2. ____ Nueva España
3. ____ Hernando de Soto
4. ____ Francisco de Orellana
5. ____ La Española
6. ____ Atahualpa
7. ____ Pedro de Valdivia

a. la Florida
b. Santo Domingo
c. el Amazonas
d. México
e. el Mississippi
f. Paraguay
g. el Orinoco
h. Perú
i. California
j. Chile

F. Opiniones e hipótesis

1. Compare el estilo de vida de los primeros peregrinos que vinieron a Norteamérica desde Inglaterra y el de la corte que estableció Diego Colón en La Española. ¿Qué opina de los contrastes entre uno y otro?

2. Algunos mexicanos de hoy piensan que Marina fue una traidora pues colaboró con los españoles; otros, en cambio, señalan que su vida fue difícil desde su niñez: el padre de Marina murió cuando ella era una niña y su madre volvió a casarse con otro hombre, del que tuvo un hijo; entonces dieron a Marina a unos indígenas para que el nuevo hijo fuera el heredero y la niña pasó así de princesa a esclava, hasta que los indígenas se la dieron a Cortés. En vista de ello, ¿debe criticarse que Marina se convirtiera al cristianismo y se pasara a la causa de los españoles? ¿Qué cree usted?

3. Usted es un cronista indígena que narra la conquista de México. ¿Qué descripción daría de Hernán Cortés?

5

El sistema colonial

Cronología

1511–12 Los frailes dominicos de la Española protestan contra el maltrato que reciben los indígenas. El padre Antonio de Montesinos pronuncia su famoso sermón de protesta contra el sistema de la encomienda. Se promulgan las Leyes de Burgos que regulan y tratan de hacer más humana la encomienda.

1514 El padre Bartolomé de las Casas inicia su labor de defensa de los indígenas; su *Brevísima relación de la destrucción de las Indias* da origen a la "leyenda negra", que presenta una imagen negativa de España y es usada por otros países europeos como Inglaterra y Holanda, hostiles al poder español.

1518 Ante la dramática disminución de la población indígena, la Corona española comienza a conceder licencias ("asientos") para la importación de esclavos de África. Más de 1,5 millones de ellos son transportados a la América Española.

1503–1560 España establece su imperio colonial en América, presidido por el Real Consejo de Indias, máxima autoridad administrativa y judicial, responsable sólo ante el rey. América es dividida en dos virreinatos: el virreinato de la Nueva España, con capital en la ciudad de México, y el virreinato del Perú, con capital en Lima.

Se descubren (1545–46) fabulosos depósitos de plata en México (Zacatecas, Guanajuato) y sobre todo en Potosí, Perú (hoy Bolivia).

Se consolida el monopolio comercial que, desde Sevilla, controla todo el tráfico de mercancías entre España y el Nuevo Mundo, supervisado por dos organismos oficiales, la Casa de Contratación de Sevilla y el Consulado de Sevilla; este último era un gremio (*guild*) de comerciantes sevillanos autorizados con exclusividad para comerciar con América.

El tráfico se realiza en flotas (*fleets*) oficiales de barcos que viajan entre Sevilla y ciertos puertos del Nuevo Mundo (Veracruz, en México, Cartagena, en la actual Colombia, y Portobelo, en Panamá).

1510–1580 Período de mayor actividad de las órdenes religiosas (dominicos, agustinos, franciscanos) en su labor de adoctrinamiento y aculturación de la población indígena. Lo mismo hacen los jesuitas a partir de 1570. Influenciado por el padre Las Casas, Carlos V dicta las Leyes Nuevas (1552) contra la encomienda, pero tiene que suspenderlas debido a la fiera resistencia de los encomenderos.

Siglo XVII Disminuye la importancia de la encomienda de indios y aparecen las grandes haciendas ganaderas y agrícolas. El clero regular (las órdenes religiosas) pierde poder ante el clero secular, la Iglesia representada por los curas de las parroquias (*parish priests*), obispos, arzobispos, etc. La burocracia colonial se hace lenta e ineficiente.

Siglo XVIII En España, fin de la dinastía de los Austria y comienzo de la de Borbón. Parcial liberalización del sistema colonial y del monopolio comercial; mayor eficiencia administrativa. Se crean dos nuevos virreinatos: el de Nueva Granada (1717/1739), formado por los territorios de los actuales Ecuador, Venezuela, Colombia y Panamá, y el del Río de la Plata (1777), integrado por las actuales repúblicas de Argentina, Uruguay, Paraguay y Bolivia.

Expulsión de los jesuitas decretada por Carlos III (1767).

España consiguió mantener su imperio colonial en América durante más de trescientos años. El sistema que estableció para gobernar y controlar las colonias tuvo que ser inventado sobre la marcha en buena parte pues no existían precedentes exactamente aplicables a esa nueva realidad que era América. La primera mitad del siglo XVI fue un período de experimentación institucional bastante dinámico. Luego, el sistema se hizo más rígido y burocrático, y cayó en un estado de rutina autocomplaciente cercano a la parálisis. Durante el siglo XVII y parte del XVIII, el principal objetivo de la maquinaria imperial en las colonias parecía ser el perpetuarse a sí misma, mientras España recibía cada vez menos beneficios de sus posesiones ultramarinas°. Por otra parte, el poder marítimo español había entrado en decadencia después de la derrota de la "Armada Invencible" en 1588[1]. Otros países europeos, como Inglaterra, Francia y Holanda, percibiendo la debilidad° del gigante hispano, comenzaron a establecer posesiones en Norteamérica, el Caribe y la costa este de Suramérica. En el siglo XVIII, la casa real reinante en España, la de los Habsburgo, fue reemplazada por la dinastía francesa de los Borbón, cuyo primer rey, Felipe V, era nieto de Luis XIV, el "rey sol" de Francia. Los Borbones españoles representaron el "despotismo ilustrado"[2] al estilo francés, lo que trajo una mayor eficiencia al sistema colonial, especialmente bajo el reinado de Carlos III (1759–1788). Pero las reformas de los reyes Borbones no fueron suficientes y llegaron demasiado tarde. En 1810, las colonias empezaron a rebelarse y para 1825 España había perdido todo su imperio colonial en América, con excepción de Cuba y Puerto Rico.

overseas

weakness

Las controversias en torno a la población indígena

Desde los primeros años de la colonización, la explotación que sufrían los indígenas bajo el sistema de la encomienda provocó las protestas de los frailes dominicos° que habían llegado a la Española en 1510. Un domingo de diciembre de 1511, uno de aquellos frailes, Antonio de Montesinos, predicó un sermón que el historiador Lewis Hanke llamó "[the] first cry on behalf of human liberty in the New World" (Struggle 17). Con palabras indignadas, Montesinos le preguntó a su audiencia de colonos qué derecho tenían a explotar a los indígenas de manera tan cruel y les advirtió° que estaban cometiendo un pecado° mortal.

Entre el público que asistió al sermón de Montesinos se hallaba un joven graduado de la Universidad de Salamanca que, como tantos otros colonos de la Española, poseía una encomienda de indios. Tres años después, en un momento de iluminación, aquel joven, Bartolomé de las Casas, para ese entonces ordenado sacerdote, renunció a su encomienda y decidió dedicar el resto de su vida a defender la causa de los indígenas. Pasaría a la historia como el máximo defensor

Dominicans

warned/sin

que tuvieron los indígenas del Nuevo Mundo. Los escritos° de Las Casas, espe- *writings*
cialmente su *Brevísima relación de la destrucción de las Indias*, presentaron una
descarnada° y gráfica descripción de las crueldades que sufrían los indios a *harshly realistic*
manos de los conquistadores y colonos. Las Casas se ganó la admiración de
Carlos V y, en parte gracias a su influencia, el monarca español trató de poner fin
al sistema de la encomienda en dos ocasiones (1526 y 1552), pero fracasó° en *failed*
ambos casos. La autoridad imperial se estrelló° contra la muralla° de los intereses *crashed/wall*
creados de los colonos, protegidos abierta o solapadamente° por los funciona- *deceitfully*
rios° coloniales. *officials*

Aparte de la práctica desaparición
de los indígenas de las islas Antillas, se
registraron espectaculares descensos de
población en las otras áreas donde
la conquista española tuvo su mayor
impacto, como Perú y especialmente
México, aunque en ambas áreas se produjo luego una recuperación gradual en
el número de pobladores nativos que se
hizo más notable en el siglo XVIII. Los
profesores Borah y Cook han estimado
que en 1519, a la llegada de Cortés, la
población indígena del México central
ascendía a unos 25 millones de personas
y que menos de un siglo después había
descendido a dos millones. Desastres
demográficos de tal magnitud y el carácter violento que en general caracterizó a
la conquista española originaron la llamada "leyenda negra", que inicialmente

Grabado de Théodore de Bry (siglo XVI). Conquistadores
españoles torturando indígenas.

se basó en los escritos de denuncia del padre Las Casas[3]. Por supuesto, no es
justo acusar a todo un país, en abstracto, de los excesos que cometió una pequeña parte de su población hace 500 años. Por otro lado, es difícil no identificarse con el sufrimiento causado por la debacle que produjo en las culturas
indígenas la llegada de los europeos a América.

Las muertes indígenas producidas por las guerras de conquista fueron sólo
una de las causas de la despoblación. A ella hay que añadir el efecto devastador
que tuvieron sobre los indígenas varias enfermedades traídas por los españoles:
epidemias de viruela, sarampión y tifus°, por ejemplo, mataron a muchos de *smallpox, measles,*
ellos. Otra causa de la despoblación habría que buscarla, como ha señalado *typhus*
George Kubler (Hanke, *History* 179–184) en las deplorables condiciones de trabajo asociadas con el sistema de la encomienda y su efecto tanto físico como psi-
cológico. Los indígenas habían visto derrumbarse° sus estructuras políticas, sus *crumble*
líderes, sus dioses y, con ellos, el concepto ceremonial del trabajo que daba sentido a sus vidas diarias. No es de extrañar que muchos de ellos experimentaran° *experienced*
un intenso choque cultural y, a menudo, una falta de deseo de vivir. Los suicidios
en masa, los abortos provocados, la abstinencia de las actividades sexuales, el al-
coholismo, fueron ocurrencias comunes reportadas por los cronistas de la época
y tuvieron sin duda un significativo impacto demográfico.

La maquinaria imperial

Para gobernar el Nuevo Mundo, España estableció una pirámide de poder cuya *top* cúspide° estaba en la Península. El máximo organismo para los asuntos coloniales era el Real Consejo de Indias, compuesto por un grupo de altos funcionarios que aconsejaban al rey de España y actuaban en su nombre; su jurisdicción no tenía límites y siempre viajaban con el monarca para estar en constante contacto con él. En América misma se crearon dos grandes divisiones administrativas durante el siglo XVI, los virreinatos. En el norte, el virreinato de la Nueva España, con capital en la ciudad de México, comprendía todos los territorios situados al norte de Panamá, más las islas Filipinas. En el sur, el virreinato del Perú tuvo a Lima como capital e incluía a toda Suramérica, excepto el Brasil, las Guayanas y la costa de Venezuela; esta última se hallaba subordinada a la audiencia de Santo Domingo. Más tarde, en el siglo XVIII, los reyes Borbones trataron de conseguir mayor eficiencia administrativa y crearon dos nuevos virreinatos en Suramérica, el de Nueva Granada y el del Río de la Plata; el primero, con capital en Bogotá, incluía los territorios de las modernas repúblicas de Ecuador, Venezuela, Colombia y Panamá; el segundo, con sede° en Buenos Aires, comprendía las actuales naciones de Argentina, Uruguay, Paraguay y Bolivia.

Aun con esos cambios —cuatro virreinatos en vez de dos— esas unidades administrativas fueron demasiado grandes para ser gobernadas con eficiencia. Los máximos funcionarios coloniales eran los virreyes pero, aunque disfrutaban de considerable poder, su autoridad no era absoluta; otros funcionarios y organismos administrativos, subordinados a ellos en teoría, actuaban en la práctica con cierta independencia. Tal era el caso de las capitanías generales que se crearon en Chile, Venezuela, Guatemala y Cuba: los capitanes generales que las gobernaban eran en realidad pequeños virreyes que operaban de manera prácticamente autónoma debido a las grandes distancias que los separaban de las capitales virreinales. Y algo similar sucedía con las catorce audiencias que se crearon durante el período colonial: las funciones de estos tribunales fueron expandidas por la Corona hasta convertirlos en importantes fuentes de autoridad que limitaban el poder de los virreyes y capitanes generales. Hoy se cree que esa complicada estructura de conflictivas jurisdicciones no fue producto de la incompetencia de la Corona, sino más bien del deseo de España de no concentrar demasiada autoridad en ningún funcionario colonial. Los jueces° de las audiencias, por ejemplo, eran nombrados directamente por el Consejo de Indias y, siendo plebeyos, se lo debían todo a la generosidad de la Corona; su lealtad al rey servía para contrapesar° la autoridad de los virreyes, que eran casi siempre miembros de la nobleza o del alto clero°. Este laberinto burocrático se complicó todavía más en el siglo XVIII, cuando los Borbones crearon un nuevo sistema de subdivisiones, las intendencias, diseñadas sobre todo para combatir la corrupción y hacer más eficiente la recaudación de impuestos°; los funcionarios a cargo de estas subdivisiones, los intendentes, aunque subordinados a los virreyes y a las audiencias, podían comunicarse directamente con el gobierno de Madrid.

Uno de los aspectos más negativos del sistema colonial español fue la poca importancia que tuvieron en él los gobiernos locales, los cabildos; éstos habían tenido un papel crucial durante la conquista, cuando la América Española era

Glosses (left margin):
- *top* — cúspide°
- *headquarters* — sede°
- *judges* — jueces°
- *to counterbalance* — contrapesar°
- *clergy* — clero°
- *tax collection* — impuestos°

realmente una serie de pueblos que en lo esencial se gobernaban a sí mismos. Pero este germen° de espíritu democrático pronto se perdió: desde el siglo XVI la Corona empezó a nombrar directamente a los funcionarios de los gobiernos municipales e incluso a venderles esos puestos a españoles que emigraban al Nuevo Mundo. Esto contrasta con lo que ocurrió en las colonias norteamericanas, donde sí se desarrolló una tradición democrática local.

trace

El monopolio comercial

Desde el punto de vista económico, España miró a sus colonias, sobre todo, como fuentes productoras de metales preciosos y materias primas°. Por eso, como parte de la maquinaria imperial, estableció un sistema monopolista que intentó controlar todo el tráfico de productos y mercancías entre España y América, asegurando que el oro y la plata de las Indias llegasen sin tropiezos° a la Península. La Casa de Contratación, radicada° en Sevilla, fue el organismo encargado de supervisar el monopolio y funcionaba en coordinación con el Consulado de Sevilla, un gremio de comerciantes° sevillanos que eran los únicos autorizados para comerciar con el Nuevo Mundo. El transporte de mercancías° se realizaba mediante flotas° formadas por barcos mercantes° escoltados por buques de guerra°. Desde mediados del siglo XVI salían normalmente dos flotas anuales de Sevilla, el único puerto autorizado para comerciar con América, con destino a los puertos americanos que eran parte de la ruta del monopolio: Veracruz, en México, desde donde se abastecía° al virreinato de la Nueva España, y Cartagena y Portobelo, que suplían de mercancías a toda Suramérica. A su regreso, los barcos se reunían en el puerto de La Habana y emprendían juntos el retorno a España. Este sistema de flotas, establecido originalmente para proteger al monopolio de los ataques de corsarios y piratas, sobrevivió hasta el siglo XVIII y fue muy seguro (sólo en 1628 el almirante holandés Piet Hein consiguió apresar una flota y su tesoro), pero adoleció de° considerables defectos. Las flotas no eran capaces de proveer suficientes cantidades de mercancías para abastecer adecuadamente a las colonias y las restrictivas rutas del monopolio hacían el tráfico imposiblemente lento y costoso. Para llegar a la actual Argentina, por ejemplo, las mercancías tenían que viajar por mar y tierra desde Panamá. Una pareja con planes de matrimonio en la región del Plata hacía bien en encargar su ajuar° a España con dos o tres años de anticipación°. Uno de los resultados de esa ineficiencia fue la proliferación del contrabando. La pareja de Buenos Aires que pensaba casarse no

raw materials

without difficulties
located

merchants' guild
merchandise
fleets/merchant ships
escorted by warships

they supplied

suffered from

trousseau

in advance

Reales Alcázares, Sevilla. Oficinas ocupadas en el siglo XVI por la Casa de Contratación.

tenía necesariamente que esperar dos años para adquirir su ajuar pues en las costas del Plata abundaban los barcos ingleses o franceses con las bodegas° llenas de linos y encajes° del norte de Europa, ansiosos por hacer negocio a precios muy competitivos.

El oro y la plata de las Indias

Las promesas de América como gran productora de metales preciosos finalmente se cumplieron. A partir de 1545 la plata fue el metal que proveyó los mayores ingresos°, con el descubrimiento de importantes depósitos en México (Guanajuato, Zacatecas), y sobre todo en el Perú, donde la mina de Potosí, situada en territorio de la actual Bolivia, pronto se convirtió en la posesión más valiosa de la corona española. Pocos años después, el descubrimiento en Huancavelica, Perú, de una rica mina de mercurio, metal utilizado en el procesamiento de la plata, incrementó substancialmente la productividad de Potosí. La frase que se acuñó entonces, "vale un Potosí", ha sobrevivido hasta el presente en la lengua española. Alrededor de la mina, situada a 16.000 pies de altura en una región inhóspita de los Andes, se formó en pocos años una ciudad que llegó a tener 160.000 habitantes. Lewis Hanke ha hecho una interesante descripción de la turbulenta y licenciosa vida de la ciudad de Potosí, con sus cientos de ju-

Vista de Sevilla desde los Reales Alcázares.

gadores° profesionales, casas de prostitución lujosamente decoradas con objetos de Europa y el Oriente, y fiestas públicas en las que la bebida era provista por fuentes instaladas en las calles que echaban agua, vino y chicha, la bebida nativa hecha de maíz (Hanke, *History* 297–304). Este *boom* minero tuvo, por otra parte, un aspecto mucho menos frívolo. Quienes extraían el metal eran los indígenas, algunos trabajando como obreros libres por muy bajos salarios, otros forzados a hacerlo bajo el sistema de cuotas conocido como mita en el Perú y repartimiento en México. En el Perú, donde más se utilizó este método, las comunidades indígenas estaban obligadas a enviar periódicamente a grupos de sus miembros a las minas para que trabajaran

por un jornal° mínimo, parte del cual se aplicaba al pago de los tributos que las comunidades indígenas debían a la Corona. Los indios trabajaban en los estrechos túneles desde la salida hasta la puesta del sol, con una hora de descanso al mediodía; los maltratos físicos, que incluían el uso del látigo°, eran frecuentes y en el clima inhóspito del altiplano andino, muchos trabajadores enfermaban y morían. En el invierno, por ejemplo, salían de los túneles al exterior cubiertos de sudor° que a veces se les congelaba° en el cuerpo y les causaba enfriamientos a menudo mortales. P. Chaunu ha estimado que en el período 1503–1660 se exportaron de América a España unas 300 toneladas de oro y 25.000 de plata (Bennassar 133–134).   *sweat/froze*

España, sin embargo, no se benefició a la larga de las riquezas que le llegaron desde América. Buena parte de los metales preciosos que llegaban a la Península iban a parar a las arcas° de los banqueros del norte de Europa. Parte de la plata de México y de Potosí sirvió para financiar las guerras europeas emprendidas por Carlos V y por su hijo Felipe II, a menudo en nombre de la causa católica. Otra parte substancial se iba de España para pagarles a los países europeos los productos manufacturados que la Corona necesitaba para enviar a las Indias. Una empresa colonial, en efecto, sólo puede funcionar adecuadamente cuando la metrópoli produce las mercancías que luego envía a sus colonias. Pero España no era un país industrializado y acabó por caer en un círculo vicioso: con el oro y la plata de América compraba los productos manufacturados que necesitaba mandar a América para recibir nuevos envíos de oro y de plata. Como ha observado C. H. Haring, los comerciantes del Consulado de Sevilla acabaron por convertirse, hasta cierto punto, en intermediarios de las grandes casas comerciales de Flandes°, Francia, Alemania y otros países europeos: *"In 1608 the Council of the Indies informed the [Spanish] king that foreign interests in the fleets sent to the Indies amounted to two-thirds of the gold and silver which the royal armadas brought back to Spain"* (294–95).   *vaults* *Flanders*

Los reyes Borbones del siglo XVIII relajaron bastante la rigidez del monopolio. El puerto de Cádiz, más conveniente que el de Sevilla, se hizo el principal centro de la navegación trasatlántica y se permitió que otros puertos españoles comerciaran con las colonias; incluso se autorizó a que las colonias comerciaran entre sí. El ineficiente sistema de flotas fue abolido en 1789 y la ya obsoleta Casa de Contratación cerró sus puertas al año siguiente. Estos cambios produjeron un dramático aumento en el volumen del comercio entre España y el Nuevo Mundo. Por otra parte, el pragmatismo y la aproximación racional que hicieron posibles esas reformas eran parte de una nueva mentalidad racionalista, la del Iluminismo°, el mismo Iluminismo que ya en esta época, a finales del siglo XVIII, inspiraba a las elites intelectuales de las colonias a buscar su liberación del dominio español.   *Enlightenment*

De la encomienda a la hacienda

Durante el siglo XVI, el grueso de la población indígena trabajó bajo el sistema de la encomienda. En el siglo siguiente, sin embargo, esta institución perdió su importancia. Muchas encomiendas se extinguieron al morir sus dueños o fueron sometidas al fin por la Corona a serias restricciones que disminuyeron su utilidad para los colonos. Al cabo, la posesión de tierras, más bien que de indios, adquirió mayor importancia y prestigio. El resultado fue la formación de las haciendas, esas grandes fincas° que se extendieron por todos los territorios de las colonias,   *farms* no siempre adquiridas por medios legales. El trabajo agrícola era realizado ahora, bien por trabajadores libres, normalmente indígenas que vivían cerca de las haciendas, o por trabajadores que iban a vivir dentro de las haciendas con sus familias y establecían una relación permanente con el hacendado. Se creó así en muchos casos una relación especial, tanto económica como emocional, entre el hacendado y los peones que laboraban en su hacienda y a los que se permitía con frecuencia cultivar pequeños lotes de terreno para beneficio de sus familias. Fue básicamente una relación de dependencia en que el patrón (el hacendado) le *baptized* resolvía los problemas a sus trabajadores, con frecuencia bautizaba° a sus hijos, y *loyalty* a cambio esperaba recibir de ellos respeto y lealtad°. Con el tiempo, los hacendados se convirtieron en poderosos caciques[4] locales, pues controlaban la vida política y económica de la población que vivía en sus territorios.

La esclavitud

Como hemos visto, la necesidad de mano de obra para la industria del azúcar en la Española ocasionó la importación de los primeros esclavos al Nuevo Mundo a partir de principios del siglo XVI, y la demanda de esa mercancía humana aumentó considerablemente en los años siguientes. Durante la mayor parte del período colonial, los reyes de España controlaron el tráfico de esclavos en sus posesiones mediante el sistema del asiento; éste era una licencia o permiso que concedía la Corona para importar de África a un cierto número de esclavos. A través de los años compitieron por el asiento holandeses, franceses e ingleses a través de compañías de co-*backed* merciantes respaldadas° por sus respectivos gobiernos. En total, más de un millón y medio de esclavos llegaron a la América española, lo que representa una fracción del estimado total para el Nuevo Mundo. Pues el tráfico pronto se extendió al resto del continente, especialmente a Brasil, con el florecimiento de su industria azucarera. En el siglo XVII, Holanda, Francia e Inglaterra establecieron también grandes plantaciones azucareras en las islas del Caribe, lo cual creó un nuevo y considerable mer-*slave trade* cado para la trata°. El mayor experto en este tema, Philip Curtin, ha calculado que, en total, unos 9,5 millones de esclavos fueron traídos a América. La trata ayudó a hacer posible la revolución industrial del siglo XVIII en Europa. Inglaterra, por ejemplo, exportaba unas 23.000 libras esterlinas de productos de algodón hacia el año 1700, antes de obtener el asiento; para el año 1800, sus exportaciones de productos textiles habían aumentado a 5.500.000 libras (Davidson 63–64).

petty kings La mayoría de los futuros esclavos eran apresados en África por reyezuelos° locales que los vendían a los traficantes europeos. Luego los montaban en barcos espe-*sea crossing* cialmente construidos para transportar esclavos. La travesía° del Atlántico podía durar hasta tres meses y en ella moría, como promedio, un 13% de los esclavos. Muchos capitanes tenían diagramas que mostraban la mejor manera de acomodar el cargamento humano de manera que cupiera el mayor número posible de cuerpos[5]. No es de extrañar que, una vez en América, muchos tratasen de escapar. Los colonos de la Española pronto entrenaron perros especializados en perseguirlos. Algunos, sin embargo, conseguían escapar y en los bosques fundaban comunidades de negros libres, conocidas como palenques en Hispanoamérica y quilombos en el Brasil.

La Iglesia en América

Desde el principio de la colonización existió una intensa rivalidad entre el clero regular, es decir, las órdenes religiosas como las de los franciscanos, dominicos, jesuitas, etc., y el clero secular, integrado por la jerarquía eclesiástica° (sacerdotes, obispos, arzobispos). Fue el clero regular el que más se distinguió durante la conquista en el esfuerzo de convertir a los indígenas al cristianismo, educarlos y protegerlos de los abusos que se cometían contra ellos. Según uno de los frailes más distinguidos, Fray Toribio de Benavente, solamente en México los miembros de las órdenes religiosas bautizaron a más de cuatro millones de nativos en los primeros quince años que siguieron a la conquista (Haring 173). En sus esfuerzos por educar a los indios, los frailes aprendían las lenguas nativas, escribían libros de catecismo bilingües y empleaban diagramas y dibujos (verdaderos *visual aids*) representando las ideas cristianas a través de la escritura pictográfica de las culturas nativas. A veces, nos cuenta el historiador Robert Ricard, echaban perros y gatos en un horno° para mostrar los sufrimientos del infierno.

Uno de los ensayos más exitosos fue el de las reducciones, establecidas sobre todo por los padres jesuitas. Estas eran comunidades indígenas creadas por los padres en las que los nativos recibían instrucción religiosa y aprendían artes y oficios° sujetos a una estricta disciplina. Las reducciones más exitosas florecieron en el área del actual Paraguay durante los siglos XVII y XVIII, con una población indígena que llegó a sobrepasar las 100.000 personas. Entre 1759 y 1767, sin embargo, los jesuitas fueron expulsados de Brasil y de las colonias españolas, pues tanto la corona portuguesa como la española sintieron recelos° del considerable poder e influencia que había alcanzado la Compañía de Jesús en el Nuevo Mundo. Esta fue la sentencia de muerte de las reducciones; al cabo de unos años, éstas fueron sólo un recuerdo: aislados grupos de edificios en ruinas invadidos por la vegetación. Hollywood ha contado una historia de estas comunidades indígenas en la película *The Mission*, protagonizada por Robert de Niro.

A la larga, el clero secular acabó por imponerse, pues la jerarquía eclesiástica era, después de todo, una rama° del poder imperial de la Corona y poseía el mayor poder económico ya que estaba a cargo de la recaudacíon de diezmos°. Por otra parte, sólo los sacerdotes, y no los frailes de las órdenes religiosas, quedaron autorizados para administrar los sacramentos y conceder la absolución. El poder económico de la iglesia secular no hizo más que aumentar con los años: se convirtió en el mayor hacendado de las colonias y era casi la única institución colonial con suficiente dinero para prestar°, por lo que se hizo un importante banquero. Parte de esos cuantiosos ingresos se usaba para financiar el alto nivel de vida de los funcionarios eclesiásticos importantes, pero una porción substancial se destinaba a fines más encomiables°. La Iglesia fue, por ejemplo, la gran agencia de servicio social durante el período colonial, manteniendo todo tipo de establecimientos benéficos, desde hospitales y sanatorios hasta asilos de ancianos°. También estaba a cargo de las escuelas parroquiales, que era prácticamente el único sistema de educación primaria, y tenía un papel de primera importancia en el funcionamiento de las universidades. Era, además, el principal patrocinador de las artes coloniales, que tuvieron así un carácter predominantemente religioso.

church hierarchy

oven

arts and crafts

suspicions

branch
tithes

to lend

more worthy ends

old people's homes

NOTAS

[1] La "Armada Invencible", compuesta de 137 barcos y 29.000 marineros y soldados españoles, fue enviada por Felipe II contra Inglaterra como culminación de su rivalidad con la reina Isabel I. Fue decisivamente derrotada debido a la superior pericia (*skill*) de los capitanes ingleses y a una tormenta que sorprendió a los españoles en el Canal de la Mancha (*English Channel*). Menos de la mitad de los barcos españoles pudieron regresar a Lisboa, su punto de partida.

[2] El despotismo ilustrado afirmaba, en la tradición de Luis XIV, los derechos divinos del monarca a ostentar el poder de manera absoluta; al mismo tiempo promovía la adopción de reformas económicas y administrativas progresistas que contribuyeran al bienestar del pueblo.

[3] Los escritos de Las Casas, en particular la *Brevísima relación...*, fueron usados por los adversarios europeos de España, como Inglaterra y los seguidores de Guillermo de Orange en los Países Bajos, para presentar una imagen extremadamente negativa de la conquista española. El término fue acuñado por un autor español, Julián Juderías, en su libro *La leyenda negra* (1914). Varios de los más prominentes hispanistas norteamericanos han estudiado a fondo la cuestión. Algunos de ellos, como Lewis Hanke, han destacado los esfuerzos que hicieron la Corona española y las órdenes religiosas por proteger y favorecer a los indígenas; otros, en cambio, como Charles Gibson y Benjamin Keen, han mostrado una actitud más crítica. Para un detallado análisis del tema, véase el artículo de Benjamin Keen "The Black Legend Revisited: Assumptions and Realities", Hispanic American Historical Review, vol. 49, 1969, 703–719.

[4] "Cacique" es una palabra caribe que se generalizó para designar a cualquier jefe indígena; modernamente se la usa para designar, como dice el diccionario de la Academia, a una "persona que en un pueblo o comarca ejerce excesiva influencia en asuntos políticos o administrativos".

[5] Mannix y Cowley han descrito en detalle las condiciones en que los esclavos cruzaban el Atlántico: en un barco típico "cada hombre disponía de un espacio de seis pies de largo por dieciséis pulgadas de ancho (y frecuentemente unos dos pies y siete pulgadas de altura)" (110).

Ejercicios y actividades

A. Preguntas sobre la lectura

1. ¿Quién fue Antonio de Montesinos? ¿Qué hizo?

2. ¿A qué causa dedicó su vida Bartolomé de las Casas?

3. ¿Fue Carlos V un entusiasta del sistema de la encomienda? ¿Por qué podemos decir eso?

4. Mencione algunas de las causas que produjeron el gran descenso de la población indígena en el siglo XVI.

5. ¿Cuál era el organismo más poderoso del sistema colonial? ¿Dónde residía?

6. ¿Cree que fue una buena idea dividir a todo el Nuevo Mundo en dos virreinatos? ¿Por qué?

7. ¿Qué eran los cabildos? ¿Eran sus miembros elegidos democráticamente?

8. Mencione dos defectos que tenía el monopolio comercial que estableció España en América.

9. ¿Por qué se hizo famoso Potosí?

10. ¿Se benefició mucho España del oro y de la plata que le llegaron de las Indias? ¿Por qué?

11. ¿Qué eran las haciendas?

12. ¿Qué papel tuvo la Corona española en el tráfico de esclavos?

13. ¿A qué tipo de clero, el regular o el secular, pertenece el sacerdote de una parroquia? ¿Y el fraile de una orden religiosa?

B. Relaciones. Relacione las palabras de estas dos columnas.

1. ingresos *D*
2. Habsburgos
3. asilos *H*
4. Montesinos
5. demográfico
6. reducciones
7. viruela *A*
8. tribunales *E* (problema legal)
9. flotas *F*
10. obreros *I*

a. enfermedad
b. población
c. jesuitas
d. dinero
e. jueces
f. barcos
g. sermón
h. ancianos
i. trabajo
j. dinastía

ancianos → elder →
* personas de la tercera edad
↓
asilos

sin profession/educacion → work in factories

C. Definiciones. Indique qué palabras corresponden a las siguientes definiciones.

ajuar	reino	jornal	jornada
sudor	reinado	encaje	peón
lino	sede		

reino → un país ex. United Kingdom

1. _reinado_ Período durante el cual gobierna un monarca.
2. _sede_ Oficina principal de una organización.
3. _____ Ropa que compra la novia cuando va a casarse.
4. _encaje_ Tela cuya confección requiere mucho trabajo manual experto.
5. _jornada_ Cantidad de dinero que gana una persona en un día.
6. _sudor_ Transpiración de la piel a causa del calor.

Ahora dé usted sus propias definiciones de estos términos.

cabildos   colonia   palenque   peón

D. ¿Cierto o falso? Si es falso, indique por qué.

1. Fray Antonio de Montesinos protestó contra el sistema de la encomienda.
2. Los reyes Borbones hicieron efectivas reformas en el sistema colonial.
3. El padre Las Casas fue inicialmente un encomendero.
4. La leyenda negra se refiere a los malos tratos que recibían los esclavos africanos en la América Española.
5. La *Brevísima relación* fue un importante libro escrito por el misionero Fray Toribio de Benavente.
6. La mayoría de los esclavos eran capturados por los traficantes europeos en las costas de África.
7. Los barcos construidos para transportar esclavos eran relativamente cómodos.

E. Opiniones e hipótesis

1. Suponga usted que los conquistadores y colonizadores de las Antillas, México y Perú hubieran sido ingleses en vez de españoles. ¿Cree que el proceso hubiera sido diferente? ¿En qué aspectos?
2. ¿Cree usted que lo que ocurrió en Hispanoamérica con los indígenas prueba que España fue un país particularmente cruel? ¿Por qué?
3. Si usted hubiera sido un consejero económico de los reyes de España en el siglo XVI, ¿qué tipo de sistema comercial les habría recomendado implantar en el Nuevo Mundo?
4. Póngase en el lugar de un esclavo que se halla en un barco destinado a América. Exprese algunos de los pensamientos que pasan por su mente.
5. Usted es un indio guaraní que habita en una de las reducciones jesuitas del Paraguay. Uno de los padres le ha dicho que él y los demás padres tienen que marcharse debido a una orden del rey de España. ¿Qué argumentos usaría para tratar de que el rey rescindiera la orden de expulsión de la Compañía de Jesús?

6

Sociedad, vida y cultura en el mundo colonial

España, sociedad clasista, estableció en las colonias un sistema de castas (*castes*) basado en el lugar de nacimiento y en la raza del individuo. En el escalón (*echelon*) más alto estaban los "peninsulares" y los "criollos"; los primeros eran los españoles que emigraban a América; los segundos, los blancos que habían nacido en el Nuevo Mundo. Los "peninsulares" recibían trato preferencial en la burocracia colonial y acaparaban (*monopolized*) los puestos importantes. Por debajo de los peninsulares y los criollos estaban las "castas", las personas que eran producto de los diferentes tipos de mezcla racial, y en el escalón más bajo se hallaban los esclavos negros, los negros libres y los indios. Peninsulares y criollos monopolizaban la intensa vida social de las ciudades coloniales, una vida llena de ritos sociales e inclinada al lujo y la ostentación, con los ojos siempre puestos en las modas (*fashions*) y costumbres de Europa.

SIGLO XVI CLIMA INTELECTUAL

Se fundan las dos primeras universidades coloniales, la de México y la de San Marcos de Lima (1551), siguiendo el modelo medieval de la Universidad de Salamanca. La doctrina oficial en las aulas universitarias era el escolasticismo, que consideraba los textos canónicos (*canonical texts*) de la Iglesia Católica como principal fuente de conocimiento. Ni las mujeres ni las castas tenían acceso a la educación superior.

Los primeros edificios importantes que se construyen en el Nuevo Mundo, como la Catedral de Santo Domingo, muestran la influencia del Renacimiento europeo. Y es también renacentista la curiosidad intelectual que muestran muchos de los frailes (*friars*) que vienen a América para convertir a los indígenas al cristianismo. Fray Bernardino de Sahagún (1500–1590), por ejemplo, escribe, en español y en nahuatl, su monumental *Historia general de las cosas de la Nueva España.*

Durante la segunda mitad del siglo, el rey Felipe II de España, temeroso (*fearful*) de la reforma protestante, impone un catolicismo ortodoxo e intolerante en todo el imperio español. Como consecuencia, tanto en España como en las colonias de América los temas religiosos dominaron el arte y la literatura a través del estilo barroco.

SIGLO XVII Predominan las ideas y el arte del barroco europeo: la belleza física, los placeres del mundo son vistos como algo engañoso (*deceitful*) e ilusorio, y se exaltan los valores religiosos. La tensión entre lo mundano y lo religioso crea un arte complicado e inquieto, de oposiciones y contrastes, excesivo en la ornamentación. La arquitectura se expresa sobre todo en la construcción de iglesias y conventos; la escultura, mayormente religiosa, muestra con descarnado realismo el sufrimiento de santos y mártires de la Iglesia. El barroco hispanoamericano, sin embargo, muestra a menudo la influencia de las culturas indígenas.

En literatura, el barroco se expresa sobre todo en la poesía, escrita por criollos; una poesía de excesiva decoración verbal, ingeniosos (*clever*) juegos de palabras y poca substancia. El gran poeta barroco español Luis de Góngora (1561–1627) era el principal modelo a imitar. Pero las imitaciones eran casi siempre pobres. La mayor excepción fue la de Sor Juana Inés de la Cruz (1651–1695), la monja (*nun*) mexicana que fue la más importante figura literaria que dio el período colonial.

Siglo XVIII Declinación del escolasticismo y del barroco. Durante el último tercio del siglo, las ideas racionalistas del Iluminismo francés penetran en Hispanoamérica.

D esde el principio, como hemos visto, los habitantes de la América Hispana trataron de emular el modo de vida europeo y los modelos culturales del Viejo Mundo. Al mismo tiempo, sin embargo, el escenario físico y humano de América, tan diferente al de Europa, hizo inevitable que ese trasplante cultural resultara a menudo imperfecto o adquiriese peculiaridades propias. En particular, la intervención de dos elementos étnicos no existentes en Europa, el indígena y el africano, tuvo un impacto muy significativo en el perfil° de la sociedad que se creó en las colonias.

profile

Unos hispanoamericanos eran más iguales que otros

La sociedad colonial trató de reproducir en el Nuevo Mundo las marcadas distinciones de clase que existían en la España del siglo XVI, pero tuvo que adaptarlas a circunstancias bastante diferentes. En primer lugar, se creó la distinción entre los blancos nacidos en España, los peninsulares, y los nacidos en América, los criollos. Esta diferenciación no existía en la ley escrita (legalmente, todos eran "españoles") pero sí, definitivamente, en la práctica. Casi invariablemente, los peninsulares eran nombrados para los puestos importantes de la burocracia colonial y del alto clero. Los criollos, en cambio, normalmente sólo tenían acceso a puestos menores, como el de regidor en los cabildos. Según el historiador Lucas Alamán, en todo el período colonial sólo hubo cuatro virreyes nacidos en América, y de 602 capitanes generales, gobernadores y presidentes de audiencias, solamente 14 fueron criollos (Haring 194). Esta discriminación tenía varias causas: se decía, por ejemplo, que las personas nacidas en América eran físicamente inferiores a las de Europa. Pero para la Corona el principal temor era que los criollos llegasen a formar una elite demasiado poderosa que a la larga quisiese independizarse de España. A veces, cuando la esposa de un virrey quedaba embarazada°, se iba a España a tener el hijo, ya que si el niño nacía en las colonias, se convertía automáticamente en un criollo, aunque fuese hijo del virrey.

pregnant

Esas diferencias entre criollos y peninsulares no eran obvias, sin embargo, en la vida cotidiana° de las colonias. Los dos grupos formaban, juntos, el más alto escalón° de la sociedad colonial, asistían a los mismos actos sociales y a menudo se casaban entre sí. Económicamente, el criollo tuvo con frecuencia una situación más próspera que la del peninsular, pues éste era muchas veces un mero burócrata a sueldo o un español humilde que llegaba a las colonias sin ningún dinero, mientras que las familias criollas descendientes de los conquistadores podían tener fortunas considerables. Existía, sin embargo, un profundo resentimiento entre los dos grupos, expresado en los nombres despectivos° que usaban los criollos para referirse a los peninsulares: "chapetones", en el Perú, "gachupines", en México. Dos visitantes de las colonias en el siglo XVIII, Jorge Juan y Antonio de Ulloa, escribieron al respecto: "en el Perú... las ciudades y poblaciones° grandes son un teatro de discordias y de continua oposición entre

daily life
echelon

derogatory

towns

españoles y criollos... Basta ser europeo o "chapetón", como le llaman en el Perú, para declararse inmediatamente contrario a los criollos; y es suficiente el haber nacido en las Indias para aborrecer° a los europeos"(415)[1].

to detest

Por debajo de peninsulares y criollos se hallaba la gran masa de individuos menos privilegiados que eran producto de los diferentes tipos de mezcla racial. Quizás el rasgo más distintivo de la colonización hispana fue la gran frecuencia con que los conquistadores y colonos españoles tuvieron contacto sexual con las mujeres indígenas y tuvieron hijos con ellas. Muchos testimonios de la época dan fe de la atracción que sintieron los españoles hacia aquellas mujeres de tipo exótico y cuyos hábitos higiénicos —el bañarse frecuentemente, por ejemplo— contrastaban con los de las mujeres europeas. Durante los primeros años, además, muy pocas mujeres emigraron al Nuevo Mundo: al parecer, las primeras 30 mujeres blancas no llegaron a la Española hasta 1497 (Piossek 1). De esa fusión racial salió un nuevo tipo humano, el mestizo, que casi inmediatamente vino a ocupar un escalón inferior al de la población blanca de las colonias. Pues si la distinción entre criollos y peninsulares estaba basada sólo en el lugar de nacimiento, las demás categorías dependían de criterios estrictamente raciales. "Castas" era el calificativo general que se usaba para designar a las personas de color, pero cada tipo y grado de mezcla racial tenía un nombre asignado: "mulato" aludía a la mezcla de blanco y de negro; "zambo", a la de indígena y negro; al parecer llegaron a existir hasta 16 categorías de diferentes tipos de mezcla racial, algunas con nombres ofensivos, como "lobo", "coyote" o "no te entiendo". En general, cualquier tipo de mezcla racial conllevaba una posición de inferioridad en la escala social. Los mestizos no tenían acceso, por ejemplo, a las universidades ni a casi ningún puesto menor de la Iglesia o de la burocracia colonial; tampoco podían ser oficiales del ejército y si trabajaban en los talleres de artesanos° se les permitía ser aprendices° pero no maestros. Las restricciones eran todavía más severas para los mulatos, zambos y negros libres, a quienes se les prohibía, entre otras cosas, portar armas°.

artisan workshops/ apprentices

to carry weapons

Por debajo de las castas se hallaban los negros esclavos. En cuanto a los indígenas, su posición en la escala social era ambigua. Había pocas restricciones legales contra ellos; al contrario, la Corona dictó un gran número de leyes para protegerlos, sobre todo del contacto del hombre blanco; en el proceso, sin embargo, los convirtió en seres condenados a ser siempre menores de edad, confinados con frecuencia a sus comunidades. En la práctica, los indígenas miraban a las castas como personas superiores a ellos, pues las asociaban con el modo de vida del hombre blanco. En general, la minoría blanca trató, en lo posible, de distanciarse de esos grupos étnicos, en parte debido a un problema de inseguridad racial. Precisamente porque la mezcla racial fue tan frecuente en las colonias, era importante, sobre todo para los criollos, establecer su "limpieza de sangre", el hecho de que su procedencia española no había sido "contaminada". Jorge Juan y Antonio de Ulloa anotaron la obsesiva pasión con que los criollos del Perú discutían su árbol genealógico, aunque, si se investigaba la cuestión, resultaba que era "rara la familia donde falta mezcla de sangre y otros obstáculos de no menor importancia" (417–18)). Aun en el siglo XXI, es común oír a los hispanoamericanos mencionar exactamente, con orgullo, el pueblo de España de donde vinieron sus antepasados a América.

La vida en las ciudades coloniales

Los pueblos y las ciudades fueron el principal escenario de la vida social de las colonias ya que desde sus inicios se trató de una sociedad orientada hacia lo urbano. Cuando los conquistadores llegaban a un nuevo territorio lo primero que hacían era fundar una villa y constituir un gobierno municipal. Es sorprendente comprobar que casi todas las ciudades importantes de Hispanoamérica, desde San Juan, Puerto Rico (1508), hasta La Paz (1549), fueron fundadas durante la primera mitad del siglo XVI. La vida social de la ciudad colonial estaba dominada, por supuesto, por criollos y peninsulares; una vida de ritmo lento, abundante en ritos sociales y orientada hacia el exhibicionismo. Los europeos que visitaban las colonias expresaban a menudo su asombro ante el inesperado espectáculo de ostentación que ofrecían las ciudades indianas° como beneficiarias del trabajo indígena y de la circulación de metales preciosos. En 1625, el fraile inglés Thomas Gage se maravilló del aspecto monumental de la ciudad de México, por cuyas calles circulaban 15.000 coches de caballos: "*Both men and women are excessive in their apparel, using more silks than stuffs and cloth. Precious stones and pearls further much this their ostentation*" (85). Este exagerado énfasis en los signos exteriores de su status social fue especialmente común entre los criollos, quizás como síntoma de su inseguridad social y racial; al mismo tiempo, heredaron el tradicional desprecio hispano hacia el trabajo manual. Más de cien años después de la visita de Thomas Gage, Jorge Juan y Antonio de Ulloa le informaban al rey de España sobre los criollos del Perú: "Esta… vanidad de los criollos… los aparta del trabajo y de ocuparse en el comercio… y los introduce en los vicios que son connaturales a una vida licenciosa y de inacción" (418). En general, el severo espíritu de Felipe II y de Castilla tuvo que suavizarse considerablemente al cruzar el Atlántico. El tradicional código sexual hispano fue mantenido dentro de las clases criolla y peninsular, sobre todo para la mujer, pero los varones° de ambos grupos se mezclaron abundantemente, casi siempre en forma clandestina, con mujeres pertenecientes a las diferentes castas. Incluso el clero colonial fue objeto de repetidas denuncias por practicar el concubinato. El propio clérigo Thomas Gage no pudo menos que anotar, refiriéndose a las negras y mulatas de México: "*The attire… is so light, and their carriage so enticing that many Spaniards even of the better sort (who are too prone to venery) disdain their wives for them*" (85–86).

cities in the Indies (margin gloss for "indianas")

males (margin gloss for "varones")

Vida intelectual

El mundo intelectual de las colonias fue, fundamentalmente, el mundo del hombre blanco y, en buena medida, el de la clase criolla. Se ha dicho, probablemente con razón, que los criollos, al no tener acceso a los puestos de mando de la burocracia colonial, encontraron en las actividades intelectuales y literarias un área donde sus talentos podían manifestarse. No existía, por supuesto, libertad intelectual en el sentido moderno, pero parece que el gobierno colonial y la Inquisición no fueron demasiado efectivos ni diligentes en la censura de libros e ideas. La prohibición inicial contra la circulación de novelas no fue, obviamente, implementada por mucho tiempo ya que los libreros de México en el siglo XVII vendían novelas de caballería, pastoriles y hasta picarescas, importadas legalmente de España y de otros países[2]. Esto no constituía, por supuesto, un verdadero clima de libertad intelectual, pero la gran mayoría de la población colonial parecía aceptar sus limitaciones sin grandes resentimientos, como parte inevitable de un sistema que consideraban legítimo.

En cuestiones educacionales y filosóficas predominaba el escolasticismo, filosofía medieval que experimentó un renacimiento en la conservadora España de los siglos XVI y XVII. Según esta doctrina, todas las ideas verdaderas venían de Dios y les eran reveladas a los seres humanos a través de los textos sagrados y las interpretaciones de los grandes padres de la Iglesia, como la *Summa Teológica*, de Santo Tomás de Aquino, escrita en el siglo XIII. El método escolástico no trataba, pues, de hallar la verdad en el mundo de la naturaleza o en la experimentación científica, sino en el detallado análisis y memorización de los textos canónicos. Los centros de estudios de las colonias —seminarios, colegios, universidades— reflejaron en sus programas académicos ese anacrónico sistema doctrinal. En las veinte universidades que se crearon en la Hispanoamérica colonial[3], el principal modelo académico fue el de la prestigiosa Universidad de Salamanca en España. Las clases se daban no en español sino en latín, y aun los bedeles° tenían que aprender unas pocas palabras de esa lengua clásica para anunciar el comienzo de las clases. Había también colegios, muchos de ellos dirigidos por la orden jesuita y anexos a las universidades, que ofrecían programas en la tradición de las artes liberales y concedían el título de bachiller. Las universidades, por su parte, tenían normalmente las tres facultades clásicas de la universidad medieval europea: derecho, teología y medicina.

Las clases incluían pocas discusiones e interminables recitaciones por parte de los profesores, que los pobres estudiantes debían luego aprender de memoria. Todavía en nuestros días al estudiante universitario se le exige una cantidad de memorización que sería impensable en una universidad norteamericana. La universidad, por otra parte, no fue una excepción en el patrón colonial de ostentación y lujo. La matrícula costaba poco, pero la ceremonia de graduación podía costar una fortuna: el estudiante debía pagar de su bolsillo una costosa ceremonia que incluía banquetes y diversiones para sus profesores, familiares y amigos. A veces, el graduado tenía que financiar una corrida de toros. Y como los profesores recibían sueldos muy bajos, era costumbre que el nuevo doctor les hiciese substanciales regalos a la hora de graduarse (véase Crow 289). Se dice que a veces un estudiante completaba sus estudios pero no podía graduarse hasta conseguir el dinero para tan costosas ceremonias. A pesar de estos aspectos negativos, las universidades del período colonial cumplieron funciones importantes. Fueron islas de relativa tolerancia donde se podían leer obras que estaban prohibidas para el resto de la población. En la tradición medieval, gozaban de autonomía jurídica, de modo que el rector° (quien tenía su propio cuerpo de policía) podía castigar tanto a profesores como a estudiantes por sus excesos, pero también solía protegerles de los abusos de las autoridades civiles.

El principal talón de Aquiles° del sistema educacional de las colonias —aparte de la poca atención que prestó a las castas y a la población femenina— fue el poco interés que mostró en la educación básica. Sólo hacia el final del período colonial empezaron a crearse escuelas públicas seculares, y éstas fueron

custodians

university president

Achilles' heel, weakness

endowed pocas y mal dotadas°. Durante casi tres siglos la enseñanza primaria se impartía sólo en pequeñas escuelas parroquiales anexas a las iglesias o a las comunidades religiosas. En ellas se enseñaba a leer y a escribir usando libros religiosos o los que el niño pudiese traer de su casa. Muy pocas niñas asistían a la escuela. Las familias pudientes no mandaban a sus hijos a estas escuelas sino que contrataban tutores privados.

Erudición y estudios científicos

El descubrimiento de América creó una serie de problemas serios para las ideas científicas y religiosas de la Europa del siglo XVI. La geografía, la astronomía, incluso la teología tuvieron que enfrentar importantes revisiones que no fueron fáciles de aceptar. España mostró particular interés en familiarizarse con el escenario americano, incluyendo su flora y su fauna. Ya en la década de 1570, un médico enviado por Felipe II recorría México recogiendo información sobre el valor medicinal de las plantas locales. En el Perú, por esos mismos años, el virrey Francisco de Toledo comisionaba a Pedro Sarmiento de Gamboa para hacer un estudio científico, histórico y geográfico de la región. Las órdenes religiosas, por su parte, enviaron a algunos de sus mejores investigadores y lingüistas para aplicar sus conocimientos a la nueva realidad americana. Excepcional entre ellos fue el padre jesuita José de Acosta. En su libro *Historia natural y moral de las Indias* (1590), Acosta encaró, sin temor, preguntas fundamentales sobre la doctrina cristiana. ¿Cómo conciliar, por ejemplo, la historia bíblica del Arca de Noé con la existencia en América de especies animales tan diferentes a las del Viejo Mundo? Con sorprendente perceptividad, Acosta especula que tal vez algunos animales del Arca consiguieron llegar a América a través del Ártico. Sobre Aristóteles y su teoría de que la zona tropical era inhabitable debido al intenso calor, al llegar a Panamá, el buen padre se pregunta con sarcasmo, cómo es que siente frío allí. Ya en las páginas de este perceptivo fraile jesuita se vislumbra la inevitable revolución científica que la presencia de América había comenzado a generar en el pensamiento europeo.

Otros frailes, más pragmáticos, dedicaron sus considerables conocimientos humanísticos y lingüísticos a la enorme tarea de la evangelización del indígena y a la de estudiar y preservar su legado cultural, que estaba en peligro de desaparecer. Fray Diego de Landa, el mismo fraile que ordenó destruir todos los manuscritos mayas que encontró, luego escribió su *Relación de las cosas de Yucatán*, libro hoy indispensable para el conocimiento de la civilización maya.

Aún más extraordinario fue el caso de Fray Bernardino de Sahagún (1500–1590), el fraile franciscano que produjo la monumental *Historia general de las cosas de Nueva España*, una verdadera enciclopedia de las culturas indígenas de México escrita en nahuatl y traducida luego al castellano. Para recopilar° *to compile* su información, Sahagún utilizó un método semejante al que usan los etnógrafos modernos. Entrenó a informantes nativos y luego los fue enviando a diferentes comunidades indígenas para que hicieran ciertas preguntas a la población; más tarde el padre comparaba las respuestas obtenidas por los diferentes informantes *reliable* a fin de obtener las versiones más fidedignas°. Con razón se le ha llamado el primer antropólogo del mundo. Aparentemente, los superiores religiosos del padre Sahagún sintieron por fin sospechas del excesivo entusiasmo de éste por las creencias heréticas de los indígenas. El manuscrito de la obra fue confiscado y enviado a España para examinarlo. Sahagún murió creyendo que su obra nunca llegaría a publicarse. Se publicó, 240 años después de su muerte, y hoy los escritos del padre son objeto de estudio por decenas de investigadores en todo el mundo.

Menos impresionante fue, en cambio, la producción científica que salió de las universidades coloniales, dominadas por el método escolástico. Los científicos más importantes que aparecen en los siglos XVII y XVIII son con frecuencia profesores universitarios, pero desarrollan su labor más productiva fuera de las aulas, en la investigación directa de la realidad americana. Carlos de Sigüenza y Góngora (1645–1700) en México y Pedro de Peralta y Barnuevo (1663–1743) en el Perú son los dos ejemplos más sobresalientes de mentes científicas independientes que, sin rebelarse contra las doctrinas ortodoxas de la Iglesia, realizaron importantes observaciones matemáticas y astronómicas que transmitieron periódicamente a las academias científicas de Europa. Sigüenza era profesor de Matemáticas y Astrología (!) de la Universidad de México (había sido expulsado de un seminario jesuita por su afición estudiantil a las juergas° nocturnas), y era famoso por sus ausencias de clase, que le costaron muchas multas° y reprimendas del rector de la Universidad. Su pasión, claro, era la investigación (pasaba muchas noches observando el cielo a través de su propio telescopio) y llegó a tener tanta fama que el rey francés Luis XIV le ofreció un puesto en su corte. La voluminosa biblioteca que poseía demuestra que los intelectuales de las colonias se las arreglaban° para conseguir las obras científicas más avanzadas que se publicaban en Europa. Sigüenza estaba bien familiarizado con Descartes y con la astronomía de Copérnico. Sólo durante la segunda mitad del siglo XVIII, el escolasticismo empezó a declinar en las universidades. La Física de Aristóteles era objeto de chistes entre estudiantes y profesores, y aun los mismos virreyes de mentalidad más abierta alentaban la introducción de las nuevas ideas que venían de Europa, particularmente las del Iluminismo.

drinking parties
fines

managed

Las artes. Del Renacimiento al barroco

España inició la conquista de América cuando en Europa triunfaba el Renacimiento. De ahí que los primeros edificios importantes que se construyeron en la Española tuvieran a menudo influencia renacentista, como sucede en la Catedral de Santo Domingo, la primera de América[4]. Para el siglo XVII, sin embargo, el espíritu de la Contrarreforma se había impuesto en España y traería consigo una concepción del arte radicalmente diferente, la del barroco. Preocupada con los avances de la Reforma Protestante en Europa, la católica España reaccionó de manera vigorosa contra toda manifestación artística que pudiera poner en peligro la pureza del cristianismo católico. Se exaltaron ahora las preocupaciones religiosas

Catedral de Santo Domingo, la primera de América. Siglo XVI.

y se condenó el espíritu mundano y sensual
del Renacimiento. Los cuerpos desnudos de
los dioses paganos renacentistas fueron modestamente cubiertos o sustituidos por imágenes de santos y vírgenes sufrientes.

La mayoría de los artistas hispanos
adoptaron abiertamente esa nueva militancia
religiosa y moral, pero con frecuencia
percibimos en ellos una cierta inseguridad; se
les pedía, en efecto, adoptar una mentalidad
religiosa de tipo medieval, es decir, echar
turn back   hacia atrásº las agujas del reloj de la historia.
El arte que resultó de ello fue un arte teatral
que encontró una válvula de escape, un
nuevo tipo de sensualidad en la decoración
excesiva. Frente a la tranquilidad del arte renacentista, con su clásico equilibrio y armonía de líneas, el arte barroco es emocional
e inquieto, lleno de oposiciones y contrastes
que se expresan en su complicada decoración
o en su compleja técnica. Los artistas del
Nuevo Mundo heredaron esa tradición y a

Virgen, período colonial.

menudo la adaptaron a la situación americana. La mayor parte de la pintura y de
la escultura del período colonial fue de naturaleza religiosa, comisionada por el
clero para sus iglesias y conventos. Debido a su carácter decorativo y didáctico,
no se hacía normalmente énfasis en la persona del artista, de modo que, para

Soldado ángel, alto Perú. Siglo XVII.

nuestra frustración, se trata de un arte mayormente anó-
nimo en el que podemos identificar a un número relativamente pequeño de pintores y escultores[5]. Sólo en el siglo
XVIII la aristocracia colonial adoptó la moda de hacerse
retratos ejecutados por pintores de nombres conocidos.

Por lo general, el artista hispanoamericano laboraba en
condiciones no exactamente ideales. Culturalmente aislado
y sin oportunidad de ver las obras originales de los grandes
pintores europeos, trabajaba a base de consultar las ilustra-
ciones, grabados, etc. que se importaban de Europa.
Además, estaba sujeto a todo tipo de limitaciones. Sus temas
tenían que ser casi siempre los tradicionales de la icono-
grafía católica —la Virgen y el niño Jesús, la Anunciación,
etc.— y aun los colores que usaba estaban regulados. La
Virgen, por ejemplo, debía vestir de azul y blanco, y las figuras debían de tener una mínima cantidad de piel expuesta.
A pesar de todo eso, el arte colonial tuvo un mercado considerable, dado que en la América Española se construyeron
unas 70.000 iglesias entre el siglo XVI y el XVIII. Y aunque
hubo algunos artistas europeos que se establecieron en el
Nuevo Mundo, el grueso de esa producción artística fue
realizada por pintores y escultores nacidos en América.

Algunos de ellos pertenecían a familias criollas prominentes, pero no pocos fueron mestizos y aun indios puros. En Quito, por ejemplo, los padres franciscanos fundaron el Colegio de San Andrés en el siglo XVI donde varias generaciones de artistas indígenas fueron entrenadas en la pintura y la escultura. Se inició así una tradición que hizo de Quito uno de los principales centros artísticos de Hispanoamérica, sobre todo en la escultura eclesiástica. Irónicamente, sin embargo, muchos de estos artistas nativos siguieron los modelos del arte europeo, pues habían aprendido su oficio dentro de la Iglesia. Fue en Quito donde el gran escultor indio Manuel

Casa de Hernán Cortés, Oaxaca, México. Siglo XVI.

Chili, "Capiscara" (siglo XVIII)[6], produjo quizás las imágenes religiosas más refinadas de todo el período colonial en un estilo netamente occidental.

En general, el arte que se producía en las dos capitales virreinales, Lima y la ciudad de México, seguía más de cerca las direcciones del arte europeo; en las ciudades del interior, en cambio, la influencia indígena tenía mayor libertad para expresarse. En el Perú, especialmente, el arte mestizo se concentró en las alturas de los Andes, en ciudades como Cuzco y Potosí. De pronto, vemos allí una virgen María con cara de indígena o adornada con el sombrero de plumas°   *feathered hat* de la nobleza nativa. Se trata de un arte que, como ha señalado Pal Kelemen (Baroque I, 203), tiene a menudo una atractiva cualidad *naïve* pues muchas veces el artista nativo no adoptó el sentido de proporción ni la perspectiva tridimensional del arte europeo (desconocida en la América precolombina). El observador moderno tiende a apreciar esa autonomía y frescura que exhibe a veces el arte colonial.

La arquitectura colonial, por otra parte, fue extraordinariamente creativa, especialmente en su tratamiento del estilo barroco. Creó, por ejemplo, impresionantes efectos de color utilizando materiales locales como el tezontle mexicano, una piedra blanda de hermoso color rojo. El mosaico multicolor, producto de la influencia árabe en España, fue utilizado en Hispanoamérica de un modo espléndidamente exagerado, cubriendo a veces grandes porciones del exterior de los edificios, como sucede en la iglesia de San Francisco Acatepec (México). Los arquitectos de América, además, pusieron extraordinario énfasis en la decoración de la fachada de los edificios: la exagerada ornamentación de los altares barrocos europeos fue trasladada también al exterior, creando así la famosa "fachada-retablo" del barroco colonial, que llegó a alcanzar un grado de complicación no igualado en Europa. La decoración misma fue frecuentemente penetrada por los símbolos de las culturas nativas: mazorcas de maíz,

Iglesia de la Compañía, Quito.
Siglo XVII.

instrumentos musicales indígenas, imágenes del dios sol, animales americanos, adornos de plumas. Se ha dicho que de los ocho edificios barrocos más importantes del mundo, cuatro se encuentran en México: el sagrario de la catedral de México, el seminario jesuita de Tepoztlán, el convento de Santa Rosa en Querétaro y la iglesia de Santa Prisca en Taxco (Henríquez-Ureña 93). El barroco peruano, por otra parte, supera al de México en cuanto a la presencia

Bóveda de la cúpula, Iglesia de San Santiago, Pomata, Perú.

de elementos nativos en la decoración, especialmente en las iglesias de Arequipa y del área del lago Titicaca. La iglesia de San Lorenzo, en Potosí, presenta en su fachada uno de los grandes logros de la decoración barroca mestiza, que incluye las espléndidas figuras de dos mujeres indias vestidas en sus trajes nativos. En la decoración interior, la iglesia de San Santiago, en el área del Lago Titicaca, Perú, ofrece en la bóveda de su cúpula° uno de los mejores momentos de la arquitectura colonial mestiza.

the vault of its dome

Las letras

Al igual que los artistas, los escritores de las colonias miraron hacia Europa en busca de inspiración y de modelos para sus obras y tuvieron la realidad europea como eminente punto de referencia. Cortés, al describir una de las plazas de Tenochtitlán nos dice que es "tan grande como dos veces la de la ciudad de Salamanca" (63). Bernal Díaz compara la campaña militar de México con la de Julio César en las Galias (92). Y cuando Alonso de Ercilla escribe su gran poema épico *La araucana* (1569), los indios chilenos que aparecen en él son héroes creados según los modelos clásicos de la poesía épica renacentista.

A partir del siglo XVII, la mayor parte de la literatura colonial fue producida por criollos, pero con una mentalidad que continuó subordinada a los modelos e ideales estéticos del Viejo Mundo. De los tres principales géneros literarios, la producción novelesca fue prácticamente inexistente; el teatro, aunque muy popular, se concentró en la representación de obras de autores españoles y produjo muy pocas piezas originales de importancia. La poesía, en cambio, se cultivó en

contests

cantidades enormes. Los certámenes° poéticos se convirtieron en una de las formas de entretenimiento más populares en las ciudades coloniales y llegaron a atraer a verdaderas multitudes de participantes. Hasta trescientos poetas compitieron en algunos de ellos. Naturalmente, la cantidad no aseguraba la calidad, sobre todo en el caso de los muchos poetas hispanoamericanos que se dedicaron a imitar el estilo barroco utilizando como modelos a los grandes poetas barrocos españoles del siglo XVII y especialmente al más complejo y difícil de ellos, Luis de Góngora (1561–1627). La poesía barroca era, hasta cierto punto, una versión lingüística del arte barroco: trataba de impresionar con su excesiva decoración verbal, juegos de palabras, paradojas, antítesis: un estilo en tensión, con énfasis en las oposiciones más que en las síntesis armónicas. Abundaban en esta poesía los temas religiosos promovidos por la Contrarreforma pero también los amorosos y mundanos; en ambos casos, la realidad material —el mundo, la belleza, la juventud— era considerada como una ilusión engañosa°. Pocos de estos seguidores de Góngora lograron escribir obras perdurables°, la excepción más importante fue la del mayor talento poético que produjo el período colonial, la monja° mexicana Sor Juana Inés de la Cruz (1651–1695).

deceptive

lasting

nun

Sor Juana

Era el año 1665 y una adolescente llamada Juana de Asbaje se había convertido en el asombro° de la corte del <u>virrey</u> de México. Aunque no era de familia prominente (era incluso hija ilegítima), su belleza física, su encanto personal y su talento le habían ganado un nombramiento de dama de compañía de la esposa del virrey. Tanto se hablaba de su inteligencia y su saber que el virrey decidió ponerla a prueba: un grupo de profesores y eruditos distinguidos vinieron al palacio virreinal para interrogar a la muchacha sobre las más diversas disciplinas. Con naturalidad, segura de sí misma, Juana fue contestando las preguntas en forma tan brillante que el interrogatorio pronto se convirtió en diálogo. Semejantes

astonishment

gobernador de México

Iglesia de Ocotlán, Tlaxcala, México.
Siglo XVIII.

dotes° le auguraban° un futuro fácil en la corte del virrey. Sin embargo, dos años después Juana decidió hacerse monja y pasar el resto de su vida en un convento. Muchos años más tarde tuvo que escribir una larga carta, su famosa "Respuesta a Sor Filotea de la Cruz", para defenderse de las imputaciones que le había hecho el obispo de la ciudad de Puebla pues según éste, Sor Juana mostraba demasiado interés en las ciencias y el saber mundano, algo inconcebible en una monja. "Entreme religiosa° —respondió ella en dicha carta— porque aunque conocía que tenía el estado [de monja] cosas… repugnantes a mi genio, [debido a] la total negación que tenía al matrimonio, era lo menos desproporcionado y lo más decente que podía elegir…" Luego nos habla de su deseo de "vivir sola, de no querer tener ocupación obligatoria que embarazase° la libertad de mi estudio…" La vida religiosa fue, pues, un refugio para ella, el precio

Such talents/foretold

I became a nun

interfered with

que tuvo que pagar para poder dedicarse a su "inclinación", es decir, a su vocación literaria y a su insaciable sed de conocimiento. Su *celda°* del convento se llenó de libros y se dedicó a escribir y a estudiar las más diversas disciplinas: Física, Geometría, Arquitectura, Música. En 1689 se publicó en Madrid su primer libro de versos, *Inundación castálida*, y su reputación comenzó a crecer. Ahora empezaron a visitarla en su celda las personalidades más importantes de México. Esto debió servirle de *consuelo°*, pues a veces la vemos quejarse de su soledad, de tener "sólo por maestro un libro *mudo°*, por condiscípulo un *tintero°* insensible…" En otros momentos, sin embargo, necesitaba desesperadamente la soledad para leer, estudiar, ejercitar su creatividad. Y no siempre encontraba soledad en el convento. "Tenía muchos *estorbos°* —se lamenta— … como… estar yo estudiando y pelear dos criadas; estar yo escribiendo y venir una amiga a visitarme…" Su afición a las *letras°* a menudo le creó problemas en el convento. Una vez llegaron a prohibirle que leyera libros mundanos y Sor Juana nos dice al respecto: "Yo… obedecí (unos tres meses) en cuanto a no tomar libro [pero] aunque no estudiaba en los libros, estudiaba en todas las cosas que Dios crió…" Y, en efecto, el acto más simple, como el de freír un huevo, era suficiente para ejercitar sus poderes de observación y concluir que "si Aristóteles hubiera *guisado°*, mucho más hubiera escrito". El ver a dos niños que jugaban con un *trompo°* la hacía meditar sobre las leyes físicas que regulan su movimiento.

Así, admirada por unos, censurada por otros, transcurrieron sus 27 años de vida conventual. Aceptó las limitaciones que su sexo y su profesión religiosa le imponían, pero no vaciló en protestar contra la discriminación intelectual y el estado de ignorancia en que se obligaba a vivir a la mujer del siglo XVII: "¿Qué podemos saber las mujeres sino filosofías de cocina?". En 1693, dos años antes de su muerte, Sor Juana tuvo una profunda crisis espiritual. Decidió vender sus libros e instrumentos científicos, donó el dinero a los pobres y se entregó a una vida de penitencia y meditación. Durante la terrible epidemia de *peste°* que *azotó°* a México en 1695, Sor Juana se dedicó por completo a atender a los enfermos; contagiada de la enfermedad, murió el 17 de abril de ese mismo año.

Independientemente de la enorme admiración que nos inspira la figura de Sor Juana, no hay duda de que fue un talento literario de primer orden. Sus *sonetos°*, por ejemplo, se cuentan entre los mejores que ha producido la lengua castellana en cualquier época. Y nos asombra, sobre todo, la versatilidad de su producción. En su pluma, el estilo barroco, muy influido por Góngora, podía ser usado para explorar los misterios del subconsciente y el mundo de los sueños, como en su largo poema "Primero sueño", o podía adoptar la gracia ingeniosa de sus *redondillas°*, llenas de antítesis y paradojas. En el más conocido de estos poemas, Sor Juana ataca la vanidad y las contradicciones que exhiben los hombres en su actitud hacia las mujeres:

> Hombres necios que acusáis
> a la mujer sin razón,
> sin ver que sois la ocasión
> de lo mismo que culpáis…[7]

cell

consolation
silent/inkstand

hindrances

learning

had cooked
spinning top

bubonic plague
hit

sonnets

quatrains

NOTAS

[1] Jorge Juan y Antonio de Ulloa fueron dos jóvenes oficiales navales que participaron, por orden del rey de España, en una expedición científica francesa destinada a Perú y Ecuador. Después de pasar once años en las Indias (1735–46), Juan y Ulloa escribieron, entre otras obras, su *Noticias secretas de América*, un informe confidencial dirigido a la Corona donde se describía la sociedad colonial, incluyendo las divisiones internas y la corrupción que existían en ella. El manuscrito fue publicado por David Barry en Londres, en 1826.

[2] El estudio que hizo Irving Leonard (157–71) sobre los libros que había en las librerías y bibliotecas privadas del México colonial del siglo XVII sugiere que, con la excepción de obras consideradas flagrantemente heréticas, los habitantes de las colonias tenían a su disposición lecturas bastante variadas, semejantes a las que disfrutaban los habitantes de Boston por esa misma época: textos clásicos latinos, libros de poesía, dramas e incluso obras de ficción.

[3] Las dos primeras universidades, la de México y la de San Marcos de Lima, fundadas por decreto real en 1551, fueron las dos más importantes, pero gozaron también de prestigio las de Córdoba (Argentina), Guatemala, Bogotá, Cuzco y La Habana. En las de México y Lima se crearon cátedras para la enseñanza de lenguas indígenas.

[4] La temprana arquitectura renacentista de España combinó a menudo las clásicas líneas rectas (*straight lines*) del Renacimiento con una profusa decoración que recuerda el trabajo de joyería que realizan los plateros (*silversmiths*). De ahí el nombre de plateresco con que se conoce este estilo. La fachada de la Universidad de Salamanca es el ejemplo más conocido del plateresco, cuya influencia es evidente en la Catedral de Santo Domingo.

[5] En México alcanzaron mucho prestigio los pintores Baltazar de Echave (1548–1620), su hijo y su nieto del mismo nombre. En el siglo XVIII, otro pintor mexicano muy europeizado, José de Ibarra, se ganó el sobrenombre (*nickname*) de "el Murillo de la Nueva España"; su compatriota indio Miguel Cabrera (1695–1768) es recordado sobre todo por el retrato póstumo que hizo de Sor Juana Inés de la Cruz. En Suramérica, la escuela escultórica de Quito produjo, además de a Manuel Chili, a otros escultores religiosos de estilo personal como el Padre Carlos en el siglo XVII y Bernardo Legarda en el XVIII. En pintura, Cuzco, Quito y Potosí fueron los centros más importantes, y tres pintores sobresalen como los maestros de ese arte: el criollo Melchor Pérez de Holguín (Potosí; l660– ?) y los mestizos Gregorio Vázquez (Bogotá;1638–1711) y Miguel de Santiago (Quito; 1626?–1706), este último muy influido por la pintura religiosa del maestro español Zurbarán.

[6] El sobrenombre "Capiscara" aludía al hecho de que su cara estaba cubierta de marcas producidas por las viruelas.

[7] You foolish men/who unjustly accuse women/without realizing that you yourselves are the cause/of the sinful conduct for which you blame them.

Ejercicios y actividades

A. Preguntas sobre la lectura

1. ¿En qué se diferenciaba un peninsular de un criollo?
2. ¿Qué desventajas tenían los criollos?
3. ¿Qué preocupaciones raciales tenían los criollos?
4. ¿Vivían modestamente los criollos? Comente.
5. ¿Fueron muy severas las autoridades coloniales en la censura de libros?
6. ¿Dónde buscaba la verdad el escolasticismo?
7. ¿Eran tradicionalistas o progresistas las universidades coloniales? ¿Por qué?
8. ¿Qué problemas tenía la educación básica en las colonias?
9. Mencione uno los métodos que usaba Fray Bernardino de Sahagún para obtener información sobre las culturas indígenas de México.
10. ¿Qué relaciones había entre el arte y la Iglesia durante el período colonial?
11. ¿Estuvo muy presente la realidad de América en el arte colonial?
12. ¿Cuál de los géneros literarios fue más cultivado en la América española?
13. ¿Qué problemas tuvo Sor Juana Inés de la Cruz con el obispo de Puebla?

B. Sinónimos. Seleccione las palabras sinónimas en las dos columnas.

1. **F** semejante
2. **H** puesto *position*
3. **A** recopilar
4. **B** sueldo
5. **E** villa *pueblo pequeño*
6. **I** fidedigno
7. **C** legado *mas abstracto*
8. **G** monja
9. **D** juerga

a. reunir
b. salario
c. herencia *mas concreto*
d. fiesta
e. población
f. similar
g. religiosa
h. trabajo
i. verdadero

C. Asociaciones. ¿Qué asociaciones puede hallar entre las palabras de las dos columnas?

1. ____ letras   a. universidad
2. ____ mosaico   b. edificio
3. ____ fachada   c. poesía
4. ____ rector   d. convento
5. ____ certamen   e. literatura
6. ____ celda   f. árabe
7. ____ etnógrafo   g. población

D. Identificaciones. Atribúyale a estos dos estilos las palabras que le parezcan apropiadas para cada uno.

sensual	armonía	religioso	tensión
tranquilo	emocional	pagano	Grecia
Contrarreforma	equilibrado	sencillo	líneas rectas
oposiciones	mundano	complicado	

Renacentista	Barroco	Renacentista	Barroco
_____	_____	_____	_____
_____	_____	_____	_____
_____	_____	_____	_____
_____	_____	_____	_____

E. Complete las oraciones. Complete las siguientes oraciones con las palabras apropiadas.

1. La arquitectura de los primeros edificios importantes de La Española muestran la influencia del estilo _____.

2. Una diferencia entre la arquitectura barroca europea y la hispanoamericana fue que _____.

3. En las colonias las personas que tenían cualquier tipo de mezcla racial se llamaban _____.

4. Luis de Góngora fue _____.

5. *La araucana* es _____.

6. Sor Juana Inés de la Cruz se hizo monja porque _____

_____.

7. En una ocasión a Sor Juana le prohibieron _____.

F. Opiniones e hipótesis

1. Si en vez de nacer en el México colonial del siglo XVII, Sor Juana hubiera nacido en California a mediados del siglo XX, ¿en qué sentido cree usted que hubiera sido diferente su vida?

2. ¿Cómo interpreta usted el hecho de que con frecuencia los artistas nativos pintaran figuras cristianas con algunas características indígenas? En su opinión, ¿qué les impulsaba a hacer eso?

3. Hasta cierto punto, el conflicto entre "verdad" revelada y "verdad" científica sigue dándose hoy día. ¿Qué cree de esto?

7

El siglo XIX. La independencia y sus consecuencias

Cronología

Influidos por las ideas del Iluminismo y por el ejemplo de la revolución norteamericana y de la francesa, los criollos de Hispanoamérica empiezan a pensar en independizarse de España y de su viejo y desgastado (*worn out*) sistema colonial.

1808 Napoleón Bonaparte invade España y pone a su hermano José en el trono español. Los criollos de las colonias de América aprovechan la oportunidad para formar gobiernos locales (juntas).

MÉXICO Y CENTROAMÉRICA

1808 Fracasa la junta de criollos proclamada en la capital de México.

1810–1811 Grito de Dolores (16 de septiembre), rebelión popular encabezada por el padre Miguel Hidalgo bajo el estandarte (*banner*) de la Virgen de Guadalupe, patrona de los indígenas.

Hidalgo es derrotado y ejecutado por las autoridades españolas.

1821 El militar criollo Agustín de Itúrbide es proclamado emperador de México. Los líderes criollos de Centroamérica aceptan unirse al nuevo imperio.

1823 Itúrbide es destronado por el militar Antonio López de Santa Anna. México es proclamada república federal. Depuesto Itúrbide, los centroamericanos forman brevemente una federación, pero acabarán por dividirse en cinco naciones independientes.

EL ÁREA DEL CARIBE

1821 Santo Domingo se declara independiente, pero es ocupado por Haití hasta 1844.

1898 Guerra entre Estados Unidos y España a causa de Cuba. Cuba se declara república independiente en 1902; Puerto Rico se convierte en un protectorado norteamericano.

EL NORTE DE SURAMÉRICA

1806 Fracasa (*fails*) la expedición de Francisco de Miranda (1750–1816) para liberar a Venezuela.

1810–1813 Formación de la junta de Caracas por criollos venezolanos, incluyendo a Simón Bolívar (1783–1830). Fallidos intentos por liberar a Venezuela. Bolívar emerge como líder máximo de los patriotas venezolanos.

1816 Tercer intento de Bolívar, esta vez en los llanos del río Orinoco.

1819 Bolívar y sus tropas atraviesan los Andes y derrotan a los españoles en la batalla de Boyacá (actual Colombia). Los patriotas entran triunfantes en Bogotá.

1821–1822 Victorias de Bolívar en Carabobo y de su lugarteniente (*deputy*) Antonio José de Sucre en Pichincha, que aseguran la liberación de Venezuela y de Ecuador, respectivamente. Proclamación de la República de la Gran Colombia, que incluía los territorios de las actuales repúblicas de Colombia, Panamá, Venezuela y Ecuador.

EL SUR DE SURAMÉRICA

1810 Formación de la junta de Buenos Aires, que logra mantenerse en el poder.

1816 Congreso de Tucumán: la futura Argentina declara formalmente su independencia.

1817–1818 José de San Martín (1778–1850) cruza los Andes desde Argentina con un ejército y derrota a los españoles en Chile, en las batallas de Chacabuco y de Maipú.

1821 San Martín entra victorioso en Lima, Perú, principal bastión de España en Suramérica.

1822 Entrevista entre Bolívar y San Martín en Guayaquil, Ecuador. Los dos líderes no se ponen de acuerdo sobre el futuro político del Perú. San Martín decide dejarle el campo libre a Bolívar, renuncia a sus cargos y se retira. Muere muchos años después, en Europa.

1824 Bolívar derrota a las tropas españolas en la batalla de Junín y Sucre les da el golpe final en la batalla de Ayacucho. El Perú y el resto de Suramérica quedan liberados.

1824–1830 Bolívar crea la república de Bolivia (1826) y pasa sus últimos años tratando en vano de impedir la desintegración de la Gran Colombia. Muere en Santa Marta, Colombia (1830).

LATINOAMÉRICA DESPUÉS DE LAS GUERRAS DE INDEPENDENCIA

1825–CIRCA 1850 Período especialmente turbulento de luchas por el poder entre los caudillos salidos de las guerras de independencia.

1850–CIRCA 1900 Se alcanza cierta estabilidad en algunos países bajo la mano dura de caudillos militares o civiles. En la mayoría de los nuevos países persiste la tradición caudillista de gobiernos personalistas y autoritarios.

Prólogo *a la tormenta*

Durante la segunda mitad del siglo XVIII, algunos grupos selectos de hispanoamericanos, en su mayoría criollos, empezaron a pensar en la independencia de las colonias. Los reyes Borbones, especialmente Carlos III (1759–1788), habían introducido algunas reformas beneficiosas, eliminando la mayoría de las restricciones al comercio con América, aumentando la productividad de las minas y administrando las colonias con mayor eficiencia. Pero la relativa prosperidad que esto produjo no consiguió eliminar los agravios y frustraciones que sentían los criollos. Los Borbones actuaban todavía con una mentalidad mercantilista[1], considerando que las colonias existían sobre todo para beneficiar económicamente a España; su mayor eficiencia administrativa a menudo resultó en la imposición de altos impuestos y los criollos continuaron siendo excluidos de los puestos importantes de la burocracia colonial. Las ideas progresistas y revolucionarias que empezaron a llegarles de Europa en esta época tuvieron que resultarles, pues, extremadamente atractivas, especialmente las asociadas con el Iluminismo y su culto a la razón, la libertad de comercio y la idea, propugnada por Rousseau en *Le Contrat social* (1762), de que el poder legítimo reside en la voluntad° del pueblo, no en las monarquías hereditarias[2]. La revolución de las colonias norteamericanas en 1776 y la revolución francesa en 1789 demostraron la posibilidad de convertir las ideas del Iluminismo en efectiva acción revolucionaria; su ejemplo sirvió de aliento° a los criollos hispanoamericanos para empezar a planear sus propias revoluciones y no pocos de ellos sufrieron ahora persecución y cárcel° por propagar las nuevas ideas. Fue típico el caso de Antonio Nariño, un distinguido intelectual de Bogotá que en 1794 tradujo del francés al español la Declaración de los derechos del hombre[3] y fue encarcelado por cometer tal "delito"°.

will

encouragement

jail

jailed for this "crime"

La mayor parte de la población hispanoamericana no estaba preparada todavía para dar un paso radical hacia la independencia, de modo que las discusiones de los criollos se desarrollaron al principio en círculos intelectuales selectos, como en las Sociedades Económicas de Amigos del País que bajo la inspiración del Iluminismo se fundaron en varias ciudades de Hispanoamérica, y aun en las reuniones secretas de las logias masónicas. Pero no hay duda que existía bastante descontento, incluso entre la población indígena, como lo demuestra la serie de rebeliones locales que ocurrieron a lo largo del siglo XVIII. Unas pocas de ellas, como la de los comuneros en Nueva Granada (Colombia), fueron organizadas por grupos de mestizos y criollos en protesta contra los impuestos excesivos y otras medidas económicas establecidas por los Borbones, pero la mayoría de estos levantamientos° fueron protagonizados por la población nativa, harta° de los abusos que contra ella perpetraban los funcionarios reales. Tal fue el caso de la rebelión del líder indígena

uprisings
fed up

peruano José Gabriel Condorcanqui, más conocido como Túpac Amaru II, hoy considerado como uno de los grandes precursores de la independencia hispanoamericana, quien pagó con la vida su acto de desafío° al poder español[4].

defiance

Otro gran precursor de la independencia fue Francisco de Miranda (1750–1816), un distinguido criollo venezolano cuya vida parece arrancada° de las páginas de una novela. Miranda se marchó de Venezuela todavía muy joven para vivir la vida de un aventurero internacional obsesionado con la idea de una Suramérica independiente de España. Pasó varios años en Europa tratando, sin éxito, de conseguir apoyo para su proyecto revolucionario[5] y por fin fue a los Estados Unidos. En Nueva York consiguió reclutar a un grupo de 200 ciudadanos norteamericanos, y organizó con ellos una expedición poco realista que en 1806 desembarcó en la costa de Venezuela. Como era de esperarse, el proyecto fracasó y le costó la vida a varios miembros de la expedición. Tras una precipitada retirada, Miranda tuvo que regresar a Europa, momentáneamente vencido pero no desanimado. Hoy, un monumento en la ciudad de Puerto Cabello, Venezuela, conmemora el sacrificio del grupo de norteamericanos que dieron su vida por la independencia de Hispanoamérica.

torn out

Napoleón en España: la chispa° que provocó el incendio°

spark

fire

En 1808, Napoleón Bonaparte invadió la Península e instaló en el trono español a su hermano José Bonaparte, después de forzar la abdicación del rey Carlos IV y de su hijo, el futuro Fernando VII.

La gran mayoría de los españoles no aceptaron la dominación francesa y se organizaron en juntas o comités de resistencia que lucharon contra las tropas francesas utilizando a menudo el sistema de guerra de guerrillas. Estas juntas regionales se consolidaron, primero, en una Suprema Junta Central, luego en un Consejo de Regencia que trató de presentar la apariencia de un gobierno capaz de resistir la ocupación francesa.

Los criollos de Hispanoamérica vieron en esa crisis del poder español una oportunidad única para conseguir la independencia de las colonias. Como sólo tenían representación importante en los gobiernos locales, los cabildos, utilizaron a éstos para iniciar el proceso: convocaron° "cabildos abiertos", es decir, asambleas locales que sometieron a votación entre los vecinos la formación de juntas para oponerse a la invasión napoleónica y, al menos en teoría, apoyar a Fernando VII como legítimo rey. En realidad, los criollos que protagonizaron estas maniobras pensaban ya en la independencia total de España pero, por el momento, ocultaron° sus verdaderas intenciones por temor a que la mayoría de la población no estuviese todavía lista para apoyarlos. La mayor parte de estas juntas no sobrevivieron por mucho tiempo pero fueron el paso inicial que condujo en los próximos años a la lucha abierta por la independencia. Napoleón, con su ambición de dominio, inició así, sin quererlo, el proceso de la liberación de Hispanoamérica.

convened

concealed

México y Centroamérica

El caso de México fue diferente al de los otros virreinatos. No fueron los criollos de los cabildos quienes comenzaron la primera revolución mexicana (la junta que éstos intentaron formar en 1808 fracasó), sino un cura de aldea°, el padre Miguel

village priest

Hidalgo (1753–1811). Hidalgo fue el caso raro de un sacerdote muy influenciado por las ideas del Iluminismo. Debido a sus ideas y hábitos heterodoxos la Iglesia lo había destinado, como castigo°, al pequeño pueblo de Dolores, cercano a la ciudad de Querétaro. Al cabo inició una conspiración con otros criollos usando como tapadera° el Club Literario y Social de Querétaro, en el que se reunían "caballeros racionales", es decir, intelectuales asociados con el Iluminismo. En la madrugada del domingo 16 de septiembre de 1810, el padre hizo sonar las campanas de su iglesia y, ante una congregación compuesta mayormente de indios y mestizos, pronunció un apasionado sermón revolucionario instando a su audiencia a levantarse contra la opresión del gobierno español. Este es el famoso "Grito de Dolores", con su lema° "¡Viva la virgen

de Guadalupe, muera el mal gobierno, mueran los gachupines°!" La virgen de Guadalupe es la virgen que se identifica en México con la población indígena[6] así que la congregación se convirtió de inmediato

punishment

front

motto

Spaniards

excited crowd
parishioners
ranks

Padre Miguel Hidalgo (México; 1753–1811), iniciador de la lucha por la independencia de México. Columbus Memorial Library Reproduced with permission of the General Secretariat of the Organization of American States.

en una multitud enardecida° por las palabras del carismático padre. Portando las armas más primitivas, los feligreses° comenzaron a marchar mientras gritaban su resentimiento contra el régimen español. Pronto, sus filas° empezaron a crecer, hasta que el padre Hidalgo se vio al mando de una indisciplinada muchedumbre de más de 80.000 personas, indígenas en su mayoría.

Hidalgo nunca llegó a formular con precisión los objetivos de su rebelión, pero éstos eran de orden social más que político: las ideas de democracia y reivindicación social del Iluminismo aplicadas a las deplorables condiciones en que vivía el indígena mexicano. En el proceso, el buen padre desencadenó° una ola de violencia que él mismo fue luego incapaz de controlar. En el incidente más célebre, sus seguidores capturaron la ciudad minera de Guanajuato, donde no sólo se apoderaron de° la plata de las minas sino que masacraron a varios cientos de personas. Hidalgo no autorizó la masacre, pero fue incapaz de evitarla; sus tropas adquirieron una reputación de incontrolable brutalidad que hizo temblar tanto a peninsulares como a criollos.

unleashed

took possession of

Tras varias otras victorias, el ejército de Hidalgo llegó a las cercanías de la ciudad de México y los vecinos de ésta se prepararon para lo peor. En sus calles apareció la imagen de la Virgen de los Remedios, la virgen de los mexicanos blancos, en oposición a la virgen indígena de Guadalupe. Inesperadamente, sin embargo, Hidalgo decidió no atacar, por razones que no están claras. ¿Temió quizás los excesos que podrían cometer sus tropas si conquistaban la ciudad? Quizás. En todo caso, decidió retirarse y se hizo fuerte en Guadalajara, la segunda ciudad de México. Pero la vitalidad inicial de su movimiento se había perdido. Derrotado por las más disciplinadas tropas españolas, fue hecho prisionero y condenado a muerte. Antes de su ejecución, ocurrida sólo diez meses después del Grito de Dolores, Hidalgo escribió un documento en que se retractaba de sus actos y pedía perdón por toda la sangre que se había derramado por su culpa°. Los mexicanos, sin embargo, consideran a Hidalgo como uno de sus héroes nacionales y celebran el 16 de septiembre como el Día de la Independencia del país. Uno de los más fieles seguidores de Hidalgo, el padre José María Morelos, continuó la lucha revolucionaria después de la muerte de aquél, pero la superioridad de las tropas españolas acabó por imponerse. Como su mentor, Morelos fue capturado y fusilado en diciembre de 1815. A partir de este momento, unos pocos líderes revolucionarios, como Vicente Guerrero, continuaron luchando en las montañas del sur del país, pero sin lograr mayor efectividad.

had been shed because of him

El próximo capítulo de la independencia mexicana tuvo, una vez más, su origen en España. Tras la expulsión de Bonaparte de la Península en 1814, Fernando VII fue restaurado en el trono español. Las grandes esperanzas que la nación había puesto en él, sin embargo, pronto se frustraron pues Fernando resultó ser un déspota. En su ausencia, el gobierno provisional español había promulgado la liberal Constitución de Cádiz de 1812, que convertía a España en una monarquía constitucional, y lo primero que hizo Fernando a su regreso fue abolir esta constitución y gobernar con brutal mano de hierro. En 1820, sin embargo, una rebelión militar encabezada por el general Rafael del Riego obligó al rey a reinstaurar un régimen liberal bajo la Constitución de 1812. Esta situación duró tres años, hasta que un ejército enviado por Francia restableció el régimen absolutista de Fernando, pero en esos tres años de régimen liberal las colonias hispanoamericanas hicieron notables progresos en su camino hacia la independencia.

En la capital de México, la rebelión de Riego y el restablecimiento de la constitución liberal de Cádiz produjeron pánico entre las conservadoras clases dominantes y la Iglesia. La perspectiva de un México gobernado desde España por un régimen liberal y anticlerical produjo la suficiente alarma como para que la idea de la independencia se hiciera de pronto atractiva, especialmente si tomaba la forma de un régimen monárquico mexicano que reconociera a la Iglesia Católica como iglesia oficial. En estas circunstancias apareció en escena un astuto militar criollo de familia aristocrática, Agustín de Itúrbide, que utilizó sus contactos tanto entre los criollos como entre los peninsulares para presentarse como posible candidato a encabezar una monarquía. En 1822, Itúrbide era proclamado Emperador de México con el título de Agustín I. Este soldado ambicioso y con delirios de grandeza fue coronado en la catedral de México en una pomposa ceremonia que imitó el formato de la coronación de Napoleón en Notre Dame de París. México nació así como nación independiente gracias a las maniobras de un soldado oportunista. El reinado de Itúrbide, como era de esperarse, duró poco. Su arbitraria y autoritaria manera de gobernar pronto lo hicieron impopular y un general de su ejército, Antonio López de Santa Anna, se rebeló contra él y proclamó a México como república federal en diciembre de 1823. Itúrbide fue exilado pero trató de regresar a México en 1824 y fue rápidamente detenido y ejecutado. México tendría que esperar unos cuantos años para encontrar un líder de verdadera estatura en la figura del primer presidente indígena de Hispanoamérica, Benito Juárez (1806–1872).

Centroamérica

Los actuales países centroamericanos, excepto Panamá, habían sido parte de la Capitanía General de Guatemala y su minoría criolla se declaró en favor de la independencia en 1821. Esta declaración, sin embargo, ocurrió en la capital de la capitanía, Ciudad Guatemala, y las demás regiones del área no se sintieron muy entusiasmadas ante la perspectiva de que los guatemaltecos tuvieran el monopolio del poder en el nuevo régimen. En estas circunstancias, Agustín de Itúrbide invitó a los centroamericanos a hacerse parte de su nuevo imperio, y la invitación fue aceptada, aunque sin completa unanimidad (El Salvador, por ejemplo, mostró preferencia por hacerse miembro de la Unión norteamericana). Pero con la rápida caída del régimen de Itúrbide, los centroamericanos tuvieron que decidir de nuevo sobre su destino como entidad independiente. En 1823, acordaron la creación de las Provincias Unidas del Centro de América, con un sistema federal. Sin embargo, el fuerte antagonismo regionalista que existía entre las diferentes provincias de esta unión la hizo fracasar. Para 1838, la unión había dejado de existir y el área quedó dividida en las cinco repúblicas de la actual Centroamérica: Guatemala, Honduras, El Salvador, Nicaragua y Costa Rica. Panamá continuó siendo parte de Colombia hasta 1903 y la provincia guatemalteca de Chiapas, que había sido ocupada por las tropas de Itúrbide, fue definitivamente incorporada a México.

El área del Caribe

Para fines del siglo XVIII, España sólo mantenía en el Caribe la posesión de Cuba, Puerto Rico y la parte este de la Española. Jamaica había pasado a manos de Inglaterra en 1655, mientras que la parte oeste de la Española fue ocupada gradualmente por los franceses hasta que en 1697 pasó oficialmente a manos de Francia y se convirtió en una próspera colonia francesa, Saint Domingue, poblada mayormente por negros esclavos. Cuando las promesas de "libertad, igualdad, fraternidad" de la Revolución Francesa no se cumplieron en Saint Domingue, la población de color de la isla protagonizó una sangrienta y exitosa rebelión en 1791 bajo el liderazgo de Toussaint L'Ouverture. Los franceses, ahora *betrayed* bajo Napoleón, traicionaron° a Toussaint, quien murió en una prisión europea, pero otros líderes de color, como Jean Jacques Dessalines y Henri Christophe, consiguieron, con la ayuda de la fiebre amarilla, derrotar al ejército francés y declarar la independencia en 1804, dándole al nuevo país el nombre indígena de Haití ("tierra de montañas"). La parte hispanohablante de la Española, por su parte, declaró su independencia en 1821 con el nombre de Santo Domingo —que luego fue cambiado al de República Dominicana— pero inmediatamente fue invadida y ocupada por sus vecinos de habla francesa, los haitianos. La ocupación haitiana continuó hasta 1844, cuando los dominicanos, bajo el liderazgo de Juan Pablo Duarte, consiguieron expulsar a sus belicosos vecinos y recobrar su independencia. Cuba y Puerto Rico, por su parte, permanecerían bajo el poder español hasta la guerra entre Estados Unidos y España en 1898.

Suramérica

Fue en la América del Sur que la lucha por la independencia se desarrolló en forma más espectacular: quince años de guerra (1810–1825) que devastaron al continente y pusieron el futuro de la región en manos de una generación de hombres de acción entre los que destacan, sobre todo, la carismática figura de Simón Bolívar, en el norte del continente, y la austera personalidad de José de San Martín en el sur.

"El Libertador"

Simón José Antonio de la Santísima Trinidad Bolívar y Palacio (1783–1830) fue el prototipo del criollo de familia acaudalada° que gozó en su niñez y adolescen- *wealthy* cia de todos los privilegios de su clase. Tuvo la desgracia, sin embargo, de perder a su padre y a su madre durante los primeros años de su vida, por lo que su educación quedó en manos de preceptores privados que moldearon su intelecto. Uno de ellos en particular, Simón Rodríguez, tuvo una influencia considerable en él. Rodríguez era un individuo idealista y ex- céntrico que familiarizó a su discípulo con las ideas del Iluminismo y trató de edu- carlo de acuerdo con los ideales de *Émile* (1762), el libro de Rousseau; según éste, el niño debía aprender a través de su expe- riencia directa con la naturaleza más que en los libros; el maestro, por su parte, debía alentar su curiosidad y permitir que el propio discípulo formulara las pregun- tas que sus observaciones le sugirieran°. *might suggest* Esta noción iluminista de una educación libre en que el discípulo tomaba la inicia- tiva era herética para la época y Simón Rodríguez nunca tuvo éxito en su carrera como educador (entre otras cosas, su iden- tificación con la vida natural le llevó a practicar el nudismo, y cuando trabajaba de maestro le gustaba traer a niños pobres

Simón Bolívar (Venezuela; 1783–1830), el Libertador de Venezuela, Colombia, Ecuador, Perú y Bolivia.
Columbus Memorial Library
Reproduced with permission
of the General Secretariat of
the Organization of American States

de la calle y añadirlos a sus clases). Pero sus ideas dejaron una impresión perma- nente en la mente de Bolívar; entre ellas, la noción de una Hispanoamérica inde- pendiente de España.

Como era lo normal entre los jóvenes de la aristocracia criolla, Bolívar fue en- viado a España para completar su educación después de haber recibido entre- namiento militar en la milicia del gobierno colonial. En España continuó sus lecturas, perfeccionó su francés y se vio envuelto en no pocos embrollos amorosos. Físicamente era un hombre pequeño —de unos cinco pies seis pulgadas de es- *appearance* tatura— y delgado, pero de porte° elegante y con la habilidad de cautivar con su conversación. Gracias a las conexiones que tenía su familia, su vida en Madrid se desarrolló en los círculos aristocráticos y tuvo acceso a los salones de la familia real. Se cuenta que en una ocasión, jugando con el príncipe, el joven venezolano *threw to the* derribó al suelo° al futuro Fernando VII, como un presagio° de lo que ocurriría en *ground/omen* Suramérica años después. Para 1803 Bolívar estaba de regreso en Caracas, pero ya no solo. En España se había enamorado de una aristocrática joven española, María Teresa Toro, con la que se había casado impulsivamente. Poco después, sin embargo, la muchacha enfermó° de unas fiebres y murió inesperadamente, ocho *became ill* meses después de la boda. Bolívar tenía apenas 20 años y juró no volver a casarse. Su vida amorosa, no obstante, fue extremadamente activa hasta el final de su vida.

gambling
by chance

walking tour

De regreso a Europa, Bolívar se entregó a una vida disipada, jugando° y gastando dinero a manos llenas, hasta que se encontró por casualidad°, probablemente en París, con su viejo preceptor Simón Rodríguez. Maestro y discípulo comenzaron en 1805 una extensa gira a pie° por el sur de Europa que los llevó a través de Francia hasta Italia. Cuando, meses después, llegaron a Roma, Bolívar había recobrado su sentido de dirección y la idea de la independencia de Hispanoamérica figuraba de nuevo en el centro de su pensamiento. Se dice que un día, estando con su maestro en el Monte Aventino de Roma, el joven venezolano juró solemnemente no descansar hasta conseguir la libertad de Hispanoamérica.

De regreso en su patria, Bolívar fue uno de los jóvenes oficiales que en 1810 participaron en la formación de la junta de Caracas y proclamaron al año siguiente la independencia de Venezuela. El viejo guerrero, Francisco de Miranda, que vivía en Londres, fue convencido por los patriotas venezolanos para que volviera a Venezuela a hacerse cargo del ejército revolucionario. Pero la joven república sólo duró poco más de un año. Miranda tuvo al fin que concertar un armisticio con las superiores fuerzas españolas, lo que fue interpretado como un acto de traición por sus más jóvenes compatriotas, incluyendo a Bolívar. Capturado por las tropas enemigas sin que Bolívar y sus colegas hicieran nada por impedirlo, Miranda fue conducido como prisionero a España donde moriría en prisión cuatro años después. Este fue el triste fin de una de las más fascinantes figuras de la historia venezolana.

Un segundo intento por liberar a Venezuela (1813–1814) fue sólo temporalmente exitoso, pero confirmó a Bolívar como jefe del movimiento revolucionario. El tercer y último intento de Bolívar (1816) no se dirigió, como los anteriores, contra la ciudad de Caracas y las poderosas tropas españolas que la defendían. Estableció más bien su centro de operaciones más al sur, en los poco poblados llanos del río Orinoco, donde podía maniobrar con mayor impunidad. Con ese propósito capturó la ciudad de Angostura (hoy llamada Ciudad Bolívar), el principal centro urbano de dicha región, y consiguió que se le uniera el líder José

plainsmen, cowboys

Antonio Páez y sus legendarios llaneros°, un primitivo ejército de jinetes mestizos e indios que formaban una indisciplinada pero efectiva fuerza militar. Las fuerzas revolucionarias se vieron también aumentadas por un contingente de mercenarios ingleses e irlandeses —veteranos de las guerras napoleónicas— que habían sido reclutados en Inglaterra. No pocos de ellos eran legionarios guiados sólo por

greed
motley

helmets and epaulettes

source of income

la codicia°, pero otros se convirtieron en leales seguidores del líder venezolano. El ejército de Bolívar fue así una abigarrada° multitud de patriotas criollos, llaneros mestizos, indígenas semidesnudos y mercenarios rubios en sus elegantes uniformes europeos. En poco tiempo, botas, cascos y charreteras° comenzaron a cambiar de manos pues Bolívar fue incapaz de pagarles a los legionarios las recompensas prometidas y éstos encontraron una inesperada fuente de ingresos° en sus trajes militares. Al cabo, no fue raro ver a los indígenas llevando botas al estilo Wellington, y a más de un legionario caminando semidesnudo por el campamento.

Con ese pintoresco y mal equipado ejército de poco más de 3.000 hombres, Bolívar se preparó, en mayo de 1819, para emprender una de las más arriesgadas marchas en los anales de la historia militar. Su plan: avanzar hacia el oeste, por los llanos del Orinoco y, tras más de 600 millas de marcha, atravesar la cordillera de los Andes en uno de sus puntos más difíciles. Al otro lado le esperaba el territorio de Colombia, que por el momento ofrecía un blanco más factible° *a more feasible target* que Venezuela. Era, sin embargo, la estación de las lluvias, cuando los llanos se inundan° y hay que avanzar a veces con el agua a la cintura, expuesto a los *become flooded* ataques de peces como los caribes, las pirañas del río Orinoco. Por fin, en junio, el ejército llegó a las primeras alturas de los Andes e inició el ascenso. La mayoría de los llaneros nunca había visto una montaña y no llevaba ropas apropiadas para las temperaturas de las grandes altitudes. Muchos de ellos habrían de morir de frío; no pocos fueron abatidos° por el soroche, la enfermedad de las alturas *struck down* andinas; otros, por fin, perdieron la vida en los precipicios de la cordillera. Cuando al fin llegaron a tierra colombiana habían perdido más de la mitad de los hombres y todos los caballos, reses° y mulas. La población local, sin embargo, *heads of cattle* acudió rápidamente en su ayuda y un mes después el disminuido ejército estaba ya en condiciones de presentar combate. El 7 de agosto ocurre la primera de las grandes victorias de Bolívar, la batalla de Boyacá, con la que asegura la liberación de Nueva Granada (Colombia). Al año siguiente derrota a los españoles en la batalla de Carabobo, con la que consigue proclamar definitivamente la independencia de su nativa Venezuela. Y un año después, en mayo de 1822, su lugarteniente° y hombre de confianza, Antonio José de Sucre, presenta batalla *deputy* a los españoles ante el escenario del majestuoso volcán Pichincha, cerca de la ciudad de Quito, Ecuador. El triunfo de Sucre en esta batalla complementó el que había alcanzado el propio Bolívar en la batalla de Bomboná, dos meses antes. Los territorios del Ecuador quedaron así libres de la dominación española.

Ideas políticas de Bolívar

¿Qué tipo de gobierno se debía establecer en los territorios liberados? Bolívar no fue partidario de adoptar sistemas federales como el de los Estados Unidos pues creía que los hispanoamericanos —carentes de tradición democrática y de experiencia política— necesitaban un tipo de gobierno en que el poder político y militar estuviera más concentrado en una autoridad central. Pensaba que el sistema de gobierno de un país debía reflejar los valores y características de su sociedad y no tratar de copiar servilmente el de otras naciones. Su modelo ideal, por ejemplo, era el del sistema británico, pero adaptado a un formato republicano compatible con la volátil realidad americana; un sistema en que se garantizaran las libertades del individuo, pero al mismo tiempo se proveyeran los necesarios elementos de estabilidad política, como el de un presidente vitalicio° elegido por voto popular. Las conven- *for life* ciones constituyentes que se celebraron en aquellos años no aceptaron el modelo propuesto por Bolívar, pero sí su idea de unificar todo el norte de Suramérica bajo un gobierno común. Bolívar temía, en efecto, que la independencia resultara en la aparición de un gran número de repúblicas pequeñas y débiles, por lo que propuso la creación de una gran nación que comprendiera casi todos los territorios del antiguo virreinato de Nueva Granada, es decir, los territorios de las actuales Colombia, Panamá, Venezuela y Ecuador, con Bogotá como capital. Este sueño de Bolívar se hizo realidad en 1821, cuando se promulgó la constitución que creaba la República de la Gran Colombia y eligió al propio Libertador como su primer presidente. La inquieta mirada de Bolívar se dirigió entonces hacia el sur, hacia el principal bastión que le quedaba a España en Suramérica, los territorios del Perú.

José de San Martín

José de San Martín
(Argentina; 1778–1850),
junto con Bolívar, máximo
arquitecto de la liberación
de Suramérica.
Columbus Memorial Library
Reproduced with permission
of the General Secretariat of
the Organization of American States.

San Martín nació en el norte de la Argentina en 1778, de padres españoles. Cuando tenía sólo siete años, su padre, un oficial del ejército español, fue trasladado a la Península, de modo que el niño creció en España. A los once años de edad ingresó por su propia voluntad en las filas del ejército español. Cuando ocurrió la invasión de Napoleón en 1808, San Martín había alcanzado ya el grado de capitán. Dos años después, combatiendo contra las tropas napoleónicas, fue ascendido a teniente coronel. Entonces le llegaron noticias de la formación de la junta de Buenos Aires[7] y sus raíces hispanoamericanas fueron más fuertes que su lealtad a España. En 1812, llegó a Buenos Aires y ofreció sus servicios al gobierno local. Las cosas no andaban bien en Buenos Aires, cuya junta había sido disuelta y sustituida por un Director Supremo que hacía esfuerzos por mantener la integridad geográfica del antiguo Virreinato del Río de la Plata[8]. Además, las tropas españolas del Perú amenazaban con reconquistar toda esta región. San Martín entró en acción rápidamente y consiguió contener el avance del ejército español, pero en vez de intentar un contraataque inmediato, solicitó ser nombrado gobernador de la remota región de Cuyo, en el extremo oeste de la Argentina. Cuyo y su principal ciudad, Mendoza, estaban situados a la vista de la cordillera de los Andes. San Martín había concebido el plan de atravesar la cordillera con un ejército y sorprender a las tropas españolas en territorio chileno. Su propósito: liberar a Chile, y continuando hacia el norte, derrotar a las fuerzas españolas del Perú.

Los preparativos le tomaron tres años, pues todos los detalles de la expedición fueron planeados con meticuloso cuidado: desde las 30.000 herraduras° que iban a necesitarse para la caballería hasta la construcción de puentes portátiles para que la artillería pudiera atravesar ríos y precipicios. El alimento básico para las tropas consistiría en carne seca molida° a la que se le añadía agua caliente y harina de maíz° para crear una nutritiva comida "instantánea". La primera columna del ejército se puso en marcha el 12 de enero de 1817, en pleno verano suramericano. Los 5.200 hombres de la expedición se dividieron en tres cuerpos de ejército que atravesarían la cordillera por tres pasos diferentes mantenidos en secreto hasta el último minuto. Con característica exactitud, San Martín ordenó que las tres columnas convergieran en un lugar preciso del lado chileno entre el 6 y el 8 de febrero. Increíblemente, este objetivo se cumplió° a pesar de las enormes dificultades que encontró la expedición durante el cruce de la cordillera, a altitudes de hasta 13.000 pies. Tomado por sorpresa, el ejército español fue decisivamente derrotado días después en la batalla de Chacabuco. El 14 de febrero San Martín y sus tropas entraban triunfalmente en Santiago de Chile. A San Martín le fue ofrecido el puesto de gobernador del nuevo país, pero con típico desinterés pidió que se le diera al gran patriota chileno Bernardo O'Higgins[9] que lo había acompañado en la expedición. Todavía fue necesaria otra batalla al año siguiente, la de Maipú, para asegurar la independencia de Chile. San Martín estuvo entonces en condiciones de emprender su más ambiciosa misión: la liberación del Perú.

horseshoes

dry ground meat
corn flour

was accomplished

El capítulo final

El 12 de julio de 1821 San Martín entraba victorioso en Lima, a invitación del cabildo de la ciudad. El virrey del Perú había decidido retirarse de la ciudad con sus tropas más bien que presentar batalla. Para mantener el orden necesario, el general argentino adoptó el título de "Protector" del Perú, con poderes dictatoriales, lo que creó bastante resentimiento entre no pocos peruanos. Parece claro, sin embargo, que San Martín no tenía la intención de convertirse en dictador del Perú a largo plazo; su objetivo era más bien evitar el caos hasta que la población del Perú pudiera elegir la forma de gobierno que quisiese. Personalmente, San Martín prefería un gobierno monárquico y esto aumentó la oposición a su gobierno. Mientras su popularidad disminuía, las tropas españolas del virrey, todavía intactas, hacían sentir su presencia en los alrededores de Lima. San Martín comprendió que había llegado el momento de tratar de formar una alianza con el libertador del norte del continente, Simón Bolívar.

El encuentro entre los dos líderes tuvo lugar del 25 al 27 de julio de 1822 en el puerto de Guayaquil, Ecuador, que acababa de caer en manos de Bolívar. Esta célebre entrevista de Guayaquil fue uno de los eventos decisivos en el proceso de la independencia. Bolívar y San Martín hablaron solos, sin testigos, pero en seguida se hizo evidente que no habían podido ponerse de acuerdo. San Martín adoptó al parecer la actitud más conciliadora, ofreciendo incluso combatir en el Perú bajo las órdenes de Bolívar, pero éste no acogió favorablemente la idea. El Libertador, aparentemente, no estuvo dispuesto a compartir con nadie la gloria de la liberación definitiva del Perú, la posesión más preciada de España. La entrevista sirvió también para mostrar el agudo contraste que existía entre estas dos personalidades. Bolívar recibió a San Martín con un despliegue de ceremonias y festejos que hizo sentirse incómodo al austero líder argentino. Al desembarcar en el puerto de Guayaquil, nos cuenta el estadista argentino Bartolomé Mitre en su *Historia de San Martín*, "una joven de dieciocho años ciñó la frente° del libertador del sud° con una corona de laurel de oro... San Martín, poco acostumbrado a estas manifestaciones teatrales y enemigo de ellas por temperamento, a la inversa de Bolívar, se ruborizó° y quitándose con amabilidad la corona de la cabeza, dijo que no merecía aquella demostración... pero que conservaría el presente por el sentimiento patriótico que lo inspiraba..." Desilusionado, San Martín regresó a Lima. Convencido de que no él sino Bolívar poseía los recursos necesarios para asegurar la independencia del Perú, decidió quitarse de en medio°. Después de renunciar a todos sus cargos°, retornó a Argentina y poco después se embarcó para Europa. Moriría en Francia muchos años más tarde, en 1850, pobre y en la sola compañía de su hija Mercedes.

Con la retirada de San Martín, Bolívar quedó dueño del campo, y en 1824 se libraron los dos últimos grandes encuentros de las guerras de independencia. En el primero, la batalla de Junín (6 de agosto), no se disparó un solo tiro°; las caballerías de los dos ejércitos se enfrentaron en un llano a doce mil pies de altura, blandiendo° sólo lanzas y espadas. Las fuerzas españolas, derrotadas, consiguieron sin embargo retirarse y Bolívar le encomendó a su fraterno Antonio José de Sucre la tarea de asestarles el golpe definitivo°. El 8 de diciembre, en la batalla de Ayacucho, las fuerzas de Sucre lograron una victoria completa en la que el mismo virrey del Perú fue hecho prisionero. Poco después Bolívar entró en triunfo en la ciudad de Lima.

crowned

south

blushed

to get out of the way
posts

not a shot was fired
brandishing

the task of dealing
them the final blow

Una paz problemática

El Libertador dijo una vez: "Le temo más a la paz que a la guerra", y estas palabras fueron proféticas. Los cinco años que le quedaban de vida fueron mayormente consumidos en un incesante y vano esfuerzo por mantener unidos a los territorios de la Gran Colombia, esa artificial unidad jurídica que su imaginación había creado. En realidad, los líderes de cada región —Venezuela, Colombia, Ecuador— querían formar repúblicas independientes y la geografía conspiraba en su favor. Los territorios de la Gran Colombia, equivalentes en extensión a los de los Estados Unidos al este del río Mississippi, estaban separados por formidables obstáculos geográficos: cordilleras, inmensos llanos, desiertos. Aunque todos habían pertenecido al Virreinato de Nueva Granada durante el período colonial, cada cual había mantenido una actitud independiente. El ciudadano de Caracas consideraba al de Bogotá como un extranjero, y viceversa.

Bolívar tuvo todavía la satisfacción de crear una nueva república en los territorios del Alto Perú, para la que escribió una constitución basada en el modelo inglés, con el poder centralizado en manos de un presidente vitalicio (es decir, el tipo de constitución ideal que una vez había propuesto). Puso al frente del nuevo país a Antonio José de Sucre, quien hizo que se le diera el nombre de República de Bolívar (luego Bolivia). Para 1828, sin embargo, Sucre había tenido que renunciar a su puesto debido a su incapacidad para controlar el caos imperante en el nuevo país. Esto habría de repetirse con frecuencia en otras partes de Hispanoamérica.

Después de sobrevivir un intento de asesinato en Bogotá, el Libertador salió de la ciudad por última vez el 8 de mayo de 1830, prematuramente envejecido y consciente de que la Gran Colombia estaba en proceso de desintegrarse. Moriría en el pueblo colombiano de Santa Marta el 17 de diciembre de 1830 a los 47 años de edad, víctima de la tuberculosis, en la más total pobreza. Poco antes había rechazado una generosa pensión que le ofreciera el gobierno colombiano. Su desilusión quedó expresada en una de sus frases más famosas: "He arado° en el mar".

I have plowed

Consecuencias de la independencia

La situación de Hispanoamérica en 1825 no era nada envidiable. La destrucción causada por las guerras de independencia había sido enorme. Además, al retirarse, el gobierno español dejó en las colonias un vacío de poder° que no fue fácil de llenar. La Corona, recordemos, había mantenido los cargos importantes en manos de los peninsulares, negándoles a los criollos la oportunidad de entrenarse como políticos y administradores. Lo que hicieron las nuevas naciones fue mirar hacia los Estados Unidos y Europa en busca de modelos institucionales, de modo que las constituciones que se escribieron en Hispanoamérica estuvieron fuertemente influidas por la constitución norteamericana, la francesa y los principios del Iluminismo. El problema fue que estos documentos establecieron sistemas de gobierno e instituciones que estaban muy bien en el papel, pero que eran difíciles de implementar en la realidad hispanoamericana de aquella época. La idea, por ejemplo, de un poder judicial independiente o de un congreso capaz de oponerse sin temor al presidente, no eran parte de la tradición colonial.

power vacuum

Fue así que a pesar de las ideas progresistas e igualitarias que postulaban las nuevas leyes, la sociedad hispanoamericana continuó practicando muchos de los usos y costumbres heredados de la mentalidad colonial. Ocurrieron, es cierto, varios cambios positivos: se suprimió la Inquisición, la esclavitud fue abolida en la mayoría de los nuevos países, los indios ya no tuvieron que pagar tributo y se eliminó el soporte legal a la división de la sociedad en castas. Al mismo tiempo, sin embargo, se perpetuó la estructura de la sociedad colonial, fundamentalmente clasista, con los criollos como clase dominante y los mestizos, indios y negros todavía en los escalones más bajos de la escala social. Subsistió así mismo el sistema de grandes haciendas, cuyos dueños eran casi siempre criollos, sostenidas por el trabajo de peones pertenecientes a las clases bajas.

La edad de los caudillos

Cuando no existen instituciones fuertes, el resultante vacío de poder es a menudo llenado por personalidades fuertes. Este fue el caso de Hispanoamérica, heredera de la tendencia hispana a sobrevalorar las relaciones y las lealtades° personales. *loyalties*
En los años que siguieron a la independencia, la vida política de la región estuvo dominada por una serie de robustas personalidades, los caudillos, que impusieron su poder personalista, a menudo carismático, sobre la población. Algunos de ellos eran militares que habían ganado poder y prestigio durante las guerras de liberación, como Francisco de Paula Santander en Colombia o José Antonio Páez en Venezuela, o que consiguieron imponerse por la primitiva fuerza de su carisma personal, como sucedió en la Argentina con el brutal caudillo Juan Manuel Rosas (1829–1853). A partir de 1850, aparecen en algunos países gobiernos civiles presididos por dirigentes de mentalidad más liberal y progresista, como fue el caso de Benito Juárez en México (1857–1872) y Domingo Faustino Sarmiento en la Argentina (1868–1874). Pero sólo unas pocas naciones hispanoamericanas consiguieron consolidar una estabilidad constitucional basada en gobiernos civiles, como ocurrió en Argentina, Chile y, un poco más tarde, en Uruguay y Costa Rica. En la mayoría de las demás naciones, la tradición de gobiernos personalistas y autoritarios continuó predominando durante el siglo XIX y buena parte del XX.

La emancipación política de Hispanoamérica no conllevó°, por otra parte, su *didn't entail*
emancipación cultural. La gran mayoría de los escritores, intelectuales y artistas de los nuevos países continuaron mirando hacia Europa en busca de inspiración y modelos. Por eso encontramos un estrecho paralelo entre los movimientos artísticos y filosóficos europeos y los que aparecen en Hispanoamérica durante el siglo XIX: el Neoclasicismo, el Romanticismo, el Realismo, el Positivismo encontraron fervientes seguidores° en las tierras americanas, en tanto Francia, la nación del *followers*
Iluminismo, desplazaba a España como modelo cultural preeminente[10]. Al propio tiempo, los modelos artísticos y literarios europeos fueron a menudo adaptados con éxito a la realidad americana y en algunos casos consiguieron crear productos de innegable originalidad y frescura, como sucedió con la poesía gauchesca argentina, como veremos luego.

NOTAS

[1] El sistema mercantilista, que predominó en Europa durante los siglos XVI y XVII, consideraba los metales preciosos como bienes económicos por excelencia y favorecía el proteccionismo para excluir el acceso de otras naciones a aquéllos. El monopolio comercial español fue producto de esta doctrina económica.

[2] El Iluminismo se desarrolló especialmente a partir de las ideas de pensadores franceses del siglo XVIII como Jean Jacques Rousseau, Voltaire y Condillac. Los principios iluministas fueron diseminados a través de la *Encyclopédie* (1751–1765), editada por Denis Diderot y Jean Le Rond d'Alembert. Afirmaban —a partir de las ideas de Isaac Newton, entre otros— que el universo estaba gobernado por leyes constantes cuyos secretos podían ser revelados, no a través de los textos religiosos, sino del razonamiento lógico y la experimentación científica. El ser humano tenía el derecho a aspirar a la felicidad a través del progreso y por eso las ciencias y el conocimiento debían tener fines prácticos. En lo económico, favorecían la libertad de comercio, el "laissez faire" propuesto por Adam Smith.

[3] Esta declaración, uno de los documentos seminales de la Revolución Francesa, fue aprobada por la Asamblea Nacional de Francia en 1789.

[4] Este líder indígena consiguió que las autoridades españolas le reconocieran como heredero del linaje real (*royal lineage*) inca. El levantamiento que encabezó logró controlar durante varios meses porciones substanciales de Perú y Bolivia. Capturado en mayo de 1851, sufrió varias semanas de interrogatorios y torturas, hasta que fue ejecutado junto con su familia. A su mujer le aplicaron el garrote, a él lo descuartizaron (*he was quartered*) de acuerdo con la costumbre de la época.

[5] Miranda hizo de Londres el centro de sus actividades conspirativas, pero nunca logró que los ingleses le concedieran la indispensable ayuda militar y económica. En Rusia tuvo una breve relación amorosa con la emperatriz Catalina la Grande, y al estallar la Revolución Francesa se alistó (*enlisted*) en el ejército republicano, en el que llegó a alcanzar un alto rango militar. Su nombre fue inscrito, por orden de Napoleón, en el Arco de Triunfo de París como uno de los héroes de la Revolución Francesa.

[6] En 1531 la virgen de Guadalupe se le apareció al indio Juan Diego en el lugar donde hoy se levanta el santuario que lleva su nombre, en la capital de México. Es el santuario más visitado de las Américas.

[7] Entre 1806 y 1807 los habitantes de Buenos Aires consiguieron derrotar a dos expediciones inglesas que trataron de ocupar su ciudad. Esto les dio una gran confianza en su habilidad para dirigir su propio destino. En mayo de 1810 formaron una junta para gobernar en nombre de Fernando VII. Luego, en 1816, un congreso reunido en la ciudad de Tucumán declaró la independencia.

[8] Los territorios de Paraguay, Uruguay y el Alto Perú (hoy Bolivia) se independizaron en pocos años y Buenos Aires vino a ser sólo la capital de los territorios de la actual Argentina.

[9] Bernardo O'Higgins (1778–1842) era de origen irlandés. Su padre había servido en los ejércitos de España y había llegado a ser virrey del Perú, pero el hijo se identificó con la causa de la independencia chilena y participó allí en la rebelión de 1810. Fracasada ésta, se refugió en Argentina y acompañó a San Martín en el cruce de los Andes. Fue el primer presidente de Chile (1818–23).

[10] El romanticismo europeo, con su énfasis en la bondad del hombre primitivo —del "noble salvaje"— en el marco de su hábitat natural, hizo que los escritores hispanoamericanos comenzaran a apreciar el valor estético del paisaje y de las culturas nativas de América. El gran poeta cubano José María Heredia (1803–39) abrió el camino del romanticismo hispanoamericano con poemas como "Oda al Niágara"(1824), dedicado al majestuoso espectáculo de las cataratas del Niágara. En la Argentina, uno de los principales centros de este movimiento, el romanticismo, fue introducido por Esteban Echeverría (1805–51) en 1830. La novela *María* (1867), del colombiano Jorge Isaacs, es considerada como la obra maestra de la narrativa romántica hispanoamericana; el amor idílico de sus dos protagonistas, María y Efraín, tiene como fondo la

lectura de *Atala* (1801), la famosa novela romántica del francés Chauteaubriand, pero también hace incursiones en la naturaleza del colombiano valle del Cauca y en el folclor de su población africana. En Cuba, donde los indígenas se habían extinguido, pero la esclavitud africana era una obvia injusticia, apareció un ciclo de novelas abolicionistas entre las que destacan *Francisco* (1838), de Anselmo Suárez y Romero, y *Sab*, de Gertrudis Gómez de Avellaneda; ambos relatos precedieron en varios años a *La cabaña del tío Tom* (1851–52), de Harriet Beecher Stowe.

Ejercicios y actividades

A. Preguntas sobre la lectura

1. Mencione tres ideas importantes del Iluminismo.
2. ¿Quién fue José Gabriel Condorcanqui?
3. ¿En qué país desembarcó la expedición de Francisco de Miranda? ¿Quiénes lo acompañaban?
4. ¿Qué sucedió en España en 1808?
5. ¿Qué hicieron los criollos en los cabildos?
6. Los mexicanos celebran el día de su independencia el 16 de septiembre. ¿Por qué?
7. ¿Qué hecho importante protagonizó Rafael del Riego en España?
8. ¿Quién fue Agustín de Itúrbide?
9. ¿Por qué fue Simón Rodríguez importante para Bolívar?
10. En su tercer intento, Bolívar no atacó directamente a Caracas. ¿Qué hizo y por qué?
11. ¿Qué territorios comprendía la República de la Gran Colombia?
12. ¿Cuál fue la mayor hazaña militar de José de San Martín?
13. ¿Qué hizo San Martín después de su entrevista con Bolívar en Guayaquil?
14. ¿Continuó existiendo la República de la Gran Colombia después de la muerte de Bolívar? ¿Por qué?
15. ¿Qué quería decir Bolívar con su frase "He arado en el mar"?
16. Después de la independencia, ¿qué modelos usaron los hispanoamericanos al escribir sus leyes y constituciones? ¿Qué problemas había con esto?
17. ¿Quiénes eran los caudillos?
18. ¿Podemos decir que después de conseguir su independencia política Hispanoamérica se independizó también culturalmente de Europa? ¿Por qué sí o por qué no?

B. Sinónimos. Relacione las siguientes palabras con sus sinónimos.

1. _F_ propósito
2. _A_ rebelión
3. _B_ presagio

a. sacerdote
b. prisión
c. español

4. _E_ cargo   d. no tener éxito

5. _C_ gachupín   e. puesto

6. _D_ fracasar   f. objetivo

7. _A_ cura _(padre)_   g. pueblo

8. _B_ cárcel   h. profecía

9. _I_ festejo   i. celebración

10. _G_ aldea   j. levantamiento
        pequeña comunidad

C. ¿Cierto o falso? Si es falso, explique por qué.

1. El Iluminismo afirmaba que el poder legítimo reside en las monarquías hereditarias.

2. El Iluminismo no buscaba la verdad en los textos bíblicos.

3. Por lo general, los criollos fueron los protagonistas de las guerras de independencia de Hispanoamérica.

4. La mayor parte del ejército del padre Hidalgo estaba compuesto por criollos.

5. Las juntas eran comités que estableció la Iglesia para defender la causa de Napoleón.

6. Las Provincias Unidas del Centro de América se mantuvieron unidas muchos años.

7. Los dominicanos declararon su independencia en 1821 pero fueron ocupados por tropas de Haití hasta 1844.

8. Haití fue el primer país latinoamericano que alcanzó su independencia.

9. Cuba consiguió independizarse de España en 1825.

10. Antonio José de Sucre fue el mejor colaborador y amigo de Bolívar.

D. Opiniones e hipótesis

1. ¿Qué le sugiere el hecho de que en México hubiera dos Vírgenes, la de Guadalupe y la de los Remedios, con diferentes devotos (_devotees_)?

2. Si usted tuviera la oportunidad de invitar a cenar a Bolívar o a San Martín, ¿a cuál de los dos invitaría? ¿Por qué?

3. Es posible decir que, hasta cierto punto, todavía hoy somos hijos del Iluminismo. ¿Está usted de acuerdo? ¿Conoce excepciones?

4. ¿Qué opina usted sobre el fenómeno del caudillismo? ¿Qué efectos ha tenido en la vida política de Hispanoamérica?

5. A veces se dice que los criollos emprendieron las guerras de independencia impulsados mayormente por su ambición de poder y sus deseos de reemplazar a los peninsulares en los puestos importantes. Después de haber leído este capítulo, ¿cree que eso es totalmente cierto, o que hubo otras motivaciones más altas y nobles? ¿Puede dar algún ejemplo?

8

Latinoamérica a vista de pájaro

Sinopsis

TERMINOLOGÍA

hoy no usamos este palabra →

Hispanoamérica: los 18 países americanos de habla hispana

Iberoamérica: los 18 países americanos de habla hispana + Brasil

Latinoamérica: ~~Hispanoamérica + Brasil + Haití~~ *donde se habla español*

Superficie: 8,6 millones de millas cuadradas (22,3 millones de kilómetros cuadrados)

PAÍSES HISPANOAMERICANOS:

Norteamérica: México

Centroamérica: Guatemala, Honduras, El Salvador, Nicaragua, Costa Rica y Panamá

Área del Caribe: Cuba, República Dominicana + el Estado Libre Asociado de Puerto Rico

Suramérica: Venezuela, Colombia; Ecuador, Perú, Bolivia (países andinos); Paraguay; Argentina, Uruguay, Chile (países del cono sur)

CLIMA

Un 80% de la región está situado en la zona tropical, pero la altitud a menudo modifica el clima, especialmente en la meseta mexicana y en la cordillera de los Andes. Grandes contrastes de temperatura y cantidad de precipitación, e.g., entre el desierto de Atacama (norte de Chile), las fértiles pampas de Argentina, el árido *sertão* (*backlands*) del nordeste del Brasil, y la alta humedad y abundante precipitación de las selvas del Amazonas o de Costa Rica.

RASGOS TOPOGRÁFICOS MÁS SOBRESALIENTES

México: meseta mexicana, flanqueada por la Sierra Madre Oriental y la Sierra Madre Occidental.

Centroamérica: complicada topografía de llanos, valles y montañas geológicamente inestables.

Área del Caribe: parte del sistema montañoso de Centroamérica se sumerge en el mar Caribe y emerge al sur de la Florida para formar las Antillas Mayores (Cuba, Jamaica, Haití-Santo Domingo y Puerto Rico).

Suramérica: en la costa oeste: la cordillera de los Andes, que se extiende desde Venezuela hasta la Tierra del Fuego; al este de los Andes, de norte a sur, los llanos del río Orinoco, la enorme red fluvial del Amazonas y las fértiles llanuras de las pampas, bordeadas al sur por la árida meseta de la Patagonia.

COMPOSICIÓN ÉTNICA

No existe una raza latinoamericana sino un arco iris racial en el que están representadas las tres razas que coincidieron en la región: la indígena, la blanca y la negra. La raza blanca predomina en unos pocos países: Argentina, Uruguay, Costa Rica, y es numéricamente alta en varios otros: Chile, Colombia, Cuba, Brasil. En dos países, Bolivia y Guatemala, la población indígena supera el 50%, y en otros dos, Perú y Ecuador, sobrepasa el 40%, pero, en general, el mestizaje racial es el fenómeno más común. La población negra sólo es mayoritaria en un país, Haití, pero la población mulata predomina en la República Dominicana y es muy abundante en Cuba y en Puerto Rico. Hay también varias minorías importantes: chinos, especialmente en Cuba y en Perú; japoneses, sobre todo en Brasil; sirios y libaneses, especialmente en Chile, Colombia y el área del Caribe; alemanes y sus descendientes, sobretodo en Brasil y Argentina.

DEMOGRAFÍA

El excesivo aumento de la población ha sido uno de los problemas tradicionales de Latinoamérica. Pero en los últimos años ha habido bastante progreso en contener el nivel de la natalidad, cuyo incremento anual se ha mantenido por debajo del 3% en todos los países de la región. El otro gran problema es la desigual distribución de la población, como en las enormes áreas subpobladas del interior de Suramérica frente a la alta densidad de población de las grandes capitales de la periferia.

RASGOS QUE HACEN DE LATINOAMÉRICA UN ÁREA CULTURAL:

Herencia cultural hispano-portuguesa; religión católica; sistema jurídico heredado del Derecho Romano; sistema de valores común.

El término Latinoamérica —o su variación, América Latina— es el que se usa con más frecuencia para referirse al conjunto de naciones americanas que fueron una vez posesiones coloniales de España, de Portugal (Brasil) o de Francia (Haití), es decir, de los tres países latinos de Europa que establecieron colonias en América. El término "América", por cierto, se usa en español para designar a todo el Hemisferio Occidental, desde el Canadá hasta la Argentina; no es, por lo tanto, un sinónimo de "Estados Unidos". La denominación Hispanoamérica también se emplea bastante para referirse a los dieciocho países del hemisferio en los que se habla español y predomina la cultura hispana. Con frecuencia —y con bastante lógica— se incluye también a Puerto Rico en este grupo, pues aunque no es un país independiente sino un "estado libre asociado" de los Estados Unidos, la lengua y la cultura de España han sobrevivido allí de manera particularmente vigorosa. Otra denominación, Iberoamérica, se usa, sobre todo en círculos académicos, para referirse a las naciones del Nuevo Mundo cuya cultura procede de los dos países de la Península Ibérica, España y Portugal; incluye, pues, a los dieciocho países hispanos más la única nación americana de habla portuguesa, Brasil.

Lo primero que nos impresiona de Latinoamérica es su considerable tamaño: unas 8,6 millones de millas cuadradas (22,3 millones de kilómetros cuadrados) —más de dos veces la superficie de los Estados Unidos—, con una extensión de casi 6.000 millas (9.600 km) de norte a sur. Todos los países de la Europa Occidental, con la excepción de Noruega y Suecia, podrían caber, por ejemplo, dentro de las fronteras de Argentina. Estas enormes dimensiones geográficas significan, entre otras cosas, la presencia de un escenario natural de extraordinaria diversidad y sorprendentes contrastes. Más del 80% de la región se halla situada entre el Trópico de Cáncer y el de Capricornio, pero esta ubicación en la zona tropical o subtropical es sólo parte de la historia: es responsable del intenso calor y la alta humedad de las selvas del Amazonas o de Costa Rica, pero tiene poco efecto en regiones situadas a considerable altitud, como sucede con las ciudades que se hallan en la cordillera de los Andes. Quito, la capital de Ecuador, por *equator* ejemplo, se encuentra a sólo 15 millas de la línea del ecuador°, pero su situación a más de 9.000 pies (2.700 metros) de altura hace que la temperatura máxima raramente pase de los 70 grados Fahrenheit. A veces es posible encontrar dentro de un mismo país todas las variedades imaginables de vegetación y de clima, como sucede en las tres naciones más grandes: Brasil, Argentina y México. O se da el caso de una nación como Chile que, por su extraordinaria longitud —3.000 millas (4.800 km) de norte a sur— contiene, en el norte, el desierto de Atacama, una de las regiones más secas del mundo, con un promedio de precipitación de una pulgada (2,54 centímetros) de lluvia cada cinco años, mientras que la parte central, en torno a la capital, Santiago, disfruta de un agradable clima mediterráneo que produce excelentes vinos; el sur del país, en cambio, es húmedo y frío, a veces con un paisaje de *fiords* semejante al de Noruega[1].

El mapa humano

Si grande es la diversidad geográfica de Latinoamérica, lo mismo puede decirse de su población. No hay un prototipo racial latinoamericano. El continuo proceso de uniones interraciales entre el europeo, el indígena y el negro ha producido al cabo de 500 años una población que es en buena medida racialmente mixta. Por otro lado, una parte respetable de los descendientes de los colonizadores españoles —los criollos— tuvieron relativo éxito en mantenerse separados de mestizos y mulatos y han conservado hasta hoy características raciales predominantemente caucásicas. Por último, varios millones de nuevos inmigrantes se han establecido en Latinoamérica en tiempos modernos. Cientos de miles de chinos, por ejemplo, fueron traídos en el siglo XIX, especialmente a Cuba y a Perú, para realizar labores agrícolas. Ya en nuestro siglo, un crecido número de inmigrantes japoneses han formado prósperas comunidades en varios países latinoamericanos; en el Brasil constituyen una importante minoría que sobrepasa el millón de personas. Ha sido importante también la inmigración árabe —sirios, libaneses, palestinos—, quienes de manera poco espectacular pero ininterrumpida se establecieron en varias regiones de Latinoamérica durante las primeras décadas del siglo XX, especialmente en los países del cono sur, en Colombia y el área del Caribe. La inmigración más importante, sin embargo, ha sido la de los varios millones de europeos que se establecieron en Latinoamérica durante la segunda mitad del siglo XIX y las primeras décadas del XX; su presencia modificó significativamente la composición racial de países como Argentina, Uruguay, Chile, Brasil y Cuba, al inyectar en ellos grandes contingentes de inmigrantes de raza blanca.

Niña mexicana vendiendo caramelos.

El resultado es un verdadero arco iris° étnico que incluye tanto al negro de Cuba, al mulato de Santo Domingo y al ciudadano de extracción japonesa del Perú, como al indio boliviano y al brasileño de ascendencia alemana. Latinoamericanos son todos y de ahí que resulte fútil tratar de identificar al latinoamericano con un determinado tipo racial, como ha intentado hacer el gobierno norteamericano respecto a la población hispana de los Estados Unidos.

rainbow

Ese arco iris racial latinoamericano se halla desigualmente distribuido en términos geográficos, y esto por razones mayormente históricas. En las áreas que importaron mayor número de esclavos durante el período colonial —usualmente en conexión con la industria azucarera— suele existir una importante minoría negra y una numerosa población mulata. Esto sucede especialmente en el área del Caribe y en el norte del Brasil. Si miramos, en cambio, las regiones donde la población indígena precolombina fue extraordinariamente numerosa y consiguió sobrevivir el impacto de la conquista (aunque sufriera masivas pérdidas iniciales, como en el caso de México), veremos que allí se hallan todavía hoy las mayores concentraciones de población racialmente indígena. Tal es el caso de Ecuador y, sobre todo, de Perú y Bolivia, como lo es también el de Guatemala y México. El mestizo, por su parte, es una presencia ubicua° en casi toda Hispanoamérica, excepto en las islas del Caribe, constituyendo el tipo étnico predominante en México y en varios países centroamericanos (Honduras,

ubiquitous

Danzantes indígenas, Ciudad de México.

El Salvador, Nicaragua), así como en Colombia, Venezuela y el Paraguay. El mestizaje es también bien evidente en la población chilena. Finalmente, el tipo racial caucásico prevalece en Argentina y el Uruguay debido a la masiva inmigración europea antes mencionada, así como en la pequeña Costa Rica, que nunca tuvo una población indígena de alta densidad y, careciendo de riquezas minerales, fue originalmente colonizada por inmigrantes españoles que vinieron a trabajar la tierra por sí mismos. Cuba, por su parte, ha sido tradicionalmente clasificada como un país predominantemente blanco, en parte debido a los más de 700.000 inmigrantes españoles que se establecieron en la isla durante el primer tercio del siglo xx. Después de la revolución de Fidel Castro, sin embargo, una parte substancial de la clase media cubana, mayormente blanca, abandonó el país y la mezcla racial se aceleró, de manera que es difícil dar en la actualidad cifras confiables sobre la composición étnica de la isla.

Hay que recordar, por otro lado, que la percepción de las categorías étnicas está influida muchas veces por factores culturales. En Latinoamérica las líneas divisorias entre las razas no están tan bien definidas como en otras regiones del mundo. Una persona, por ejemplo, que habite en la ciudad y adopte el modo de vida occidental no se considera india aunque racialmente lo sea, y no es raro que se avergüence de sus antepasados° indígenas. Los gobiernos latinoamericanos, especialmente los de México y Perú, han hecho grandes esfuerzos por combatir esa mentalidad, pero el prejuicio contra las culturas autóctonas° es todavía hoy un hecho innegable. Igualmente, una persona en Latinoamérica puede tener sangre africana en sus venas sin que se la considere parte de la minoría negra, siempre que su aspecto físico y su posición social la acerquen lo suficiente a los que se asocian con la raza blanca.

ancestors

indigenous

Muy desigual es también la distribución geográfica de la población latinoamericana. En Suramérica, sobre todo, se colonizaron las áreas cercanas a las costas en tanto el interior del subcontinente quedaba escasamente poblado o prácticamente vacío. Este patrón persistió en el siglo XX y no han sido muy exitosos los esfuerzos de los gobiernos por modificarlo. El intento más conocido fue el que llevó a cabo Brasil en 1960, cuando trasladó la capital del país de Río de Janeiro a Brasilia, la nueva capital construida en el interior, en el corazón de la nación, a unas 600 millas al noroeste de Río.

El otro gran problema de desequilibrio demográfico ha sido la tendencia de la población rural a trasladarse a las ciudades, tendencia que se ha incrementado extraordinariamente en las cinco últimas décadas. El aumento de la industrialización en los núcleos urbanos ha atraído a millones de habitantes del campo, esperanzados en encontrar un empleo digno en las ciudades; además, la vida de una ciudad moderna ofrece comodidades y atractivos difíciles de resistir para el habitante de las áreas rurales. Este flujo hacia los centros urbanos se ha acelerado especialmente cuando ha habido períodos de prosperidad en que ha aumentado notablemente la demanda° de empleo en las áreas metropolitanas. Así ocurrió, por ejemplo, en Brasil durante los años de bonanza económica del llamado "milagro brasileño" (1967–73): legiones de

demand

campesinos° se establecieron en las ciudades brasileñas reclamando una porción   *peasants*
del "milagro", pero no había, claro, suficientes puestos de trabajo para todos,
de modo que comenzaron a aumentar rápidamente los barrios de viviendas° pobrísi-   *dwellings*
mas —llamados *favelas* en Brasil— que típicamente rodean las grandes ciudades
brasileñas y las de otros países latinoamericanos. Hoy Brasil cuenta con once ciudades de más de un millón de habitantes, encabezadas por Río de Janeiro, con más
de cinco millones, y São Paulo, cuya área metropolitana es posible que llegue ya a los
15 millones. En el estado de Amazonas, en cambio, la población no pasa de 3,5 habitantes por milla cuadrada. Este fenómeno, en mayor o menor escala, se repite en casi
toda Latinoamérica. En el Perú, Lima ha sobrepasado los seis millones de habitantes
y la capital de México, el mayor caso de superpoblación urbana del mundo, supera
los 20 millones y se calcula en 1.000 el número de personas que se mudan cada día a
la ciudad. Es fácil imaginar la magnitud de los problemas de asistencia sanitaria, escolarización, servicios públicos de agua, alcantarillado°, electricidad, etc. que crea   *sewage*
este éxodo enorme y al parecer incontenible.

    Una noticia alentadora° en ese preocupante panorama es que la explosión   *encouraging*
demográfica que ha aquejado° a Latinoamérica por muchos años se ha contenido   *has afflicted*
bastante en tiempos recientes. El incremento anual de la natalidad ha descendido
por debajo del 3% en todos los países de la región. La cuestión del control de la
natalidad ha sido siempre un tema polémico en Latinoamérica, sociedad católica
y tradicionalmente conservadora en materia de sexualidad, donde la Iglesia ha
ejercido una influencia considerable en predisponer a la población contra el
aborto y el uso de anticonceptivos°. Poco a poco ha llegado a prevalecer, sin em-   *contraceptive devices*
bargo, una actitud más flexible en la materia, y la idea del control de la natalidad
se ha ido imponiendo, a menudo con patrocinio° gubernamental.   *sponsorship*

    Para facilitar el estudio de un escenario físico y humano tan variado, es con-
veniente distinguir en él cuatro zonas geográficas: México, Centroamérica, el
área del mar Caribe y Suramérica.

México

México es, como mencionamos, un notable ejemplo de la diversidad geográfica
que caracteriza a Latinoamérica. Un 85% del territorio mexicano está formado
por terrenos accidentados —montañas, valles, mesetas— y en la mayor parte de
ellos se padece una crónica escasez de lluvia y la ausencia de grandes ríos. Las
tierras bajas se hallan principalmente en la parte sur del país, a partir del istmo de
Tehuantepec, e incluyen la gran plataforma de tierras calizas° que constituye la   *limestone*
Península de Yucatán. El clima en Yucatán es tropical, con sabanas, bosques y
precipitación abundante, especialmente en el área del sudoeste que se halla cerca
de la frontera con Guatemala. Irónicamente, si la naturaleza le negó a México
una provisión adecuada de agua, le dio, en cambio, enormes cantidades de otro
líquido vital, el petróleo, del que tiene unas reservas de unos 500.000 millones de
barriles (más del doble de las de los Estados Unidos).

    Pero el rasgo° que domina la geografía mexicana es la gran meseta° que se   *feature/plateau*
extiende por todo el norte y el centro del país, hasta el istmo de Tehuantepec,
flanqueada° por dos cordilleras, la Sierra Madre Oriental, en el este, y la Sierra   *flanked*
Madre Occidental, en el oeste. La meseta, bastante árida en su parte norte, gana en

Plaza del Zócalo, Ciudad de México.

altitud a medida que desciende hacia el sur y llega a alcanzar una altura de más de 7.000 pies en su parte central, que ha sido el principal escenario histórico de la cultura mexicana. Esta meseta central contiene, en efecto, una serie de valles de mayor fertilidad donde se desarrollaron las altas civilizaciones indígenas del México precolombino. Esta es una zona de bastante actividad volcánica y sísmica. Una cordillera que la atraviesa de este a oeste contiene las montañas volcánicas más altas del país: el Orizaba, el Popocatepetl, el Ixtaccihuatl, cuyos majestuosos picos nevados alcanzan entre 17.000 y 18.000 pies de altura. El clima de la meseta central es seco, con temperaturas generalmente frescas y agudos contrastes entre el día y la noche. En la ciudad de México, por ejemplo, a 7.350 pies sobre el nivel del mar, es necesario llevar algún abrigo° durante la noche, pues aun en verano la temperatura puede descender hasta los 50 grados Fahrenheit. Éste es sin duda uno de los países clave de Latinoamérica, tanto por su potencial económico como por su posición geográfica, ya que comparte 1.500 millas de frontera con los Estados Unidos.

coat — (margin gloss for abrigo°)

Centroamérica

Norteamérica termina geográficamente en el Istmo de Tehuantepec, y allí comienza la también muy accidentada geografía de Centroamérica y sus cinco países: Guatemala, Honduras, El Salvador, Nicaragua y Costa Rica. Durante el período colonial de Hispanoamérica, estas naciones formaron un solo territorio subordinado al virreinato de México. El sexto país de la región, Panamá, pertenece geográficamente a Centroamérica, pero históricamente fue parte de Colombia hasta 1903, cuando declaró su independencia con el apoyo de los Estados Unidos.

La geografía de Centroamérica es extraordinariamente complicada, pero se puede decir que el paisaje montañoso domina casi toda la región, con las mayores elevaciones en el oeste, del lado del Océano Pacífico. Los principales sistemas montañosos tienden a seguir una dirección noroeste-sureste y constituyen un área geológica muy inestable en la que abundan los volcanes —más de doscientos— y son frecuentes los terremotos°, como el que prácticamente destruyó a Managua, la capital de Nicaragua, en 1972. El clima y la vegetación están condicionados principalmente por la altitud. Las tierras bajas más extensas se hallan en el lado del Mar Caribe y allí se encuentra la mayor proporción de selvas y bosques tropicales. Son las llamadas "tierras calientes", las zonas menos habitadas de la región. En Guatemala, por ejemplo, el área de bosques y sabanas del Petén, en el norte del país —entre México y Belice— es la zona menos desarrollada y contiene al mismo tiempo uno de los grandes tesoros arqueológicos del mundo: las ruinas de buena parte de las ciudades del período clásico de los mayas. Las principales ciudades y las áreas agrícolas más productivas se encuentran, en cambio, en las tierras templadas° de las mesetas, valles y montañas situadas entre los 3.000 y los 6.000 pies

earthquakes — (margin gloss for terremotos°)

temperate — (margin gloss for templadas°)

de altura. El clima allí es agradable, con pocas variaciones de temperatura, que fluctúan entre los 70 y los 80 grados Fahrenheit durante la mayor parte del año. La principal diferencia entre invierno y verano es la cantidad de precipitación: los meses del verano son los más lluviosos.

Centroamérica carece de° petróleo o depósitos minerales importantes. Vive   *lacks* esencialmente de la agricultura, concentrada en unos pocos productos como el plátano (banana), el algodón, el café y el azúcar. Estos han sido tradicionalmente cultivados por una población india o mestiza que trabaja en grandes haciendas, cuyos dueños pertenecen a la clase educada de ascendencia generalmente europea que ha jugado un papel muy prominente en la vida política y económica de estos países. Con la excepción de Costa Rica, esta región ha tenido una larga historia de regímenes militares, guerras de guerrilla y abusos contra las comunidades indígenas. En años recientes, afortunadamente, los gobiernos centroamericanos han pasado a manos civiles en procesos electorales y los principales movimientos guerrilleros han abandonado las armas, optando por incorporarse a las actividades políticas. No se ha progresado lo suficiente, en cambio, en el trato que se les da a las comunidades indígenas, especialmente en Guatemala. Costa Rica, en cambio, ha tenido una historia más pacífica y unas estadísticas de desarrollo muy superiores a las de las demás naciones centroamericanas: el 90% de la población costarricense sabe leer y escribir, su producto nacional bruto per cápita es el más alto de la región y posee una distribución más equitativa° de su riqueza agrícola,   *equitable* basada en el cultivo de fincas pequeñas. En contraste con la tradición militarista de sus vecinos, se trata de un país con una sólida tradición democrática en que ha habido pocos dictadores.

El área del Caribe

Parte del sistema montañoso de Centroamérica, orientado en dirección este-oeste, se sumerge en el mar Caribe y reaparece al sur de la Florida para formar las cuatro grandes islas conocidas como las Antillas Mayores: Cuba, Jamaica, Haití-Santo Domingo y Puerto Rico. El agradable clima tropical de las Antillas y las magníficas playas que poseen muchas de ellas han convertido al Caribe en una de las principales áreas turísticas del mundo. Por otro lado, la región está sujeta a la violencia de los ciclones que la azotan con frecuencia. No es casualidad que la palabra inglesa *"hurricane"* venga de "huracán", palabra española de origen indígena. Las Antillas Mayores son bastante montañosas, especialmente Haití-Santo Domingo y Puerto Rico; Cuba, en cambio, es más llana, con sólo un 35% de paisaje montañoso. El clima, suavizado por las brisas marinas, es especialmente agradable en estas islas, sin variaciones extremas. En Cuba, por ejemplo, el promedio de temperatura es de 70° F en invierno y 81° F en verano. Aparte de la industria del turismo, unos pocos productos agrícolas dominan la economía de estos países. El

Paisaje rural cubano.

azúcar, por ejemplo, es el cultivo más importante en Cuba, Santo Domingo y Jamaica, y ocupa el segundo lugar en Haití, cuyo primer producto es el café. El tabaco es sinónimo de Cuba, pero se produce igualmente en Santo Domingo, donde también es importante el cultivo del cacao. La dieta del Caribe abunda en *tuberose roots* raíces tuberosas° poco conocidas en los Estados Unidos, como la yuca, el ñame y la malanga, y allí crecen algunas de las mejores frutas tropicales del mundo, como las bananas, el mango, el mamey y la guanábana.

Hay diferencias notables entre los distintos países del Caribe. En Haití se habla el *creole,* una modalidad local del francés, y un 95% de la población es de la raza negra. Esta es la nación más pobre del hemisferio, con unas estadísticas realmente lamentables. Casi el 80% de la población es analfabeta y la mortalidad infantil alcanza la cifra de más de 100 muertes por cada 1.000 nacimientos. A principios de la década de 1990 había unos cien dentistas para una población de más de 6.000.000 de habitantes. Su país vecino, la República Dominicana, en cambio, es una nación de habla hispana en la que predomina la población mulata y, aunque es un país pobre, sus cifras estadísticas son mucho más favorables que las de Haití.

Puerto Rico, por su parte, tiene una población de ascendencia hispana pero su relación especial con los Estados Unidos le da características propias. La pequeña isla de 3.435 millas cuadradas —menos de la mitad del área de New Jersey— fue una colonia de España hasta 1898, cuando pasó a ser una posesión norteamericana tras la guerra de Estados Unidos con España, la que se conoce en inglés como *The Spanish-American War.* En 1917 el Congreso de los Estados Unidos les concedió a los puertorriqueños la ciudadanía norteamericana con ciertas limitaciones (no pueden votar, por ejemplo, en las elecciones estadounidenses). Los puertorriqueños, por otra parte, mantuvieron una mentalidad autonómica y el gobierno norteamericano fue haciendo una serie de concesiones que culminaron en 1952, cuando se le concedió a la isla el estatus de Estado Libre Asociado, con una constitución propia. Bajo este régimen, los puertorriqueños eligen a su propio gobernador por voto directo. La población puertorriqueña ha estado dividida por muchos años en cuanto a la mejor opción política para el futuro del país: algunos prefieren continuar el presente régimen, otros apoyan la "estadidad", es decir, convertirse en el estado número 51 de los Estados Unidos; una pequeña pero militante minoría favorece la independencia total. Los puertorriqueños han recibido varios beneficios de su asociación con los Estados Unidos; no pagan impuestos federales, por ejemplo, y son elegibles para participar en los programas de asistencia federal del gobierno norteamericano. Ha ocurrido, además, una verdadera explosión en la industrialización del país, pues muchas compañías norteamericanas han establecido industrias en suelo puertorriqueño, atraídas por los incentivos fiscales establecidos por el sistema federal de impuestos. Pero también se oyen quejas, pues las corporaciones norteamericanas aprovechan la mano de obra barata°, *cheap labor* el desempleo es todavía muy alto y la criminalidad ha aumentado substancialmente. Como ha sucedido en otros países, la industrialización ha hecho que muchas personas se trasladen del campo a la ciudad en busca de trabajo, dejando abandonada la agricultura y creando los inevitables problemas asociados con la superpoblación urbana. Puerto Rico es uno de los países más superpoblados del mundo (más de 1.000 habitantes por milla cuadrada). San Juan, la capital, contiene casi las dos terceras partes de la población de la isla.

Suramérica

El gran fenómeno topográfico de Suramérica es, por supuesto, la cordillera de los Andes, que, partiendo de Venezuela en el norte, se extiende hacia el oeste del continente y desciende por él hasta la Tierra del Fuego en el extremo sur: una formidable barrera natural de más de 5.000 millas de largo cuyos picos más altos llegan a alcanzar los 22.000 pies de altura. En el norte, en territorio colombiano, la gran cordillera se divide en tres cadenas° paralelas, dando espacio a las cuencas° de los dos ríos más importantes de Colombia, el Cauca y su afluente° el Magdalena, que fluyen hacia el norte hasta desembocar° en el Mar Caribe. Los Andes se convierten en dos cordilleras paralelas en el Ecuador y descienden a lo largo de la costa oeste de Suramérica, la que queda reducida a una estrecha faja° de tierra a menudo seca o desértica. En su porción central, donde se hallan el Perú y Bolivia, los Andes alcanzan su mayor anchura°, dividiéndose en dos cordilleras que, al llegar a Bolivia, flanquean una alta meseta, el llamado

mountain chains
basins/tributary
until they flow into

strip

width

Lago Titicaca, frontera
Perú-Bolivia. El lago
navegable más alto
del mundo.

Altiplano, con una altura de entre 12.000 y 13.000 pies. En la parte norte del Altiplano, el lago Titicaca, en la frontera entre el Perú y Bolivia, es el lago navegable más alto del mundo. Los Andes y sus características geográficas han tenido una influencia decisiva en moldear el carácter de las civilizaciones que se han desarrollado en esta área desde tiempos inmemoriales, obligándolas a adaptarse a condiciones climáticas a menudo adversas y a aprovechar hasta el máximo los escasos recursos° naturales disponibles. Los pueblos indígenas que han habitado esta región durante siglos se han adaptado incluso físicamente a la escasez de oxígeno que existe en las grandes alturas, desarrollando pulmones° más grandes de lo normal. Tradicionalmente, los naturales° de la región han encontrado un alivio° para estas duras condiciones de vida en los efectos que produce el masticar las hojas° de la coca, la planta de la que se hace la cocaína. Sólo en algunas regiones del Altiplano, como la que se encuentra alrededor del lago Titicaca, existen condiciones favorables para la agricultura. La pobreza agrícola de la región —donde la papa y cereales como la cebada° y la quinoa son los principales cultivos— fuerza a la población a dedicarse a la crianza de ovejas° o de tales animales nativos como la llama, que utilizan como animal de carga°, o la alpaca y la vicuña, cuya lana° es muy apreciada. En cambio, se trata de una región rica en recursos minerales, desde las fabulosas minas de plata de Potosí, explotadas por los españoles durante el período colonial, hasta las de estaño° en tiempos modernos. Al sur del Altiplano, los Andes vuelven a formar una sola cordillera que separa a Chile de Argentina. Allí se encuentra el pico más alto del Hemisferio Occidental,

resources

lungs
natives
relief
chew the leaves

barley
sheep raising
beast of burden
wool

tin

el monte Aconcagua (22.834 pies). Los Andes son una cordillera "joven" de considerable actividad sísmica y volcánica. Las naciones de esta parte del continente han sufrido repetidamente los efectos de devastadores terremotos.

Al este de los Andes el subcontinente pierde altura y se hace más estable; está ocupado, de norte a sur, por tres mesetas separadas por tierras bajas donde se hallan los ríos más importantes. En el norte, la cuenca del río Orinoco contiene los famosos llanos de Venezuela, con la tradición folclórica del legendario llanero, el jinete vigoroso e independiente, adaptado a la dura y solitaria vida de la región. Al sureste de los llanos, la meseta de la Guayana, con alturas de entre 1.000 y 3.000 pies, forma el límite norte del sistema fluvial más grande del mundo, el del río Amazonas.

El Amazonas no es en realidad un solo río sino un vasto sistema fluvial al que contribuyen cientos de tributarios. El nombre Amazonas se usa generalmente para referirse a la arteria principal del sistema, que comienza en el puerto peruano de Iquitos. Es importante sobre todo en dos sentidos: por el sistema de transporte fluvial que hace posible, y por el ecosistema que existe en su vasta cuenca de 2.722.000 millas cuadradas. Nace en el Perú, a sólo 100 millas de la costa del Pacífico, y fluye lentamente hacia el este hasta desembocar, 3.000 millas después, en el océano Atlántico. En su desembocadura, de unas 150 millas de ancho, acarrea tal volumen de agua que el Atlántico pierde allí su salinidad por muchas millas. Hay historias de náufragos° que han estado a punto de morir de sed en medio del mar antes de darse cuenta de que, gracias al Amazonas, navegaban en un mar de agua dulce°. Los barcos más grandes pueden remontar la corriente° del gran río hasta el puerto brasileño de Manaus, a 1.000 millas del Atlántico, en tanto que naves° de hasta 5.000 toneladas consiguen continuar hasta Iquitos, 1.300 millas más allá de Manaus.

shipwrecked persons
suitable for drinking
navigate upstream
ships

Aunque la cuenca del Amazonas se extiende por secciones de Venezuela, Colombia, Ecuador, Perú y Bolivia, la mayor porción de la misma, un 42%, se halla dentro de Brasil. Por eso este país es el que recibe mayor atención cuando se discute el ecosistema de este gran río y los peligros a los que se encuentra expuesto. Los bosques y selvas del Amazonas constituyen el área verde más importante del mundo y su preservación es crucial para el futuro de la humanidad. La deforestación de esta área ha alcanzado ya la cifra del 10% (se estima que unos dos millones de árboles son destruidos cada día) y sus efectos pueden ser bastante nocivos° para las condiciones atmosféricas de toda la Tierra, por no hablar del daño° que sufren las especies animales de la región y el modo de vida de las tribus indígenas que la habitan. La mayor parte de la deforestación se debe a la destrucción de los bosques por medio del fuego para dedicar las áreas desmontadas° a la ganadería o a la agricultura. Esto posiblemente contribuye, entre otras cosas, a aumentar el "efecto invernadero°", es decir, el calentamiento° de la atmósfera de todo el planeta debido a la enorme cantidad de dióxido de carbono que los incendios inyectan en el medio ambiente.

harmful
harm

cleared of trees

greenhouse effect/
heating

Al sur del Amazonas, la meseta de Brasil, que se eleva hasta 3.000 pies, llega casi hasta la costa atlántica, paralela a la cual fluye el otro río importante de Brasil, el Sâo Francisco. En su extremo sur, la meseta desciende para dar paso, una vez más, a una gran extensión de tierras bajas que se prolongan por Bolivia, Paraguay, Uruguay y Argentina. La parte noroeste de estas llanuras es conocida como el Gran Chaco, una región subtropical de sabanas, escasa en agua y poco habitada. En cambio, la humedad de las llanuras aumenta notablemente al penetrar en la cuenca de los ríos Paraná-Paraguay y Uruguay, un área sujeta a frecuentes inundaciones°. Al llegar a la costa del Atlántico, ambos ríos se unen para formar el Río de la Plata, que en realidad no es un río sino un estuario donde se hallan Buenos Aires y Montevideo. *floods*

Los llanos adquieren su más impresionante amplitud en las pampas de Argentina, que forman un enorme abanico° de 400 millas de extensión alrededor de Buenos Aires, un área de 250.000 millas cuadradas. Ésta es una de las regiones agrícolas y ganaderas más ricas del mundo y han hecho a Argentina uno de los grandes exportadores de cereales y carnes. Al sur del río Colorado, la pampa argentina da paso a la meseta de la Patagonia, una región fría, de vientos constantes y poca vegetación. Sólo un 3% de la población de Argentina vive en esta región inhospitalaria dedicada tradicionalmente a la crianza de ovejas. En tiempos más recientes, la existencia de importantes yacimientos de petróleo ha inyectado nueva vida a la principal ciudad de la Patagonia, Comodoro Rivadavia. *fan*

Ese vasto y complejo escenario natural que es Suramérica contiene a Brasil, el gigante de la región —que ocupa casi la mitad del territorio suramericano— y a nueve países hispanos. Colombia y Venezuela comparten el norte del subcontinente; Ecuador, Perú y Bolivia —los llamados "países andinos"— se hallan situados en el cuerpo principal de la cordillera de los Andes; Chile, Argentina y Uruguay ocupan el "cono sur", en tanto Paraguay se halla "atrapado"° entre Argentina, Bolivia y Brasil. *"trapped" (landlocked)*

Descubierto en 1500 por el navegante portugués Pedro Alvarez Cabral, **Brasil** tuvo una rica historia colonial bajo el dominio de Portugal. El azúcar fue el principal producto de la colonia hasta el siglo XVII, lo que ocasionó la masiva importación de varios millones de esclavos africanos para trabajar en las plantaciones de caña de azúcar. El país se convirtió en una monarquía independiente en 1822 bajo Pedro I, un príncipe portugués de la casa de Braganza que, rompiendo con la metrópolis, se proclamó emperador del Brasil. Su hijo, el capaz° Pedro II, disfrutó de un largo reinado hasta que tuvo que abdicar en 1889, presionado por el espíritu republicano de la época. Convertido en república, Brasil tuvo una turbulenta historia durante el siglo XX, incluyendo la era populista del presidente-dictador Getulio Vargas (1930–1945) y la dictadura militar (1964–1985) que se *able*

dedicó a promover el desarrollo industrial de Brasil, aunque cometió muchas violaciones de los derechos humanos. Durante la década de 1960 el país experimentó un crecimiento económico espectacular (se habló entonces del "milagre brasileiro", el milagro brasileño), pero una serie de graves errores económicos produjeron a la larga una altísima inflación que en 1993 alcanzó un 5.000% y una deuda exterior enorme. La recuperación del país fue presidida por el brillante sociólogo y economista Fernando Henrique Cardoso, primero como ministro de economía, luego como presidente de la república, electo en 1994 y reelecto en 1998.

Vista de Río de Janeiro.

Vista de Bahía, Brasil.

La espectacular reducción en la inflación conseguida por la administración de Cardoso (que se mantenía por debajo del 10% a fines de la década de 1990) fue el dato más impresionante de una política de austeridad fiscal y competentes medidas basadas en el modelo neoliberal de la economía de mercado. Por otra parte, el gobierno ha conseguido aprobar importantes mejoras en el sistema de pensiones de la nación y otras medidas que buscan aliviar las profundas desigualdades sociales que plagan todavía al país. Dado el deplorable historial ecológico del Brasil, ha sido muy aplaudida la reciente ley que convierte las violaciones contra el medio ambiente en delitos criminales, incluyendo la destrucción indiscriminada de bosques y otros recursos naturales, y las actividades que contribuyan a la contaminación de la atmósfera.

Brasil es hoy un país democrático y la mayor potencia agrícola e industrial de Latinoamérica. Sus principales productos agrícolas incluyen el café y el azúcar —de los que es el principal productor mundial—, así como el frijol de soja, el arroz y las naranjas. Pero el notable desarrollo industrial de las últimas décadas ha reducido mucho la dependencia del país de las exportaciones agrícolas, que ya no sobrepasan el 35% de las exportaciones totales. La riqueza mineral de Brasil es legendaria, y no sólo en piedras y metales preciosos: sus enormes depósitos de hierro, por ejemplo, lo han convertido en uno de los principales productores mundiales de acero y su industria automovilística es una de las primeras del mundo. La nación, además, ha encontrado en la energía hidroeléctrica generada por las enormes presas de sus ríos una invaluable fuente que produce más del 90% de su energía eléctrica, complementada por una planta de energía nuclear a la que pronto habrá de agregarse una o quizás dos más. Irónicamente, en la primavera de 2001 se estaba produciendo en Brasil, como en los Estados Unidos, una seria crisis energética. Y no era que los brasileños estuviesen tratando de imitar a los norteamericanos, sino que estaban pagando el precio de su dependencia de la energía hidroeléctrica: la muy seria sequía que afectaba al Brasil había hecho bajar considerablemente el nivel del agua en los ríos de la nación.

La mayor parte de la población de **Venezuela** vive cerca de la costa del mar Caribe, en el sistema montañoso que es parte de la cordillera de los Andes. Allí se encuentra la capital, Caracas, y es notable la influencia de la cultura del Caribe. La manera de hablar el español, la música y otras manifestaciones culturales venezolanas recuerdan, en efecto, el contexto europeo-africano del área caribeña. El elemento racial africano es muy visible en la costa, pero la mayor parte de la población, un 69%, es clasificada como mestiza. Venezuela ha recibido una gran cantidad de inmigrantes desde la Segunda Guerra Mundial; unos 800.000 de ellos han venido de Europa, en tanto que la cantidad de inmigrantes ilegales, procedentes sobre todo de Colombia, se cuenta por millones. Muchos de ellos han ido a Venezuela atraídos por el alto ingreso per cápita que genera la industria del petróleo, pues la nación es una de las principales exportadoras mundiales de ese combustible. La distribución de la riqueza, sin embargo, es bastante desigual y, sobre todo en las ciudades, son frecuentes las escenas de extrema pobreza. El gobierno, que nacionalizó la industria petrolera en l976, no siempre ha sabido invertir sabiamente las considerables ganancias que ha recibido por ese concepto, y Venezuela ha padecido de serios problemas económicos en años recientes.

Colombia, por su parte, es un país de marcados contrastes étnicos y culturales. Las tres principales ciudades, Bogotá, la capital, Medellín y Cali se encuentran en la mitad oeste, en la cordillera andina. Étnicamente abunda allí el mestizaje de indio y blanco, aunque la raza

Vista panorámica de Medellín, Colombia.

blanca está bien representada y hay algunas regiones, como los Departamentos de Caldas y Antioquia, cuya capital es Medellín, donde la población es en su mayoría de ascendencia española. En el área del sistema fluvial Cauca-Magdalena y en las tierras bajas del Caribe, en cambio, las plantaciones de azúcar y de plátanos y bananas alentaron la importación de esclavos africanos y abunda, por tanto°, la población mulata. La costa tropical del Caribe ofrece es- *therefore* pecial interés, con su puerto principal, Barranquilla, y Cartagena, la bella ciudad cuyas fortificaciones datan del período colonial. Estas tierras bajas y cálidas de la costa caribeña son el escenario de los cuentos y novelas de Gabriel García Márquez, el más famoso escritor de Colombia. El clima cultural de esta región y hasta la pronunciación del español y el ritmo de su música se parecen a los de las Antillas. El café es, claro, el producto más conocido de Colombia. Es cultivado en los Andes, entre los 3.000 y los 4.000 pies de altitud y representa su principal producto de exportación, aunque en años recientes la industrialización ha progresado bastante. Desgraciadamente, el nombre de este país ha quedado identificado en el extranjero con las drogas duras y el narcotráfico, lo cual es bastante triste pues Colombia ha tenido tradicionalmente la bien ganada reputación de ser un país de minorías cultas con una importante tradición académica. Bogotá siempre fue conocida como "la Atenas de América" y aunque existen allí desigualdades sociales semejantes a las de otros países latinoamericanos, Colombia se ha distinguido tradicionalmente por su énfasis en la educación y en las letras. El colombiano promedio es uno de los individuos más amables y hospitalarios que existen en cualquier latitud.

Las estadísticas vitales de los tres países andinos —Ecuador, Perú y Bolivia— van a la zaga° de las de los demás países de la región, con una numerosa *lag behind* población indígena (más del 40% del total) que participa sólo marginalmente en la vida económica y política de la nación, y una difícil geografía que incluye la estrecha faja de costa del Pacífico, las mayormente áridas alturas de los Andes y la extensa zona oriental, escasamente poblada. En los tres países se cultivan la caña de azúcar, la papa, el maíz y el plátano en cantidades substanciales, pero no las suficientes para convertirlos en importantes productos de exportación; la excepción en esto es Ecuador, que exporta cantidades considerables de bananas. En Bolivia y en Perú hay una importante producción de minerales, aunque en el caso *has decreased* de Bolivia ha mermado° la importancia de su mineral clave, el estaño, que ahora constituye sólo un 15% de sus exportaciones. Perú, en cambio, exporta bastante *copper* cobre° (mas de un 20% del total de sus exportaciones). Un alivio parcial para la economía de estos países ha sido el incremento en la explotación de recursos na-turales que ha ocurrido en tiempos relativamente recientes. El camarón° es hoy *shrimp* un importante producto de exportación para el Ecuador, como lo es la harina de *fish meal* pescado° para el Perú y el gas natural para Bolivia. Y en los tres países se ex-plotan productivos depósitos de petróleo.

Tres de los países del cono sur —Argentina, Uruguay y Chile— son naciones en las que la cultura europea predomina decisivamente. En los tres países el nivel de analfabetismo es muy bajo (menos de un l0%) y existe una intensa vida in-telectual. La persona que se sienta en un café al aire libre de Buenos Aires o Montevideo puede imaginar que se halla en París o en Roma. En cuanto a Chile, su parte central posee un excelente clima y suelos fértiles, mientras que la parte norte, seca y poco habitada, es muy rica en recursos minerales, incluyendo los ni-tratos —que se usan como fertilizantes— y un 27% de la reserva mundial de *iodine* cobre. Chile produce también la mitad del yodo° que se consume en el mundo. En contraste con el relativamente alto nivel de vida de sus vecinos, el cuarto país del cono sur, el Paraguay, es una nación bastante pobre cuya población mayori-tariamente mestiza habla tanto el español como el guaraní, la lengua aborigen (ambas se hallan reconocidas como idiomas oficiales).

¿Pero existe realmente una Latinoamérica?

La pregunta es legítima, pues, como hemos visto, se trata de incluir bajo un nom-bre común a un grupo bastante grande de países entre los cuales existen aprecia-bles, a veces dramáticas diferencias en su composición racial, su nivel de *one may ask* desarrollo económico y su adhesión a los modelos europeos. Cabe preguntar°, por ejemplo, qué tiene en común un campesino indígena del altiplano de Bolivia con un hombre de negocios rubio de Montevideo. Y también es cierto que estas naciones han estado separadas por grandes espacios y formidables barreras geo-gráficas —cordilleras, selvas, llanos inmensos, zonas desérticas— que han repre-sentado un obstáculo serio para su integración. Los ciudadanos de estos países a menudo saben más sobre lo que ocurre en Europa o en los Estados Unidos que en sus países vecinos. Aun entre los intelectuales, es frecuente encontrar que saben poco sobre los escritores de otros países latinoamericanos y, en cambio, pueden disertar cómodamente sobre Sigmund Freud, Jean-Paul Sartre o William Faulkner.

Aun reconociendo todo eso, todavía es posible defender la validez del tér-mino Latinoamérica, sobre todo si situamos a Haití en el contexto más amplio de un fondo cultural latino y nos concentramos en los dieciocho países hispanos y en Brasil, es decir, en las naciones independientes del hemisferio que son parte de la herencia cultural hispano-portuguesa. España y Portugal, en efecto, son dos *similar* países de características muy parecidas° que, básicamente, trataron de transplan-tar al Nuevo Mundo una cultura común. Inevitablemente, este trasplante pronto entró en un proceso de síntesis racial y cultural con las civilizaciones que ya exis-*environment* tían en América, y el resultado fue la creación de un entorno° social y humano de características únicas. Pero también es verdad que en esa síntesis sobresalen sobre todo los rasgos culturales heredados de España y Portugal, modificados por la realidad americana a través de los siglos. Y son estos rasgos comunes de la herencia hispano-portuguesa los que, al ser compartidos por los diferentes países de la región en mayor o menor grado, le dan a Latinoamérica su más específica individualidad y cohesión como zona cultural aun hoy, cuando el área atraviesa por° un intenso proceso de modernización e influencia cultural de los Estados Unidos.

is going through

Las naciones latinoamericanas, en primer lugar, pueden comunicarse lingüísticamente entre sí a través de las dos lenguas heredadas de la Península, pues el portugués es la lengua romance[2] más cercana al español, lo que les permite a los brasileños comunicarse sin mayores problemas con sus vecinos hispanohablantes, y viceversa. Otro importante elemento de esa herencia cultural común es el predominio de la religión católica en todos estos países. Los latinoamericanos, en general, no practican la religión de manera particularmente asidua (los hombres, sobre todo, raramente van a la iglesia), pero la ideología inculcada durante siglos por la Iglesia Católica se halla aún hoy profundamente grabada en la psiquis colectiva latinoamericana. A esto hay que agregar el hecho de que todos los países latinoamericanos se hallan regidos por sistemas jurídicos basados en los principios del Derecho Romano. Y más allá de la ley escrita, todos ellos comparten otro legado fundamental de la herencia ibérica: su adhesión a un cierto sistema de valores y de actitudes que los distingue especialmente de países pertenecientes a otras tradiciones culturales, como es el caso de los Estados Unidos. Por fin, hay un aspecto particularmente valioso de la herencia hispanoportuguesa que el visitante actual puede aún apreciar, pues ha quedado perpetuado en piedra y en madera: el arte colonial latinoamericano, que encontró sus formas más representativas en la arquitectura y en la escultura, y su gran estilo en el barroco de los siglos XVII y XVIII. La omnipresencia de este arte a través de toda el área —desde Puebla, en México, hasta Ouro Preto, en Brasil— es un testimonio elocuente y bien tangible de la presencia de un legado cultural común.

NOTAS

[1] En este párrafo se han dado las equivalencias entre las medidas del sistema decimal, que es el más usado en el mundo hispano (e.g. centímetros, metros, kilómetros), y las más comúnmente usadas en los Estados Unidos, e.g., 1 pulgada (*inch*) = 2,54 cm; 1 pie (*foot*) = 0,30 m; 1 milla (*mile*) = 1,60 km; 1 milla cuadrada (*square mile*) = 2,59 kilómetros cuadrados. En adelante, sin embargo, se darán las medidas usadas en los Estados Unidos —pulgadas, pies, millas, etc.— por ser las más significativas para el estudiante estadounidense.

[2] Se denominan lenguas romances los idiomas vernáculos de Europa que proceden del latín, la lengua de Roma; las principales son el castellano o español, el francés, el italiano y el portugués. Todas las lenguas de la Península Ibérica —excepto el euskera, la lengua de la región vasca (Basque)— son lenguas romances. El portugués, en particular, procede del gallego-portugués, la lengua romance que se hablaba en la parte oeste de España. Cuando Portugal se separó del reino de Castilla y León en el siglo XII, la lengua de la región comenzó su evolución independiente, en tanto que el gallego se perpetuó en el noroeste de la Península y es todavía, junto con el español, la lengua de la región española de Galicia.

Ejercicios y actividades

A. Preguntas sobre la lectura

1. ¿Qué diferencia hay entre el significado de "América" y el de "America"?
2. ¿Y entre Iberoamérica e Hispanoamérica?
3. La ciudad de Quito está casi en el ecuador pero su clima no es muy cálido. ¿Por qué?
4. ¿Por qué no es posible hablar de un prototipo racial latinoamericano?
5. ¿Qué países hispanos se hallan en Centroamérica? ¿Incluimos a Panamá entre ellos? ¿Por qué?
6. ¿En qué países hispanoamericanos hay grandes reservas de petróleo?
7. ¿Qué son las Antillas Mayores?
8. Política y culturalmente, Puerto Rico es un caso especial. ¿Por qué?
9. ¿Cuáles son los llamados "países andinos"? ¿Qué los caracteriza en general?
10. ¿Por qué podemos decir que la preservación de las selvas del Amazonas es de interés para toda la humanidad?
11. ¿Qué son las pampas?
12. ¿Qué características distintivas tiene Paraguay?
13. ¿Qué diferencias hay entre la Colombia de los Andes y la de la costa del Caribe?
14. ¿Qué factores culturales nos permiten afirmar que es válido el término "Latinoamérica"?

B. Sinónimos. Relacione las siguientes palabras con sus sinónimos.

1. ____ nave	a. selva
2. ____ cordillera	b. nativo
3. ____ pico	c. sierra
4. ____ autóctono	d. barco
5. ____ bosque	e. montaña
6. ____ pobreza	f. riqueza
7. ____ pampa	g. altiplano
8. ____ fútil	h. llanura
9. ____ favela	i. subdesarrollo
10. ____ tasa	j. inútil
	k. por ciento
	l. barrio

C. Definiciones. Escoja las palabras de la lista que correspondan a las siguientes definiciones.

tributario	llama	creole	guaraní	amapola
península	desembocadura	ciclón	cuenca	
terremoto	lago	istmo	llanura	

1. _____ Idioma que se habla en Haití.
2. _____ Territorio cuyas aguas van todas a parar a un mismo río.
3. _____ Lugar donde las aguas de un río penetran en el mar.
4. _____ Gran masa permanente de agua dulce.
5. _____ Convulsión de la tierra que puede ser muy destructiva.
6. _____ Perturbación atmosférica que produce vientos de alta velocidad.
7. _____ Lengua de tierra que une dos continentes.
8. _____ Animal de carga muy abundante en la cordillera de los Andes.
9. _____ Planta de la que se extraen el opio y la heroína.
10. _____ Area carente de montañas.
11. _____ Uno de los dos principales idiomas que se hablan en Paraguay.

D. Identificaciones. Llene los espacios con los nombres de los países que correspondan.

1. Los dos países de Suramérica que no tienen costas son _____ y _____.
2. _____ es el país más desarrollado de la América Central.
3. El desierto de Atacama se encuentra en el norte de _____.
4. El lago Titicaca se halla en la frontera entre _____ y _____.
5. La región de la Patagonia se halla en el sur de _____.
6. _____ es el país donde se cultiva el mejor tabaco.
7. El Departamento de Petén, donde se hallan importantes ruinas mayas, pertenece a _____.
8. _____ es el país más pobre de la zona del Caribe.
9. El Orinoco es el río más importante de _____.
10. Haití y _____ comparten la misma isla, a la que Colón dio el nombre de Española.

E. Opiniones e hipótesis

1. Suponga que usted es el presidente de Brasil. ¿Qué medidas tomaría para proteger el ecosistema del Amazonas?
2. Si usted fuera puertorriqueño, ¿qué sistema político preferiría para la isla? Explique por qué.

F. En el siguiente mapa, señale, escribiendo los números correspondientes, dónde se hallan:

1. las pampas
2. Honduras
3. el río Sâo Francisco
4. Guatemala
5. San Juan, Puerto Rico
6. La Paz, Bolivia
7. el Gran Chaco
8. la Patagonia
9. el lago Titicaca
10. la península de Yucatán

9

El siglo XX: Panorama latinoamericano

Cronología

1902–1903 Cuba logra su independencia. Panamá se independiza de Colombia.

1910–1920 Revolución Mexicana.

1929–1940 Quiebra de la bolsa de Wall Street, seguida por la depresión mundial que afecta muy adversamente a las economías de Latinoamérica y favorece la aparición, en los años 30, de gobiernos populistas y nacionalistas inclinados al proteccionismo económico, e.g., los de L. Cárdenas en México, Getúlio Vargas en Brasil. Se instala la dictadura de R.L. Trujillo en la República Dominicana (1930–1961) y la de los Somoza en Nicaragua (1937–1979).

1946–1955 La era populista de Juan Domingo Perón y su esposa Eva Duarte en Argentina.

1948–1952 Período de "la violencia" en Colombia.

1952 Revolución en Bolivia, iniciada por el Movimiento Nacionalista Revolucionario.

1958 Democracia en Venezuela, después de más de cien años de dictaduras.

1960–1990 Tras el triunfo en Cuba de la revolución de Fidel Castro (1959), un período de actividades guerrilleras afecta a varios países latinoamericanos, inspi-

radas por el modelo cubano y a menudo con la asistencia militar del gobierno de Castro.

1968 La Segunda Conferencia de Obispos Latinoamericanos, celebrada en Medellín, Colombia, inicia un período de activismo social en la tradicionalmente conservadora Iglesia Católica. En el Perú, el régimen del general Juan Velasco Alvarado establece un programa nacionalista de izquierda (1968–1975).

1980–1989 La recesión mundial de 1981 da inicio a una década económica difícil para Latinoamérica: alta inflación, aumento dramático de la deuda exterior (*foreign debt*). Pero comienza a verse una evolución hacia regímenes democráticos.

1990–2000 El colapso de la Unión Soviética y el fracaso (*failure*) de la ideología marxista afectan adversamente a los movimientos latinoamericanos de izquierda y a las actividades guerrilleras. En Nicaragua, el gobierno sandinista (de origen guerrillero y pro-cubano) pierde las elecciones de 1990. En Guatemala y El Salvador, las guerrillas firman acuerdos de paz. En la mayoría de estos países éste es un período de recuperación económica presidida por la adopción del modelo neoliberal que favorece, entre otras cosas, la privatización de las empresas estatales y la apertura al libre comercio. Se dan pasos importantes hacia la integración económica de las Américas, ejemplificados por la creación de MERCOSUR y TLC (NAFTA).

2001– Desde principios de este año la inestabilidad de las bolsas de valores alrededor del mundo afecta adversamente las economías latinoamericanas y la situación se ve agravada por los ataques terroristas del 11 de septiembre contra Nueva York y Washington, D.C. En diciembre, la economía argentina sufre un colapso que la obliga a suspender los pagos de su deuda exterior.

En Colombia, la alianza de los narcotraficantes con las guerrillas marxistas pone en peligro la estabilidad del estado colombiano.

Latinoamérica es una de las regiones del mundo que ha experimentado mayores cambios en años recientes. Su modo de vida tradicional, sus estructuras políticas y económicas han empezado a transformarse bajo el peso de un mundo moderno dominado por las computadoras, los modernos medios de comunicación y una mentalidad más pragmática. Esto marca quizás el comienzo de una nueva era, una era en que Latinoamérica, después de los graves reveses° económicos que sufrió en la década de 1980, quizás logre superar° su tradicional clasificación como área perteneciente al llamado Tercer Mundo.

setbacks

surpass

Panorama político

patterns

Durante la mayor parte del siglo XX, Latinoamérica sufrió los patrones° políticos que heredó del siglo anterior, incluyendo los del militarismo y el caudillismo. Las leyes y las instituciones políticas de estos países han sido con frecuencia menos importantes que la voluntad de sus líderes. Y éstos han sido con gran frecuencia hombres de uniforme o civiles carismáticos que casi siempre tenían que contar con el poder militar para mantenerse en el poder. Ha habido casos de dictadores que han permanecido en el poder durante varias décadas, como el general Stroessner en Paraguay, Trujillo en la República Dominicana y Fidel Castro en Cuba, o han traspasado la presidencia a sus hijos, como la familia Somoza en Nicaragua y François Duvalier en Haití. Hasta tiempos recientes podían contarse con los dedos de una mano los países latinoamericanos que habían conseguido romper esa tradición de gobiernos personalistas o dictatoriales. Venezuela, por ejemplo, consiguió establecer la democracia en 1958 después de 120 años de regímenes casi siempre dictatoriales. Colombia, por su parte, logró superar el militarismo —sólo sufrió un golpe militar en el siglo pasado, el del general Rojas Pinilla en 1953— pero se vio asolada por una ola de violencia de origen político que entre 1948 y 1952 produjo más de 200.000 muertes. Aun en los pocos casos en que la tradición democrática logró consolidarse, se halló siempre expuesta a inesperadas interrupciones, como ocurrió en Chile con la dictadura del general Augusto Pinochet (1973–1990) y en Uruguay con el régimen militar que gobernó entre 1973 y 1981. Sólo en la pequeña Costa Rica, que eliminó su ejército en 1949, se dio una serie ininterrumpida de gobiernos democráticos.

overthrown

in power

leaders

Con mucha frecuencia las dictaduras latinoamericanas han sido derrocadas° de manera violenta, usualmente cuando el dictador de turno° ha perdido el control de las fuerzas armadas y éstas se han rebelado a favor de un nuevo líder. Los cabecillas° de estas rebeliones las han llamado a menudo "revoluciones" y han promulgado nuevas leyes, a veces nuevas constituciones, para legalizar el cambio. Pero, en realidad, muy pocos de esos cambios violentos han merecido el nombre de revoluciones pues no han traído, para bien o para mal, transformaciones substanciales a las sociedades que los han sufrido. En alguna ocasión, como en el Perú del período 1968–1975, se produjo un movimiento revolucionario encabezado por militares que realmente trataron de cambiar radicalmente las estructuras sociales y económicas de la nación, pero éste fue un caso excepcional y

pasajero°. Revoluciones que realmente merezcan tal nombre ocurrieron pocas *transitory*
en la Latinoamérica del siglo XX: la mexicana de 1910, la de Bolivia en 1952, la
de Cuba en 1959 y, en menor escala, la de Nicaragua en 1979[1]. En estos casos,
las sociedades de esos países resultaron transformadas significativamente como
consecuencia de procesos violentos que destruyeron, al menos parcialmente,
el orden social preexistente. Durante las décadas de 1960 y 1970 se dio un
período de fermentos revolucionarios y actividades guerrilleras en varios países
latinoamericanos, bajo la inspiración de la revolución cubana y a menudo con
la ayuda táctica y/o militar del gobierno de Fidel Castro. Tal fue el caso
de Guatemala, Nicaragua y El Salvador en Centroamérica; de Colombia y
Venezuela en Suramérica. En Argentina, Uruguay y Brasil apareció también el
fenómeno de las guerrillas urbanas; especialmente notorias fueron la de los
"tupamaros" en Uruguay y la de los "montoneros" en Argentina. Todo hace
indicar, por otra parte, que el tiempo de las revoluciones ha pasado. Las ideas
utópicas que propugnaban° han mostrado ser impracticables, los modelos eco- *advocated*
nómicos en que se apoyaban —especialmente el marxista— han probado ser ine-
ficaces y hoy Latinoamérica y el mundo andan en busca de otras soluciones más
realistas y efectivas para los profundos problemas económicos que todavía los
afectan.

Desde la década de 1980, los gobiernos civiles elegidos democráticamente
comenzaron a ganar terreno por toda Latinoamérica. Sorprendentemente, para
principios de la década de 1990 apenas quedaban dictaduras en el hemisferio.
Las nuevas democracias no siempre eran perfectas y todavía sus gobiernos estaban frecuentemente dominados por personalidades fuertes en la tradición del
caudillismo, pero el progreso era evidente. Las causas de estos cambios no están
claras, pero hay algunas que parecen plausibles. Los militares de hoy, por ejemplo, están a menudo bajo el mando de oficiales de carrera que han recibido entrenamiento profesional, con frecuencia en los Estados Unidos, y son menos adeptos
a inmiscuirse° en cuestiones políticas. La actual sociedad latinoamericana, por *to meddle*
otra parte, es más compleja: antes había unos pocos sectores claves° —el ejército, *key*
la Iglesia, los grandes hacendados— que podían ser controlados con relativa facilidad. En la sociedad de hoy, en cambio, actúa una multitud de fuerzas sociales
y económicas cuyo apoyo es más difícil de integrar; su natural hábitat político es
el pluralismo. Vivimos también en una era de intensas comunicaciones al nivel internacional en que es más difícil camuflar un gobierno dictatorial con una máscara democrática. Hoy los gobiernos latinoamericanos sienten mayor presión
para invitar a organismos internacionales como la Organización de Estados
Americanos (OEA)[2] o a observadores independientes a dar fe° de la honestidad *to attest*
de las elecciones.

El progreso de la democracia ha traído a Latinoamérica un notable descenso
en el nivel de la violencia. La mayor parte de los movimientos guerrilleros, con excepción de los de Colombia (véase la sección sobre el narcotráfico en el presente
capítulo), han optado por integrarse a la vida política de sus respectivos países
coincidiendo con el desprestigio del marxismo como ideología. Esto ha sido
especialmente notable en Centroamérica, donde las antiguas guerrillas se han estado incorporando a la vida política de países como El Salvador y Guatemala[3]. En
el Perú, el movimiento terrorista "Sendero Luminoso" sufrió un golpe muy serio
cuando en 1992 fue arrestado su líder Abimael Guzmán[4]. No es probable, sin

Edificios modernos y favelas,
Salvador de Bahía, Brasil.

embargo, que los levantamientos armados desaparezcan por completo, sobre todo en áreas económicamente deprimidas de Latinoamérica donde hay aún bastantes fermentos de inconformidad social. El caso de la rebelión neozapatista que estalló en enero de 1994 en la región de Chiapas, México, es buen ejemplo de ello[5].

Panorama económico

Los problemas económicos de los países latinoamericanos son formidables, pero en estos últimos años han aparecido signos de un futuro más prometedor. Latinoamérica ha sido tradicionalmente una región poco industrializada dedicada principalmente a la agricultura y a la ganadería; su comercio exterior ha tendido a depender de la exportación de unas pocas materias primas, especialmente minerales, y productos agrícolas, e.g., el estaño en Bolivia, el azúcar en Cuba, el café, las bananas y el algodón en Centroamérica, que ha hecho a Latinoamérica muy vulnerable a los altibajos° de *ups and downs* la demanda en el mercado internacional. Y aun en tiempos de bonanza, los ingresos que estos países reciben de la exportación de esos productos no suelen ser suficientes para adquirir en el exterior la tecnología, maquinaria pesada, piezas de repuesto°, etc., que necesitarían para una rápida industrialización. Su sistema de *spare parts* explotación agrícola, por otro lado, ha sido poco productivo, basado en latifundios ineficientes, es decir, grandes haciendas sólo parcialmente cultivadas, o en minifundios, fincas demasiado pequeñas que sólo proveen la subsistencia de una sola familia.

Otro problema es que los gobiernos latinoamericanos nunca han conseguido recaudar° bastantes impuestos para estimular sus economías en el grado nece- *to collect* sario o crear la indispensable infraestructura (carreteras, vías férreas, etc.) que es tan vital para el desarrollo económico. Gran parte de la población no gana lo suficiente para pagar impuestos y otra parte importante pertenece a la llamada "economía sumergida" que se gana la vida como pequeños vendedores por cuenta propia°, sirvientes, etc., sin declarar sus ingresos°. Además, muchos lati- *self-employed/income* noamericanos han desarrollado una actitud cínica y desconfiada° hacia sus go- *distrustful* biernos debido a la proverbial corrupción que ha plagado al sector público. Muchas personas completamente honorables en sus actividades privadas no vacilan en evadir el fisco° si se les presenta la oportunidad. Los gobiernos, además, *evade paying taxes* gastan una parte desproporcionada de sus ingresos en mantener una burocracia innecesariamente numerosa que es en realidad una forma artificial de aliviar el desempleo.

Durante la década de 1930 ocurrió en Latinoamérica una ola de populismo nacionalista que llevó a muchos gobiernos de la región a intervenir en sus respectivas economías. México, bajo el presidente Lázaro Cárdenas, procedió a nacionalizar las compañías extranjeras que explotaban los minerales, el petróleo y los ferrocarriles de la nación. En unos cuantos países el Estado se hizo cargo de° *took over* muchas empresas de servicios públicos —compañías eléctricas, telefónicas, de

transportes, etc.— y en los años siguientes se adoptaron políticas° proteccionistas *policies*
que trataron de estimular la producción doméstica de productos manufacturados
a base de imponer barreras a la importación de productos extranjeros al tiempo
que se concedían subsidios y exenciones fiscales a los empresarios° locales. Esta *entrepreneurs*
política, conocida en inglés como *import substitution*, no resolvió el problema a
la larga; como ha observado Robert Guynne, no puso fin a las importaciones sino
cambió los tipos de productos que había que importar: en vez de productos manufacturados, se importaban ahora piezas de repuesto y la maquinaria necesaria
para fabricar esos productos (Gwynne 105). El proteccionismo sólo funcionó relativamente bien en ciertos países como Argentina, Brasil, México y, en menor
escala, Chile, donde había mercados domésticos lo bastante grandes para crear
suficiente demanda interna de productos manufacturados localmente; estas naciones, además, cuentan con suficiente personal técnico para hacer buen uso de
la tecnología que se importa y adaptarla a las necesidades locales (Gwynne
109–118).

La década de 1980 trajo una recesión mundial que fue sentida con especial
rigor en los países latinoamericanos. Sus exportaciones descendieron dramáticamente y bajaron los precios de sus productos, en tanto tenían que seguir impor-
tando los productos manufacturados que les eran indispensables. Buen número
de estas naciones, con Argentina, Brasil y México a la cabeza, acumularon una
deuda exterior que al final de la década pasaba de los 400 mil millones de
dólares; el ingreso per cápita descendió en casi toda el área y la inflación alcanzó
niveles irreales: en 1989 llegaba al 5.000% anual en la Argentina, al 2.700% en
el Perú. Buena parte de los ingresos de estas naciones tenían que dedicarse ahora
al pago de los intereses de la deuda exterior. Con razón se les llamó a los años
ochenta "la década perdida".

Al comenzar la década de 1990, sin embargo, la situación económica de
Latinoamérica dio muestras de mejoría°. Una serie de acuerdos con bancos y or- *signs of improvement*
ganismos internacionales hicieron posible negociar el pago parcial de la deuda
exterior en términos más razonables. Con ello, los gobiernos latinoamericanos
empezaron a tener más espacio económico para maniobrar. Al mismo tiempo,
apareció una nueva mentalidad económica, menos preocupada por consideraciones ideológicas o nacionalistas, más inclinada hacia una política neoliberal
que permita a las fuerzas del mercado funcionar más libremente. Parte de ella ha
sido la tendencia a privatizar muchas de las ineficientes empresas estatales al
tiempo que se eliminan barreras proteccionistas y se facilita el acceso de las compañías extranjeras a los mercados latinoamericanos. Buen número de gobiernos
latinoamericanos crearon una atmósfera atractiva para atraer el capital extranjero y la tecnología que necesitan. Por otra parte, se tomaron serias medidas de
austeridad fiscal para controlar el fantasma de la inflación, a menudo con notables resultados.

Detrás de esa nueva mentalidad hay una nueva generación de tecnócratas
latinoamericanos que poseen una perspectiva económica de alcance global. Buen
número de ellos son graduados de universidades norteamericanas como Harvard,
M.I.T. y la Universidad de Chicago; están bien equipados para funcionar en un
mundo económico que ya no está dominado por compañías como la bananera
United Fruit, fácilmente asociables con el "imperialismo yanqui", sino por multi-
nacionales cuyos recursos tecnológicos les son indispensables a los países menos

desarrollados. Según un informe, por ejemplo, entre 1980 y 1990, las llamadas telefónicas de larga distancia entre los Estados Unidos y Suramérica aumentaron un 500%. Es obvio que el anticuado equipo de las compañías telefónicas estatales será incapaz de lidiar° satisfactoriamente con esta explosión en el campo de las comunicaciones. No es extraño, pues, que compañías como *Sprint* hayan comenzado a asociarse con telefónicas latinoamericanas —varias de ellas recientemente privatizadas— para proveer tarjetas de crédito internacionales y otros servicios.

deal with

Latinoamérica se ha convertido en una de las áreas del mundo que atrae mayor atención de los inversionistas° extranjeros. Este rasgo positivo, sin embargo, conlleva ciertos riesgos que también se han hecho evidentes en el pasado reciente. Las inversiones extranjeras poseen hoy día una gran volatilidad, son a veces números en la pantalla de una computadora que pueden ser cambiados con gran rapidez, de modo que hay siempre el peligro de que cualquier aspecto de las economías nacionales que sea percibido como potencialmente negativo produzca una reacción en cadena de impacto muy dañino°. En 1995, por ejemplo, los temores sobre la estabilidad política de México, a raíz de la rebelión zapatista, y la percepción de que el peso mexicano se hallaba sobrevalorado, provocaron una crisis económica que afectó no sólo a México sino a muchos mercados internacionales, incluyendo al norteamericano: el "efecto tequila", como se le llamó entonces. El siglo XXI, por su parte, se abrió con una ola de volatilidad en las bolsas de valores de todo el mundo, incluyendo la de Wall Street, que afectó adversamente a las economías latinoamericanas. La continuada desaceleración de las economías norteamericana y europea durante el año 2001 —agravada por los ataques terroristas del 11 de septiembre contra Nueva York y Washington, D.C.— produjo en Latinoamérica, entre otras cosas, un descenso apreciable en el turismo, un bajón en las inversiones extranjeras y una menor demanda de sus productos en el extranjero. El colapso que sufrió la economía argentina en el mes de diciembre, tras más de tres años de recesión (véase el Capítulo 15), hizo a algunos observadores predecir la declinación del modelo económico neoliberal de la economía de mercado, ya que Argentina había adoptado este modelo a partir de 1990. Pero esto no es necesariamente cierto. La crisis argentina fue producto, en parte, de la desaceleración de la economía mundial, y en parte de una serie de errores de cálculo de sus autoridades fiscales, como la de querer mantener el valor del peso argentino a la par con el dólar. También contribuyó a ella un problema que ya hemos mencionado: la dificultad que experimentan los gobiernos latinoamericanos en la recaudación de impuestos.

investors

harmful

A pesar de las presentes dificultades económicas, es difícil pensar que los países latinoamericanos abandonen significativamente la economía de mercado para retornar a otra era de proteccionismo. La interdependencia global de las economías nacionales ha creado un impulso hacia la integración económica que parece imparable°. La aprobación en 1993 del Tratado de Libre Comercio (TLC en español, NAFTA en inglés), convirtió a México, Estados Unidos y Canadá en una zona única de libre comercio. Dos años más tarde se anunciaba la incorporación de Chile al gran esquema, que en el futuro podrá extenderse a todo el continente, desde Alaska a la Tierra del Fuego. Al mismo tiempo, se han concertado acuerdos comerciales regionales como el que resultó en la creación, en 1991, de MERCOSUR, que incluye a los países hispanos del cono sur y a Brasil, y auguran

unstoppable

una cada vez mayor relajación de las barreras que por tanto tiempo han obstaculizado el flujo de mercancías y tecnología. Se ha empezado a considerar, incluso, la idea de un área de libre comercio para las Américas (en inglés, *Free Trade Area of the Americas*), que incluiría a todos los países del Hemisferio, desde Canadá hasta Chile; en abril de 2001 se celebró en Buenos Aires una reunión de los ministros de relaciones exteriores de 34 países para comenzar la discusión de un plan al respecto.

Hay que recordar, por otra parte, que casi la mitad de la población latinoamericana vive todavía bajo el nivel de la pobreza y su situación no va a mejorar mucho en el futuro inmediato. La nueva política económica, al disminuir la intervención directa del estado, disminuye también la capacidad de éste para aliviar a corto plazo° los problemas económicos de las clases pobres. Por eso se plantea en Latinoamérica, como en los Estados Unidos, el debate sobre el papel social que debe tener el Estado. El desprestigio en que ha caído el control estatal de sectores clave de la economía siempre conlleva el peligro de depender demasiado de una economía de mercados que no responda lo suficiente al interés social. Se trata de un debate que sin duda se planteará repetidamente en años futuros.

short term

El mundo de valores latinoamericano

La empresa colonial de España y Portugal fracasó en muchos sentidos pero triunfó al menos en uno muy importante: consiguió inyectar el sistema de valores ibérico en la población blanca y mestiza del Nuevo Mundo, le transmitió al latinoamericano su mentalidad, sus prejuicios, sus distintivas formas de percibir la realidad. Hoy en día ese sistema de valores se halla en transición, sufre inevitablemente el impacto de la modernidad y los mensajes de cambio efectivamente diseminados por los medios de comunicación. En no pocos países de Latinoamérica, como México, Colombia, Venezuela, Brasil, Argentina, Chile, Uruguay, entre el 70 y el 90 por ciento de la población tiene ya acceso a la televisión; parte de la programación televisiva es de procedencia norteamericana o está influida por los modelos de la televisión y la publicidad estadounidenses, de modo que presenta modos de vida típicos de los países industrializados, los cuales resultan enormemente atractivos, sobre todo para la juventud; ésta tiene ahora acceso a fenómenos y tendencias culturales —desde la ideología feminista hasta el estilo de vida californiano— que contienen, entre otras cosas, mensajes de liberación respecto a los tabús y ataduras° ancestrales contenidos en los códigos de sus padres y abuelos. A pesar de todo eso, ese sistema de valores, aunque bajo ataque y debilitado, sobrevive todavía y es importante conocerlo para comprender mejor por qué los latinoamericanos piensan como piensan y actúan de las maneras en que actúan ante las diferentes situaciones de la vida. Este conocimiento es particularmente importante para el norteamericano, pues se trata de los códigos que en buena medida laten tras° el comportamiento° de esa gran masa humana que, como ha mostrado el censo del 2000, es ya la minoría más numerosa de los Estados Unidos: la comunidad hispana.

ties

lay behind/behavior

La pregunta *"Do you have a family?"*, por ejemplo, tan común en los Estados Unidos, no tendría sentido en Latinoamérica, donde hay un concepto más amplio del término "familia", heredado de la tradición ibérica. Por "familia" el latinoamericano entiende la familia extensa, que incluye no sólo a la llamada "familia nuclear" (horrible término éste), sino también a un amplio círculo de parientes sanguíneos —hermanos, cuñados°, tíos, sobrinos, primos°, suegros°, etc. —y de personas allegadas°, incluyendo a padrinos, ahijados° y amigos íntimos de la familia. Así se forma un pequeño mundo afectivo° que suele inspirar un alto grado de lealtad entre sus miembros y les hace complejas exigencias emocionales. Por otra parte, el individuo no tiene que enfrentar en soledad las crisis de su vida personal: la familia estará ahí siempre, como una isla de estabilidad en la que puede encontrar refugio. Es normal que hijos e hijas vivan con sus padres hasta que se casen y aun después de casados si no poseen suficientes medios económicos para poner casa propia. Los padres y otras personas de edad° de la familia, por su parte, se sienten en libertad de vivir o al menos pasar largas vacaciones en casa de sus hijos ya establecidos.

La familia hispana es en cierto modo el núcleo central de un mundo emocional en el que las relaciones personales se viven con particular intensidad y son muy importantes en la esfera social y económica. En casi todas partes, incluyendo los Estados Unidos, la persona que disfruta de buenas conexiones tiene una cierta ventaja cuando trata de ascender en la escala social, encontrar empleo, etc. Pero esas conexiones se explotan en forma discreta; quienes las usan son conscientes de que están violando las reglas de juego de una sociedad supuestamente basada en el principio de la igualdad de oportunidades. También en Latinoamérica se suscribe esa idea igualitaria en términos abstractos pero en la práctica a menudo se la subordina al sentido de lealtad familiar o personal, que ocupa un lugar tan alto en el sistema de valores de esa sociedad. Cuando un latinoamericano se jacta° (y sucede con frecuencia) de que gracias a su intervención personal un pariente o amigo suyo consiguió un puesto o una concesión, no se siente necesariamente culpable de haber violado ningún código moral; actúa más bien de acuerdo con un concepto de las relaciones personales que su cultura aprueba tácitamente aunque oficialmente sea condenado por los códigos de conducta existentes. Es el llamado "amiguismo", que sobrevive hasta hoy. Esto no significa que las buenas conexiones por sí solas sirvan para abrir todas las puertas, pero sí que pueden constituir una ventaja muy importante en el mercado laboral y profesional.

Las exigencias del competitivo mundo moderno, por otra parte, no siempre se avienen bien° con el tradicional concepto hispano del trabajo. Al tratar de este tema es inevitable confrontar el cliché del latinoamericano indolente siempre en busca de una oportunidad para descansar y dormir una siesta o irse de fiesta. Tal caricatura tiene poco que ver con la realidad, por supuesto; revela las conclusiones grotescas a que pueden conducir juicios realizados desde la perspectiva de un mundo de valores diferente, e.g., el de los Estados Unidos y de otros países industrializados. Hay, en cambio, otro cliché, todavía simplista pero más cercano a la realidad: el que afirma, en el caso de los norteamericanos, que éstos viven para trabajar, en tanto que los latinoamericanos trabajan para vivir. Es decir, que se trata de una cuestión de actitud, más que de disposición a realizar una mayor o menor cantidad de trabajo en un tiempo determinado. El latinoamericano, en efecto, suele considerar° el trabajo como una actividad que debe ser desarrollada en ciertos períodos y de la que puede conseguir determinados beneficios, pero muestra menos tendencia que el norteamericano a hacerla el principal punto de referencia de su vida. El norteamericano tiende a ver las horas no laborales como

brothers- and sisters-in-law/cousins/in-laws/emotionally close/godparents, godchildren/ emotional

elders

boasts

don't always agree

usually regards

períodos de inactividad que deben ser justificados, pues la total cesación del trabajo es, en última instancia, anormal. El diccionario Webster, por ejemplo, define el término *leisure* como "*free, unoccupied time during which a person may indulge in rest, recreation, etc.*" Nótese: "*may indulge*", una expresión impregnada de connotaciones sutilmente "subversivas", como lo muestran sus sinónimos: *to pamper, spoil, revel...* En español, en cambio, los equivalentes de *leisure:* reposo, descanso, ocio, evocan, en su recto sentido, imágenes de sosegado disfrute° e incluso de creatividad hecha posible por la cesación del trabajo. Ocio, nos dice el diccionario de la Real Academia Española, es "diversión u ocupación reposada, especialmente en obras de ingenio..." El norteamericano se siente con derecho a disfrutar de sus típicamente cortas vacaciones —una, dos, tres semanas a lo más— porque "se las ha ganado", es decir, porque ha legitimado su corto período de inacción —por definición anormal— gracias al trabajo realizado. Si se permite un período de descanso más largo, ya no lo llamará vacaciones, probablemente lo justificará alegando que está realizando un proyecto.

peaceful enjoyment

Esa ética del trabajo, típicamente norteamericana, probablemente tenga, como se ha sugerido, raíces religiosas, las del puritanismo inglés que fue importado a Norteamérica. El latinoamericano, en cambio, con su tradición católica, hizo una escisión más cómoda entre las actividades del culto religioso que se realizan en el interior de los templos, y las del mundo exterior, incluyendo las laborales, que no quedaron así sacralizadas°. Además, las circunstancias históricas le hicieron desarrollar al latinoamericano un franco desprecio hacia las formas de actividad laboral que conllevan trabajo físico. En la península ibérica, como ya hemos mencionado, las actividades agrícolas y comerciales fueron consideradas poco dignas pues se las identificaba con las ocupaciones típicas de las minorías no cristianas de la Península, moros y judíos. Los colonizadores españoles y portugueses del siglo XVI, especialmente los primeros, trajeron a América esos prejuicios contra el trabajo manual, que fueron heredados por sus descendientes y han sobrevivido hasta el siglo XXI. Naturalmente, esto ha sido bastante perjudicial para la sociedad latinoamericana, que ha mirado con prejuicio a las personas que tienen que ganarse la vida en ocupaciones manuales, creando al mismo tiempo una dañina° obsesión por encontrar empleos de cuello y corbata° a fin de escapar el estigma que acarrea el trabajo físico. Conozco a un pastor protestante norteamericano que fue destinado a una iglesia en México y se puso un día a cortar el césped° de su casa hasta que notó que un grupo de personas lo estaban observando, fascinadas. Pronto se dio cuenta de que el trabajar en su jardín no era actividad compatible con su dignidad eclesiástica y tuvo que contratar a un jardinero.

made sacred

harmful
white-collar jobs

lawn

Las clases sociales

Como ocurre en otras regiones del mundo, los distintos grupos étnicos de Latinoamérica están desigualmente representados en su pirámide social, aunque las diferencias en composición racial que existen entre los distintos países hacen difícil establecer generalizaciones válidas. Negros e indígenas pertenecen casi invariablemente a las clases bajas, en tanto la considerable población mestiza puede encontrarse tanto en los confines de la pobreza como en la creciente clase media. En países mayoritariamente mestizos, éstos forman el grueso° de la clase

the majority

media y están bien representados en la clase alta; esta última, por lo general, está dominada por la población blanca. Con la excepción de las comunidades indígenas, sin embargo, las barreras culturales entre estos grupos son menos obvias que en otras regiones del mundo. El mestizo, el negro y el mulato se hallan bastante bien integrados en las culturas nacionales y normalmente no muestran la necesidad de afirmar su identidad cultural como grupos separados. Les es difícil, sin embargo, ascender en la escala social pues el prejuicio racial heredado de la mentalidad colonial no ha sido realmente superado.

Aparte del factor racial, las distinciones sociales en Latinoamérica, como en otras partes del mundo, dependen de tales criterios como el nivel de educación y de ingresos de la persona, la familia a la que pertenece y el tipo de trabajo al que se dedica. Pero en Latinoamérica estos dos últimos factores tienen especial importancia y a menudo determinan la ubicación° de una persona en una u otra clase social. Esto —que tiene mucho que ver con° el sistema de valores— es especialmente cierto en el caso de la clase media latinoamericana, una clase que usualmente recibe bastante menos atención de la que merece. Ha sido común, en efecto, presentar a la sociedad latinoamericana como constituida esencialmente por una clase alta que monopoliza casi toda la riqueza del país y una clase baja que sobrevive en pobres o miserables condiciones. Esta es una imagen simplista. Ciertamente, hay en esta región contrastes chocantes entre riqueza y miseria que pueden conmover a cualquier observador sensible. Al mismo tiempo, sería un error desconocer la existencia y la importancia numérica y cultural de sus sectores medios. La clase media es numéricamente muy importante en los países latinoamericanos más desarrollados, y aun en las naciones más pobres de la región es más numerosa de lo que pueden sugerir las estadísticas ya que el nivel de ingresos de una familia no es siempre el factor determinante de su posición social; son igualmente importantes, entre otros, el apellido° de esa familia, el número de generaciones que ha vivido en el lugar, su identificación con ocupaciones no asociadas con el trabajo manual. Una persona que "viene de buena familia" es normalmente un individuo al que se le identifica con un apellido que ha ganado el respeto de la comunidad durante varias generaciones y al que se asocia con ocupaciones típicas de la pequeña burguesía°: hombres de negocios, profesionales, comerciantes, empleados públicos, educadores, etc. Hay pensionados°, por ejemplo, que apenas reciben el dinero suficiente para sobrevivir pero logran mantener su posición social como miembros de la clase media debido a su apellido y al círculo de relaciones que han heredado de sus padres. Conocí, por ejemplo, a una señora pensionada que mantenía su posición social a pesar de vivir con tanta economía que contaba el número de veces que abría y cerraba su refrigerador, a fin de ahorrar° electricidad. La clase media latinoamericana es, así, en buena medida, una cierta mentalidad, un círculo social al que se pertenece. Culturalmente, su importancia radica especialmente en el hecho de que esta clase es la principal transmisora de ese sistema de valores tradicional que le da cohesión a Latinoamérica como área cultural. Un profesor universitario de Buenos Aires y un empleado del Ayuntamiento de Tegucigalpa comparten en lo esencial la mentalidad, el vocabulario y los valores de la clase media que hemos descrito, no importa las diferencias raciales, nacionales o económicas que los separen.

placement
has much to do with

last name

bourgeoisie
pensioners

to save

El sentimiento religioso

La inmensa mayoría de los latinoamericanos pertenecen a la fe católica, aunque esto hay que entenderlo en un sentido muy latinoamericano. El catolicismo no es sólo la religión predominante sino uno de los componentes esenciales de la cultura de la región. El latinoamericano promedio nace en el seno° de la Iglesia y es *bosom* bautizado en ella como parte de un ritual poco menos que automático. Al hacerse adulto lo más probable es que no sea practicante asiduo y raramente asista a la iglesia, sobre todo si es hombre, pues una de las reglas no escritas del machismo latinoamericano es que la práctica de la religión es mayormente "cosa de mujeres". Aun así, las observaciones y festividades religiosas del calendario católico presiden la vida social latinoamericana; las creencias, mitos y tabúes de la tradición heredada de Roma impregnan todavía hoy la psiquis de los ciudadanos de estas naciones, sean o no practicantes activos. Por otra parte, el creyente latinoamericano —en contraste con el norteamericano— no suele sentir un alto grado de identificación personal con la comunidad de fieles° de la iglesia a la que asiste, *congregation* ni la obligación de contribuir económicamente a su sostenimiento o participar en sus actividades. Su fe no está orientada hacia lo comunitario sino hacia lo individual y personal. La iglesia a la que asiste no es para él tanto una comunidad de fieles como un espacio sagrado en el que se celebra el Sacramento y, muy a menudo, en el que se halla la imagen del santo o de la virgen por la que siente una particular devoción; su relación con los demás fieles y aun con el sacerdote es más bien nebulosa; piensa en la Iglesia como en una entidad abstracta, lejana.

Es así explicable que, a pesar de su tradición católica, Latinoamérica ha tenido una larga historia de hostilidad hacia la Iglesia Católica como institución, sobre todo entre los intelectuales de la región, que a menudo la han identificado con los intereses de las clases conservadoras y privilegiadas. En el siglo XIX el clero fue el blanco favorito de los liberales latinoamericanos que recordaban su identificación con el imperio español y criticaban el considerable poderío económico que había adquirido la Iglesia durante el período colonial. Ya en el siglo XX, una corriente de liberalización conmovió al clero latinoamericano comenzando con el Segundo Concilio Vaticano convocado por el papa Juan XXIII en 1962. De allí salió el espíritu de la Segunda Conferencia de Obispos Latinoamericanos, celebrada en Medellín, Colombia, en 1968, que se pronunció a favor de

Cristo Redentor, Río de Janeiro.

un mayor activismo social por parte de la Iglesia. En los años siguientes, no pocos sacerdotes y monjas se fueron a trabajar a los barrios bajos de las ciudades o a las comunidades rurales más pobres en un esfuerzo por establecer relaciones de convivencia directa con las clases bajas. Se popularizó entonces la idea de formar "comunidades de base" en las que catequistas laicos° previamente entrenados *lay catechists* formaban grupos en sus comunidades para discutir el mensaje de la Biblia y relacionarlo con los problemas que los miembros del grupo confrontaban en sus vidas. En el proceso, un nuevo factor ideológico hizo su aparición, la llamada "teología de la liberación", que mostraba una fuerte influencia de las teorías marxistas; se trataba de una especie de neocristianismo que promovía la lucha de clases, incluso acudiendo a la violencia si ésta fuera necesaria para alcanzar sus objetivos sociales; identificaba al capitalismo y en particular al imperialismo norte-americano como principales responsables del subdesarrollo de Latinoamérica.

Ese pronunciado giro hacia la izquierda de ciertos segmentos de la Iglesia latinoamericana acabó por suscitar una reacción vigorosa de la jerarquía eclesiástica, la mayor parte de la cual considera al marxismo y al cristianismo como doctrinas incompatibles. La elección al papado en 1978 de Juan Pablo II, un decidido opositor del comunismo, inclinó la balanza en contra de la teología de la liberación y de la formación de una especie de segunda iglesia revolucionaria dentro de la Iglesia. La Tercera Conferencia de Obispos Latinoamericanos, celebrada en Puebla, México, en 1979, condenó expresamente el activismo político y el uso de las teorías marxistas por parte de los teólogos de la liberación. No se produjo una condena de las comunidades de base, pero claramente la Iglesia veía en ellas un factor de potencial divisionismo y desestabilización. Las comunidades de base continuaron prosperando durante la década de 1980, sobre todo en Brasil, pero, en general, el impulso que las había inspirado tendió a perder fuerza. La caída del comunismo, por otra parte, obviamente puso en entredicho° la idoneidad° del análisis marxista propuesto por la teología de la liberación.

put in doubt
suitability

En años recientes, el más importante reto° al predominio de la Iglesia Católica ha venido de las iglesias protestantes, especialmente las fundamentalistas, que cada vez ganan más adeptos, sobre todo entre las clases pobres de Latinoamérica. Esto es explicable. Los latinoamericanos han tenido siempre una vocación espiritual —con tendencias incluso místicas— que la Iglesia secular no siempre ha sido capaz de satisfacer; vocación que les viene tanto de la tradición hispana como de la de las culturas indígenas y africanas. Libros sobre misticismo y religiones orientales han abundado siempre en las librerías latinoamericanas. Décadas antes de que los gurus hindúes se pusiesen de moda en los Estados Unidos, las editoriales° latinoamericanas tenían en sus listas a Krishnamurti, Vivekananda y otros exponentes distinguidos de las doctrinas religiosas orientales. El espíritu misionero de las sectas protestantes, que envían a sus pastores al campo y a los barrios pobres con un sencillo mensaje de salvación espiritual, tiene, pues, que resultar tremendamente atractivo; un mensaje que, por otra parte, se inclina hacia la aceptación del *status quo* político, sin entrar en controversias de tipo ideológico. Irónicamente, esta aproximación sintoniza bien° con muchos miembros de las clases populares que, contrariamente a lo que suele pensarse, tienden a ser políticamente conservadores. La Iglesia enfrenta así, de cara° al siglo XXI, un nuevo reto procedente, no de los textos revolucionarios, sino de los bíblicos.

challenge

publishers

goes well

as it faces

Para ver un catolicismo impregnado de intenso ardor religioso hay a veces que salir de la cultura secularizada de las ciudades latinoamericanas modernas e irse al campo, a las pequeñas comunidades rurales, sobre todo en países como México, Guatemala o las naciones andinas, donde una numerosa población indígena practica un cristianismo en el que es fácil detectar la supervivencia de sus creencias y deidades ancestrales. Se trata de un fervor religioso que es, al mismo tiempo, una afirmación de lo que les ha quedado a estos pueblos de su antigua identidad cultural. La Virgen de Guadalupe de México es el caso más conocido de este fenómeno, que se ha repetido en incontables lugares de Latinoamérica: la deidad cristiana adquiere las características raciales de sus devotos y el valor simbólico de sus derrotados dioses ancestrales (la diosa de la fertilidad, en este caso). Algo similar ha ocurrido en las áreas de Latinoamérica donde existen importantes concentraciones de población de origen africano, notablemente en Brasil y en el Caribe. Sólo que en esos casos los ritos y deidades de los cultos africanos traídos a América por los esclavos han sobrevivido con mayor vigor, conservando a menudo su individualidad original y entrando en diversos grados de integración con la simbología y ritos del cristianismo, como lo muestran el vudú de Haití, los ritos ñáñigos de Cuba o el candomblé de Brasil. A veces, la misma deidad es conocida por dos nombres, el que la identifica con el cristianismo occidental y el que alude a su identidad como deidad del culto africano.

La mujer en la Latinoamérica moderna ✦

El doble estándar que ha tenido que soportar la mujer en casi todas las culturas del mundo ha sido especialmente obvio en la sociedad latinoamericana debido en buena parte a la actitud cultural conocida por "machismo" que concede un trato preferente al hombre en razón de su pertenencia al sexo masculino. El hecho de que la palabra machismo se haya incorporado al inglés nos recuerda la fama que se ha ganado el varón hispano como practicante de una forma especialmente intensa de prepotencia masculina. Sus causas son complejas y a menudo nos llevan al terreno de la especulación. Se ha dicho, por ejemplo, que en la España de la Edad Media, durante la prolongada lucha de los ejércitos cristianos contra los musulmanes, ocurrió una glorificación de las virtudes del guerrero, marcadamente masculinas, que los conquistadores españoles trajeron y perpetuaron en América. Se ha sugerido también que la concepción hispana de los papeles sexuales fue influida por la actitud de fuerte subordinación de la mujer al marido que es característica de la cultura musulmana. En todo caso, es cierto que ocu-

Rigoberta Menchú, activista indígena guatemalteca. Premio Nobel de la Paz, 1992.

rrió en Hispanoamérica una definición de los papeles sexuales más precisa y tajante° que la que tuvo lugar en otras latitudes. Al hombre se le asignó un papel posesivo y dominante, y su sociedad le enseñó a evitar cualquier signo de "contaminación" con el rol femenino, como el ocuparse de las labores domésticas o de la atención a sus hijos, sobre todo en público. Es verdad que el hombre latino va perdiéndole el miedo a ponerse un delantal°, cocinar una buena comida o cambiarle los pañales° a su bebé, pero el proceso es tímido y le tomará algún tiempo superar del todo los prejuicios que ha heredado de su cultura.

sharp

wear an apron/diapers

Lo anterior no pretende presentar a la mujer latinoamericana como un ser tímido y sumiso, porque no lo es, pero su autoridad —y la ha tenido— estuvo tradicionalmente limitada al ámbito familiar con un límite bien preciso: la puerta de la casa; en el mundo exterior sus poderes eran prácticamente inexistentes: no tenía derecho a administrar sus propios bienes ni a disponer de ellos sin el consentimiento del marido, ni la oportunidad de divorciarse de él.

Lento progreso hacia la emancipación femenina

La emancipación política de Latinoamérica en el siglo XIX no trajo cambios inmediatos al papel subordinado de la mujer en la sociedad latinoamericana. Fue sólo durante la segunda mitad de ese siglo que empezaron a abrírsele algunas oportunidades para salir del estricto círculo de su hogar. Los países del cono sur —Argentina, Uruguay y Chile— marcaron el paso en ese sentido: el desarrollo económico que experimentaron durante las últimas décadas del siglo XIX y el gran flujo de inmigrantes europeos que recibieron ayudaron a romper algunos de los tabúes del código de valores colonial; las mujeres de las clases bajas comenzaron a encontrar trabajo en las nuevas fábricas, las de la naciente clase media hallaron una primera oportunidad laboral en la enseñanza. En la década de 1880 se establecieron por fin las primeras escuelas secundarias para mujeres, impres-*indispensable* cindibles° para que éstas pudiesen acceder a la educación universitaria. En 1886 se graduaba en la Universidad de Chile la primera mujer médica. En varios países latinoamericanos empezaron a publicarse revistas que tenían una agenda plenamente feminista. México, aunque más atrasado que los países del cono sur, estableció también programas de educación normal y secundaria abiertos a mujeres durante la era de Porfirio Díaz (1876–1911), siguiendo la política de desarrollo industrial y educacional favorecida por los competentes consejeros del dictador mexicano, los llamados "Científicos". Al mismo tiempo, la industrialización de la economía mexicana que ocurrió en la era de Díaz encontró en la población fe-*cheap labor pool* menina de las clases humildes una cantera de mano de obra barata° que fue explotada muy a menudo de manera abusiva. En cambio, en naciones como Perú, Ecuador, Bolivia y en los países de Centroamérica, donde las estructuras coloniales sobrevivieron casi intactas, la mujer latinoamericana permaneció es-*remained stagnant* tancada° en su papel tradicional.

Activismo feminista en el siglo XX

Para principios del siglo XX comenzaron a celebrarse congresos feministas latinoamericanos, el primero de ellos en Buenos Aires en 1910, patrocinado por la Asociación de Mujeres Universitarias de la Argentina. Otro fenómeno significativo fue la activa participación de las mujeres en la Revolución Mexicana de 1910. Cuando llegó el momento de redactar el más importante documento de la Revolución, la Constitución de 1917, su artículo 123 estableció una serie de disposiciones para la protección de la mujer sin precedentes hasta entonces en la legislación moderna. También en esa época se legalizó el divorcio en México y se le concedió a la mujer el derecho a administrar sus bienes. El otro caso de avance comparativamente rápido de la causa feminista fue el de Cuba a partir de su inauguración como república en 1902. La Constitución cubana de 1901 abrió a todos los cubanos, sin distinción de sexo, todos los niveles de la enseñanza, de modo que la presencia de la mujer en los círculos académicos y profesionales de la isla se hizo tan conspicua como en los países del cono sur. Para 1930 casi tantas mujeres como hombres se hallaban matriculadas en las distintas facultades de la Universidad de La Habana (Miller 51).

A medida que avanzaba el siglo XX la cuestión del sufragio adquirió cada vez mayor prominencia en los programas reivindicativos de las organizaciones feministas latinoamericanas. El Ecuador fue el primer país de la región en concederles el derecho al voto a las mujeres, en 1929. En varias otras naciones —Uruguay, Brasil, Cuba— el clima de activismo político de los años treinta consiguió también ganarle el voto a la mujer. En el resto de Latinoamérica, en cambio, la población femenina tendría que esperar hasta las décadas de los cuarenta y los cincuenta. Paraguay fue el último país del área en concederles el voto a las mujeres, en 1961.

Ha sido en el campo de la educación donde la mujer latinoamericana ha conseguido algunos de sus logros más significativos. Para mediados de la década de 1980 se había alcanzado paridad, o poco menos, en cuanto al sexo de los estudiantes en la mayoría de los países latinoamericanos, tanto en la educación primaria como en la secundaria. La población femenina se hallaba también muy bien representada en el nivel universitario e incluso superaba a la masculina en algunos países (Argentina, Cuba, Panamá). Al mismo tiempo, como ha señalado una experta en el tema, estos números globales no cuentan toda la historia: la selección de carreras que hacen las mujeres latinoamericanas aún tiende a reflejar la persistencia de los roles sexuales tradicionales: tienden todavía a estudiar disciplinas tradicionalmente "femeninas" como Pedagogía y Humanidades, y se hallan en minoría en las Facultades de Ingeniería y Agronomía, así como en las escuelas vocacionales de enseñanza técnica (Stromquist 3). Hay que recordar, sin embargo, que ésta es una tendencia que se observa en otros países del mundo occidental, incluyendo a los Estados Unidos.

Feminismo e ideología

Desde sus comienzos en el siglo XIX el feminismo latinoamericano se identificó muy a menudo con las ideologías de izquierda, y esta tendencia se intensificó notablemente durante la década de 1960. Eran los años en que la revolución cubana fascinaba a gran número de intelectuales latinoamericanos y el gobierno de Castro se esforzaba por atraer las simpatías del pensamiento liberal y progresista del Hemisferio, exaltando, entre otras cosas, el papel que habría de jugar la mujer cubana en el proceso revolucionario. Así logró ganar bastantes simpatías entre los grupos feministas latinoamericanos. Pero ya desde la década de 1970 otros sectores de mujeres, mayoritariamente de clase media, comenzaron a aumentar su visibilidad en la vida política latinoamericana, no como feministas comprometidas con una cierta ideología, sino como grupos de presión que en la Plaza de Mayo de Buenos Aires, por ejemplo, desfilaron incansablemente exhibiendo en elocuente silencio las fotos de sus hijos desaparecidos bajo el régimen militar del general Videla. El feminismo más ideológicamente orientado continuó situándose a la izquierda en el espectro político durante las décadas de 1980 y 1990, pero desde la caída del comunismo en Europa se mostró bastante menos atraído por la doctrina marxista y puso mayor énfasis en los problemas que *concern* atañen° específicamente a su sexo, como la discriminación en el mercado de tra-*harassment* bajo, el acoso° sexual o la legislación sobre el aborto, que todavía es ilegal en casi todos los países latinoamericanos. Pero no es probable que se extinga en el futuro inmediato el acento político-social del feminismo latinoamericano. En una sociedad como la latinoamericana, tan plagada de desigualdades económicas y sociales, es inevitable que continúe existiendo una estrecha conexión entre el tipo de reivindicaciones en que se interesa la mujer y la clase social a la que pertenece. En los congresos feministas que se celebran frecuentemente en Latinoamérica, es típico ver como coexisten, a menudo en un clima de tensión y polémicas, mujeres que representan las clases profesionales y el mundo de los negocios —médicas, abogadas, arquitectas, ejecutivas—, especialmente sensibles a los problemas que enfrenta la mujer occidental en el mundo desarrollado, y aquéllas que, vistiendo a menudo los trajes regionales de sus culturas autóctonas, representan un feminismo más ideológico, ligado a los problemas del subdesarrollo[6].

El narcotráfico

El tema del narcotráfico en Latinoamérica gira sobre todo en torno a la droga más ampliamente consumida en el mundo occidental: la cocaína, aunque en tiempos recientes el uso de la heroína se ha extendido también de manera alarmante. La planta de la coca ha sido cultivada en el área de los Andes desde tiempo inmemorial. La población indígena de la región ha usado, y todavía usa hoy, las hojas de esta planta —masticándolas y manteniéndolas a un lado de la boca— como estimulante para obtener alivio del hambre y la sed, y de la fatiga que producen las grandes altitudes; se utilizan también para hacer el té de coca. Estos usos han sido siempre legales pues son parte integral de la cultura andina. Pero en el siglo XIX se descubrió en Europa la manera de extraer de las hojas de coca un alcaloide, la co-caína, que fue recibida con gran entusiasmo (Sigmund Freud, por ejemplo, experi-*harmful* mentó con ella) hasta que fueron descubiertos sus efectos nocivos° sobre el *brain* cerebro° y el sistema nervioso. La cocaína cayó entonces en desuso hasta la década de 1960, cuando la *"drug culture"* de los Estados Unidos la puso de moda otra vez. La creciente demanda del mercado norteamericano hizo que aumentara dramáticamente en esos años el cultivo de la coca, especialmente en los distritos de Chapare y Beni en Bolivia, y en el valle de Huallaga en el Perú. Se estima que para fines de la década de 1980 más de 270.000 acres estaban dedicados a ese cultivo sólo en el valle de Huallaga (Collett 39). El cultivo y el tráfico de la cocaína se han *item* convertido así en un renglón° de primera importancia en la economía sumergida de los países andinos: un cultivo altamente rentable para los campesinos de esas zonas, y una gran fuente de dólares que son convenientemente "lavados" en países extranjeros. En años recientes los gobiernos de Perú y Bolivia han tenido bastante éxito en erradicar un número substancial de plantaciones de coca. Bolivia, sobre todo, bajo el presidente Hugo Bánzer, elegido en 1997, logró disminuir muy considerablemente las plantaciones ilegales (hay zonas de Bolivia en que es legal el cultivo de la coca), utilizando —con contribuciones de fondos estadounidenses—

una mezcla de incentivos económicos, persuasiones y amenazas° entre la *threats*
población campesina (la presente situación boliviana es discutida en el capítulo
14). El problema del narcotráfico, por otra parte, se ha estado agravando sobre
todo en dos países: Colombia y México.

Colombia, tradicionalmente, no tuvo grandes plantaciones de coca. Los traficantes colombianos la importaban, más bien, de Bolivia y Perú y la procesaban,
convirtiéndola en cocaína. El negocio cayó al cabo en manos de una red internacional de traficantes colombianos que formaron dos poderosas organizaciones: el
cartel de Medellín y el de Cali. El jefe del cartel de Medellín, Pablo Escobar,
sobornaba° funcionarios, distribuía dinero a manos llenas entre los pobres de su *bribed*
ciudad natal, quienes lo consideraban un moderno Robin Hood, y llegó a ser
elegido miembro del Congreso colombiano. Al cabo, los excesos de Escobar
obligaron al gobierno a tomar medidas° (el narcotraficante organizó una cam- *to react*
paña terrorista que asesinó a uno de los principales candidatos a la presidencia
del país) y al fin Escobar fue muerto a tiros° por la policía. El cartel de Cali, más *shot to death*
conservador y discreto, emergió entonces como la principal organización del narcotráfico. Al cabo, los cabecillas° de Cali fueron también detenidos y condenados *leaders*
a penas de prisión, entre rumores de que la campaña presidencial del mismo presidente de Colombia había sido financiada en parte con dinero del narcotráfico.
La muerte o la detención de los jefes de los carteles no significó, sin embargo, la
desaparición de sus estructuras clandestinas, que, con menos visibilidad, siguen
operando hasta hoy. Por otro lado, Colombia se ha convertido en el mayor productor suramericano no sólo de la plantas de coca sino también de la amapola de
adormidera°, de la que se extrae el opio y la heroína, con la agravante de que *poppy*
muchas de las plantaciones y laboratorios se hallan bajo la "protección" de las
dos principales guerrillas marxistas que controlan extensas áreas del territorio
colombiano: las Fuerzas Armadas Revolucionarias de Colombia (FARC), la
mayor, y el Ejército de Liberación Nacional (ELN); estas organizaciones cobran
grandes cantidades a cultivadores y traficantes, con las que financian sus operaciones militares; otro recurso que emplean las guerrillas para recaudar° fondos es *raise*
el secuestro de ciudadanos colombianos o extranjeros, por cuya liberación exi-
gen, y casi siempre obtienen, cuantiosos rescates°. Para complicar aún más la *huge ransoms*
situación, los guerrilleros tienen que enfrentarse a menudo con fuerzas parami-
litares de derecha financiadas por sectores conservadores. Uno de los aspectos
más preocupantes de la situación colombiana es que el gobierno, sintiéndose incapaz de someter a las guerrillas, ha entrado en negociaciones de paz que recono-
cen tácitamente la legitimidad de las fuerzas insurgentes y le ha concedido a la
FARC el dominio de las vastas zonas que ocupan en el sur de Colombia. La administración del presidente Clinton aprobó en el año 2000 un paquete de ayuda
mayormente militar de 1.300 millones de dólares como contribución al "Plan
Colombia" diseñado por el presidente colombiano Andrés Pastrana. Este plan,
que incluye la fumigación de las plantaciones de coca y acciones militares contra
los traficantes y las guerrillas, no ha tenido hasta ahora un impacto significativo,
a pesar de que Washington aprobó 860 millones adicionales en el año 2001. La
cantidad de tierra colombiana dedicada al cultivo de la coca ha aumentado en realidad y Colombia contribuye todavía un 60% de las 700+ toneladas anuales de
cocaína destinadas al mercado estadounidense. Por el lado positivo, Juan Forero
reportaba en un artículo del *New York Times* (9/2/2001) que en meses recientes

las tropas colombianas —cuyo número ha aumentado apreciablemente— han comenzado a mostrar mayor eficiencia en el planeamiento y ejecución de sus operaciones militares, habiéndose anotado varias victorias contra las guerrillas, si bien no son capaces de mantener su presencia en los territorios momentáneamente reconquistados. Esto apunta hacia la raíces del problema colombiano: por un lado, el gobierno carece de los recursos militares necesarios para ejercer un control efectivo sobre una buena parte de su territorio; por otro, el negocio de las drogas ilegales, con sus enormes recursos económicos, ha corrompido las instituciones del gobierno, debilitándolas por medio del soborno o intimidándolas hasta hacerlas inefectivas (para información adicional, véase la monografía del profesor Gabriel Marcella, "Plan Colombia: The Strategic and Operational Imperatives," Strategic Studies Institute, U.S. Army War College, Carlisle, PA, 2001).

Ultimamente, México ha figurado prominentemente en el mapa del narcotráfico. En primer lugar, hay que reconocer que durante muchos años las fuerzas armadas del gobierno mexicano han estado destruyendo muchos de los campos de cultivo de mariguana y amapola de adormidera que existen en su territorio, aunque en la mayoría de los casos su éxito ha sido sólo limitado y temporal. La mariguana mexicana todavía fluye en grandes cantidades hacia la frontera norteamericana y entra en Estados Unidos escondida en miles de automóviles y camiones. La heroína procedente de México, por su parte, probablemente suple más de un 30% del mercado estadounidense. En el caso de la cocaína , los traficantes colombianos han convertido a México en el principal país de tránsito del destructivo polvo blanco en su viaje hacia el mercado norteamericano. La *Drug Enforcement Administration* (DEA) mantiene en México un pequeño número de agentes que tratan de coordinar su trabajo con el de las autoridades mexicanas, pero su labor se hace extremadamente dificultosa debido sobre todo a dos factores: el orgullo nacionalista de los mexicanos que (al igual que otros gobiernos latinoamericanos), a menudo percibe las actividades de la DEA como violaciones de su soberanía, y el hecho de que los narcotraficantes poseen conexiones a los más altos niveles del gobierno mexicano. Esto quedó en evidencia cuando en 1997 el general del ejército mexicano a cargo de coordinar la lucha contra el narcotráfico fue arrestado, acusado de estar él mismo en complicidad con los narcotraficantes. La prensa norteamericana, por su parte, ha publicado similares acusaciones contra los gobernadores de dos estados mexicanos. Esto creó bastante tensión entre los gobiernos de las dos naciones, aunque las voces más conciliadoras señalaban el hecho de que la detención del general mexicano demostraba que el gobierno del presidente Ernesto Zedillo —personalmente considerado un hombre honesto— estaba tomando medidas serias para combatir el narcotráfico. Con el ascenso de Vicente Fox a la presidencia de México se ha abierto un nuevo capítulo en la política mexicana que, entre otras cosas, promete emprender una campaña radical contra la corrupción de los funcionarios del gobierno, y en particular de aquéllos que se hallan implicados en el negocio de las drogas. Para la primavera del 2001 se había producido ya el cese de un crecido número de funcionarios y oficiales del ejército mexicano, en tanto otros estaban bajo investigación. Pero el tránsito de drogas ilegales ya no ocurre solamente a través de México. Como ha indicado Ana Arana en un artículo de *Foreign*

Affairs (Nov./Dic. 2001, 88–101), el tránsito ilegal se realiza también ahora a través de los países de Centroamérica. El gran incremento de la criminalidad que se ha registrado en estos países en años recientes, especialmente en Guatemala, está relacionado con el infame negocio de las drogas.

En general, la polémica continúa en cuanto a la mejor manera de combatir el problema de las drogas: ¿tratar de eliminar o disminuir substancialmente la producción y distribución?, ¿concentrarse mejor en disminuir la demanda?, ¿dar prioridad al arresto y encarcelamiento de los traficantes?, ¿dedicar más fondos a la rehabilitación de los drogadictos?, ¿legalizar el consumo de ciertas drogas?

NOTAS

[1] Las revoluciones de México, Bolivia, Cuba y Nicaragua serán estudiadas en próximos capítulos.

[2] La Organización de Estados Americanos (OEA), creada por la Carta de Bogotá, firmada en 1948 en la capital de Colombia, fue diseñada para solucionar por medios pacíficos las disputas entre los Estados miembros y promover la cooperación y el desarrollo económico y cultural de toda la región. Desde su sede en el hermoso edificio conocido como *Panamerican Union* en Washington, D.C., la OEA se convirtió en el más importante organismo regional encargado de lidiar con (*deal with*) los conflictos interamericanos. El Consejo Permanente de la Organización es el organismo que preside las actividades normales de la OEA; está formado por los representantes de los países miembros con rango (*rank*) de embajador. En momentos de crisis el Consejo puede convocar una reunión de consulta presidida por los ministros de Relaciones Exteriores de los países miembros. Durante los años de la Guerra Fría, la OEA se situó claramente en una postura anticomunista, por lo que las fuerzas de la izquierda latinoamericana la acusaron a menudo de ser un servil instrumento de la política exterior de Washington. Lo cierto, sin embargo, es que los Estados Unidos siempre han encontrado bastante dificultad en conseguir la aprobación por la OEA de medidas de coerción diplomática o militar contra una de las naciones miembros, pues todas ellas se inclinan a defender firmemente el principio de la no intervención consagrado por la Carta de Bogotá. Por otra parte, se ha mostrado capaz de adoptar sanciones diplomáticas para alentar el proceso de democratización de varios países americanos (por ejemplo, las sanciones adoptadas contra el dictador dominicano Rafael L. Trujillo en 1960, o contra la junta militar de Haití en 1994). Ha servido también de mediador en conflictos militares, como sucedió en 1969 en la "guerra del fútbol" entre Honduras y El Salvador.

Aparte de sus funciones diplomáticas, la compleja estructura de la OEA incluye varios organismos especializados en la promoción de objetivos concretos de carácter económico, social y cultural. La creación en 1959 del Banco Interamericano de Desarrollo representó un importante paso (*step*) en la provisión de fondos y créditos para los países miembros. En la esfera cultural, destaca la labor del Museo de Arte de las Américas, también en Washington, D.C., cuyas paredes acogen exposiciones de las más recientes corrientes del arte latinoamericano. Desde su creación, la OEA ha llenado el cargo de Secretario General con personalidades latinoamericanas de gran prestigio, como el ecuatoriano Galo Plaza o los colombianos Alberto Lleras Camargo y César Gaviria.

[3] Véanse los comentarios sobre los movimientos guerrilleros de Centroamérica en el Capítulo 12.

[4] Para información adicional sobre "Sendero Luminoso", véase el Capítulo 14, Nota 2.

[5] Véase la Nota 6 del Capítulo 12, sobre el movimiento neozapatista.

[6] Buen ejemplo de esto último es el caso de Rigoberta Menchú, la activista indígena guatemalteca. Menchú denunció los abusos sufridos por ella y su familia a manos de las tropas del gobierno de Guatemala en un libro, *Me llamo Rigoberta Menchú y así me nació la conciencia*, basado en grabaciones editadas por la etnógrafa Elizabeth Burgos. Esta crónica autobiográfica le ganó a Menchú reconocimiento internacional que culminó en 1992, cuando se le concedió el Premio Nobel de la Paz. Con posterioridad, el profesor David Stoll, en su libro *Rigoberta Menchú and the Story of All Poor Guatemalans* (Westview Press, 1999), reveló una serie de serias inexactitudes en el relato de Menchú, aunque reconoció el valor que la labor de ésta ha tenido para la causa indígena.

Ejercicios y actividades

A. Preguntas sobre la lectura

1. ¿Qué tipo de gobernante representaba el general Stroessner? ¿Era esto típico o atípico de Latinoamérica?

2. ¿Cuál ha sido la tendencia en años recientes, hacia la dictadura o hacia la democracia? ¿Puede dar un ejemplo para ilustrarla?

3. En la agricultura latinoamericana, ¿han predominado tradicionalmente las fincas de tamaño mediano? Explique.

4. Mencione dos tipos de medidas económicas que adoptaron muchos gobiernos populistas de los años treinta en América Latina.

5. ¿Qué tendencias económicas han predominado en años recientes?

6. ¿Qué factores están haciendo cambiar el tradicional sistema de valores latinoamericano?

7. ¿Qué diferencias de significado hay entre los términos "*family*" y "*familia*"?

8. ¿En qué consiste el "amiguismo"?

9. ¿Qué relaciones es posible que haya entre la ética del trabajo y la herencia religiosa?

10. Mencione algunos de los factores que determinan la inclusión de una persona en la clase media de la América Latina.

11. ¿Qué consecuencias tuvo la Conferencia de Obispos en Medellín?

12. ¿Favoreció el papa Juan Pablo II la teología de la liberación? ¿Por qué?

13. ¿Qué tipo de iglesias han estado ganando muchos adeptos en Latinoamérica últimamente?

14. ¿Por qué podemos decir que la causa de la mujer latinoamericana ha avanzado bastante en el campo de la educación?

15. ¿Qué tensiones y divisiones se observan a veces en el movimiento feminista latinoamericano?

16. En la sección sobre el narcotráfico se hacen algunas preguntas sobre la mejor manera de combatir el problema de las drogas. Dé su opinión.

B. Selección. Llene los espacios en blanco con una de las opciones que se dan en cada caso.

1. La década de _____ fue "la década perdida" para Latinoamérica. (1960 / 1970 / 1980 / 1990)

2. _____ está pasando de moda en Latinoamérica. (El costumbrismo / El proteccionismo / La integración / El mercado libre)

3. Tradicionalmente, Latinoamérica ha sido exportadora de _____. (computadoras / maquinarias / materias primas / piezas de repuesto)

4. En Latinoamérica ha ocurrido un _____ en la violencia últimamente. (ascenso / descenso / renacimiento / resurgimiento)

5. Mucha gente de América Latina pertenece a la "economía sumergida" y, por lo tanto, _____ . (trabaja en el mar / no paga impuestos / es marxista / no vota en las elecciones)

6. El TLC y MERCOSUR son ejemplos de la tendencia económica a _____ . (la separación / la integración / el proteccionismo / el aislamiento)

7. El sistema de valores latinoamericano está en una situación de _____ . (cambio gradual / transición muy rápida / inmovilidad / nostalgia del pasado)

8. La imagen del latinoamericano indolente y poco trabajador es _____ . (verídica / parcialmente cierta / relativamente incorrecta / una caricatura)

9. En Hispanoamérica, las ocupaciones manuales han sido tradicionalmente _____ . (admiradas / despreciadas / alentadas / apreciadas)

10. En años recientes la inflación en Latinoamérica _____ . (ha aumentado / ha disminuido / ha seguido igual / ha desaparecido)

C. Problemas, problemas... Diga qué problemas pueden resultar de las siguientes circunstancias.

1. Un país cuya economía depende principalmente de uno o dos productos de exportación.

2. Un país que no ha podido superar la herencia política del caudillismo.

3. Un país en cuya sociedad predomina todavía la actitud machista.

4. Un país que exporta materias primas e importa productos manufacturados.

D. Opiniones e hipótesis

1. ¿Qué modelo económico cree usted que es mejor, el proteccionista que ejerce importantes controles o el neoliberal que prefiere la libertad de comercio? ¿Cuáles son las razones de su preferencia?

2. ¿Piensa usted que el Tratado de Libre Comercio (TLC; NAFTA) ha sido una buena idea? ¿Por qué?

3. ¿Qué cree de las relaciones comerciales entre los Estados Unidos y Japón?

4. ¿Qué piensa de la actitud hispana hacia el trabajo y el ocio? ¿Le parece más o menos correcta que la actitud norteamericana?

5. ¿Cree usted que el "amiguismo" se da con frecuencia en la sociedad estadounidense? ¿Puede mencionar algún ejemplo específico?

6. ¿Ha pensado en las diferencias ideológicas que hay entre una persona de izquierdas y una de derechas? En ese espectro, ¿dónde situaría usted al Partido Demócrata y al Republicano? Usted, personalmente, ¿se considera derechista, izquierdista, centrista…?

10

La escena cultural hasta la Segunda Guerra Mundial

Cronología

1888–1916 Apogeo del modernismo, encabezado por Rubén Darío. Se publica el influyente ensayo *Ariel* (1900) de José Enrique Rodó.

1920–1930 Termina el período más violento de la Revolución Mexicana (1920). José Vasconcelos, nombrado Secretario de Educación del gobierno mexicano, alienta (*encourages*) la creación de un arte nacional. Comienzos del movimiento muralista mexicano, encabezado por Diego Rivera, José Clemente Orozco y David Alfaro Siqueiros. El izquierdismo y el marxismo se ponen de moda entre los intelectuales hispanoamericanos, incluyendo varios de los muralistas mexicanos.

El peruano Víctor Raúl Haya de la Torre, desde su exilio en México, funda en 1924 el movimiento americanista/indigenista Alianza Popular Revolucionaria Americana (APRA), cuya inicial orientación marxista Haya cambiará más tarde.

Una polémica literaria en la prensa mexicana (1924) lleva a redescubrir la novela *Los de abajo* (1915) de Mariano Azuela, lo que estimula la aparición del ciclo de narraciones conocido como la novela de la Revolución Mexicana.

Aparecen en otros países importantes novelas de acento social y regionalista, e.g., *La vorágine* (1924), de José Eustasio Rivera (Colombia); *Don Segundo Sombra* (1926) de Ricardo Güiraldes (Argentina); *Doña Bárbara* (1929) de Rómulo Gallegos (Venezuela).

En poesía, una corriente posmodernista descarta (*discards*) los excesos de la retórica modernista y explora temas de mayor interés humano, e.g., los poetas mexicanos de la revista Contemporáneos (1928–1931). Al mismo tiempo aparece una brillante generación de mujeres poetas: Delmira Agustini y Juana de Ibarbourou (Uruguay), Alfonsina Storni (Argentina), Gabriela Mistral (Chile).

Otra tendencia poética, la vanguardista, emula la rebelión estética de los movimientos europeos de vanguardia (futurismo, dadaísmo, surrealismo, etc.), y crea versiones hispanoamericanas, e.g., el creacionismo del chileno Vicente Huidobro.

El nacionalismo cultural florece en el Perú, impulsado por Haya de la Torre y APRA, y por el intelectual marxista José Carlos Mariátegui, autor del importante ensayo *Siete ensayos de interpretación de la realidad peruana* (1928).

1930–1940 Continuación del nacionalismo cultural, que se hace dogmático e intolerante en el caso del muralismo mexicano, y produce una versión afroantillana en Cuba y Puerto Rico, encabezada por el poeta mulato cubano Nicolás Guillén y por el puertorriqueño Luis Palés Matos.

La guerra civil española (1936–1939) crea entre los intelectuales latinoamericanos una ola de simpatía hacia la república española que los lleva a identificarse con las izquierdas antifacistas y con el marxismo. Tal fue el caso de dos de los más grandes poetas hispanoamericanos del siglo XX, el peruano César Vallejo y el chileno Pablo Neruda.

D esde los comienzos de su historia, como hemos visto, Hispano-américa ha sido punto de encuentro y parcial fusión de tres componentes étnicos esenciales, el europeo, el indígena y el africano, pero sólo en el siglo XX estos dos últimos vinieron a reclamar su lugar en el mapa artístico de la región. No fue hasta 1921 que se celebró en la capital de México una exposición de arte popular en la que por primera vez se exhibieron artesanías° indígenas como obras de arte; pocos hasta entonces *arts and crafts* habían pensado que aquellos objetos pudiesen tener valor artístico alguno. Esta nueva apreciación del valor estético de las culturas indígenas se debió en buena parte al clima populista creado por la Revolución Mexicana de 1910. Disminuyó así el cuasi monopolio que había tenido en Hispano-américa la visión europeísta de la realidad americana y apareció un vigoroso movimiento cultural nacionalista que, desde México, se extendió a otros países de Hispanoamérica. La Revolución Rusa de 1917, por otra parte, añadió una dimensión teórica que la Revolución Mexicana no había tenido, y también una perspectiva internacionalista que ofreció la visión de un proletariado hispanoamericano como parte de una fraternidad mundial de obreros y campesinos en marcha hacia un destino utópicamente próspero e igualitario. Muchos intelectuales y artistas hispanoamericanos abrazaron ese prometedor esquema y se convirtieron al comunismo, un comunismo más bien romántico en el que militaron no pocos seguidores del nacionalismo cultural.

Ese entusiasmo por las culturas nacionales no consiguió, sin embargo, interrumpir el flujo de las influencias europeas, que siguieron penetrando en Hispanoamérica, especialmente en el campo de la poesía, como lo muestra el caso del modernismo y el del vanguardismo.

Literatura de evasión: el cisne modernista

El gran poeta nicaragüense Rubén Darío (1867–1916) fue el genio que encabezó una histórica renovación de la lengua poética española cuyos efectos se sintieron no sólo en Hispanoamérica sino también en España. El movimiento poético que fundó Darío, el modernismo, reunió a una brillante generación de poetas hispanoamericanos[1] que enriquecieron el lenguaje simbólico del castellano, renovaron sus metros poéticos° y descubrieron posibilidades musicales y rítmicas que *verse meters* no habían existido antes en nuestra lengua. La principal fuente de inspiración de los modernistas fue la poesía exquisita de los parnasianos y simbolistas franceses[2], aunque sin olvidar la herencia poética hispana. Empleando un lenguaje rítmico de gran precisión crearon universos poéticos que transportaban al lector a exóticos mundos ideales: la Francia aristocrática del siglo XVIII, la antigüedad de Grecia y de Roma, los misteriosos países del Oriente, habitados

whimsical
heraldic lily/swan

tireless search
failure

por poetas sensitivos, princesas melancólicas, reyes caprichosos° y aristocráticas presencias simbólicas como la flor de lis° y el misterioso cisne°. Su propósito no era comunicar un mensaje socialmente relevante sino más bien crear ambientes poéticos dominados por sensaciones armónicas en una incansable búsqueda° de la belleza ideal, aunque fuese una búsqueda condenada al fracaso°. Como dijo Darío:

> Yo persigo una forma que no encuentra mi estilo,
> botón de pensamiento que busca ser la rosa;
> se anuncia con un beso que en mis labios se posa
> al abrazo imposible de la Venus de Milo.[3]

ivory tower

En sus años maduros los modernistas, incluyendo al propio Darío, tendieron a salir de su torre de marfil° y, sin abandonar sus ideales estéticos, expresaron en sus obras las preocupaciones sociales y políticas de la turbulenta época en que vivieron. Si el siglo XIX había terminado con la guerra entre España y Estados Unidos en Cuba, los primeros años del siglo XX presenciaron las intervenciones de los Estados Unidos en el área del Caribe y una inestabilidad política general que a menudo resultó en golpes de estado y rebeliones armadas. En el prefacio a su libro *Cantos de vida y esperanza* (1905), Darío admitió: "Yo no soy poeta para las muchedumbres°. Pero sé que indefectiblemente° tengo que ir a ellas", y agregó: "Si en estos cantos hay política, es porque parece universal. Y si encontráis versos a un presidente, es porque son un clamor continental. Mañana podremos ser yanquis, y es lo más probable; de todas maneras, mi protesta queda escrita sobre las alas de los inmaculados cisnes, tan ilustres como Júpiter". El presidente a quien se refería Darío era Teddy Roosevelt y sus palabras de protesta aludían a la agresiva política exterior que practicaban los Estados Unidos en Latinoamérica en esos años. En su oda "A Roosevelt" Darío habría de decirle al dinámico héroe de San Juan Hill:

crowds
unfailingly

Rubén Darío (Nicaragua; 1867–1916), máximo poeta del modernismo hispanoamericano.
Columbus Memorial Library
Reproduced with permission of the General Secretariat of the Organization of American States.

> Eres los Estados Unidos,
> eres el futuro invasor
> de la América ingenua° que tiene sangre indígena,
> que aún reza° a Jesucristo y aún habla en español.

naïve
prays

prose writers

Esas preocupaciones fueron recogidas en uno de los ensayos más influyentes de la historia de Hispanoamérica, *Ariel* (1900), del uruguayo José Enrique Rodó, uno de los mejores prosistas° del modernismo. Rodó vio el peligro de que Hispanoamérica, fascinada por el poder y el éxito de los Estados Unidos, quisiera escogerlos como modelo. "Tenemos nuestra nordomanía", apuntó, es decir, la inclinación a imitar a los Estados Unidos, y anotó cómo Norteamérica

José Enrique Rodó (Uruguay; 1872–1917),
el prosista (*prose writer*) más distinguido
del modernismo; autor del influyente ensayo *Ariel* (1900).
Columbus Memorial Library
Reproduced with permission
of the General Secretariat of
the Organization of American States.

iba "realizando entre nosotros una suerte de° conquista moral." Rodó reconocía el valor de ciertas virtudes del pueblo norteamericano: "ellos han sido los primeros en hacer surgir nuestro moderno concepto de la libertad" y en revelar "la grandeza y el poder del trabajo", pero veía en la cultura norteamericana una nociva falta° del equilibrio que caracterizaba a la cultura clásica heredada de Grecia y de Roma. La cultura estadounidense, en su opinión, no promovía el desarrollo armónico de todas las facultades del individuo —las espirituales tanto como las materiales— sino alentaba° un excesivo culto al bienestar° material y convertía el trabajo utilitario en "fin y objeto de la vida".

a kind of

harmful lack

encouraged
well-being

El movimiento modernista decayó tras la muerte de Rubén Darío en 1916, aunque su maestría verbal pasó como valiosa herencia a los poetas que le sucedieron. Después del modernismo la poesía latinoamericana se dividió en dos corrientes principales: la posmodernista y la poesía de tipo experimental que siguió los modelos de las escuelas europeas de vanguardia.

La voz poética de la mujer hispanoamericana

La poesía posmodernista se vio especialmente enriquecida por la contribución de una generación de mujeres que, sobre todo en los países del cono sur, pusieron en primer plano los problemas de la sensibilidad femenina en una sociedad no acostumbrada a ver esa sensibilidad expresarse abierta y francamente. Tal fue el caso de las poetisas uruguayas Delmira Agustini y Juana de Ibarbourou, de la argentina Alfonsina Storni y de la chilena Gabriela Mistral. Agustini, la más apasionada del grupo, expresó del modo más directo una sensualidad nunca satisfecha, en perenne estado de renovación. Storni, por su parte, tuvo también un temperamento apasionado pero marcado por una irreconciliable dualidad: su atracción hacia el hombre tenía que coexistir con el resentimiento que le producía el papel dominante del sexo masculino, sobre todo porque se sentía intelectualmente superior a la mayoría de los hombres que encontraba a su paso. En su poesía alternan así el erotismo y la animosidad hacia el otro sexo que, en "Hombre pequeñito", le hacen decirle: "Digo pequeñito porque no me entiendes, / ni me entenderás." A veces, como en el poema "Tú me quieres blanca", color simbólico de la virginidad femenina, Storni reta al hombre a que, si le exige pureza, se purifique primero él mismo. Esta manera de expresarse no era ciertamente aceptable en el Buenos Aires de 1919, especialmente si quien lo hacía era una mujer de hábitos liberales que hacía vida de café, monopolio hasta entonces de los varones porteños°. Esta mujer excepcional terminó su vida con un acto típico de

he-men from Buenos
Aires

su carácter determinado: al saber que padecía de un cáncer incurable se fue hacia el mar y se internó en él para no regresar. Antes de hacerlo, escribió su despedida en el poema "Voy a dormir", que termina de manera escalofriantemente° coloquial: "si él llama nuevamente por teléfono / le dices que no insista, que he salido".

chillingly

Gabriela Mistral (1889–1957), gran poetisa chilena. Premio Nobel de Literatura, 1945. Columbus Memorial Library Reproduced with permission of the General Secretariat of the Organization of American States.

Gabriela Mistral (pseudónimo de Lucila Godoy) fue la poetisa de esa generación que alcanzó mayor reconocimiento y honores, también la más universal en sus temas y preocupaciones. Fue maestra rural y su juventud quedó marcada por una tragedia: el suicidio del hombre al que quería, episodio desdichado° que inspiró poemas tan conmovedores° como "Los

unhappy/moving

sonetos de la muerte". Nunca se casó ni tuvo hijos y ese vacío físico y emocional quedó transformado en su obra en un amor y una ternura universales hacia los débiles y los desheredados de la Tierra, especialmente los niños, a quienes dedicó muchos poemas de una encantadora y difícil sencillez. Incluso en los versos que le dedicara al amante muerto había notas tiernas de mujer-madre: "Te acostaré° en la tierra soleada°... / y la tierra ha de hacerte soledades de cuna° / al recibir tu cuerpo de niño dolorido." Viajera incansable, pasó la mayor parte de su vida fuera de Chile y desempeñó misiones diplomáticas en varias naciones, incluyendo la representación de su país en las Naciones Unidas. Universalmente aclamada tanto por la calidad de su poesía como por su estatura humana, la muerte la sorprendió en Nueva York. Había recibido el premio Nobel de literatura en 1945.

I will put you to bed
sunny/cradle

La vanguardia

La literatura relativamente convencional de los posmodernistas coexistió con la revolución literaria y artística conocida como vanguardismo, que apareció en Europa a principios del siglo XX y se transmitió a Hispanoamérica por diversas vías. El término vanguardia viene del francés *avant-garde*, literalmente, "guardia avanzada", y se usa para referirse a los diversos movimientos experimentales que aparecieron en Europa aproximadamente en el período 1907-1924, tanto en las artes como en la literatura: cubismo, expresionismo, futurismo, dadaísmo, surrealismo, por nombrar los principales[4]. Hay que recordar que aquella fue una época marcada por una impresionante oleada de modernidad y avances tecnológicos: entre 1890 y 1905 aparecen, entre otras cosas, el automóvil, el cinematógrafo, el motor Diesel, la telegrafía sin hilos, el aeroplano, el psicoanálisis de Freud y la teoría de la relatividad de Einstein. Pero fue también un período que pasó de la complacencia de la llamada *belle époque*[5] al trauma y la desilusión de la Primera Guerra Mundial; esto llevó a muchos escritores y artistas a cuestionar el sistema de valores de su época, el que había hecho posible la barbarie de aque-

y la fascinación con los avances de la nueva tecnología, pero también el escepticismo, el desencanto y la amargura°; como resultado, muchos artistas se rebelaron contra la lógica tradicional y decidieron construir sus propios mundos gobernados por sus propias leyes; para afirmar su libertad y su ruptura con el mundo de sus mayores°, usaron a menudo la burla° y se complacieron en violar todo tipo de reglas: las de la gramática, las de la perspectiva... Cuando los dadaístas, por ejemplo, componían un poema sacando al azar° letras de un sombrero, practicaban una labor de destrucción de las leyes estéticas existentes que era escandalosa pero hasta cierto punto necesaria. De las creaciones dadaístas no quedó ninguna obra literaria realmente valiosa, pero cumplieron la importante misión de liberar al arte y a la literatura de su servidumbre° a la lógica convencional. Los surrealistas, del mismo modo, cuestionaron el valor de la mente racional como guía del proceso creativo y exploraron la capacidad creativa de los procesos instintivos y espontáneos del subconsciente, utilizando para ello —en forma más o menos libre— la teoría freudiana del psicoanálisis.

bitterness

elders/mockery

at random

servitude

El mundo hispano tuvo una entusiasta luna de miel con el vanguardismo, sobre todo en literatura, aunque ni en España ni en Hispanoamérica se daban exactamente las circunstancias históricas que habían motivado la aparición de la vanguardia europea. Por eso fue una luna de miel breve que creó algunos "-ismos" de vida más bien efímera. En España apareció el ultraísmo, que en 1921 fue importado a la Argentina por el joven Jorge Luis Borges y disfrutó allí de una pasajera popularidad en pequeñas revistas literarias. En México, el estridentismo tuvo una breve aunque ruidosa vida que duró aproximadamente de 1921 a 1928. En Chile, Vicente Huidobro difundió su propio movimiento vanguardista, el creacionismo, que como su nombre sugiere, hizo hincapié sobre todo en el poder del poeta para crear realidades nuevas, autónomas, por medio de la palabra: "Por qué cantáis la rosa, ¡oh poetas! Hacedla florecer en el poema..." ; realidades que poseían, además, sus propias leyes lógicas, independientes de las de la realidad cotidiana: "La luna se aleja° de nosotros / Y arroja° una corona sobre el polo". Pero la importancia del vanguardismo en la literatura hispanoamericana no debe medirse por el mayor o menor éxito que tuvieron esos movimientos, sino más bien por la frescura creativa con que impregnó la poesía y la prosa de toda la América Española y por los novedosos recursos retóricos que trajo consigo: ingeniosos juegos metafóricos, inéditas e imaginativas combinaciones de palabras, tono irreverente, desvalorización de la belleza convencional. El poeta argentino Oliverio Girondo (1891–1967), por ejemplo, pudo cantarle ahora a "Jardines donde los guardianes lustran° las hojas de los árboles para que al pasar nos arreglemos la corbata°". Sin el lenguaje aportado por la vanguardia, no tendríamos lo mejor de la poesía de los más grandes poetas contemporáneos de Hispanoamérica, con César Vallejo, Pablo Neruda, Octavio Paz y Nicanor Parra a la cabeza.

moves away/throws

shine
so that we may straighten our ties

El nacionalismo cultural. El caso de México

El nacionalismo cultural que brotó° de la Revolución Mexicana se manifestó en campos tan variados como la antropología, la pintura, la arquitectura y la música. Una brillante generación de antropólogos encabezada por el maestro Manuel Gamio (1883–1960) dio un impulso dramático a los proyectos arqueológicos

came out

achievements   destinados a rescatar del pasado los grandes logros° de las civilizaciones precolombinas; también comenzaron a aplicar criterios científicos a los problemas
que ofrecía la aculturación de la población indígena. En las artes, había existido
un impulso nacionalista desde el siglo XIX, pero no fue hasta 1920, al terminar
la fase más violenta de la Revolución Mexicana, que hubo la oportunidad y el
necesario apoyo oficial para intentar la creación de un arte nacional mexicano.
Una figura clave en ese proceso fue José Vasconcelos (1881–1959), Secretario de
Educación bajo el gobierno del presidente Álvaro Obregón (1920–1924).

Vasconcelos, autor de ensayos fundamentales como *La raza cósmica e
Indología* (1927), creía firmemente que la salvación de aquel México destrozado
por diez años de lucha armada estaba en la promoción de un renacimiento cultural, tanto en el campo de la educación como en el de las artes. La creación del
Departamento de Bellas Artes dentro de la Secretaría de Educación proveyó el
primer impulso organizativo y económico para lo que se vino a llamar el renacimiento artístico mexicano. Del mismo modo que había solicitado la ayuda de
profesores voluntarios para que fuesen a educar a las clases pobres, Vasconcelos
pidió entonces la colaboración de pintores que quisiesen venir a crear un arte
nuevo en las paredes de los edificios públicos de la capital mexicana. La idea era
desarrollar un arte mural de grandes proporciones que, en vez de ser patrimonio
privado de una elite, fuese accesible a todos los ciudadanos; un arte que, además,
"llegase a ser un reflejo de la vida intensa de aquel momento" (*Indología*). Así, a
invitación de Vasconcelos, se reunió en la capital de México uno de los más notables grupos de pintores que produjo el arte occidental del siglo XX. Eran jóvenes
y desconocidos, y Vasconcelos los atrajo sin otra promesa que la de ofrecerles un
modesto subsidio y todas las paredes que quisiesen usar. Dos de los más importantes, Diego Rivera y David Alfaro Siqueiros, se habían formado artísticamente
en Europa, en contacto con los movimientos de vanguardia. Al unirse al grupo
José Clemente Orozco, quedó integrado el gran trío del muralismo mexicano. En
torno a ellos se reunió una constelación de artistas también jóvenes entre los que
se hallaban Luis Escobar, Xavier Guerrero, el guatemalteco Carlos Mérida,
Amado de la Cueva e incluso un pintor francés, Jean Charlot. Diego Rivera actuaba como "jefe" extraoficial del clan, por lo que a los pintores que le rodeaban
se les conocía como "los Dieguitos".

Desarrollo del muralismo mexicano

surpassed   El movimiento muralista pronto desbordó° las intenciones originales de su inspirador. Vasconcelos era un espíritu clásico que había concebido un arte nacional realizado a través de técnicas artísticas convencionales. Los pintores que reunió, sin
embargo, influidos por el cubismo y la vanguardia artística europea, incorporaron
las técnicas de esos movimientos a los murales que pintaban. Y en esa integración
entre los temas nacionales y las técnicas del arte moderno reside uno de los méritos indiscutibles del muralismo mexicano. Al menos, eso nos parece hoy, pues en
su momento los atrevidos experimentos de forma y perspectiva que ensayaron los
muralistas no siempre ganaron el favor del público. A veces despertaron, incluso,
sentimientos de hostilidad. Así ocurrió, por ejemplo, en la Escuela Nacional
Preparatoria de la capital mexicana, el edificio donde se realizaron los primeros

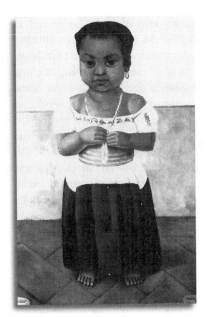

Niña indígena, Diego Rivera (1886–1957), el más célebre de los muralistas mexicanos. ©2003 Banco de Mexico Diego Rivera & Frida Kahlo Museums Trust. Av. Cinco de Mayo No. 2, Col. Centro, Del. Cuauhtemoc 06059, Mexico, D.F. Reproduction authorized by the Instituto Nacional de Bellas Artes and Literature.

Preparatoria de la capital mexicana, el edificio donde se realizaron los primeros murales importantes. Los alumnos de la escuela, al ver que los pintores cubrían las paredes con figuras indígenas extrañamente deformadas, pensaron que éstos se estaban burlando° del pasado nacional y llegaron a atacarlos físicamente en alguna ocasión.

were making fun

Aquel período de la Escuela Preparatoria (1920–1924) fue crucial para el desarrollo del muralismo. Allí evolucionaron sus temas, que si al principio se concentraron en la personificación de categorías abstractas, pronto derivaron hacia la presentación de temas indígenas. En su "Devoción de la Virgen de Guadalupe", Fermín Revueltas usó por primera vez el tipo de figuras indias vestidas de blanco que se convirtió en una de las marcas de fábrica del grupo; en "Fiesta en Chalma", Fernando Leal introdujo elementos folclóricos indígenas que fueron luego adoptados por los otros pintores; en su "Masacre en el Templo Mayor", Jean Charlot inauguró el tema épico-histórico que presentaba a los indígenas como víctimas de un proceso brutal de conquista por parte de los españoles.

Otro logro importante fue el perfeccionamiento de la pintura al fresco; esta técnica, prácticamente olvidada desde el Renacimiento italiano, fue redescubierta por los muralistas como parte del afán de recapturar el arte nacional mexicano, pues la pintura al fresco era el medio que habían utilizado las culturas indígenas precolombinas en la ejecución de sus murales. A Xavier Guerrero, uno de los ayudantes de Diego Rivera, se le atribuye el definitivo perfeccionamiento de esta técnica.

trade union

De la comunidad ideológica que se desarrolló durante ese primer período surgió, en 1923, la idea del Sindicato° de Trabajadores Técnicos, Pintores y Escultores, fundado bajo la premisa de que el artista del México revolucionario no era más que un obrero al servicio del pueblo. Su *Manifiesto*, emitido el mismo año, proponía la socialización de la expresión artística y la destrucción del individualismo burgués; el nuevo arte mexicano debía ser un arte colectivo y monumental, que se convirtiera en propiedad pública; por eso repudiaba la pintura de caballete° y todo tipo de arte que, como éste, se identificase con la aristocracia. El deber del artista era producir un arte relevante para el pueblo, que sirviera de inspiración para la lucha social. El contenido y el lenguaje de este manifiesto revelan la influencia de la concepción marxista de la obra de arte, sobre todo en Diego Rivera y en David Alfaro Siqueiros, que se habían convertido al comunismo. Revela también el inicio de una actitud dogmática que se fue acentuando° en los años siguientes.

easel painting

gradually increased

Los tres principales muralistas hicieron extensas visitas a Estados Unidos. Diego Rivera realizó allí una serie de murales cuyos temas causaron numerosas controversias, como los que pintó en el Rockefeller Center de Nueva York, en los

erased   En este caso, su contrato fue cancelado y la obra borrada° de las paredes. Orozco, en cambio, tuvo un fructífero período de trabajo en los Estados Unidos del que quedaron importantes murales, como los que pintara en Pomona College, Dartmouth y The New School for Social Research de Nueva York. En la obra madura de Orozco sobresale una visión amarga, caótica de la realidad que tras-
resorting   ciende las barreras raciales, geográficas y políticas; una visión que, acudiendo° a veces a una exageración de las formas y una marcada agresividad del color, busca comunicar el sufrimiento físico y la angustia espiritual del ser humano en un mundo deshumanizado por la tecnología y por los instrumentos de la guerra. De sus últimos murales destacan sobre todo los frescos que ejecutó en varios edificios de Guadalajara. Allí, en la cúpula del Hospicio Cabañas, su pintura culmina en la figura gigantesca de un hombre oscuro, más allá de toda raza o nacionalidad, que
erect/flames   marcha erguido°, rodeado de llamas°.

El nacionalismo musical mexicano

El nacionalismo cultural tuvo también impacto en la música y en las danzas de México. Vasconcelos mismo contaba que en una ocasión, mientras asistía a una
it shocked him/dark skinned wigs   fiesta escolar, le chocó° ver cómo "niñas indígenas de color moreno subido° bailaban minuetos —un tipo de aristocrática danza francesa— con pelucas° de Luis XV" (*Indología* 178). Decidió entonces promocionar el uso de trajes nacionales como el de china poblana, típico del estado mexicano de Puebla. En general, vino una nueva apreciación del valor estético de la música popular y folclórica de México, cuyo rico repertorio —mañanitas, corridos, sonecitos, potpourrís…— se difundió ampliamente a través de conciertos protagonizados por orquestas típicas, coros y cuerpos de danza, como el famoso Ballet Folclórico de México. En la música sinfónica, varios de los más distinguidos compositores mexicanos escri-
scores   bieron partituras° que reflejaban el credo nacionalista. El más importante de ellos, Carlos Chávez, incorporó instrumentos musicales del México precolombino a la composición sinfónica e incluso compuso una "sinfonía proletaria" basada en un corrido de la Revolución cuyo texto aparecía en un mural de Diego Rivera (Johnson 124). Su obra más conocida, "Sinfonía india", está considerada como la obra maestra del indigenismo sinfónico.

La Revolución Mexicana y la literatura

En literatura, en cambio, no ocurrió un movimiento nacionalista de importancia. En poesía, por ejemplo, el grupo de poetas mexicanos más distinguidos del período —Xavier Villaurrutia, Carlos Pellicer, José Gorostiza, entre otros— se agrupó en torno a la revista *Contemporáneos* (1928–1931), que se oponía al nacionalismo cultural y propugnaba una actitud internacionalista. Lógicamente, estos poetas fueron duramente criticados por permanecer al margen de la problemática nacional de aquellos años. Aquel vacío literario suscitó al cabo una polémica en la prensa mexicana, iniciada en 1924 por un artículo periodístico que lamentaba "el afeminamiento" de la literatura mexicana, es decir, la presunta ausencia de una literatura que reflejase el "viril" proceso de la Revolución

Mexicana. Fue entonces que el crítico Francisco Monterde mencionó la novela *Los de abajo,* de Mariano Azuela, publicada originalmente en 1915, como ejemplo de una "literatura viril" que era "reflejo fiel de la hoguera°" revolucionaria. *bonfire* Esta polémica convirtió a Azuela en una celebridad de la noche a la mañana, *Los de abajo* volvió a publicarse con gran éxito y se creó un ambiente propicio para las narraciones de tema revolucionario. El resultado fue una serie de novelas que en conjunto reciben el nombre de "novela de la Revolución Mexicana". Después de Azuela, Martín Luis Guzmán publicó dos relatos° de tema revolucionario, *El* *narrations* *águila y la serpiente* (1928) y *La sombra del caudillo* (1929), y en la década de 1930 apareció un importante grupo de novelistas que agregaron buen número de títulos a este ciclo. La mayoría de estos narradores habían participado en las campañas revolucionarias y sus novelas estaban basadas en experiencias personales. Sus relatos a veces no eran realmente novelas, sino más bien colecciones de memorias, episodios y escenas de las campañas revolucionarias. Estos improvisados escritores mostraron tener, sin embargo, un talento narrativo de primer orden. Sus narraciones capturan fácilmente la atención del lector, aunque abundan en imperfecciones técnicas. Con ellos entra en la literartura el habla coloquial del pueblo mexicano, sus hombres y mujeres humildes se convierten en personajes dignos y se impone un estilo directo y fresco que a menudo emula la crónica periodística.

El nacionalismo cultural mexicano acabó por desarrollar una marcada intolerancia. Se esperaba que artistas y escritores se adhiriesen a él en nombre del bien nacional. Pintores como Rufino Tamayo, que mantuvieron una línea independiente del folclorismo y los temas nacionalistas, quedaron marginados y abundaron los ataques contra los novelistas de la Revolución por su actitud frecuentemente crítica del proceso revolucionario. En general, los creadores mexicanos del período sintieron la presión ideológica que los urgía a explorar los temas autóctonos. Cuando, por ejemplo, le preguntaron al compositor Carlos Chávez por qué escribía música proletaria, contestó que creía que era su deber promover los fines culturales de la Revolución Mexicana (Chase, Continuity 124). Tarde o temprano tendría que venir una reacción contra esa concepción del arte.

Nacionalismo cultural e indigenismo en el área andina

Desde la patria de Zapata el nacionalismo se diseminó por otras naciones del continente y tuvo especial impacto en los países de los Andes, con su abundante población indígena, tanto en la literatura[6] como en la pintura. El pintor peruano José Sabogal (1888–1956) es el más conocido de una generación de artistas andinos que importaron desde México el mensaje estético e ideológico de los muralistas.

En el Perú apareció además en la década de 1920 un importante movimiento proindigenista inspirado en parte por el ejemplo mexicano y por las ideas marxistas, pero que tenía ya importantes antecedentes propios que se remontaban al siglo XIX. Sus dos figuras más importantes fueron José Carlos Mariátegui (1894–1930) y Víctor Raúl Haya de la Torre (1895–1979). Tanto Mariátegui como Haya centraron su atención en las masas indígenas y, dada su orientación socialista, vieron en el *ayllu* precolombino de los incas un modelo ideal que podría ser revivido en el siglo XX: como en los días de esplendor del imperio inca, las masas indígenas del Perú podrían encontrar una nueva prosperidad y bienestar en aquel sistema de explotación colectiva de la tierra e intensa vida comunitaria. La revista *Amauta*, fundada por Mariátegui en 1926, fue el principal vehículo para la difusión del mensaje indigenista y social de los más importantes escritores jóvenes del momento (los amautas habían sido los poetas e intelectuales de la sociedad incaica).

La coincidencia de Haya con la línea ideológica de Mariátegui duró poco, sin embargo. Mariátegui fundó en 1928 su propio partido comunista bajo el nombre de Partido Socialista Peruano. Su ortodoxia marxista le llevó a considerar a la población indígena de Latinoamérica como una parte más del proletariado mundial y sujeta, por tanto, a que se le aplicaran los mecanismos sociales del comunismo soviético. Su libro *Siete ensayos de interpretación de la realidad peruana* (1928) se convirtió en un clásico, pero la tuberculosis terminó su vida poco después, a los 36 años de edad. Haya, en cambio, que vivió una larga vida, acabó por rechazar varios principios fundamentales del marxismo-leninismo, incluyendo el de la dictadura del proletariado y la idea de que las soluciones del comunismo soviético fuesen aplicables a todos los países del mundo, en particular a los países latinoamericanos. En 1924, desde su exilio en México, había fundado un movimiento, la Alianza Popular Revolucionaria Americana (APRA), que anunciaba un ambicioso programa de reivindicación política y social a nivel continental. "Aprismo" y "aprista" se hicieron pronto términos familiares en toda Hispanoamérica y el movimiento ganó adeptos en la mayor parte de los países de la región con su atractivo, si bien utópico, "programa máximo" de principios izquierdistas y anti-imperialistas (léase anti-Estados Unidos). Propugnaba, entre otras cosas, la "interamericanización" del canal de Panamá, la unificación de Latinoamérica y la nacionalización de tierras e industrias. Sin embargo, tales *became more moderate* posiciones de Haya se fueron atemperando° con los años. A medida que se alejaba del marxismo y se moderaba la política exterior norteamericana, el APRA disminuyó su retórica anti-yanqui y se convirtió en un movimiento de izquierda relativamente moderado, partidario de estados latinoamericanos democráticos que pusiesen la cuestión indígena en el centro de su atención. Continuó proponiendo el cooperativismo agrario, pero limitado ahora a la población indígena, e hizo menos énfasis en la idea de nacionalizar los medios de producción.

Haya, que fundó en 1931 el Partido Aprista Peruano, vivió la agitada vida del frecuente exiliado. Regresaba al Perú cuando los gobiernos de turno se lo permitían para hacer proselitismo, con significativo éxito; su figura carismática, su mensaje de honestidad y regeneración le hicieron la figura más popular del país durante muchos años. Perenne candidato a la presidencia del Perú, probablemente obtuvo la mayoría de los votos en las elecciones de 1931, pero no se le permitió ascender a la presidencia. Los apristas acudieron entonces a la insurrección armada y cometieron excesos que resultaron en la ejecución de un grupo de civiles, policías y oficiales del ejército. La reacción del ejército fue brutal; varios miles de apristas fueron ejecutados y se abrió una brecha entre el APRA y las fuerzas armadas que hizo virtualmente imposible que el partido de Haya tuviese acceso a la presidencia en el futuro inmediato[7].

Nacionalismo cultural en el Caribe

En las islas del Caribe la población nativa había sido virtualmente liquidada durante la Conquista del siglo XVI, pero ahí estaban África, sus culturas y la situación discriminada del negro y el mulato antillanos en la sociedad moderna de los países caribeños. El movimiento hacia lo autóctono, con los hombres y mujeres de color como protagonistas, habría de ser especialmente importante en Cuba y Puerto Rico, donde en los mejores casos se realizó una exitosa síntesis entre la sensibilidad estética europea y los aportes artísticos de las culturas africanas traídas por los esclavos negros. La música y la poesía se beneficiaron especialmente de ello. En Cuba, esta corriente cultural estuvo representada sobre todo por dos compositores de primera línea, Amadeo Roldán y Alejandro García Caturla: el ballet "La rebambaramba" (1928), del primero, la "Obertura cubana"(1938), del segundo, fueron logros indiscutibles. La poesía afroantillana, que floreció sobre todo en la década de 1930, estuvo encabezada por los cubanos Nicolás Guillén y Emilio Ballagas y por el puertorriqueño Luis Palés Matos. En Nicolás Guillén, por ejemplo, los temas negros son tratados con atrevidas imágenes de corte vanguardista: "¡Oh puro sol repujado°, / preso en el aro° del trópico…" Igualmente, la musicalidad de los ritmos africanos es incorporada al verso culto y éste da cabida también al habla y la pronunciación popular de los negros cubanos en un tratamiento a ratos irónico, a ratos burlón y amargo del prejuicio racial: "¿Por qué te pone tan bravo°, / cuando te dicen negro bembón°… ? Guillén fue uno de los tantos intelectuales que se convirtieron al marxismo en la Cuba de ese período, y sus convicciones comunistas asoman en sus críticas al intervencionismo cultural estadounidense. En "West Indies Ltd.", el poeta se lamenta de un mundo de puertos insulares donde el turista "viene a comerse el cielo azul, / regándolo° con Bacardí".

embossed/caught in the ring

angry/thick-lipped

watering it

A la búsqueda del escenario americano

Al mirarse a sí misma, la América hispana no se encontró sólo con sus raíces étnicas; halló también fascinantes paisajes, ambientes, modos de vida que se habían perpetuado sobre todo en los grandes espacios exteriores de la Hispanoamérica rural. Surgió así, en los años de las décadas de 1920 y 1930, una literatura narrativa de proporciones épicas, en que el escenario natural fue con frecuencia el protagonista del relato. Esta apreciación del paisaje local había comenzado con el romanticismo del siglo XIX, pero ahora adquiriría un tratamiento más verosímil, menos propenso° a la idealización excesiva. En *La vorágine* (1924), del colombiano José Eustasio Rivera, la selva amazónica es el personaje principal de la novela, una presencia opresora que acaba por vencer y aun devorar a quienes penetran en sus dominios. Otro clásico del período, *Doña Bárbara* (1929), del venezolano Rómulo Gallegos, sitúa al lector en el medio rural, primitivo, cruel y grandioso de los llanos de Venezuela, en las aisladas tierras donde los hacendados imponían la ley y el orden a su capricho°. *Don Segundo Sombra* (1926), del argentino Ricardo Güiraldes, fue un homenaje conmovedor a un modo de vida, el del gaucho independiente y autosuficiente de las pampas argentinas, que estaba en vías de desaparecer.

less inclined

at their whim

a su capricho°. *Don Segundo Sombra* (1926),
del argentino Ricardo Güiraldes, fue un homenaje conmovedor a un modo de vida, el del
gaucho independiente y autosuficiente de las
pampas argentinas, que estaba en vías de desaparecer.

   Un caso *sui géneris* fue el de Horacio
Quiroga (1878–1937), el gran cuentista
uruguayo, un hombre atormentado por
profundos conflictos interiores y por una
vida marcada por todo tipo de infortunios
(varios miembros de su familia murieron
accidentalmente o se suicidaron y Quiroga
mismo se quitó la vida al saber que padecía
de cáncer). Quiroga fue en su juventud un
refinado dandy de familia adinerada° que
hizo la obligada visita a París y luego se
dedicó a la vida bohemia en los cafés literarios de Buenos Aires. Era lector apasionado de Zola, de Edgar Allan Poe, de
Maupassant, de Kipling, e inevitablemente,
se hizo militante del modernismo. Fasci-

wealthy

Horacio Quiroga (Uruguay; 1878–1937),
uno de los mayores cuentistas de
Hispanoamérica.Columbus Memorial
Library. Reproduced with permission
of the General Secretariat of the
Organization of American States.

nado por lo sobrenatural y lo morboso, escribiría cuentos de una naturalismo
escalofriante, como *La gallina degollada* (*The Beheaded Hen*), o claramente
influidos por el gusto de Poe por lo macabro, como "El almohadón de
plumas" (*The Feather Pillow*). En 1903 hizo su primera visita a las selvas del
distrito argentino de Misiones y quedó enamorado de aquel paisaje primitivo y
salvaje. Este entorno selvático° habría de ser el escenario
de sus mejores y más característicos cuentos, cuyos protagonistas son a veces
animales que adquieren nombres propios y a menudo perciben al ser humano
como su mayor amenaza. En *Anaconda,* por ejemplo, vemos la inquietud que
siente una serpiente°, Lanceolada, ante la llegada de los hombres a la selva:
"Al día siguiente la primera preocupación de Lanceolada fue el peligro que
con la llegada del Hombre se cernía sobre° la Familia entera. Hombre y
Devastación son sinónimos desde tiempo inmemorial en el Pueblo entero de
los Animales". Quiroga fue incluso capaz de combinar un hábil naturalismo
descriptivo con elementos míticos y mágicos procedentes del mundo primitivo,
anticipándose así al "realismo mágico" de las décadas de 1950 y 1960. Buena
muestra de ello es su cuento "Juan Darién", la historia de un pobre muchacho,
hijo de una mujer y de un tigre, que vivirá aquejado° de su condición de felino;
o más bien, desde la perspectiva de Quiroga, la historia de un pobre felino
aquejado de su condición humana.

junglelike environment

serpent

hovered over

afflicted by

Impacto ideológico de la guerra civil española

La mayoría de los intelectuales hispanoamericanos se identificaron con la

galvanizó a toda la Latinoamérica de ideas liberales e impulsó incluso a buen número de jóvenes intelectuales a trasladarse a España y participar de una manera u otra en el conflicto, del lado republicano. Tal fue el caso de César Vallejo, de Vicente Huidobro, de Octavio Paz. El poeta chileno Pablo Neruda, que servía como cónsul de Chile en Madrid, practicó un abierto activismo en favor de la República[8].

Ese fervor antifascista provocado por la guerra civil española inclinó la balanza ideológica hispanoamericana en favor del izquierdismo, produjo numerosas conversiones al credo marxista y reafirmó en sus creencias a muchos jóvenes que ya se habían convertido. Pablo Neruda (1904–1973) fue uno de los conversos. Su poesía temprana había mostrado un dominio maestro de la sensibilidad posmodernista, como demuestra, por ejemplo, en el poema 15 de *Veinte poemas de amor y una canción desesperada* (1924), quizás el libro de poesía más vendido en la historia de Hispanoamérica:

Me gustas cuando callas° porque estás como ausente,	*you become silent*
Y me oyes desde lejos y mi voz no te toca.	
Parece que los ojos se te hubieran volado°	*have flown away*
Y parece que un beso te cerrara la boca.	
Como todas las cosas están llenas de mi alma	
Emerges de las cosas llena del alma mía.	
Mariposa° de sueño, te pareces a mi alma,	*butterfly*
Y te pareces a la palabra melancolía.	

Pronto, sin embargo, Neruda se embarcaría en la aventura vanguardista, como sucedió con las atrevidas exploraciones surrealistas en el caos del subconsciente contenidas en los dos volúmenes de *Residencia en la tierra* (1933; 1935); en el poema "Walking around" de la segunda *Residencia*, por ejemplo:

Sucede que me canso de ser hombre.	
Sucede que entro en las sastrerías° y en los cines	*tailor shops*
marchito°, impenetrable, como un cisne de fieltro°	*withered/feltlike*
navegando en un agua de origen y ceniza	*swan*
. . .	
Sucede que me canso de mis pies y mis uñas°	*fingernails*
y mi pelo y mi sombra.	
Sucede que me canso de ser hombre.	
Sin embargo, sería delicioso	
asustar a un notario con un lirio° cortado	*lily*
o dar muerte a una monja con un golpe de oreja°.	*blow to the ear*
Sería bello	
ir por las calles con un cuchillo verde	
y dando gritos° hasta morir de frío.	*shouting*
. . .	

Luego, su nueva militancia inclinó su poesía hacia el mensaje político. La guerra civil española le inspiró un libro admirable, *España en el corazón* (1937). Después su poesía derivó hacia una militancia comunista que estropeó° a veces   *spoiled gifts* sus enormes dotes° de poeta y asoma incluso en un libro tan grandioso y fundamental como *Canto general* (1950); un libro que, por otra parte, rebosa de un profundo americanismo, patente en poemas como "Alturas de Machu Picchu":

Entonces en la escala de la tierra he subido
cruel brambles entre la atroz maraña° de las selvas perdidas
step-shaped stones hasta ti, Machu Picchu. Alta ciudad de piedras escalares°,
dwelling por fin morada° del que lo terrestre
of he who did not no escondió° en las dormidas vestiduras°.
hide his mortal En ti, como dos líneas paralelas,
nature/behind his la cuna del relámpago y del hombre°
funeral robes/light- se mecían en un viento de espinas°.
ning's and man's Madre de piedra, espuma° de los cóndores.
cradle/rocked in the Alto arrecife° de la aurora humana.
thorny wind/foam Pala° perdida en la primera arena.
cliff
shovel   . . .

golden thread (of Aquí la hebra dorada° salió de la vicuña°
wool)/llama-related a vestir los amores, los túmulos°,
ruminant of the las madres, el rey, las oraciones, los guerreros.
Andes/graves Aquí los pies del hombre descansaron de noche
junto a los pies del águila, en las altas guaridas
dens (of meat-eating carniceras° y en la aurora
eagles)/rarefied, pisaron con los pies del trueno la niebla enrarecida°
thinning fog y tocaron las tierras y las piedras
hasta reconocerlas en la noche o la muerte.

                         . . .

Neruda siguió siendo comunista hasta el final de su vida, pero su obra volvió al cabo a los temas eternos de la poesía: al tema del amor, al de la fascinación del poeta con los objetos más sencillos y básicos, como sucede en su libro *Odas ele-*
onion/socks *mentales* (1954), donde le canta a la cebolla°, a sus propios calcetines.°

El caso de César Vallejo (1892–1938) fue algo diferente. Como Neruda, este inmenso poeta peruano se inició en el modernismo con *Los heraldos negros* (1919) antes de embarcarse en la aventura vanguardista de *Trilce* (1922). Luego, sus duras experiencias de poeta bohemio en París, donde pasó casi toda su vida, produjeron uno de los logros poéticos más importantes del siglo XX: los 91 poemas publicados después de su muerte bajo el título de *Poemas humanos* (1939). Vallejo tuvo siempre una innata inclinación a identificarse con los problemas de la gente humilde (él mismo venía de una familia de modestos medios y era racial-
to be an advocate mente mestizo). Su activismo político lo llevó de joven a la cárcel y a militar en° la causa indigenista promovida por José Carlos Mariátegui. En París, esa vocación lo llevó a convertirse al marxismo luego de realizar tres viajes a Rusia, y fue inevi-
was being fought table que se sintiera atraído por la batalla ideológica que se libraba° en la España
upon the break of de los años 30. Visitó la Península en varias ocasiones y al estallar° la guerra civil en 1936 fue uno de los intelectuales que participaron más activamente en defender la causa de la República española. De esa experiencia salieron los 15 poemas
chalice de *España, aparta de mí este cáliz*° publicados también póstumamente. En con-
traste con Neruda, Vallejo mantuvo su poesía al margen de la política. *Poemas*
to walk (without a *humanos* es la crónica de un ser humano que se siente deambular° por un mundo
definite direction)

sin sentido al que ha sido arrojado° sin que él sepa por qué. En ese mundo ab-   *thrown*
surdo parece haber sólo un consuelo°: la posibilidad de identificarse con el dolor   *mitigating fact*
ajeno°, dándole así al mundo un sentido basado en valores puramente humanos.   *fellow human's pain*
La solidaridad humana como único valor absoluto de la existencia —implícita
casi en cada verso de *Poemas humanos*— anticipa el pensamiento existencial de
Albert Camus. Sólo que en Vallejo adquiere una mayor intensidad a través de
una ternura de tono religioso hacia el vapuleado prójimo°: "Amado sea° aquel   *beaten-down fellow*
que tiene chinches°" —declara el poeta—, y extiende ese amor, sin distinciones,   *human/Beloved be/*
a todos los que le rodean: al "calvo sin sombrero", al "justo sin espinas"°, al   *bed bugs*
"ladrón sin rosas". Sus visitas a los campos de batalla de la guerra civil es-   *the just person with-*
pañola intensificarían aún más esos sentimientos, que se concentraron ahora en   *out thorns, i.e.,*
la figura del obrero español humilde que luchaba y moría en las filas° del   *rancor*
ejército republicano; en él encontró Vallejo un santo secular a quien podía   *ranks*
rezarle: "¡Obrero, salvador, redentor° nuestro, / perdónanos, hermano, nues-   *savior, redeemer*
tras deudas!"

NOTAS

[1] La relación de poetas modernistas más distinguidos debe incluir al mexicano Amado Nervo
(1870–1919), al argentino Leopoldo Lugones (1874–1938), al boliviano Ricardo Jaimes
Freyre (1868–1933), al uruguayo Julio Herrera y Reissig (1875–1910), al peruano José
Santos Chocano (1875–1934) y al colombiano Guillermo Valencia (1873–1943). La labor
de renovación de los modernistas fue precedida por un grupo de eminentes poetas hispanoamericanos, los llamados "pre-modernistas" que ya habían introducido importantes inno-
vaciones de grandes méritos intrínsecos; sobresalen entre ellos los cubanos Julián del
Casal y José Martí, el colombiano José Asunción Silva y el mexicano Manuel Gutiérrez
Nájera.

[2] Los poetas parnasianos franceses —así llamados porque difundieron sus obras en la colección *Le Parnasse Contemporaine* (1866, 1871, 1876)— cultivaban una poesía elevada y serena, propia de los dioses del Olimpo, que rechazaba los excesos de sentimentalismo y
subjetividad de los escritores románticos que les habían precedido; mostraban parcialidad
hacia los modelos clásicos del arte antiguo, que gustaban describir con cuidadosa exactitud y
equilibrio. Los simbolistas, cuyo precursor fue Charles Baudelaire (1821–1867) aparecieron
en Francia durante las últimas décadas del siglo XIX y tuvieron una influencia enorme en la
poesía del siglo XX. Paul Verlaine (1844–1896), Arthur Rimbaud (1854–1891) y Stéphan
Mallarmé (1842–1898) fueron sus principales figuras. Los simbolistas proclamaron el poder
de la palabra poética como elemento mágico capaz de darnos acceso a una realidad armónica
situada más allá de nuestra superficial, fragmentada percepción de las cosas; las palabras
pueden generar misteriosas sugerencias que sobrepasan su significado literal y producen
complejas reverberaciones simbólicas liberadas por el poder de sus sonidos. De ahí que los
simbolistas dependiesen del ritmo y la musicalidad en la misma medida que el arte frío y
exacto de los parnasianos había dependido de las sensaciones visuales. En su famoso poema
"Correspondances", Baudelaire había percibido en la naturaleza una "profunda unidad"
armónica en la que "los perfumes, los colores y los sones se responden", de modo que el
poeta podía percibir, por ejemplo, "perfumes tan frescos como cutis de infantes (*baby
cheeks*), / verdes como prados (*meadows*)". Los modernistas hispanoamericanos habrían
también de perseguir ese ideal de armonía: por ejemplo, "pintar el color de un sonido",
como en un verso de Rubén Darío.

[3] "I am in pursuit of a [perfect] form that my style cannot find, / a rosebud in search of reach-
ing its full bloom; / it announces its presence with a kiss on my lips / as it attempts to receive
the impossible embrace of Venus de Milo"

[4] El cubismo, movimiento principalmente pictórico que se anunciaba ya en la obra de Paul Cézanne (1839–1906), aparece en Francia hacia 1907 en las obras de Picasso, Braque, Léger y Juan Gris, entre otros; los cubistas "descompusieron" la realidad en una serie de figuras geométricas básicas, como el cubo (*cube*), y volvieron a "armarla" (*reassembled it*) de acuerdo con criterios muy personales, presentando simultáneamente varias perspectivas superpuestas del mismo objeto. Por la misma época aparece el expresionismo en Alemania, impulsado por pintores como Kokoschka, Munch, Paul Klee, quienes formularon una crítica descarnada de la sociedad de su tiempo a través de una pintura orientada hacia la caricatura y lo grotesco. En literatura surge por esos años el futurismo, lanzado por el italiano F.T. Marinetti, que proclama su culto a la modernidad y a su principal símbolo, la velocidad; el futurismo tenía una actitud subversiva hacia todo el arte anterior, proponiendo la destrucción de los museos y la adopción de una nueva estética cuyos modelos fueran los productos del mundo industrial. Un automóvil, decía Marinetti, es más bello que la Victoria de Samotracia, la clásica estatua griega que se exhibe en el museo del Louvre. Durante la Primera Guerra Mundial, en la neutral Suiza, un grupo de escritores y objetores de conciencia, presididos por el rumano de habla francesa Tristán Tzara, fundaron el dadaísmo. Usaron como centro de operaciones un *night club* de Zurich, el "Cabaret Voltaire", dando así un tono de irreverencia a su empresa literaria. El nombre mismo del movimiento, dadá, era una declaración de principios, pues no significaba nada en particular. El movimiento surrealista, que habría de publicar su primer manifiesto en 1924, tuvo al francés André Breton (1896–1966) como jefe. Breton había sido oficial médico durante la guerra y testigo, así, de sus horrores. El surrealismo utilizó la libertad dadaísta pero la sometió a un método, aplicando al proceso de la creación artística algunas de las técnicas del psicoanálisis de Freud. Intentaba exponer en el texto escrito o en el visual los contenidos del subconsciente a través de tales recursos como la libre asociación de ideas y la descripción de los contenidos que aparecen en los sueños o en los estados intermedios entre el sueño y la vigilia (*between sleep and a wakeful state*). Una de sus técnicas más características fue la escritura automática, en la que se intentaba que el subconsciente dictara libremente el contenido del texto. Tales experimentos produjeron resultados interesantes en literatura, pero raramente obras de primera calidad. En la pintura y en el cine, en cambio, fueron más productivos, como lo evidencia la obra de Salvador Dalí, por ejemplo, y la de Luis Buñuel, cuya película *El perro andaluz* (1928) marcó la entrada del surrealismo en el cine. El mayor mérito del surrealismo fue el haber abierto todo un nuevo territorio para la literatura y el arte, el de la subsconsciencia, que en forma menos metódica había sido ya explorado por los románticos y los simbolistas del siglo XIX.

[5] *Belle époque*, o "Bella época", es término que se usa para referirse al período 1870–1914, en que la ausencia de guerras en Europa y la prosperidad económica crearon un sentido de optimismo que resultó ser ingenuo. Se pensaba entonces que los seres humanos habían alcanzado un nivel de civilización que haría improbables las guerras. El comienzo de la Primera Guerra Mundial puso fin a tales esperanzas.

[6] En Bolivia, Ecuador y Perú aparecieron importantes novelas y cuentos de reivindicación social que presentaban con descarnado realismo las injusticias que se cometían contra la población indígena, como sucede en *Raza de bronce* (1919), del boliviano Alcides Argüedas. En *Huasipungo* (1934), del escritor marxista ecuatoriano Jorge Icaza, las masas indígenas apenas superan un nivel de existencia animal y alcanzan extremos de penuria (*poverty*) que son descritos con escalofriante minuciosidad (*chilling thoroughness*), como cuando la mujer del protagonista muere después de haber comido, desesperada de hambre, una porción de carne podrida (*rotten*).

[7] El papel más importante de los apristas durante las décadas de 1930 y 1940 fue como grupo de presión que forzó a los gobiernos peruanos a adoptar medidas legislativas de carácter social y educacional que, sin su presencia, nunca habrían sido considerados. El APRA llegó por fin al poder en 1985, en la persona de Alan García. La presidencia de García (1985–1990) implementó un ambicioso y riesgoso programa populista que terminó en fracaso y llevó al Perú a la ruina económica.

[8] En 1931 cayó la monarquía española y se estableció un sistema republicano. Cuando en las elecciones de 1936 la República cayó en manos de los partidos de izquierda, de tendencias socialistas y antieclesiásticas, una parte del ejército español se rebeló y comenzó la sangrienta (*bloody*) guerra civil española. Los republicanos recibieron ayuda de la Unión Soviética y de brigadas internacionales de voluntarios extranjeros; el ejército rebelde, comandado por el general Francisco Franco fue apoyado por Hitler y Mussolini. La caída de Madrid en 1939 marcó el fin de la guerra y el triunfo de Franco, quien estableció una dictadura de derecha que duró hasta su muerte en 1975.

Ejercicios y actividades

A. Preguntas sobre la lectura

1. ¿Qué cambio de mentalidad indicó el hecho de que en 1921 se celebró en México una exposición de arte popular indígena?

2. ¿Quién fue Rubén Darío?

3. ¿Por qué se dice que los modernistas practicaban un arte de evasión?

4. Mencione una de las críticas sobre la cultura norteamericana que formuló José Enrique Rodó en su ensayo *Ariel*.

5. Alfonsina Storni tuvo una relación problemática con los hombres y con la sociedad del Buenos Aires de su época. ¿Por qué?

6. ¿Qué temas importantes encontramos en la poesía de Gabriela Mistral?

7. ¿Qué tipo de actitud tenían los vanguardistas hacia las generaciones anteriores?

8. ¿Qué características temáticas y formales tuvo el arte muralista?

9. ¿De qué maneras fue afectada la obra de algunos muralistas por la ideología de izquierda que adoptaron?

10. Además de la pintura, ¿qué otras artes mexicanas fueron afectadas por el nacionalismo cultural?

11. ¿Por qué fue importante la novela *Los de abajo* de Mariano Azuela?

12. ¿Qué ideas tenían pensadores como Mariátegui sobre el modelo de vida y trabajo que mejor convenía a la tradición indígena del Perú?

13. ¿Qué fue el APRA?

14. ¿Qué variante del nacionalismo cultural ocurrió en Cuba y en Puerto Rico?

15. ¿Qué peculiaridades tienen novelas como *La vorágine* y *Doña Bárbara*?

16. ¿Qué efecto tuvo la guerra civil española en buen número de intelectuales hispanoamericanos?

B. Complete las siguientes oraciones.

1. El _____ era el pájaro emblemático de los modernistas.

2. Se dice que las personas que se separan de la realidad viven en una
   _____.

3. Los surrealistas aplicaron al arte y la literatura las teorías de
   _____.

4. Los muralistas identificaron la _____ con el arte de
   las elites.

5. Los muralistas redescubrieron la técnica pictórica del _____
   que habían usado las culturas precolombinas.

6. Varias instituciones norteamericanas, como Pomona College, tienen pinturas
   de _____.

7. *Don Segundo Sombra* es el prototipo del _____.

8. Al grupo de muralistas los llamaban "los Dieguitos" por que su "jefe" era
   _____.

C. Opiniones e hipótesis

1. ¿Cree usted que un artista tiene la obligación moral de contribuir con su
   obra al mejoramiento de la sociedad? ¿Qué piensa de los artistas e intelectuales que viven mentalmente en una torre de marfil? ¿Es eso necesariamente
   objetable?

2. ¿Qué le parecen las críticas de José Enrique Rodó sobre la cultura estadounidense? ¿Tenía razón? ¿Por qué sí o por qué no?

3. Si usted hubiera sido un poeta hispanoamericano de la década de 1920,
   ¿habría sido posmodernista o vanguardista? Explique por qué.

4. Diego Rivera pintó un mural procomunista en el Rockefeller Center de
   Nueva York que representaba, entre otras cosas, la figura de Lenín, uno de
   los fundadores del comunismo soviético. ¿Cree que fue correcto que cance-
   laran el contrato y borraran el mural de las paredes del Rockefeller Center?
   ¿O hubieran debido respetar la libertad artística de Rivera y dejar intacto el
   mural? Justifique su opinión.

5. ¿Por qué cree usted que a Vasconcelos no le gustó ver en una fiesta escolar a
   unas niñas indígenas usando pelucas de aristócratas francesas? ¿Qué tipo de
   mentalidad revelaba ese espectáculo?

6. En la década de 1920 muchos en México protestaban del "afeminamiento"
   de la literatura mexicana, de que no hubiera aparecido en su país una novela
   "viril" que tratara de temas revolucionarios. ¿Cree que el movimiento feminista actual objetaría a esa manera de pensar? ¿Por qué?

7. Pablo Neruda puso por un tiempo su poesía al servicio de la ideología en
   que creía. César Vallejo, en cambio, dejó la ideología y la política fuera de la
   mayor parte de su obra poética. ¿Qué opina de ese contraste? ¿Qué aproximación le parece más correcta?

11

La escena cultural desde la Segunda Guerra Mundial

Cronología

ARTES

Tendencia general: declinación del nacionalismo cultural y del arte indigenista; triunfan los estilos internacionales, a menudo en conjunción con los temas nacionales. Ultimamente (*lately*) se nota un retorno parcial al arte figurativo.

MÉXICO

Se imponen los méritos de la obra del maestro Rufino Tamayo y de una generación de pintores jóvenes que experimentan con los estilos internacionales, como José Luis Cuevas. Frida Kahlo produce una síntesis única de un realismo primitivo y un enfoque surrealista.

EL CARIBE Y LA AMÉRICA CENTRAL

El guatemalteco Carlos Mérida y el cubano Wifredo Lam realizan exitosas síntesis de sus respectivas culturas ancestrales (maya, en el caso de Mérida; afrocubana en el de Lam) con las técnicas del arte moderno.

PAÍSES ANDINOS

En Perú, Bolivia y Ecuador aparece en la década de 1950 una generación artística que introduce el abstraccionismo, el expresionismo y otros movimientos del arte internacional, e.g., el peruano Fernando de Szyszlo, los ecuatorianos Manuel Rendón y Araceli Gilbert, y la boliviana María Luisa Pacheco.

OTROS PAÍSES DE SURAMÉRICA

En los países más cosmopolitas del cono sur —Argentina, Chile, Uruguay—, la falta de culturas indígenas avanzadas orientó las polémicas artísticas a la discusión de problemas formales, aunque no faltaron pintores de aguda sensibilidad social, como los argentinos Antonio Berni, José A. Fernández Muro y Sarah Grilo. En Colombia, Fernando Botero se destaca por una deformadora pintura figurativa de personajes rotundos.

LITERATURA E IDEOLOGÍA

Después de la Segunda Guerra Mundial muchos intelectuales latinoamericanos —no pocos de ellos desengañados (*disappointed*) con el comunismo soviético—, abrazan el existencialismo que venía de Francia. La novela *El túnel* (1948) del argentino Ernesto Sábato refleja esta influencia.

DÉCADAS DE 1940 Y 1950

Aparece una narrativa que abandona el realismo y crea mundos autónomos, impregnados de elementos extraños o maravillosos, e.g., las narraciones de los argentinos Jorge Luis Borges y Julio Cortázar, y del mexicano Juan José Arreola. El escenario americano es tratado con las técnicas de la novela experimental en obras como *El señor presidente* (1946), del guatemalteco Miguel Ángel Asturias, y *El reino de este mundo* (1949) del cubano Alejo Carpentier.

DESDE 1960

La novela *Pedro Páramo* (1955), del mexicano Juan Rulfo, inicia el llamado *boom* de la narrativa hispanoamericana, una verdadera explosión de talento narrativo que culmina en *Cien años de soledad* (1967), del colombiano Gabriel García Márquez. Los escritores del *boom* se identifican al principio con la revolución de Fidel Castro; luego varios de ellos se desengañan (*become disappointed*), especialmente tras el caso del escritor cubano disidente Heberto Padilla (1971). Después de 1970, aparece el llamado *posboom*, representado por narradores como el peruano Alfredo Bryce Echenique y la chilena Isabel Allende.

Aunque parcialmente eclipsada por la narrativa, la producción poética de este período es todavía notable, e.g., la intelectual y difícil poesía del cubano José Lezama Lima y sus compatriotas de la revista *Orígenes*; la visión negativa de la tecnología, presente en la obra del peruano Carlos Germán Belli, o la angustia filosófica del talentoso poeta mexicano José Emilio Pacheco. Hubo también, a partir de la década de 1960, una poesía de acento social, a veces influida por el marxismo y la revolución de Castro, como fue el caso del nicaragüense Ernesto Cardenal.

Dos figuras poéticas se destacan especialmente en este período como dignos sucesores de Vallejo y de Neruda: el mexicano Octavio Paz y el chileno Nicanor Parra.

Durante las tres décadas que siguieron a la Segunda Guerra Mundial se impusieron en Hispanoamérica los movimientos artísticos internacionales, parcialmente bloqueados hasta entonces por el predominio que había alcanzado el nacionalismo cultural. Los artistas latinoamericanos viajaban ya con más facilidad, no sólo a Europa sino a la nueva meca del arte internacional, Nueva York, donde buen número de ellos fijaron residencia. Una serie de exposiciones continentales, comenzando con la Bienal de São Paulo de 1951, crearon importantes espacios internacionales para la difusión de los nuevos productos artísticos. En los Estados Unidos varios museos presentaron exposiciones de arte latinoamericano. Especial interés despertó la titulada *"The Emergent Decade: Latin American Painters and Paintings in the 1960's"*, en el Museo Guggenheim de Nueva York (1965–66). Importante fue así mismo la labor de difusión realizada por la Organización de Estados Americanos y su galería de arte en Washington D.C. y, a partir de 1976, por el Museo de Arte Moderno de América Latina, de esa misma organización. Fue en la galería de la OEA, por ejemplo, donde el gran pintor y dibujante° mexicano José Luis Cuevas realizó en 1954 su primera exposición fuera de México, la que lo puso en el camino de la fama internacional.

draftsman

México

Uno de los fenómenos más notables de este período fue la declinación del arte nacionalista e indigenista después de 1940; continuó practicándose, especialmente en su país bandera, México, pero ya sin el vigor ni la creatividad de las décadas anteriores. Una de sus últimas grandes manifestaciones fueron los murales que decoran varios edificios del campus de la Universidad Nacional Autónoma de México, construidos entre 1950 y 1953, sobre todo el monumental mural exterior de mosaicos de Juan O'Gorman que cubre los cuatro lados de la Biblioteca Central del campus. Esta integración entre arquitectura y decoración pictórica, muy en la tradición artística de las culturas prehispánicas, alcanzó allí un magnífico momento.

El muralismo y la ideología nacionalista que lo acompañaba no se rindieron fácilmente, sin embargo. Alrededor de los muralistas se había creado una estética dogmática y una política que durante muchos años obstaculizó la aparición y el triunfo de nuevos talentos que no compartían la línea oficial del nacionalismo cultural. El caso más

Biblioteca, Universidad Nacional Autónoma de México.

notable fue el de Rufino Tamayo. Nacido en 1899, Tamayo fue contemporáneo de los muralistas y aunque no fue reacio° a usar los temas nacionales en sus obras, se negó a someter su pintura a ningún canon estético ni a convertirla en instrumento político o ideológico. Esto lo mantuvo en un relativo ostracismo artístico en un México dominado por la ortodoxia estética de los muralistas, de

was not reluctant

modo que, después de varias estancias en los Estados Unidos, acabó por aceptar en 1938 un puesto de profesor en Dalton School of Art de Nueva York, donde su obra fue aceptada con entusiasmo. En su país, no fue hasta 1948 que se realizó una retrospectiva de su obra en la Ciudad de México y se le comenzó a reconocer como uno de los grandes maestros de la pintura contemporánea. El arte de Tamayo se desarrolló a través de una evolución interna que en su juventud tomó algunas referencias de la pintura moderna (e.g., Braque, Picasso) y las incorporó a una obra siempre muy personal. Permaneció dentro de la pintura figurativa[1], sometida, sin embargo, a las tensiones defor-

Museo José Luis Cuevas, Ciudad de México.

madoras que le vinieron del expresionismo; sus hombres, mujeres y animales pertenecen a la tradición mexicana pero no necesariamente a su folclor; son figuras que a menudo muestran en sus rostros los miedos ancestrales a los misterios del universo, de la luna y los planetas, a los que a veces extienden enigmáticamente las manos. Su principal instrumento fue el color, que con los años se fue haciendo más atrevido° y con frecuencia se impuso° sobre los contornos° de las figuras hasta acercarlo al abstraccionismo[2]. Al morir en 1991 ocupaba un lugar seguro como uno de los pintores más importantes que ha producido Latinoamérica.

daring/prevailed/
contours

En la década de 1950 se abrieron una serie de galerías de arte en la Ciudad de México que exhibieron a pintores nacidos casi todos en la década de 1920 —Juan Soriano, Pedro Coronel, Alberto Gironella, entre otros— y en cuyas obras la pintura mexicana quedó nuevamente incorporada a las corrientes innovadoras del arte moderno. El abstraccionismo atrajo a estos pintores, pero raramente llegó a triunfar del todo en sus cuadros: lo figurativo casi siempre terminaba por manifestarse, aunque en novedosas formas inspiradas por las escuelas de vanguardia. Y en este enfoque neofigurativo[3] raramente estaba ausente el ser mexicano, manifestado en su ambiente mítico, en la presencia de elementos primitivos extraídos de las culturas indígenas. Esto quiere decir que el repudio° de estos artistas al nacionalismo narrativo no significó que abandonaran la tradición autóctona de las culturas prehispánicas; más bien dieron a esa tradición el tratamiento de las formas modernas. No lo comprendieron así, sin embargo, los defensores de la ortodoxia nacionalista, y los nuevos pintores tuvieron que librar largas batallas para ganar la aceptación de la crítica local.

rejection

Uno de los artistas que más se distinguió en ese proceso fue el entonces muy joven José Luis Cuevas, nacido en 1933, que acuñó el término "cortina de cactus" para referirse al intransigente aislamiento estético en que vivía su generación. Su maestría como dibujante ha sido comparada con la de Picasso. El suyo es

charged

un mundo alucinado, poblado por figuras grotescas preñadas° de pertinencia social pero que no comunican mensajes sociales específicos; son más bien testimonios de la presencia de la incomprensión y la injusticia en el mundo. Al principio de su

fond of

carrera, Cuevas era aficionado a° recorrer los barrios bajos de la Ciudad de México

beggars

en busca de modelos —mendigos°, prostitutas, enfermos mentales— para sus dibujos; luego ya no necesitó depender de la observación exterior: sus distorsionados personajes fueron actos de pura invención libremente producidos por su imaginación, presencias que parecen haber sido abandonadas sobre el papel y a menudo nos miran como interrogándonos sobre nuestra indiferencia. Cuevas encontró un espíritu hermano en la figura del escritor Franz Kafka[4], del cual ilustró varios textos. Con el tiempo, Cuevas alcanzaría rango de "celebridad", probablemente el artista mexicano al que los medios de prensa han dedicado mayor atención en tiempos recientes.

El surrealismo no alcanzó una gran difusión en México, aunque la influencia de ese movimiento puede advertirse en muchos pintores, desde Tamayo hasta Cuevas. El mismo Diego Rivera hizo algunos experimentos surrealistas en sus años maduros. Pero la figura más importante del surrealismo mexicano fue, sin duda, Frida Kahlo (1907–1954), esposa de Diego Rivera durante 25 años. Buena

self-portraits

parte de su obra consiste en autorretratos° pintados mientras se miraba en el espejo, a menudo desde su cama de enferma. Siendo aún muy niña había contraído poliomielitis y luego, a los 18 años, un accidente de autobús le produjo atroces

wounds

heridas° cuyas consecuencias habría de sufrir durante el resto de su vida. El accidente la hizo dedicarse a la pintura como un medio, al principio, de distraerse del dolor. Su pobre salud no le impidió, sin embargo, llevar una vida activa. Leía vorazmente y en aquel México de los años 20, todavía conmovido por la violencia

Fraida Kahlo, "Las Dos Frida, " 1939. Oil in canvas. 173 x 173 cm. Museo de Arte Morderno, Mexico D.F. Photo by Bob Schalkwijk. Art Resouce, NY. © 2003 Banco de Mexico Diego Rivera & Frida Kahlo Museum Trust. Av. Cinco de Mayo No. 2, Col. Centro, Del. Cuauhtemoc 06059, Mexico, D.F. Reproduction authorized by the Instituto Nacional de Bellas Artes and Literature.

posrevolucionaria (Pancho Villa había sido asesinado en 1923, Alvaro Obregón en 1928), pronto se interesó por la política. Se unió a un grupo de intelectuales y artistas que habían abrazado el comunismo y así conoció a Diego Rivera. El sufrimiento físico de Frida es uno de los temas centrales de su pintura; sus frustrados deseos de maternidad, uno de sus constantes motivos principales (quedó incapacitada para tener hijos debido a su accidente). La figura de su esposo, a veces reducida a dimensiones infantiles, fue también una presencia constante en sus retratos. Kahlo exhibe en su pintura un primitivismo mexicano que procede del muralismo, pero su aproximación, muy personal, combina un realismo casi fotográfico con una exploración del subconsciente y del mundo de los sueños, de raíz surrealista. En un cuadro puede aparecer, por ejemplo, una versión onírica° de la   *dream-related* cara de Diego Rivera instalada sobre las cejas° de su esposa; en otro, un corazón   *eyebrows* sangrante° pintado con precisión de manual de anatomía, se transparenta en el   *bleeding* pecho de la artista. La impresión que producen estas pinturas es sobrecogedora°,   *chilling* no sólo por su a menudo chocante hiperrealismo° sino sobre todo porque el   *photolike realism* mismo se halla instalado en el rostro más cautivador y magnético de la pintura contemporánea, un rostro de atractiva mestiza que se niega a admitir su dolor o su desolación y nos mira de frente con una estática, serena fijeza°. Se trata, sí, de   *steadfastness* una pintura anecdótica, pero es el puro hecho visual de la mágica presencia de Kahlo el que acaba por apoderarse° del cuadro.   *ends up taking hold*

El Caribe y la América Central

De la pintura contemporánea producida en Centroamérica y el área del Caribe, dos nombres resultan indispensables: el del guatemalteco Carlos Mérida (1891–1984) y el del cubano Wilfredo Lam (1902–1982). Aunque vivió en México buena parte de su vida y estuvo asociado por algún tiempo con los muralistas mexicanos, Mérida mantuvo una línea artística propia que no cayó en el folclorismo. Su gran aspiración fue representar la esencia de la civilización maya pero sin caer en el fácil indigenismo narrativo que triunfaba en México. De sus dos períodos de residencia en Francia surgió un arte en el que la presencia étnica de su cultura indígena es tratada a través de medios contemporáneos; en la pintura de Mérida predomina lo semifigurativo, con tendencia a los patrones geométricos. Uno de los mejores ejemplos de su pintura es el mural "La raza mestiza de Guatemala" (1956), que decora el Ayuntamiento de Ciudad Guatemala. En Cuba, Wilfredo Lam —de extracción española, china y africana— realizó una síntesis genial entre lo afrocubano y las técnicas modernas del arte internacional. Tras una larga residencia en España (1925–1938), Lam recibió en París las influencias que iban a ser determinantes en su futuro artístico: la de Picasso, que se hizo su amigo y protector, y la de los surrealistas. En 1941, huyendo de la ocupación alemana, se embarcó para América en compañía del jefe del movimiento surrealista, André Breton. Un viaje que realizó entonces por las islas del Caribe, con Cuba como destino final, fue al parecer la experiencia que hizo madurar su utilización de las técnicas europeas —sobre todo las surrealistas— en el tratamiento del mundo ritual, zoológico y vegetal de las culturas caribeñas. Su cuadro "La manigua" (*The Jungle*) (1943), en la colección del Museo de Arte Moderno de Nueva York, está considerado como su obra maestra.

Suramérica

En los países andinos —Ecuador, Perú, Bolivia— se dio un movimiento artístico indigenista inspirado por el ejemplo mexicano. En Perú, la escuela nativista de José Sabogal (1888–1956) dominó la escena artística hasta los años 50. Carentes° del virtuosismo técnico de sus colegas mexicanos, Sabogal y sus seguidores practicaron un arte nacionalista que el crítico Gilbert Chase definió como un costumbrismo español transportado a los Andes con una dosis de realismo social y de elementos heroicos importados de México (Chase 100). Algo parecido ocurrió en Ecuador y en Bolivia. Oswaldo Guayasamín (n. 1919-1999), patriarca del nacionalismo ecuatoriano, mezcló influencias de los muralistas mexicanos y de Picasso para producir una obra en la que los temas indígenas son sometidos a distorsiones predecibles y tratados a menudo con un fácil dramatismo.

lacking (margin note aligned to "Carentes°")

La reacción contra el nativismo se produjo coetáneamente en los tres países, comenzando en la década de 1950 con la introducción del abstraccionismo y otros movimientos del arte internacional. En Perú sobresale el nombre de Fernando de Szyszlo (n. 1925), cuyo abstraccionismo no significó un olvido sino una búsqueda por distintas vías de las raíces prehispánicas; búsqueda que gradualmente lo fue llevando hacia una pintura parcialmente figurativa, según se aprecia en cuadros como "Poca Wamani" (1968) y "Paisaje 70" (1973).

La rebelión contra el nativismo ecuatoriano fue encabezada por dos pintores artísticamente formados en el extranjero: Manuel Rendón (n. 1894-1982) y Araceli Gilbert (n. 1914). Rendón se inclinó hacia el expresionismo abstracto[5] en tanto Gilbert optaba por un geometrismo que tuvo bastante influencia en artistas ecuatorianos posteriores. Los pintores bolivianos, por su parte, han mostrado inclinación hacia los estilos internacionales. Tal fue el caso de la pintora María Luisa Pacheco (n. 1919): residente durante muchos años en Nueva York, su expresionismo permaneció afincado°, sin embargo, en el seco, monumental carácter del paisaje boliviano; en la serie de pinturas titulada "Tiahuanaco" (1964) Pacheco consigue una fuerza que casi da la impresión de alcanzar la tridimensionalidad.

rooted (margin note aligned to "afincado°")

En cuanto a los países del cono sur de Suramérica —Argentina, Uruguay y Chile—, la ausencia de culturas indígenas avanzadas hizo que no se desarrollara en ellos un arte nativista de importancia. Su tendencia ha sido hacia un arte cosmopolita preocupado sobre todo por la resolución de problemas formales. No han faltado, sin embargo, los artistas comprometidos con su medio social, como sucede con las pinturas del argentino Antonio Berni y su galería de personajes populares de los barrios pobres de Buenos Aires. Otros, en cambio, han expresado sus preocupaciones sociales en un marco más cosmopolita; José Antonio Fernández Muro, por ejemplo —nacido en España pero perteneciente al arte argentino— dejó penetrar en su arte abstraccionista la lucha por los derechos civiles de los negros norteamericanos; una de sus mejores obras, *"Shot in the Back"* (1963) fue inspirada por el asesinato del líder negro Medgar Evers. Los graffiti de su compatriota Sarah Grilo revelan la experiencia neoyorquina de esta artista.

En general, después de experimentar con el arte no figurativo durante varias décadas, muchos artistas hispanoamericanos han estado retornando, al menos parcialmente, a un arte neofigurativo de acentos muy personales. Y ningún ejemplo mejor de esta tendencia que la obra del más célebre pintor y escultor colombiano de este siglo: Fernando Botero (n. 1932). El arte de Botero es un producto único e inconfundible, una "apoteosis de rotundidad", como lo llamara Gilbert Chase (90). Las figuras infladas, obesas, desproporcionadas respecto a los cánones de la pintura clásica, son la marca de fábrica° de este pintor. Profundo conocedor del arte europeo, Botero se dedicó durante un tiempo a emular las obras de tales maestros como El Greco y Rubens, sólo que confiriéndoles las muy generosas dimensiones físicas que corresponden a su particular sentido de la proporción; tal fue el caso de la serie de pinturas que le dedicó a la rolliza° esposa del pintor Rubens. Botero puede, por otra parte, utilizar esa arma formidable de su pincel con intenciones paródicas o sarcásticas, como cuando representa a ciertos arquetipos sociales de su nativa Colombia (obispos, personajes políticos, militares) en una luz caricaturesca en que la gordura° es utilizada con propósitos satíricos. En cuanto a sus esculturas, Botero es capaz de esculpir° un caballo que exhibe el volumen físico de un elefante pero que conserva aún la grácil° agilidad de un caballo. En una exposición escultórica que presentó en Madrid en 1994, Botero colocó° una muestra de sus enormes figuras en el céntrico Paseo de Recoletos de la capital de España, con una invitación al público para que se acercara a las estatuas y las tocara. El impacto que causó aquel despliegue de monumental modernidad fue considerable y produjo varios accidentes de tráfico menores entre los asombrados automovilistas que circulaban por allí.

trademark

plump

corpulence
to sculpt
graceful

placed

Puede decirse que el arte hispanoamericano de las últimas décadas ha continuado siendo un arte derivativo, en el sentido de que ha seguido dependiendo en buena medida de las corrientes estéticas que le han llegado de los Estados Unidos y de Europa. Dentro de esto, sin embargo, ha aparecido una serie de figuras de personalidad única que han encontrado sus caminos después de absorber las influencias foráneas, como lo demuestran los casos de Rufino Tamayo, Carlos Mérida, Wilfredo Lam, Szyzlo, Botero y José Luis Cuevas, entre otros. Al mismo tiempo, si pensamos en las décadas más recientes, las de 1980 y 1990, hay que confesar que se nota la escasez de nuevas personalidades artísticas de primer orden. La espectacular proliferación de opciones artísticas que ha caracterizado a estos últimos años —y es parte de la posmodernidad— parece haber resultado en una incapacidad de ninguna de ellas para imponerse en el escenario artístico.

Literatura e ideología desde la Segunda Guerra Mundial

Durante los años que siguieron a la Segunda Guerra Mundial, Francia mantuvo su rango de país líder de la cultura europea, especialmente en los países hispanoamericanos. En los cafés del barrio latino de París figuras como Jean Paul Sartre, Simone de Beauvoir y Albert Camus adoptaron una postura existencialista ante la crisis de valores que dejó como herencia el conflicto mundial. El existencialismo proclamó los valores humanos como únicos que podían afirmarse en un mundo que se había vuelto absurdo, pero al mismo tiempo afirmaba que el ser humano es un proyecto de ser destinado a nunca alcanzar su plenitud; la angustia que esto genera es a la vez su maldición y su gloria, ya que sólo en esa angustia consigue el individuo reconocer su humanidad. Naturalmente, la posición existencialista genera el inconformismo contra toda norma o dogma que quiera congelar al individuo en una cierta manera de ser, por lo que se identificó a los existencialistas con un atractivo modo de vida libre y bohemio no exento a veces de frivolidad.

El existencialismo encontró una acogida favorable entre los intelectuales y escritores latinoamericanos de la segunda posguerra, especialmente los de izquierda. Muchos de ellos habían superado el romántico entusiasmo por el comunismo que habían sentido en los años 1920 y 1930, y la Unión Soviética de la dictadura de Stalin ya no ofrecía el atractivo de una patria ideológica común. Estos desilusionados huérfanos ideológicos no abandonaron necesariamente el marxismo, pero el existencialismo les ofreció una filosofía que encaraba° el absurdo del mundo que ellos sentían en los huesos, y construía posiciones filosóficas coherentes para lidiar con él. Al propio tiempo, la afición de los existencialistas europeos a expresar sus ideas filosóficas a través de la narrativa y el teatro, creó un nuevo espacio literario en Hispanoamérica por el que entraron vigorosos aires de renovación que se notaron sobre todo en el cuento y la novela.

faced

La literatura narrativa

Obviamente, había llegado el momento de romper el cuasi monopolio que había ejercido la narrativa regional y social en Hispanoamérica. En 1948 aparece en la Argentina la primera novela hispanoamericana inequívocamente influida por el existencialismo de Sartre, *El túnel*, de Ernesto Sábato, y en los años siguientes la posición existencialista afecta a los más variados narradores, desde el cubano Guillermo Cabrera Infante (n. 1929) hasta el argentino Eduardo Mallea. Por otra parte, en la propia Argentina, Jorge Luis Borges (1899–1986) publica en esos años sus colecciones de cuentos más importantes: *El jardín de los senderos que se bifurcan* (1941), *Ficciones* (1944), *El Aleph* (1949), y su compatriota Julio Cortázar (1914–84), parcialmente influido por Borges, da a la luz algunos de sus mejores cuentos: los que aparecen en *Bestiario* (1951), *Las armas secretas* (1959), *Todos los fuegos el fuego* (1966). En México, un original fabulador°, Juan José Arreola (n. 1918), publica su colección de relatos extraños, *Confabulario* (1952). Por encima de sus diferencias, estos narradores tienen en común el hecho de que crean en sus ficciones mundos autónomos sujetos a sus propias leyes; la acción de sus relatos puede ocurrir en París o en Buenos Aires, o en una ciudad o país no identificados, lo cual realmente importa poco, pues no les interesa presentar una realidad geográfica o social determinada, sino una dimensión espacial y temporal abierta a experiencias cuyo único límite es la imaginación del narrador. Lo que les ocurre a los personajes en estos relatos no tiene que ser creíble en términos de la tradicional narración realista, sólo tiene que ser congruente con la atmósfera ficticia que crea el autor libremente. En ellos aparece a menudo lo fantástico, como cuando un personaje de Cortázar, visitante asiduo del acuario del

fable writer

Jorge Luis Borges (Argentina; 1899–1986), el maestro del cuento hispanoamericano contemporáneo.

Jardin des Plantes de París, desarrolla tal fascinación por los axolotl, unos pequeños batracios° que lo miran fijamente desde su prisión de cristal, que llega a transformarse en uno de ellos. Otras veces no es lo fantástico o lo sobrenatural lo que interviene, sino una experiencia absurda que es contada, sin embargo, con completa naturalidad por el narrador, como si se tratase de un hecho normal. Nótese, por ejemplo, como comienza el relato "Una mujer amaestrada°", de Arreola:

froglike animals

tamed

> *"Hoy me detuve a contemplar este curioso espectáculo: en una plaza de las afueras°, un saltimbanqui polvoriento° exhibía una mujer amaestrada. Aunque la función° se daba a ras del suelo° y en plena calle, el hombre concedía la mayor importancia al círculo de tiza° previamente trazado°, según él, con permiso de las autoridades."*

*the outskirts/dust-
covered acrobat/
show/at ground level
chalk/drawn*

"Realismo mágico" se le ha llamado a este modo de contar, en el que los hechos fantásticos o extraños son descritos por el autor con la naturalidad y el detalle de la técnica realista, creando así la ilusión de un mundo semejante al de los sueños o al de las pesadillas°. Franz Kafka, el gran escritor checo de lengua alemana, es el reconocido maestro de esta aproximación, luego muy utilizada por los grandes narradores que aparecieron en Hispanoamérica en los años 60.

nightmares

El maestro Jorge Luis Borges

Pero el mayor creador de mundos ficticios autónomos ha sido Jorge Luis Borges, el más importante cuentista del siglo XX en Hispanoamérica. Sus narraciones son a menudo cuentos-ensayos en los que una idea insólita°, atrevida, es desarrollada hasta sus últimas consecuencias por la prodigiosa imaginación del autor, o es invertida o tergiversada° en un juego irónico que revela el radical escepticismo de quien la cuenta. Borges, un agnóstico consumado, no creía que fuese posible llegar a la verdad absoluta y por eso convertía los sistemas filosóficos y religiosos en hipótesis intrigantes que hacía parte de sus ficciones, como un fascinante ejercicio intelectual en el que se regodeaba° sin pretender tomarlo en serio; por eso se complacía° en el puro placer estético de construir perfectas estructuras ficticias que luego él mismo saboteaba° sutilmente con su delicada ironía y su sentido del humor. En "Funes el memorioso", por ejemplo, Borges convierte el deseado don° de tener una memoria privilegiada en una verdadera maldición cuando su personaje, Funes, se encuentra incapaz de olvidar nada de lo que percibe a través de sus sentidos°. En otro de sus cuentos más característicos, "Tlön, Uqbar, Orbis Tertius", una sociedad secreta de eruditos° decide escribir una enciclopedia en la que se crea un mundo de orden perfecto, Tlön, en el que todas las eventualidades están previstas y resueltas; un mundo tan atractivo en su falta de incertidumbre° (pues se obtiene la respuesta a cualquier pregunta posible consultando el tomo apropiado de la enciclopedia), que al cabo empieza a influir en el mundo de la realidad, hasta que toda la humanidad, fascinada, acaba por rendirse° a él. El mundo perfecto creado en las páginas de la enciclopedia de Tlön expresa la insatisfacción de Borges con cualquier esquema que ofrezca la promesa de un orden verdadero y absoluto; también su desconfianza hacia los sistemas utópicos que, como el marxismo y el nazismo, fascinaban a muchas personas en la década de 1940.

unusual

distorted

*in which he found
pleasure/he took
pleasure
sabotaged*

gift

senses

scholars

uncertainty

ends up surrendering

Iniciadores de una nueva novela

La temática social no desapareció de la ficción latinoamericana. En 1958 apareció una de las mejores novelas indigenistas, *Los ríos profundos*, del peruano José María Arguedas (1913–1969). Pero ahora los temas de la tradicional novela social van a ser frecuentemente tratados de manera más moderna, abandonando las convenciones del realismo y empleando las técnicas experimentales que se habían estado usando en Europa y en los Estados Unidos desde los años 20. Los narradores hispanoamericanos comienzan por fin a ensayar la manipulación de planos temporales, los experimentos con la estructura y con el punto de vista narrativo, las técnicas heredadas del surrealismo, como el "fluir de la conciencia"; a menudo revelarán la presencia de lo mágico y lo mítico en el mundo contemporáneo. El tema del brutal caudillo latinoamericano, por ejemplo, será tratado de modo novedoso por el guatemalteco Miguel Angel Asturias (1899–1974) en *El señor presidente* (1946), donde el macabro retrato del tirano que gobierna el país de la novela tiene las deformaciones de un cuadro expresionista. Asturias mismo exploró en otra novela, *Hombres de maíz* (1949), las dimensiones míticas del mundo indígena americano, en tanto el narrador cubano-francés Alejo Carpentier (1904–1980) hacía lo mismo con la cultura africana de Haití en *El reino de este mundo* (1949). Asturias fue el segundo escritor hispanoamericano en recibir el Premio Nobel de Literatura, en 1967.

El boom

En 1955 apareció en México una novela que marcó la madurez de ese proceso: *Pedro Páramo*, de Juan Rulfo (1918–1986). El tema, una vez más: el del inhumano hacendado que explota sin piedad a sus trabajadores, viola a sus mujeres, soborna° metódicamente a jueces, a sacerdotes, incluso a los soldados de la Revolución Mexicana que irrumpen en su hacienda. Sólo que, entre otras cosas, los personajes de la novela, muertos todos desde hace tiempo, hablan desde sus tumbas, y el brutal Pedro Páramo es un personaje de gran complejidad que vive atormentado por el amor de una mujer que se le ha escapado de las manos por la vía de la locura. Se trata de una novela-rompecabezas° de complicadísima estructura, formada por fragmentos aparentemente inconexos que Rulfo organiza subterráneamente con la precisión de un relojero°. Este dominio magistral de la técnica novelística fue un anuncio de la explosión de talento narrativo que ocurrió en Latinoamérica en la década de 1960 y que es conocida con el onomatopéyico título de "el *boom*", acuñado por el crítico uruguayo Emir Rodríguez Monegal. En unos pocos años, Latinoamérica se situó al frente de la narrativa mundial.

El *boom* fue el producto de una afortunada coalescencia de factores: en la década de 1960 un grupo de narradores latinoamericanos alcanza su plenitud creativa casi simultáneamente, produciendo una lista de obras de ficción de una calidad y originalidad sin precedentes en esta literatura. El mapa del *boom* fue extenso: desde la Argentina, Chile, Uruguay y Paraguay hasta Perú, Colombia, México y Cuba, y sus protagonistas incluyeron tanto a autores que ya habían estado publicando obras de importancia desde los años 50 como a talentos más

bribes

jigsaw puzzle

watchmaker

jóvenes. El uruguayo Juan Carlos Onetti (1909–1994), el mayor del grupo, contribuyó con dos soberbias novelas, *El astillero* (1961) y *Juntacadáveres* (1964); el autor de *El túnel*, Ernesto Sábato, tenía ya 51 años cuando apareció su libro más importante y ambicioso, *Sobre héroes y tumbas* (1961), en tanto que el ya muy admirado poeta cubano José Lezama Lima (1912–1976) publicaba, tarde en su vida, una obra maestra narrativa, *Paradiso* (1966). Cortázar (n. 1914), produce por su parte la novela más experimental del período, *Rayuela* (1963), mientras que el peruano Mario Vargas Llosa (n. 1936) se consagra a los 26 años con la publicación de *La ciudad y los perros* (1962). En este propio año aparece la novela que consagra al mexicano Carlos Fuentes (n. 1928), *La muerte de Artemio Cruz*.

Guillermo Cabrera Infante (Cuba; n. 1929), uno de los más distinguidos narradores del *boom* hispanoamericano.

El clímax del *boom* llegó con la aparición de *Cien años de soledad* (1967), del colombiano Gabriel García Márquez, que llegaría a ser la novela más comentada y vendida del mundo hispano después del Quijote. En esta novela magistral —la saga de la familia Buendía en el escenario tropical del pueblo de Macondo— el realismo mágico alcanza su culminación ya que, como en escala más modesta habían hecho antes Asturias y Carpentier, el mundo de la leyenda y el mito, de lo extraño y lo sobrenatural, son inyectados en el escenario hispanoamericano con tan natural maestría que la comunidad de Macondo parece pertenecer por igual al plano de la realidad y al de la fantasía. Uno de los secretos de García Márquez es su perfecto control del punto de vista: el narrador de *Cien años de soledad* pertenece plenamente al mundo maravilloso que narra, de modo que puede dar cuenta con igual naturalidad de una lírica lluvia de flores que cae sobre el pueblo de Macondo como de la cola de cerdo° con que nacen algunos miembros de la familia Buendía. Al año siguiente de la publicación de *Cien años de soledad*, apareció esa otra explosión de virtuosismo lingüístico que fue *Tres tristes tigres*, del cubano Guillermo Cabrera Infante (n. 1929). El principal ciclo de las novelas del *boom* se cierra en 1970, con *El obsceno pájaro de la noche*, del chileno José Donoso (1924–1996).

pigtail

El boom *y la política*

Varios de los más importantes autores del *boom* y el círculo de escritores, poetas y críticos que los rodeaba llegaron a formar una especie de cofradía° literaria que se movía en un ámbito internacional. Algunos eran exilados del clima intelectualmente estrecho de sus respectivos países y vivían o residían por largos períodos en París, Barcelona o en la capital de México. Uno de los narradores del grupo, José Donoso, escribió una interesante historia personal del "*boom*", que recoge la excitante atmósfera intelectual que se creó entre los escritores de aquellos años. Según Donoso, el espíritu de lo que luego sería el *boom* se notó por primera vez en el Congreso de Intelectuales celebrado en la Universidad de Concepción, Chile, en 1962, al que asistieron escritores y críticos de varios países, encabezados por

brotherhood

Pablo Neruda y Carlos Fuentes. Este último, en particular, venía cautivado por la aún reciente revolución cubana y consiguió comunicar su entusiasmo a los asistentes al Congreso. Al clima de fervor literario que se generó en esos días, se añadió así un lazo de unión ideológica: la común admiración de casi todos estos escritores hacia Fidel Castro y su revolución.

El gobierno cubano, por su parte, supo ver el valor que aquello tenía para promocionar internacionalmente la causa revolucionaria y se dedicó a atraer a intelectuales de todas partes del mundo, que iban a La Habana para ser testigos de los logros de la revolución. La capital de Cuba también se hizo centro de una intensa actividad editorial presidida por la Casa de las Américas, editora° del gobierno que se dedicó a publicar a autores latinoamericanos y a conceder premios literarios abiertos a todos los escritores del Hemisferio. Pero aparte de lo que hiciera el régimen cubano para atraerse a los intelectuales latinoamericanos, es cierto que la revolución de Castro vino a llenar un vacío que era real: les ofrecía a los intelectuales latinoamericanos un nuevo y atractivo hogar ideológico, una "revolución en libertad", ausente de los métodos represivos del sistema soviético y que al mismo tiempo proclamaba su carácter de revolución autóctona, hecha en Cuba para los cubanos y, quizás, en el futuro, también para los demás latinoamericanos. El hecho de que la pequeña Cuba pudo hacer y consolidar su radical programa revolucionario a sólo noventa millas de los Estados Unidos y con la oposición de éstos, no hizo sino añadir mayor atractivo al régimen de Fidel Castro.

El entusiasmo por la revolución cubana se fue atemperando°, sin embargo, a medida que el gobierno cubano evolucionaba hacia el comunismo y la dictadura y, tras romper completamente con los Estados Unidos, se hacía cada vez más dependiente, económica y militarmente, de la Unión Soviética. Este proceso de desencanto culminó con el célebre "caso Padilla" en 1971. Heberto Padilla era un poeta cubano que, como tantos otros escritores, se había puesto al servicio de la revolución. Sus problemas empezaron en 1967, cuando publicó una reseña elogiosa° de *Tres tristes tigres*, la novela de Guillermo Cabrera Infante, publicada en España. El hecho de que Cabrera Infante era ya para entonces un escritor disidente que se había exiliado en Londres, indispuso a Padilla con las autoridades cubanas. Luego, en 1968, la Unión de Escritores de Cuba —que como los demás organismos culturales de la isla era parte del aparato estatal— le concedió a Padilla un premio por su libro *Fuera de Juego*. El jurado que concedió el premio era, sin embargo, un jurado internacional de escritores y los miembros más ortodoxos de la Unión de Escritores —encabezados por el poeta Nicolás Guillén— trataron, sin éxito, de que se reconsiderara la concesión del premio ya que algunos de los poemas que contenía el libro podían interpretarse como una crítica velada° al régimen de Castro. El resultado de la controversia fue que en marzo de 1971 Padilla fue arrestado por la policía secreta de Castro y mantenido en prisión durante más de un mes hasta que accedió a firmar una carta en que se acusaba a sí mismo de una serie de actitudes y actos contrarrevolucionarios. Conducido al edificio de la Unión de Escritores, efectuó una confesión pública en la que inculpaba a otros escritores, incluyendo a Lezama Lima (que desde aquel momento no pudo ya publicar nada en Cuba). Estos hechos provocaron una indignada reacción internacional entre los más prestigiosos intelectuales de izquierda, incluyendo a tales luminarias como Jean Paul Sartre, Simone de Beauvoir,

publisher

began to cool

laudatory book review

veiled

Italo Calvino, Susan Sontag y Octavio Paz. Muchos de los que habían estado antes en Cuba como invitados del gobierno firmaron ahora cartas y telegramas en los que mostraban su desmayo ante los métodos estalinistas° que había usado el régimen cubano en el caso Padilla. Castro reaccionó con indignación y los firmantes° de aquellas protestas fueron considerados de ahí en adelante personas *non gratas* en Cuba. El caso Padilla produjo un cisma° ideológico entre los autores del *boom*, dividiéndolos, en las palabras de José Donoso, "en bandos amargos e irreconciliables" (88); Mario Vargas Llosa y Octavio Paz, por ejemplo, se hicieron a continuación duros críticos del castrismo, en tanto Cortázar y García Márquez continuaron dándole un apoyo poco menos que incondicional; la mayoría de ellos optó por distanciarse en mayor o menor medida del régimen de La Habana. En todo caso, se perdió la camaradería que había sido uno de los signos más distintivos del *boom;* casi todos sus miembros continuaron escribiendo obras de mérito, pero había pasado el apogeo de los años sesenta.

Stalin-like

signatories

schism

El posboom

El virtuosismo desplegado por esos narradores impuso, por otra parte, niveles de excelencia que los escritores que vinieron luego tuvieron que esforzarse en emular. A la vez, el prestigio del *boom* abrió puertas a los escritores más jóvenes, que ahora podían publicar sus obras con mayor facilidad. Una legión de profesores universitarios de Europa y Norteamérica escudriñaba° ahora con avidez° la escena literaria latinoamericana a la espera de la aparición de nuevos talentos narrativos dignos de recibir atención crítica y ser traducidos. Entre los escritores del llamado "*posboom*" que se beneficiaron se destacan en particular el argentino Manuel Puig (1939–1990), prematuramente desaparecido, el peruano Alfredo Bryce Echenique (n. 1939) y la chilena Isabel Allende (n. 1942). Esta última alcanzó súbitamente la fama internacional con *La casa de los espíritus* (1982), que la reveló como una discípula de García Márquez con personalidad propia. Bryce Echenique realizó una irónica, a veces paródica crítica de la aristocracia limeña en *Un mundo para Julius* (1970) y en sus cuentos y novelas posteriores ha mostrado ser un maestro de la sátira y el humor sutil. Manuel Puig, por su parte, inició una nueva aproximación a la novela que, acudiendo a un lenguaje popular, tomó cuenta de la enorme influencia ejercida por los modernos medios de comunicación, como el cine y la radio, en la vida del latinoamericano promedio. *La traición de Rita Hayworth* (1968) y *Boquitas pintadas* (1969) lo hicieron célebre. *El beso de la mujer araña* (1976) fue llevada al cine con un éxito de crítica que le valió un premio Oscar a William Hurt. También Isabel Allende vio *La casa de los espíritus* convertida en película por Hollywood.

scrutinized

eagerness

La poesía

La importancia que alcanzó la narrativa hispanoamericana en este período eclipsó hasta cierto punto a la poesía, que ha sido tradicionalmente el género por excelencia de la literatura hispanoamericana, aunque la producción poética de primera calidad fue todavía considerable. Una de las corrientes poéticas más valiosas se distinguió por practicar una aproximación altamente refinada e intelectual que intentaba, en las palabras del crítico José Olivio Jiménez, "una penetración de la realidad... en busca de su dimensión última o trascendente..." (23); esta poesía, inevitablemente hermética, difícil, tuvo su foco más organizado en La Habana, en torno a la revista *Orígenes* (1944–1956), dirigida por el maestro José Lezama Lima (1912–1976), que luego se consagraría como narrador con *Paradiso*. No faltaron, por otra parte, los poetas hispanoamericanos que pusieron su poesía al servicio de las causas sociales, casi siempre situándose a la izquierda en el espectro ideológico. Como sucedió en la narrativa, la revolución presidida por Fidel Castro dio especial vigor a este tipo de actitud poética. El caso más conocido fue el del nicaragüense Ernesto Cardenal (n. 1925) que combinó su condición de religioso y sus ideas marxistas en un credo que lo llevó a identificarse con la causa sandinista (fue Ministro de Cultura del gobierno sandinista) y a escribir poesía de militancia social. Un caso de compromiso con la amenazada humanidad del hombre contemporáneo ha sido el del importante poeta peruano Carlos Germán Belli (n. 1927), notable especialmente por su visión negativa de la irrupción del mundo moderno y la tecnología en la vida del individuo, como se muestra en su *Oh hada cibernética* (1962). Una visión también pesimista marca la poesía del mexicano José Emilio Pacheco (n. 1939), uno de los más talentosos poetas hispanoamericanos de estas últimas décadas; obsesionado especialmente por la idea del tiempo y sus devastadores efectos, Pacheco ha replanteado° en un contexto moderno la famosa observación de Heráclito[6]: "Nadie se baña dos veces en el mismo río." Los seres humanos, las cosas —nos dice Pacheco—, habitan un mundo de realidades efímeras, integradas por momentos irrecuperables: "Pero nosotros / ya nunca más veremos / ese dulce paraje° que fue nuestro". Si, por otro lado, tratamos de encontrar poetas que por la calidad de su producción sean dignos sucesores de César Vallejo y de Pablo Neruda, dos nombres parecen tener asegurado un puesto de primera fila: el del mexicano Octavio Paz (1914–1998) y el del chileno Nicanor Parra (n. 1914).

has raised again (margin gloss for replanteado°)

place (margin gloss for paraje°)

⟍ *Octavio Paz*

Octavio Paz fue el hombre de letras latinoamericano más completo y polifacético de la segunda mitad del siglo XX. En él coincidieron el poeta, el ensayista, el crítico literario, el investigador, el teórico de la literatura, en un equilibrio humanístico —renacentista, podría decirse— muy poco común en nuestro tiempo. En su juventud tuvo, como otros, su idilio con las ideas de la izquierda, su *love affair* con la causa de la república española y con el marxismo; luego, sobre todo a partir del pacto de Stalin con Hitler, adoptó una línea ideológica independiente de la que no volvió a apartarse. Condenó con metódica consistencia a todos los sistemas dictatoriales de derecha o de izquierda que han tratado de imponer sus dogmas por la fuerza, en Latinoamérica o fuera de ella, incluyendo el régimen de Fidel Castro. Fue así, un hombre comprometido con su tiempo y, ciertamente, con la cultura mexicana, sobre la que meditó con particular brillantez. Su ensayo *El laberinto de la soledad* (1950), una lúcida indagación° sobre la naturaleza del ser mexicano y sus mecanismos psicológicos, se ha convertido en un clásico del género. *El arco y la lira*, ensayo publicado en 1956, fue su más metódica meditación teórica sobre la naturaleza de la poesía.

inquiry (margin gloss for indagación°)

La trayectoria poética de Octavio Paz fue extremadamente compleja y no intentaremos resumirla aquí. Algunos temas básicos persisten en reaparecer en ella: el tema del amor, a menudo fuertemente inyectado de erotismo, el del tiempo, el de la naturaleza bipolar y equívoca de la realidad, el del poema como realidad autónoma... En *Piedra del sol* (1957), el libro que lo consagró como poeta, el tema central, el del amor, se halla enlazado° a una noción circular del tiempo como una sucesión de ciclos que se repiten; con ello Paz entra en la cronología mítica de la cultura azteca ("Piedra del sol" es una alusión al calendario azteca y el poema contiene 584 versos, correspondientes al número de días que dura el ciclo sinódico del planeta Venus). Pero no obstante su compromiso con sus raíces mexicanas, Paz fue un poeta perennemente sintonizado con lo universal y con las corrientes intelectuales más importantes, tanto del Oriente como del Occidente. Su estadía en París en 1945 reforzó sus contactos con el existencialismo y el surrealismo, bien presentes en los libros que publicó en la década de 1950. Luego, su residencia como diplomático en la India (1962–1968) lo acercó a la filosofía oriental, como se refleja, por ejemplo, en *Ladera este* (1969). Su interés en el estructuralismo y en las teorías de Claude Lévi-Strauss[7] no sólo le hicieron encontrar un nuevo tema para sus ensayos sino que añadió una sólida base teórica a su concepción de la poesía como un sistema autónomo, autorreferente, de signos lingüísticos. Su búsqueda de una unidad trascendente —la que podría resolver armónicamente todas las inquietantes oposiciones que el poeta ve a su alrededor—, fue a menudo angustiosa, pero aun en los momentos en que el mundo le pareció absurdo ("no hay redención, no vuelve atrás el tiempo / los muertos están fijos en su muerte"), aun en esos momentos Paz afirmó, al menos, la capacidad redentora, en términos puramente humanos, del amor ("el mundo nace cuando dos se besan"), el amor que hace posible que "por un instante inmenso" desaparezcan las barreras "que dividen al hombre de los hombres / al hombre de sí mismo".

tied

complicated amor

Nicanor Parra

Caso aparte es el de Nicanor Parra (n. 1914). La poesía de Parra no anda en busca de verdades últimas ni de paraísos perdidos; su lenguaje poético renuncia al refinamiento y adopta un inconfundible tono prosaico y coloquial; en sus poemas vemos al ser humano inmerso en el absurdo de la vida, en el ambiente vulgar de su existencia diaria. Hacer buena poesía con esos materiales no es nada fácil, hacer con ellos gran poesía es poco menos que un milagro, y esto es precisamente lo que consigue Nicanor Parra. "Antipoemas" llamó a esta manera suya de hacer poesía; la falta de sentido de la existencia se revela en ellos a través de la pedestre° falsedad que revelan las convenciones sociales y los ritos del vivir diario, como, por ejemplo, el inútil memorizar de datos históricos que en las escuelas les obligan a hacer a los niños. En ocasiones Parra llega a mostrar un desesperanzado nihilismo no lejano al del último César Vallejo: "no veo para qué / continuamos filmando la película. / Pido que se levante la sesión°". Pero es más común en este poeta que el escepticismo se cubra con la máscara de la parodia, la irreverencia, el chiste. Su "Padre nuestro"° es una oración en que le dice a Dios que no sufra más por los hombres, en "El anti-Lázaro" le pide a Lázaro que no resucite°, pues lo haría para regresar a un mundo que no vale la pena:

pessimista

vulgar

may the meeting be adjourned

Lord's Prayer

not to resurrect

it's not good for you,
old pal

"no te conviene, viejo, no te conviene"°, le dice en íntimo tono familiar. Pero este Nicanor Parra irreverente es un poeta natural, casi a pesar de sí mismo. En *Poemas y antipoemas* (1954), el libro que fijó su estilo inconfundible, hay, junto a poemas en los que irrumpe la "antipoesía", otros llenos de genuinas reminiscencias sentimentales. En "Es olvido", por ejemplo, evoca la muerte de una

hardly knew/finds out

without a moment's
hesitation

mujer a la que apenas conoció° pero que —ahora se entera°— lo amó intensamente ("debo creer, sin vacilar un punto°, / que murió con mi nombre en las pupilas"). Muchos años después, en su libro Hojas de parra (1985), título equívoco que admite una doble lectura[8], Nicanor Parra, de regreso ya del fervor revolucionario radical de los años 60, habría de cerrar un círculo en el que la

Speaking of shotguns

to pave

ternura nunca estuvo lejos. En "A propósito de escopeta°" nos diría que hay que pavimentar° la cordillera de los Andes, pero no con cemento ni con sangre: "hay que pavimentarla con violetas".

NOTAS

[1] El término "figurativo" se refiere a cualquier cuadro o escultura en que se representan personas, objetos o animales de manera reconocible.

[2] "Abstraccionismo" es el término general para aludir a la pintura no figurativa que comenzó a principios del siglo XX con la obra del gran pintor ruso nacionalizado francés Wassily Kandinsky (1866–1944). Fue uno de los movimientos artísticos más importantes del siglo XX.

[3] "Neofigurativo" alude a obras del arte moderno en las que, dentro de la tradición figurativa, la representación de los objetos refleja la visión subjetiva del artista contemporáneo, casi siempre influida por los movimientos de vanguardia del siglo XX.

[4] Franz Kafka (1883–1924), el gran escritor en lengua alemana nacido en Praga, hoy República Checa, ha sido uno de los narradores más influyentes del siglo XX con su visión alucinante de una realidad contemporánea carente de sentido. Sus novelas principales —Der Prozess (The Trial), Das Schloss (The Castle) y Amerika— fueron publicadas después de su muerte.

[5] "Expresionismo abstracto" ha sido el término preferido en los Estados Unidos para el moderno abstraccionismo que floreció en Nueva York también en las décadas de 1940 y 1950 y tuvo sus principales figuras en Arshile Gorky (1905–1948) y en Jackson Pollock (1912–1956); ambos pintores fueron influidos por el surrealismo y su concepto de la obra de arte, no como un producto terminado sino como representación del proceso creativo mismo, el cual obedece a los impulsos instintivos que brotan automáticamente del subconsciente del artista. Pollock llevó hasta sus extremos esta concepción del arte con su *action painting*, en el que el artista deja caer al azar gotas y chorros de pintura (*drops and spurts of paint*) sobre el lienzo (*canvas*).

[6] Heráclito (*Heracleitus*) (cerca de 540–480 a.C.): filósofo griego.

[7] Claude Lévi-Strauss (n. 1908), eminente antropólogo francés asociado con la teoría estructuralista. Lévi Strauss postula la existencia de estructuras subyacentes (*underlying structures*) en la lengua y en los procesos culturales que son responsables, entre otras cosas, de la habilidad del lenguaje para transmitir significados y de los modos de comportamiento del individuo en la sociedad. El punto de partida de Lévi-Strauss fue la teoría lingüística estructuralista primero planteada por el lingüista suizo Ferdinand de Saussure (1857–1913) y desarrollada por Roman Jakobson y otros lingüistas de la Escuela de

Praga. Los estructuralistas europeos (hay también una escuela estructuralista norteamericana) postulan que las oposiciones binarias (e.g., blanco/negro, alto/bajo, etc.) son los componentes básicos de toda estructura, es decir, el mecanismo fundamental que hace posible los procesos racionales. Los conceptos, según los estructuralistas, no significan nada por sí mismos sino en cuanto entran a formar oposiciones binarias, unos con otros, dentro de un sistema o estructura (e.g., "alto" sólo tiene sentido como término opuesto a "bajo").

[8] "Hojas de parra" puede significar, al mismo tiempo, *vine leaves* y *pages* by Parra.

Ejercicios y actividades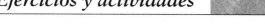

A. Preguntas sobre la lectura

1. ¿Qué tipos de movimientos artísticos se impusieron en Latinoamérica a partir de la Segunda Guerra Mundial?

2. ¿Por qué habló José Luis Cuevas de la existencia de una "cortina de cactus" en México?

3. ¿Quién fue Frida Kahlo?

4. En la pintura peruana, ¿qué contraste puede verse entre la obra de Oswaldo Guayasamín y la de Fernando de Szyszlo?

5. ¿Qué tipo de síntesis se observa en la obra del cubano Wilfredo Lam?

6. ¿Por qué es inconfundible la obra artística de Fernando Botero?

7. ¿Por qué no se desarrolló un arte nativista de importancia en los países del cono sur de Suramérica?

8. ¿Qué movimiento filosófico procedente de Francia influyó en muchos intelectuales latinoamericanos después de la Segunda Guerra Mundial? ¿Qué valores afirmaba especialmente ese movimiento?

9. ¿Por qué se desencantaron con el comunismo soviético muchos intelectuales de Hispanoamérica?

10. Mencione dos aspectos en que escritores como Borges y Cortázar se apartaron de la narrativa regional que había prevalecido antes de la Segunda Guerra Mundial.

11. ¿Qué significa el término "realismo mágico"?

12. ¿A qué fenómeno se refiere el término *boom* de la narrativa hispanoamericana?

13. ¿Qué significado tuvo la revolución cubana para los escritores del *boom*?

14. ¿Qué importancia tuvo el "caso Padilla"?

15. ¿Qué evolución ideológica experimentó Octavio Paz?

16. Mencione dos rasgos que distinguen a la poesía del chileno Nicanor Parra.

B. Asociaciones. Indique los sustantivos que corresponden a estas definiciones.

bienal	caballete	cisma	cofradía
indagación	rolliza	faceta	gordura
lienzo	maestría	mendigo	reseña
retrato	exhibición	exposición	

1. _____ Exposición de arte que se celebra cada dos años.
2. _____ Material de tela sobre el cual pinta el pintor.
3. _____ Extraordinaria habilidad para realizar una obra.
4. _____ Persona pobre que pide dinero habitualmente.
5. _____ Peso excesivo.
6. _____ Presentación de un grupo de obras artísticas en un
    museo.
7. _____ Pintura que representa la cara de una persona.
8. _____ Acto de investigar un problema o cuestión.
9. _____ Dícese de una persona robusta.
10. _____ Una asociación de personas que comparten ciertos
    intereses.
11. _____ División que se produce en un movimiento o grupo.
12. _____ Artículo que comenta los méritos y los defectos de una
    obra literaria.

C. Complete las siguientes oraciones.

1. Miguel Angel Asturias y García Márquez recibieron el _____
   Nobel de literatura.
2. Anoche tuve un sueño en el que aparecían monstruos; tuve una

   _____ .

3. La vista y el oído son dos de los cinco _____ .
4. A partir de 1940 el arte _____ empezó a declinar en México.

E. Selección. Encuentre en la lista las oraciones que describen a estas figuras.

1. ____ Rufino Tamayo

    a. Fue el más famoso de los filósofos existencialistas.

2. ____ Carlos Mérida

    b. Novelista peruano, autor de *La ciudad y los perros*.

3. ____ Jean Paul Sartre

    c. Poeta chileno, autor de "antipoemas".

4. ____ Mario Vargas Llosa

    d. Su novela *La casa de los espíritus* fue llevada al cine.

5. ____ Isabel Allende

    e. Su arte fue ignorado durante muchos años en México.

6. ____ Manuel Puig

    f. Fue el más importante muralista de Guatemala.

7. ____ Nicanor Parra

    g. William Hurt protagonizó una película sobre una de sus obras.

F. Definiciones. Ahora, dé usted sus propias definiciones de estos términos.

1. un mural

_____

2. un cuadro abstracto

_____

3. un autorretrato

_____

4. una pintura hiperrealista

_____

G. Opiniones e hipótesis

1. ¿Cuáles son sus preferencias personales sobre el arte moderno? ¿Hay algunos de los movimientos o escuelas artísticas que le interesen en particular?

2. Cuando usted visita un museo, ¿tiene tendencia a pasar más tiempo contemplando obras del siglo XX u obras de siglos anteriores? ¿Puede explicar la razón?

3. Proposición polémica: si a una persona le preguntan "¿Qué tipo de pintura le gusta más?", y responde "La pintura impresionista", esto quiere decir que habla un neófito (*inexperienced person*) en materia de arte; más o menos como si en un restaurante chino mostramos preferencia por la sopa Wanton. ¿Usted qué cree?

4. Hay quienes dicen que muchas pinturas modernas no tienen gran mérito ya que cualquier persona podría pintarlas. ¿Está usted de acuerdo?

5. Se dice a veces que un escritor debe escribir sobre temas que conoce por experiencia propia. ¿Cree usted que éste es un criterio estrecho? ¿Por qué?

12

Centroamérica y México

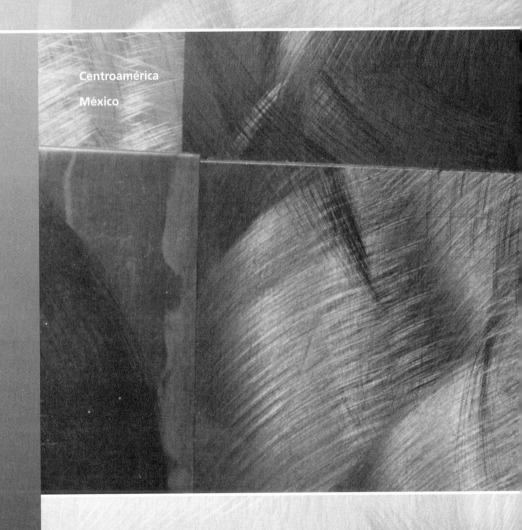

Centroamérica

México

Cronología

CENTROAMÉRICA

1823 Tras una breve incorporación a México, los territorios centroamericanos constituyen una nación independiente, las Provincias Unidas del Centro de América.

1838 La unión se disuelve y se crean cinco repúblicas independientes: Guatemala, Honduras, El Salvador, Nicaragua y Costa Rica.

1903 Panamá se independiza de Colombia con la protección de los Estados Unidos, que obtienen del nuevo gobierno panameño la autorización para la construcción de un canal transoceánico.

1901–1933 Período en el que los Estados Unidos ejercen considerable influencia política y económica en Centroamérica y el Caribe, acudiendo a veces a intervenciones militares. Compañías norteamericanas, como la *United Fruit Company*, realizan grandes inversiones en la región, sobre todo en ferrocarriles, instalaciones portuarias y plantaciones de café y bananas.

1914 Apertura del Canal de Panamá, bajo control norteamericano.

1948–1949 Con la primera presidencia de José Figueres, Costa Rica se consolida como nación democrática y lleva a cabo la disolución del ejército.

1954 En Guatemala, un pequeño contingente de guatemaltecos entrenados por la Agencia Central de Inteligencia norteamericana, lanza una invasión desde Honduras contra el gobierno izquierdista de Jacobo Arbenz. El ejército guatemalteco se niega a darles armas a los sindicatos obreros y le pide la renuncia al presidente Arbenz, que sale hacia el exilio.

1960–1992/96 Período convulso de violencia y actividades guerrilleras en la región, especialmente en Nicaragua, El Salvador y Guatemala, con la Cuba de Fidel Castro ejerciendo considerable influencia. En Nicaragua, la guerrilla sandinista, como parte de una coalición liberal, derrota al dictador Anastasio Somoza en 1979 y establece un gobierno de orientación marxista que sigue el modelo cubano, bajo el liderazgo de Daniel Ortega. Ya en el poder, Ortega enfrenta grandes dificultades producto de la incompetencia del régimen, la hostilidad de los Estados Unidos y la ayuda que la administración de Reagan presta a la "contra", la guerrilla que se opone a los sandinistas. Ortega pierde las elecciones de 1990 frente a una coalición centrista liderada por Violeta Chamorro. En El Salvador, 13 años de lucha fratricida terminan cuando la guerrilla marxista, el Frente Farabundo Martí para la Liberación Nacional (FLMN), firma un acuerdo de paz con el gobierno salvadoreño y se incorpora a la vida política del país. En Guatemala, 30 años de guerra civil que le costó la vida a unas 200.000 personas, terminan cuando se firma por fin la paz en 1996.

1996– La relativa tranquilidad política es trágicamente perturbada por una serie de catástrofes naturales que siembran la destrucción en varios de estos países, como el huracán "Mitch", que en 1998 causó enormes daños en Honduras, Nicaragua y Guatemala.

MÉXICO

1824–1833 México, república federal bajo la Constitución de 1824, pero sigue un período inestable de pugnas (*conflicts*) entre políticos conservadores y liberales; el ejército adquiere preponderancia y el general Antonio López de Santa Anna surge como principal figura.

1833–1855 La era de Santa Anna, en la cual México pierde la mitad de su territorio a manos de los Estados Unidos.

1855–1861 Una era de reformas liberales bajo el liderazgo de Benito Juárez. Se promulga la Constitución de 1857. La violenta oposición conservadora resulta en una guerra civil, la guerra de la Reforma (1858–1861), en la que triunfa Juárez.

1864–1867 Incapaz de hacer pagos de su deuda exterior, México es ocupado por tropas francesas que imponen a Maximiliano de Austria como emperador.

1867–1872 Retirada y derrota de las tropas francesas. Maximiliano es ejecutado. Juárez vuelve al poder hasta su muerte en 1872.

1876–1911 La era de Porfirio Díaz. Díaz gobierna con mano dura, reeligiéndose una y otra vez.

1910–1920 Período más violento de la Revolución Mexicana. Díaz renuncia en 1911. Francisco Madero, primer presidente de la Revolución, es traicionado y asesinado por Victoriano Huerta en 1913. Los líderes revolucionarios se alían contra Huerta, que es derrocado en 1914. La Revolución se divide entonces en dos facciones principales: la de Venustiano Carranza y Álvaro Obregón, y la más populista de Pancho Villa y Emiliano Zapata. Villa es derrotado por Obregón en la batalla de Celaya (1915), con lo que triunfa la facción más moderada de la Revolución. Se promulga la socialmente avanzada Constitución de 1917. Zapata es asesinado en 1919.

1920–1934 Modesto progreso en la situación agraria y social bajo las presidencia de Obregón (1920–1924) y bajo la era de Plutarco Elías Calles (1924–1934); caudillismo y corrupción en el gobierno; bajo Calles, además, conflictos con la Iglesia Católica, que resultan en la "rebelión de los cristeros" (1926). Calles funda un partido único que domina la vida política mexicana.

1934–1940 Elegido presidente en 1934, Lázaro Cárdenas inicia un radical programa populista y nacionalista, con énfasis en la reforma agraria.

1940–1982 Con unas pocas excepciones, los gobiernos mexicanos que suceden al de Cárdenas dan un giro (*take a turn*) hacia la derecha. El partido del gobierno, con el nuevo nombre de Partido Revolucionario Institucional (PRI), gana invariablemente las elecciones. 1968: masacre de estudiantes universitarios cuando protestaban en las calles de la Ciudad de México, en vísperas (*on the eve*) de los Juegos Olímpicos de ese año.

1976–1982 *Boom* petrolero que a la larga crea una grave crisis económica.

1982–1994 Importantes rectificaciones en la política económica bajo Miguel de la Madrid (1982–1988) y Carlos Salinas de Gortari (1988–1994). Salinas gana por un minúsculo margen, mostrando la creciente debilidad del partido del gobierno.

1994– Comienza la rebelión zapatista en el estado de Chiapas, coincidiendo con la instauración del Tratado de Libre Comercio (NAFTA). El candidato presidencial del PRI, Luis Donaldo Colosio, es asesinado.

1994–2000 Ernesto Zedillo sustituye a Colosio como candidato del PRI y es elegido presidente al comienzo de una grave crisis financiera que es superada (*overcome*) con la ayuda de una substancial línea de crédito extendida por los Estados Unidos.

2000– Vicente Fox, el candidato del Partido de Acción Nacional (PAN), de ideología conservadora, derrota al candidato del gobierno, poniendo así fin a 70 años de gobiernos del PRI.

Centroamérica

Como antes vimos, Centroamérica fue anexada brevemente por México bajo el gobierno de Agustín de Itúrbide. Tras la caída de Itúrbide en 1823, los centroamericanos formaron una nación independiente de tipo federal, las Provincias Unidas del Centro de América (sólo la región de Chiapas permaneció unida a México). Pero las diferentes provincias, lideradas por caudillos locales, querían en realidad la independencia y a partir de 1838 se constituyeron las cinco repúblicas independientes de Guatemala, Honduras, El Salvador, Nicaragua y Costa Rica. Panamá, en cambio, se hizo parte de la república de Colombia. Estos nuevos países tuvieron comienzos muy difíciles. Los caudillos que dominaron la escena centroamericana durante el siglo XIX sostuvieron luchas continuas que a menudo no respetaban las fronteras nacionales y a veces era difícil saber quiénes eran los presidentes legítimos de estas naciones. El mundo exterior, por su parte, no sabía casi nada de lo que estaba pasando allí. En 1839, por ejemplo, el gran pionero de la arqueología mesoamericana, John Lloyd Stephens, viajó a Centroamérica con un nombramiento diplomático del gobierno norteamericano, y uno de sus problemas fue encontrar un gobierno ante el cual presentar sus credenciales. Aún en el siglo XX ocurrieron conflictos a veces sangrientos entre varias de estas naciones. Buen ejemplo de ellos fue el choque armado que tuvo lugar entre El Salvador y Honduras en 1969. Durante años, muchos salvadoreños habían abandonado su superpoblado país y se habían trasladado a Honduras en busca de trabajo. Esto creó entre los hondureños un alto grado de resentimiento que explotó durante los partidos eliminatorios para el trofeo mundial de fútbol. Cuando el equipo de El Salvador le ganó al de Honduras, la indignación de los hondureños desencadenó° una ola de violencia que resultó en la llamada "guerra del fútbol", que duró 15 días y fue exitosamente mediada por la Organización de Estados Americanos (OEA). *unleashed*

Alguien ha dicho que la mejor manera de describir la geografía centroamericana es coger una hoja de papel, estrujarla° y tirarla al suelo°. Desde los comienzos de la colonización española, el complicado y abrupto escenario de montañas, valles, mesetas, selvas y pantanos que caracteriza a Centroamérica ha obstaculizado la comunicación entre sus diversas regiones, contribuyendo a mantenerlas aisladas. Se trata, además, de una zona geológicamente inestable de alta actividad sísmica y volcánica que ha sembrado repetidamente la destrucción en sus pueblos y ciudades. En 1773, por ejemplo, un terremoto° dañó tan severamente la entonces capital de Guatemala, Antigua, que hubo que fundar una nueva capital, la presente Ciudad de Guatemala; y ésta, a su vez, sufrió los efectos de dos devastadores terremotos en 1917 y 1976. En 1972 otro terremoto prácticamente destruyó a Managua, la capital de Nicaragua. Centroamérica se halla asimismo en la ruta de los huracanes que *crumple it/throw it to the floor* *earthquake* proceden tanto del océano Pacífico como del mar Caribe. En octubre de 1998 el huracán "Mitch" causó enormes daños en Honduras y en Nicaragua: en total, 23.000 personas murieron, 4 millones quedaron sin hogar y las pérdidas° materiales ascendieron a miles de millones de dólares.

losses

Pese a tales desventajas, el istmo centroamericano es una tierra de considerable promesa. Posee una gran abundancia de terrenos fértiles en sus mesetas y valles intervolcánicos, un clima agradable y templado en las tierras altas de las cordilleras y un impresionante despliegue de bellezas naturales. Guatemala, por ejemplo, ofrece atracciones como la incomparable vista del lago Atitlán, en cuyas aguas serenas se reflejan los picos de los volcanes que lo rodean, o la arquitectura colonial de la ciudad de Antigua, parcialmente restaurada. Las tierras bajas del departamento guatemalteco de El Petén fueron la principal región donde floreció la civilización maya del período clásico y contiene, entre muchas otras, las ruinas de Tikal, quizás el mayor centro del clásico maya. Honduras alberga las ruinas muy bien excavadas de Copán, otro exquisito centro urbano del período clásico maya. Los bosques y selvas tropicales de Costa Rica se han convertido en una atracción ecoturística de primer orden, con su gran variedad de plantas y especies animales, especialmente de pájaros (la pequeña Costa Rica tiene un mayor número de especies de pájaros que los Estados Unidos). El gobierno costarricense ha establecido parques nacionales para proteger estas valiosas áreas selváticas, pues la deforestación con objetivos económicos ha destruido una parte considerable de ellas en los últimos cincuenta años. Últimamente, un número de operadores turísticos han estado tratando de dominar ese mercado con un turismo de masas, incluyendo la construcción de grandes hoteles, lo que ha ocasionado enérgicas protestas por parte de los defensores del ecoturismo.

El término *banana republics* que se ha usado en inglés para caracterizar a las repúblicas centroamericanas es desafortunado: expresa una visión despectiva que presenta a estos países como una mera colección de plantaciones bananeras; evoca también el hecho de que la producción bananera centroamericana estuvo controlada por intereses extranjeros, sobre todo norteamericanos. La llamada "*Gunboat Diplomacy*" que practicaron los Estados Unidos a partir de la presidencia de Theodore Roosevelt (1901–1909) resultó en una política intervencionista que se prolongó hasta la presidencia de Herbert Hoover (1929–1933)[1]. Durante esos años los Estados Unidos tuvieron una influencia a menudo decisiva en la economía y la política de los países situados en las islas del Caribe y en Centroamérica. Nicaragua fue ocupada por los *marines* en dos ocasiones entre 1909 y 1933, y los gobiernos de las demás repúblicas centroamericanas generalmente se sometieron a la voluntad de Washington. La construcción del Canal de Panamá —que se abrió al tráfico marítimo en 1914— hizo aún más obvia la importancia estratégica del área del Caribe para los Estados Unidos. En el aspecto económico, el capital norteamericano fue con frecuencia la única fuente de préstamos asequible° para estos países.

available

Una compañía norteamericana en particular, la *United Fruit Company*, se convirtió en el mayor símbolo de la dominación económica de los Estados Unidos. En 1871 un joven empresario norteamericano, Keith Minor, obtuvo una concesión para construir un ferrocarril en Costa Rica y tuvo la idea de plantar árboles de banana a los lados de la vía férrea°; los árboles prosperaron tan bien que el ferrocarril costarricense fue empleado para transportar sus frutos. Por esta época las bananas se hicieron populares en los Estados Unidos y la demanda se incrementó

railway

astronómicamente. Minor y varios socios fundaron la *Boston Fruit Company*, que en 1899 se convirtió en la *United Fruit Company*, cuyas plantaciones bananeras se extendieron a los países vecinos. La *United* no sólo llegó a controlar la producción bananera de la región sino también los ferrocarriles, los puertos donde se embarcaban todo tipo de mercancías y los barcos que las transportaban a los Estados Unidos. La compañía disfrutaba de influyentes conexiones tanto en Washington como en los gobiernos de los países centroamericanos y fue acusada muchas veces, no sin razón, de interferir en la política interna de éstos y de apoyar a los gobiernos que favorecían sus intereses, fueran dictatoriales o no. La *United* se convirtió así en símbolo del "imperialismo yanqui" y blanco favorito de los nacionalistas centroamericanos, quienes la apodaban *"mamita yunai"* para destacar el aspecto monopolista y paternalista de la compañía. Por otro lado, sus defensores destacan los beneficios que la *United* llevó a la región: el hecho, por ejemplo, de que pagaba salarios más altos que los demás empleadores, ofrecía asistencia médica a sus trabajadores, construía escuelas para los hijos de éstos y laboratorios donde se creaban variedades de bananas que eran inmunes a las plagas que solían atacarlas. La importancia de la compañía disminuyó durante la segunda mitad del siglo XX, atacada en todos los frentes por huelgas de trabajadores, desastres naturales, procesos judiciales tanto en Centroamérica como en los Estados Unidos y competencia de otros productores como *Dole*. Tras perder buena parte del mercado norteamericano en la década de 1970, logró recuperarse y, convertida en la *Chiquita Banana International Corporation*, recapaturó la primacía de este mercado en el decenio de 1990, ayudada por la masiva campaña publicitaria de "Chiquita Banana". Pero no consiguió recuperar la preponderancia económica y política que una vez tuvo al sur del Río Grande.

En las naciones centroamericanas comparten una serie de rasgos comunes. Padecieron gobiernos mayormente dictatoriales durante el siglo XIX y, con la excepción de Costa Rica, durante la mayor parte del XX. En el decenio de 1960, como vimos en el Capítulo 9, se produjeron en estos países, especialmente en Nicaragua, Guatemala y El Salvador, una serie de sangrientos conflictos armados que los arruinaron y no concluyeron hasta la década de 1990. A partir de entonces se produjo una transición hacia sistemas democráticos que permitió ascender al poder a gobiernos civiles, aunque se trata de democracias imperfectas en las que a menudo el poder militar ejerce considerable influencia y ocurren aún violaciones de los derechos humanos que no son debidamente castigadas° o investigadas. En lo económico, se trata de países subdesarrollados y tradicionalmente agrícolas que cultivan y exportan casi los mismos frutos, con el café, las bananas, el algodón y el azúcar a la cabeza. En tiempos recientes, sin embargo, ha ocurrido un grado apreciable de diversificación agrícola y ha aumentado la producción de manufacturas, sobre todo en el área de artesanías e industrias ligeras. Especialmente en Honduras y en El Salvador se ha hecho importante en años recientes el sector industrial de las llamadas *maquiladoras*: como ha sucedido en México, también en estos países se han establecido un buen número de compañías manufactureras norteamericanas que aprovechan las condiciones laborales y bajos salarios hondureños y salvadoreños para fabricar productos a un costo mucho menor que si los fabricaran en los Estados Unidos.

En Guatemala los productos industriales representan ya un 20% del Producto Nacional Bruto y en Costa Rica constituyen casi un 50% de las exportaciones,

punished

gracias, en buena medida, a que la compañía *Intel* ha establecido allí una planta de fabricación de chips de silicio. Un artículo reciente de la revista norteamericana *Newsweek* llamaba a Costa Rica "*A Silicon Republic*", aludiendo al muy favorable impacto que ha tenido la planta de *Intel* en la economía costarricense.

Aun así, estas son naciones que por la mayor parte permanecen atadas a un mercado de exportación predominantemente agrícola e inestable, tanto en la demanda como en los precios. Su poca industrialización las obliga a importar un gran volumen de productos manufacturados y esto se traduce con frecuencia en importantes déficits en su balanza de pagos. En general, el desarrollo del sector turístico es una de las mejores esperanzas para el futuro económico de la región, pero, con la excepción de Costa Rica y parcialmente Panamá, no es probable que ocurra de inmediato. La devastación producida por tantos años de desastres naturales, guerras y conflictos ha dejado a estos países con pocos recursos para desarrollar una industria turística que pueda competir, por ejemplo, con las de México y las islas del Caribe, y ofrecer un clima de tranquilidad y seguridad a los visitantes extranjeros. En tiempos recientes, como anotó Ana Arana en el artículo que citamos en el Capítulo 9, la región ha sufrido un notable incremento en la criminalidad, asociado en buena parte con el tráfico de drogas. Costa Rica, que ha disfrutado de una continua estabilidad política desde 1952, se ha convertido, en cambio, no sólo en un paraíso turístico sino tambien en uno de los lugares de residencia favoritos de los jubilados norteamericos. Excepto en Costa Rica, el sistema agrícola que sigue predominando es, por un lado, el del latifundio, es decir, el de las grandes haciendas poseídas por una minoría de propietarios, y, por otro, el del minifundio, o sea, lotes muy pequeños en los que buena parte de la población campesina vive bajo el nivel de la pobreza practicando una agricultura de mera subsistencia. Las agudas desigualdades sociales que esto produce son fáciles de imaginar.

Hay, por otra parte, significativas disparidades entre estas naciones. Panamá y Costa Rica se hallan a la cabeza en cuanto a nivel de vida: su ingreso *per cápita* es dos veces el de Honduras y tres veces el de Nicaragua. Étnicamente, Guatemala tiene una elevada población indígena (alrededor de un 46%), en tanto que en los demás países la población puramente amerindia es reducida, fluctuando entre el 7% y el 5% en Honduras, El Salvador y Nicaragua. Costa Rica, por su parte, alberga a sólo un 1% de población indígena y la mayoría de sus habitantes son blancos, mientras que en las demás naciones del istmo la abrumadora mayoría de los habitantes son mestizos. En lo que a densidad de población se refiere, El Salvador, el más pequeño de los países centroamericanos, está muy superpoblado, con más de 700 habitantes por milla cuadrada, en tanto Nicaragua y Panamá no llegan a los 100.

En general, como ya indicamos, **Costa Rica** es la más avanzada de estas naciones, con una población altamente alfabetizada y un nivel de vida bastante superior al de sus vecinas. Durante el período colonial, España prestó poca atención a la región donde hoy se halla Costa Rica ya que no había allí metales preciosos ni una población indígena numerosa que pudiera ser obligada a trabajar para los colonizadores. Como consecuencia, los españoles que se establecieron en ella tuvieron que laborar con sus propias manos y esto favoreció la creación de un sistema de fincas pequeñas más bien que de latifundios; éstos existieron, por supuesto, pero no se creó una clase latifundista con el enorme poder político que alcanzó en el resto de la región. Dada su tradición civilista, no es raro que Costa Rica diera varios estadistas notables durante el siglo XX, como José Figueres

Antigua, Guatemala.

(1906–1990), que presidió tres veces los destinos de la nación (1948–1949, 1953–1958 y 1970–1974); Otilio Ulate (1949–1952), un probo presidente que, como parte de su programa de austeridad, rebajó su propio sueldo a $250 mensuales y completó la disolución del ejército que había comenzado Figueres (Woodward 225), o el presidente Oscar Arias Sánchez (1986–90), autor del plan para la pacificación de Centroamérica que fue firmado por fin en 1987 por los cinco presidentes de la región y le ganó a Arias el Premio Nobel de la Paz.

Guatemala es quizás el país centroamericano que sufrió una historia más azarosa° y violenta durante *eventful* el siglo XX. Dos dictaduras sangrientas, la de Manuel Estrada Cabrera (1898–1920) y la de Jorge Ubico (1931–1944) dominaron el panorama político hasta que una rebelión popular encabezada por los estudiantes universitarios hizo posible la transición hacia la democracia. Pero el período 1944–1954 precipitó a Guatemala en el plano internacional de la Guerra Fría entre los Estados Unidos y el bloque comunista. Las elecciones de 1944 trajeron a la presidencia a un atractivo profesor universitario, Juan José Arévalo, quien predicó un "socialismo espiritual" que acentuaba los objetivos morales y espirituales más que los materiales, pero en la práctica, esto le llevó a advocar cambios revolucionarios en la estructura social y económica de Guatemala; cambios que favorecieran, sobre todo, a los trabajadores y campesinos de la nación. Su sucesor, el coronel Juan Jacobo Arbenz (1950–1954), continuó la línea ideológica de Arévalo, pero de manera más drástica. Las compañías norteamericanas que operaban en Guatemala fueron uno de sus principales blancos, incluyendo, desde luego, a la *United Fruit Company*, cuyas propiedades fueron severamente afectadas por la ley de reforma agraria promulgada en 1952. Al mismo tiempo, los comunistas guatemaltecos, aunque escasos en número°, *few* ganaron una considerable influencia en la administración de Arbenz. El clímax llegó cuando se supo que el gobierno de Arbenz había comprado un importante cargamento de armas en Checoeslovaquia. La Agencia Central de Inteligencia de los Estados Unidos había estado entrenando en la vecina Honduras a un pequeño contingente —unos 200 hombres— de guatemaltecos opuestos al régimen de Arbenz, quienes en junio de 1954 cruzaron la frontera e iniciaron su avance hacia la capital de Guatemala sin encontrar mayor resistencia. Días después, Arbenz renunciaba y salía hacia el exilio. Este episodio se convirtió en una *cause célèbre* y le ganó muchas críticas a los Estados Unidos. La rápida caída del gobierno de Arbenz, sin embargo, se debió menos al pequeño contingente de invasores que al hecho de que el ejército guatemalteco había perdido la confianza en el presidente y se negó a obedecer la orden presidencial de distribuir armas entre los sindicatos° *trade unions* obreros y campesinos. Fueron los colegas militares de Arbenz los que le pidieron la renuncia. El jefe de la fuerza invasora, el coronel Carlos Castillo Armas, fue proclamado presidente de la república pero fue asesinado en 1957 por un miembro de su guardia personal.

Los gobiernos militares que sucedieron a Castillo Armas tuvieron que enfrentar un fenómeno que conmovió a Centroamérica a partir de la década de l960: el de la guerra de guerrillas. Eran los años en que el ejemplo de la revolución cubana de Fidel Castro inspiró la aparición de movimientos guerrilleros izquierdistas en varios países de Centro y Suramérica. En Guatemala, la lucha entre las tropas del gobierno y la guerrilla, que se autotituló Unidad Revolucionaria Nacional Guatemalteca (URNG), se convirtió en una cruel guerra civil. Las campañas militares que desató el gobierno resultaron efectivas pero ocasionaron la muerte de muchos miles de personas, muchas de ellas indígenas, quienes fueron a menudo víctimas inocentes de la represión militar. En 1986 resultó al fin electo un presidente civil, Vinicio Cerezo y, aunque los militares siguieron teniendo una influencia decisiva en el gobierno, en los años siguientes comenzó una era de negociaciones con las fuerzas guerrilleras. Finalmente, en diciembre de 1996, se firmaron acuerdos en que el gobierno y la guerrilla accedieron a poner fin al largo conflicto, que en 36 años le costó la vida a un estimado de 200.000 personas. El nivel de violencia ha disminuido considerablemente desde entonces pero varios organismos internacionales que observan el estado de los derechos humanos en el país continúan reportando constantes violaciones que no son debidamente investigadas. Uno de los principales problemas es que no pocos de los militares que participaron en la guerra siguen ocupando puestos importantes en el gobierno.

El fenómeno guerrillero se manifestó también en Nicaragua y en El Salvador. En el caso de **Nicaragua**, la guerrilla sandinista, que tomaba su nombre de Augusto César Sandino (un legendario general rebelde asesinado en 1934 por el futuro dictador Anastasio, "Tacho", Somoza), consiguió derrocar en 1979 al corrupto régimen del hijo y sucesor de Somoza, "Tachito", e instalarse en el poder. Pronto, sin embargo, la facción marxista de los sandinistas excluyó del gobierno a los miembros más moderados que se les habían unido para luchar contra Somoza, e implantó un régimen basado en el modelo cubano de Fidel Castro. Aunque los sandinistas recibieron ayuda y asistencia técnica de Cuba y de la Unión Soviética, no pudieron a la larga soportar el desgaste° producido por su ineficiencia administrativa, el embargo comercial decretado por los Estados Unidos y los grandes gastos militares que les ocasionaba la guerrilla antisandinista, la llamada "contra", financiada mayormente por los Estados Unidos. Puestos contra la pared, los sandinistas convocaron elecciones y su candidato (y presidente *de facto*) Daniel Ortega, fue derrotado en 1990 por una coalición encabezada por Violeta Barrios de Chamorro, viuda de un prestigioso periodista asesinado por la dictadura de Somoza. En 1996 Daniel Ortega volvió a aspirar a la presidencia pero fue derrotado de nuevo, esta vez por el candidato conservador y ex-alcalde de Managua, Arnoldo Alemán. Un tercer intento del líder sandinista tampoco tuvo éxito: en las elecciones presidenciales del 2001, Ortega fue derrotado por el candidato del Partido Liberal, Enrique Bolaños, un político competente que ha impresionado favorablemente a muchos observadores de la escena política nicaragüense. Durante sus años en el poder los sandinistas nacionalizaron un gran número de empresas y negocios e implantaron una reforma agraria que ex-

weakening effect

propió miles de fincas y las distribuyó entre la población campesina; muchas de las propiedades afectadas fueron a parar en manos de miembros del gobierno sandinista. Esto ha creado una situación caótica ya que las personas que perdieron sus propiedades han exigido un número enorme de reclamaciones, muy pocas de las cuales han sido satisfechas. Al cabo de tantas pérdidas y sufrimientos, Nicaragua sigue siendo, después de Haití, el país más pobre de la región.

En **El Salvador**, los grupos guerrilleros se consolidaron en 1979, a instigación de Fidel Castro, en el Frente Farabundo Martí para la Liberación Nacional (FMLN), de ideología marxista (Farabundo Martí había sido un revolucionario comunista de la década de 1930). Siguieron trece años de guerra sangrienta entre las guerrillas —apoyadas por Cuba, Nicaragua y los países comunistas— y el gobierno salvadoreño, que recibió substancial ayuda militar de los Estados Unidos[2]. El colapso del bloque soviético y la consiguiente crisis económica de Cuba debilitaron al FMLN y por fin, en 1992, se firmó un acuerdo de paz y las fuerzas guerrilleras se incorporaron a la vida política de El Salvador.

La historia de la pequeña república de Panamá ha estado ligada desde sus comienzos a los Estados Unidos. En 1903 Panamá era todavía parte de la república de Colombia, pero gozaba de bastante autonomía debido a las dificultades en las comunicaciones con Bogotá. En aquel año el Congreso colombiano se negó a ratificar el tratado que autorizaba a los Estados Unidos a construir un canal transoceánico en territorio panameño. Washington, bajo la presidencia de Theodore Roosevelt, alentó a los panameños a rebelarse y declarar la independencia e

Ciudad Panamá, vista panorámica.

impidió la llegada a la capital panameña de los 500 soldados que envió Colombia para oponerse a la rebelión. Panamá pudo así proclamarse como república; su Constitución de 1904 dio a los Estados Unidos el derecho, mediante el pago de una suma anual, a la soberanía de una faja de terreno de diez millas de ancho para la construcción del canal y a intervenir militarmente en Panamá cuando fuese necesario. La famosa frase de Teddy Roosevelt, "*I took Panama*", ilustra bien la "*Gunboat Diplomacy*" que, como vimos, los Estados Unidos practicaban en esa época. La construcción del canal fue la mayor obra de ingeniería del siglo XX: un carísimo proceso que costó miles de vidas. La presencia del canal fue económicamente beneficiosa para Panamá pero se convirtió en fuente de profundos resentimientos entre muchos panameños, quienes veían flotar la bandera de las barras y las estrellas en una parte de su nación. En 1977, bajo la administración de Jimmy Carter, se negoció un nuevo tratado en el que los Estados Unidos accedieron a devolver la zona del Canal a Panamá a partir del 31 de diciembre de 1999. Llegada dicha fecha, la transferencia se efectuó sin incidente alguno.

El hombre con quien la administración de Carter tuvo que entenderse°, el general Omar Torrijos, fue el prototipo de una especie de gobernante que era común en la Latinoamérica de esa época. El presidente electo en las elecciones

to deal with

panameñas de 1968, Arnulfo Arias, llevaba sólo once días en el cargo cuando
overthrew him   Torrijos lo derrocó° y se instaló en el poder; desde entonces hasta su muerte, víctima de un accidente aéreo en 1981, gobernó a Panamá con un estilo que era
mezcla de simpatía natural, carismático populismo y firmeza castrense. Un ciudadano norteamericano que lo visitó una vez como parte de una comisión, contaba que Torrijos invitó al grupo a desayunar en un restaurante y, al ver que sus
invitados vacilaban en seleccionar el menú que querían, le dijo al camarero:
"Tortilla para todo el mundo". Su muerte dejó un serio vacío de autoridad en la
Guardia Nacional, el cuerpo militar que controlaba el poder, hasta la aparición
del próximo hombre fuerte, el general Manuel Antonio Noriega, que capturó el
poder en 1982. Noriega resultó ser un gobernante corrupto y arrogante. Había
secret operator   sido un confidente clandestino° de la Agencia Central de Inteligencia norteamericana, pero, una vez en el poder, desarrolló un agudo antagonismo hacia los
Estados Unidos. Cuando en 1988 un fiscal norteamericano del estado de la
Florida dictó un auto de procesamiento que acusaba a Noriega de participación
defiance   en el tráfico de drogas, éste adoptó una postura de abierto desafío° hacia el
"Coloso del Norte". La administración de George Bush padre impuso toda una
serie de sanciones económicas que debilitaron la economía panameña pero no
consiguieron derrocar al dictador. En mayo de 1989 Noriega anuló las elecciones
presidenciales que le dieron mayoría a un candidato de la oposición, Guillermo
Endara, se proclamó Jefe del Estado e hizo que el obediente Congreso panameño
declarara la existencia de un estado de guerra contra los Estados Unidos. Por fin,
en diciembre de 1989, una fuerza militar norteamericana invadió Panamá, instaló a Endara en la presidencia y capturó a Noriega, quien fue extraditado a los
tried   Estados Unidos para ser enjuiciado° por un tribunal norteamericano. Tras ser encontrado culpable, el antiguo dictador fue condenado a servir una larga condena
en una prisión federal.

Panamá presenta varios contrastes marcados con los demás países del istmo
centroamericano. Compite con Costa Rica en el nivel de alfabetización (cerca del
racial rainbow   91%) y en ingreso anual per cápita; su población es un verdadero arcoiris racial°
formado no sólo por los descendientes de españoles e indígenas sino también por
las mezclas de otros europeos, norteamericanos y negros de las islas del Caribe
que participaron en la construcción de los ferrocarriles y del Canal. La presencia
del Canal ha influído profundamente en la cultura del país: muchos panameños
son bilingües y sus ciudades, especialmente su capital, Ciudad Panamá, se han
headquarters   convertido en sedes° de grandes bancos e instituciones financieras internacionales, atraídas por leyes muy favorables; otro tanto ha ocurrido con su legis-
countless   lación marítima: incontables° barcos de las marinas mercantes de otros países
navegan bajo la bandera de Panamá . Los servicios relacionados con éstas y otras
actividades económicas, incluyendo al turismo, son el principal motor de la economía panameña. Las bananas, cultivadas en extensas plantaciones, constituyen
seafood/shrimp   más del 40% de las exportaciones, seguidas por los mariscos° —camarones°,
lobsters/fish meal   langostas° —y por la harina de pescado°.

De las repúblicas centroamericanas, **Honduras** es la que menos atención ha
atraído en el extranjero. Es uno de los países más pobres de la región y tuvo el
mismo patrón de golpes de estado y gobiernos militares que han padecido otras
naciones latinoamericanas. Durante el decenio de 1980, sin embargo, una generación de militares más progresistas empezaron a apoyar la transición hacia un

sistema en que imperaran los goviernos civiles, lo cual comenzó a hacerse realidad a partir de las elecciones de 1986. Desde entonces se han sucedido cinco presidenttes a través de elecciones en las que el poder civil ha ido afirmándose sobre el militar. Honduras ha sido el país centroamericano que ha mantenido más estrechas relaciones con los Estados Unidos. Durante la década de 1980 el ejército norteamericano utilizó el territoria hondureño para entrenar a "la contra", la fuerza guerrillera que se oponía al gobierno sandinista de Nicaragua.

México

Después del breve y desastroso reinado de Agustín I (1822–1823), México adoptó una constitución de tipo federal, la de 1824, y se embarcó en la aventura republicana. Entre 1824 y 1876 la nueva república sufrió, primero, el desgobierno de Antonio López de Santa Anna, un vano° e incompetente militar que dominó la política de México durante casi treinta años, hasta su caída en 1855. Santa Anna idolatraba° a Napoleón, cuyas poses imitaba, y una vez hizo enterrar° con honores militares una pierna que perdió en combate. Una de sus más costosas decisiones fue la de encabezar una expedición en 1836 contra los colonos norteamericanos que se habían establecido en Texas, que era parte entonces del territorio mexicano. Así comenzó el sangriento proceso que culminó en la guerra entre los Estados Unidos y México (1846–1848), en la que México perdió no sólo Texas sino también los territorios que hoy forman los estados de California, Nuevo México, Arizona, Nevada, Utah y parte de Colorado.

    Depuesto Santa Anna, México entró en una nueva era, conocida como "La Reforma". Una distinguida generación de líderes llegó ahora al poder y México fue al fin gobernado por un grupo de hombres honestos encabezado por Benito Juárez (1806–1872). Juárez, a quien se ha comparado con Abraham Lincoln, era un indio zapoteca del Estado de Oaxaca. Huérfano de padre y madre desde muy niño, hablaba poco español cuando salió de su aldea indígena a los 12 años. Un hermano de la orden franciscana le dio trabajo y accedió a pagarle los estudios. A los 25 años se había hecho abogado, a los 42 fue elegido gobernador de su estado, a los 55 ascendió a la presidencia de México. Juárez y su equipo realizaron una serie de importantes reformas: sometieron a los militares y a la Iglesia Católica a la jurisdicción de la justicia civil y obligaron a la Iglesia a vender las grandes haciendas que poseía. Éstas y otras medidas reformadoras fueron incorporadas a una nueva constitución, la de 1857, que provocó una violenta reacción por parte de la Iglesia y de las clases conservadoras. Durante tres años (1858–1861) México fue devastado por la llamada Guerra de la Reforma que fue ganada por los liberales de Juárez, pero dejó al país en ruinas.

    El gobierno se vio obligado a suspender los pagos de su deuda exterior y Francia, España e Inglaterra usaron esto como pretexto para lanzar una invasión contra México. España e Inglaterra decidieron pronto retirarse, dejando a Francia en control. El emperador francés Napoleón III tenía ambiciones de

vein

worshiped
had (a leg) buried

Benito Juárez (1806–1872), el más importante estadista (*statesman*) mexicano del siglo XIX.

a puppet
naïve

dominio sobre México y para conseguir sus propósitos utilizó como títere° a un ingenuo° y bien intencionado aristócrata europeo, el Archiduque Maximiliano de Austria.

Maximiliano fue proclamado emperador de México en 1864 e hizo un sincero esfuerzo por identificarse con la cultura mexicana, pero su breve reinado de tres años fue poco más que un tragicómico interludio. Cuando Napoleón III, presionado por Washington, comenzó a retirar las tropas francesas de México, la suerte de Maximiliano quedó sellada. Derrotado y capturado por Juárez, fue juzgado y ejecutado el 19 de junio de 1867. De retorno en la capital mexicana, Juárez fue elegido dos veces más a la presidencia y continuó su labor reformadora hasta su muerte en 1872. Pero los ideales de la Reforma no le sobrevivieron por mucho tiempo. En 1876 un militar que se había distinguido en la guerra contra los franceses, Porfirio Díaz, encabezó una exitosa rebelión que lo instaló en el poder.

La era de Porfirio Díaz (1876–1911)

Este mestizo que usaba maquillaje para aclarar el color de su piel había sido alumno de Juárez en la Facultad de Derecho de Oaxaca, pero optó por seguir la carrera de las armas. Era un hombre serio que sonreía poco (lo llamaban "la Esfinge") y durante los 35 años que dominó la vida mexicana se frustraron muchos de los ideales de Juárez . Bajo su mano férrea°, México se encausó por una ruta diferente. Don Porfirio se rodeó de un grupo de ministros muy competentes, los "científicos", que eran seguidores de las ideas positivistas del filósofo francés Augusto Comte[3]. El principal objetivo fue ahora la modernización del país a través de la industrialización, los adelantos tecnológicos y el desarrollo de las comunicaciones: en esta época se instalaron los primeros teléfonos, se inició la industria mexicana del acero° y ocurrió una dramática expansión del sistema de ferrocarriles, que para 1910 contaba con 25.000 millas de vías férreas. El régimen de Díaz también adquirió en el extranjero la imagen muy positiva de un gobierno que mantenía el orden y cumplía sus obligaciones internacionales.

Por otro lado, la era porfiriana fue muy perjudicial para la población campesina y la agricultura de México. La población rural vivió bajo un sistema represivo impuesto por los Rurales, un cuerpo especial de policía que operaba en los campos; su lema era "pan o palo", es decir, "te damos pan si obedeces, palo° si te rebelas". Gran número de comunidades indígenas perdieron sus tierras a manos de los hacendados, de modo que muchos miembros de esas comunidades tuvieron que ir a trabajar como peones en las haciendas por salarios muy bajos. Para 1910, el 47% de la población campesina trabajaba de esta manera y unos 800 hacendados poseían 88 millones de hectáreas (21.800 millones de acres), equivalentes a un 40% de la superficie del país. De esas hectáreas 32 millones eran propiedad de ciudadanos extranjeros, principalmente norteamericanos, españoles y británicos.

Para principios del siglo XX el régimen de Díaz, que se acercaba a los 80 años, había visto sus mejores días. El prolongado reinado de los "científicos" era retado por una nueva generación de intelectuales. Uno de ellos, Francisco Madero, publicó en 1910 un importante libro, *La sucesión presidencial*, que planteaba la principal cuestión política de aquel momento: la continuada reelec-

ironlike

steel

stick

ción de Porfirio Díaz durante tantos años. En el campo mexicano, en particular, se respiraba un ambiente de profunda inconformidad y tensión. El anciano dictador organizó aún otra nueva farsa electoral más y encarceló a Madero, pero esta vez el pueblo mexicano no lo aceptó: en septiembre de 1910 sonaban los primeros tiros° de la Revolución Mexicana.

gunshots

La Revolución

Los levantamientos armados que obligaron a Díaz a renunciar en mayo de 1911 instalaron en la presidencia a Francisco Madero, cuya figura dominó la primera etapa de la Revolución Mexicana, entre 1910 y 1913. Madero, un intelectual liberal de familia adinerada, vivió durante su juventud una existencia de privilegio. Sus padres lo enviaron a estudiar al extranjero (Baltimore, París, la Universidad de California en Berkeley) y a su regreso a México se instaló en la hacienda de su familia donde sus impulsos altruistas le llevaron a tomar medidas para mejorar la situación de sus peones, proporcionándoles viviendas decentes, atención médica y educación pagada de su propio bolsillo. No se le ocurrió, sin embargo, cuestionar la legitimidad del sistema paternalista que imperaba en el campo de su país. Percibió más bien el problema vital de México en términos políticos: específicamente, el de las continuas reelecciones de Porfirio Díaz, a las que había que poner fin. Su programa de acción, el Plan de San Luis de Potosí, contenía referencias a los problemas sociales de la nación, pero no eran éstos el foco central de su atención. La gran ola de popularidad que lo llevó a la presidencia de México en 1911 no estaba destinada a durar mucho. Desde el principio, varios líderes revolucionarios se resistieron a obedecer la órdenes de un civil que, como Madero, tenía un aspecto refinado y una presencia física nada impresionante. Cuando el tren del nuevo presidente llegó por primera vez a la ciudad de México, un joven líder campesino del Estado de Morelos, Emiliano Zapata, se le acercó para preguntarle qué iba a hacer sobre el problema agrario de México. Madero le contestó en forma evasiva y decidió nombrar una comisión° para estudiar el asunto.

Emiliano Zapata (1879–1919), el líder revolucionario más identificado con la causa del campesino mexicano.
Columbus Memorial Library
Reproduced with permission of the General Secretariat of the Organization of American States.

committee

Pero éstos no eran tiempos propicios para comisiones burocráticas. Madero pronto se vio asediado° por todas partes: los líderes revolucionarios pensaban que debía hacer más por los problemas sociales de la nación; los liberales que le habían llevado al poder, en cambio, le urgían a actuar con prudencia. Varias rebeliones encabezadas por Zapata y otros dirigentes revolucionarios pusieron en peligro la supervivencia del gobierno. Pero el golpe° fatal vino de las fuerzas que favorecían un retorno al pasado. Un sobrino de don Porfirio, Félix Díaz, encabezó una rebelión contra Madero y éste cometió el error de poner a Victoriano Huerta, un taimado° y ambicioso oficial°, al frente de las tropas del gobierno. Durante la llamada "decena trágica" (13 al 23 de febrero de 1913) la capital de México se convirtió en un campo de batalla hasta que Huerta decidió traicionar

besieged

blow

sly/army officer

to forge an alliance

a Madero y aliarse° con Félix Díaz[4]. El episodio terminaría trágicamente. Madero y su vicepresidente fueron hechos prisioneros y asesinados a sangre fría en la noche del 21 de febrero de 1913. El primer capítulo de la Revolución Mexicana llegaba así a su fin.

Victoriano Huerta se declaró presidente a través de una espuria maniobra en el Congreso mexicano, pero los líderes revolucionarios se volvieron contra él: Venustiano Carranza en Coahuíla, Pancho Villa en Chihuahua, Alvaro Obregón en Sonora, Emiliano Zapata en Morelos. Huerta no fue capaz de resistir esta combinación de fuerzas, a las que se añadió la oposición del nuevo presidente de los Estados Unidos, Woodrow Wilson. La caída de Huerta en 1914 fue seguida por el período más violento y caótico de la Revolución. Desaparecido el enemigo común, Huerta, los líderes revolucionarios se enfrascaron° en una lucha fratri-

became involved

factions

cida en la que murió un millón de mexicanos. Eran dos bandos° principales: el de Villa y Zapata, como representantes del México pobre de las áreas rurales, y el de Carranza y Obregón, como líderes de un México más conservador que participaba en la Revolución, pero no quería que ésta fuera demasiado lejos. Al mismo tiempo, cada uno de ellos tenía su propia agenda revolucionaria y los separaban considerables diferencias étnicas y culturales.

Pancho Villa tenía un temperamento in-

misdeeds/kind

controlable, capaz de cometer las más serias fechorías° o de mostrar un lado bondadoso°, especialmente con la población infantil. Sus reacciones, a menudo imprevisibles y violentas, inspiraban un temor instintivo entre sus propios subordinados. Por un tiempo adquirió la aureola de ser "el Robin Hood de los pobres" y estuvo bajo contrato de una compañía cinematográfica norteamericana con la que rodó° varias películas que lo exaltaban como héroe (Krause 27). Su

filmed

famosa División del Norte era el cuerpo de ejército más formidable de la Revolución: una caballería° de 16.000 hombres con artillería pesada y trenes que incluían vagones-hospitales. Emiliano Zapata, en cambio, era

cavalry

una personalidad bien diferente. Sus facciones° indígenas, su enorme sombrero, se hicieron símbolos de un México para el

features

que la Revolución significaba sobre todo reforma agraria; el Plan de Ayala que propuso en 1911 bajo el lema° de "Tierra y libertad", daba voz a las comunidades indígenas que preferían mantener su tradición de explotación colectiva de la tierra; cuando les

motto

hablaba a sus coterráneos°, solía emplear la lengua nahuatl. Pancho Villa, en cambio —

Pancho Villa (1878–1923), el líder más polémico de la Revolución Mexicana. Columbus Memorial Library Reproduced with permission of the General Secretariat of the Organization of American States.

compatriots

siguiendo la tradición mestiza del norte de México—, era partidario de° dividir las grandes haciendas en pequeñas propiedades.

Carranza y Obregón, por otro lado, eran blancos, prósperos y políticamente más en el molde liberal de Benito Juárez y Madero. Carranza, hombre sereno, bien leído y calculador°, había apoyado a Madero, que lo nombró gobernador de Coahuila; cuando murió Madero, se proclamó "Primer Jefe del Ejército Constitucionalista" en la lucha contra Huerta. Obregón, por su parte, era hijo de un hacendado empobrecido° y tuvo que valérselas por sí mismo° desde muy joven, lo que hizo con bastante éxito financiero. La Revolución reveló en él al mayor talento militar de su época. Carranza dependió casi constantemente de sus habilidades estratégicas; sin ellas, la Revolución probablemente habría tenido un desenlace° diferente.

Villa y Zapata llevaron la mejor parte en el primer episodio del drama. El intento de reconciliación escenificado en la Convención de Aguas Calientes (1914) fue un completo fracaso. Zapatistas y villistas salieron de ella fortalecidos y sus fuerzas entraron en triunfo en la capital de México. De pronto, los cafés y restaurantes más exclusivos de la ciudad fueron invadidos por legiones de campesinos rústicos armados hasta los dientes. Los dos Méxicos se encontraron allí, incómodamente, con miedos y recelos° mutuos. En los restaurantes de lujo, los combatientes de Villa y Zapata se miraban, fascinados, en los espejos de las paredes: una experiencia nueva para muchos de ellos. Por el momento, Carranza se retiró astutamente° con sus tropas a Veracruz, el principal puerto de México, cuyos aranceles de aduana° eran una de las principales fuentes de ingreso° para el gobierno. Entre tanto, en el interior de México se imponía el caos: una guerra civil en las que, además de Villa y Zapata, decenas de "generales", proclamándose opositores a Carranza, formaban sus propios contingentes, emitían papel moneda y firmaban recibos° sin valor después de saquear° las poblaciones y cometer todo tipo de fechorías. El novelista Mariano Azuela hizo una descripción maestra de esta difícil etapa en su novela *Los de abajo* (1915).

A la larga, sin embargo, la mayor pericia° y organización de Carranza y Obregón se impusieron. Zapata fue obligado a replegarse° a su estado nativo de Morelos mientras, en abril de 1915, Pancho Villa y Alvaro Obregón se enfrentaban en la batalla de Celaya. Obregón escogió bien el terreno: un llano° con suficientes acequias° para obstaculizar los movimientos de la temible caballería de Villa. También había estudiado las tácticas que se estaban usando en Europa durante la Primera Guerra Mundial, incluyendo el uso de alambradas°. Esta vez las repetidas cargas° de la formidable caballería villista fueron neutralizadas por los accidentes del terreno o se estrellaron° cruelmente contra las alambradas preparadas por Obregón. Fue el eclipse de Villa, que continuaría dando problemas por varios años, pero dejó de ser una amenaza seria para Carranza; éste, sintiéndose ahora más seguro, se dispuso a legalizar el proceso revolucionario dotándolo de una nueva constitución[5].

La constitución mexicana de 1917 marcó un verdadero hito° en la historia constitucional de Latinoamérica. Su artículo 27 estableció un régimen de reforma agraria que sirvió de modelo para otros países hispanoamericanos, como sucedió con la reforma agraria boliviana de 1953; sus disposiciones laborales: salario mínimo, derecho a la huelga°, derechos de las mujeres en los centros de trabajo, etc., crearon precedentes luego emulados en el resto del Hemisferio; lo mismo ocurrió con su secularización de la enseñanza y la completa separación que dictó entre la Iglesia y el Estado. En realidad el texto constitucional fue más allá de lo que Carranza hubiera querido, y él no mostró prisa en aplicar sus artículos más polémicos, sobre todo el que disponía la distribución de tierras (él mismo era hacendado).

cunning

impoverished/manage on his own

outcome

suspicions

shrewdly

custom duties/income

signed receipts/after plundering

ability
retreat

plain
ditches

barbed-wire barriers
charges
crashed

milestone

right to strike

En marzo de 1919 Emiliano Zapata le dirigió al presidente una carta abierta en que expresaba su indignación ante esta situación. Días después Zapata caía asesinado. Este capítulo de la revolución se cierra con la rivalidad que se desarrolló entre Obregón y Carranza: cuando éste se negó a apoyar a Obregón como candidato a la presidencia en las elecciones de 1920, el vencedor de Villa en Celaya organizó una rebelión contra su antiguo jefe en la que Carranza perdió la vida, aunque no, aparentemente, por órdenes directas de Obregón. La inauguración de Obregón como presidente inició una etapa de relativa —repetimos, relativa— tranquilidad. En 1923 Villa moriría asesinado en una emboscada°. Cinco años después, Obregón mismo caía asesinado por un fanático religioso.

ambush

La personalidad que dominó la siguiente etapa de la política mexicana fue la de Plutarco Elías Calles, quien fue presidente de México entre 1924 y 1928, pero continuó siendo el hombre fuerte de la nación hasta 1934. A este período se le llama "el Maximato" debido a que Calles, el autotitulado "Jefe Máximo de la Revolución", dominó la escena política aunque hubo tres presidentes anodinos° —sus protegidos— durante esos años. Bajo Calles, la corrupción se hizo parte normal de la vida mexicana. Muchos de los antiguos líderes revolucionarios andaban ahora en automóviles de lujo y vivían en mansiones situadas en los mejores barrios de la capital. Calles consolidó el aparato político de la Revolución con la fundación del Partido Nacional Revolucionario (PNR) y aplicó con inflexible rigor las disposiciones anticlericales del texto constitucional. El grave conflicto que se desarrolló entre la Iglesia y el gobierno produjo una huelga del clero que mantuvo a las iglesias cerradas durante tres años; grupos de militantes religiosos acudieron a abiertos actos de violencia bajo el grito de "¡Viva Cristo Rey!" (por lo que se les dio el nombre de "cristeros"). Sólo al final de la presidencia de Calles se llegó a una tregua°, después de que el gobierno hizo algunas concesiones.

ineffectual

truce

En el aspecto agrario, se distribuyó una cantidad de tierra respetable entre los campesinos (más de 18 millones de acres) y empezó a adoptarse un nuevo modelo de explotación semicolectiva de la tierra, el del llamado ejido, que cada vez fue ganando más terreno en el sistema agrario mexicano.

La presidencia de Lázaro Cárdenas (1934–1940)

Cárdenas había sido general de la Revolución, pero no una figura de primera fila; como era un hombre cortés, sereno y de pocas palabras, Calles vio en él a otro discípulo a quien le sería fácil manipular. Se equivocaba°. El nuevo presidente procedió en seguida a implementar las dimensiones sociales de la Revolución de manera poco menos que obsesiva. Su estilo populista le ganó una aprobación sin precedentes, sobre todo entre la población campesina. Hizo instalar una línea telegráfica en su oficina, que mantenía abierta a ciertas horas del día para que los campesinos que tuviesen alguna queja° pudiesen comunicarse directamente con él. El hecho de que tenía sangre mestiza y mulata en sus venas ayudó a aumentar su popularidad entre las masas. No desapareció bajo su régimen la endémica corrupción que había plagado a los gobiernos anteriores, pero su honestidad personal sentó al menos un ejemplo saludable.

He was wrong

complaint

La primera prioridad de Cárdenas fue la cuestión agraria pues un 70% de la población mexicana trabajaba en la agricultura o la ganadería, todavía en buena parte bajo el sistema de la hacienda. En los seis años de su gobierno se repartieron 19 millones de hectáreas —unos 49 millones de acres— con lo que

Lázaro Cárdenas (1895–1970),
el presidente mexicano que realizó
la más radical reforma agraria y
nacionalizó el petróleo.

los hacendados no sólo perdieron una parte considerable de sus tierras sino también de su poder político. Por otra parte, Cárdenas adoptó casi exclusivamente el ya mencionado sistema socialista del ejido: en vez de dividir las haciendas en pequeñas parcelas de propiedad individual, se creaban cooperativas agrícolas en las que una parte substancial de la tierra se dejaba indivisa° para el uso de la *was left undivided* comunidad y el resto se dividía en lotes que los campesinos podían trabajar individualmente. Se trataba así de restaurar el sentido de comunidad que había existido en las antiguas culturas indígenas, pero el sistema no funcionó bien en la práctica. Para 1938 la productividad agrícola había descendido a niveles inferiores a los de 1910.

Ideológicamente, Cárdenas nunca fue miembro del partido comunista mexicano, aunque se sentía muy atraído por las ideas de Carlos Marx. Permitió, sin embargo, que los comunistas dominaran el movimiento obrero mexicano y que las ideas marxistas fueran predicadas abiertamente en las escuelas. Pero la medida más popular de su administración fue el decreto de 1938 que ordenó la nacionalización del petróleo mexicano, en manos hasta entonces de compañías extranjeras, principalmente estadounidenses y británicas. Esta decisión creó un paroxismo de entusiasmo nacionalista. En el campo de la Universidad Autónoma de México, en la gran plaza del Zócalo de la capital, cientos de miles de personas se congregaron para celebrar la emancipación económica de México.

Hacia el final de su mandato, el gobierno de Cárdenas enfrentaba serios problemas. Aunque aquellos eran los años de la "Política del Buen Vecino" de Franklin D. Roosevelt, Washington dictó una serie de medidas punitivas (e.g., la prohibición de vender a México piezas de repuesto° para la industria petrolera), *spare parts* que afectaron seriamente la producción de petróleo. Al propio tiempo, los malos resultados económicos que estaba dando el sistema del ejido obligaron al gobierno a subsidiar el sistema agrario mediante ayudas masivas que contribuyeron a aumentar la inflación. Y el temor a la creciente influencia que tenían los comunistas en el régimen cardenista provocaron importantes fugas de capital. Cárdenas mismo probablemente percibió que se estaba cerrando un ciclo en la historia mexicana. El candidato que escogió para sucederle, Manuel Ávila Camacho, era un hombre relativamente conservador.

México desde 1940

Los gobiernos que sucedieron al de Cárdenas efectuaron importantes correcciones en las políticas de éste. La militancia nacionalista de los años 30 fue todavía parte de la retórica oficial, pero predominó un espíritu pragmático dispuesto al compromiso. Ávila Camacho (1940–1946) puso fin al anticlericalismo del gobierno al declarar "Soy creyente"°, y eliminó el énfasis socialista que Cárdenas había dado a la educación. Se continuó la distribución de tierras entre los campesinos, pero a un paso mucho más lento que el de Cárdenas y se prefirió la asignación de parcelas individuales más bien que el sistema colectivista del ejido. Este fue también el inicio de una era de industrialización que vino a sustituir a la agricultura como principal preocupación nacional. El presidente Miguel Alemán (1946–1952) cambió el nombre del partido oficial, que ahora se vino a llamar Partido Revolucionario Institucional (PRI). Con ello se quería significar que el proceso revolu-cionario había alcanzado sus metas° básicas y podía abrirse así un período de estabilidad institucional. Y aunque había suficientes razones para cuestionar esa presunción, el PRI mostró una asombrosa habilidad para mantener un control poco menos que total de la vida política del país. No fue un control basado en el poder militar; el ejército, cuyo presupuesto sufrió continuos cortes, dejó de tener un papel importante en la política nacional. El PRI basó más bien su poder en su capacidad organizativa, que formó eficientes estructuras de control político hasta en los más remotos pueblos del país. Los mexicanos se acostumbraron a que el PRI ganara las elecciones presidenciales por márgenes de hasta un 90% de la votación. Lo importante era quién era seleccionado como candidato presidencial del PRI, pues su elección quedaba asegurada desde ese momento.

Los presidentes que tuvo México entre 1940 y 1982 fueron de centro o de centro-derecha, con dos notables excepciones: las presidencias de Adolfo López Mateos (1958–1964) y de Luis Echeverría (1970–1976) (Véase Skidmore & Smith: diagrama, 247). López Mateos distribuyó casi 30 millones de acres tanto en forma de ejidos como de parcelas individuales, nacionalizó importantes empresas mexicanas, incluyendo las eléctricas y la industria cinematográfica, e instauró un plan nacional de participación obrera en las utilidades de las empresas. Su acento populista revivió parte de la retórica revolucionaria de la década de 1930. Echeverría, por su parte, duplicó el número de empresas estatales (de 294 a 621, según Vera 40). Estableció también costosos programas de subsidios para mantener el precio de los productos básicos a niveles artificialmente bajos. Trataba así de proteger a las clases pobres de México del impacto de la inflación que azotó a los países occidentales en la década de 1970. Por otra parte, se negó a subir las tarifas de los servicios públicos —electricidad, teléfonos, etc.—, aunque las empresas estatales que los suministraban operaban con serios déficits. El gobierno adquirió así el hábito de pedir prestado para financiar sus planes de bienestar social° y empezó a crecer tanto la deuda interna como la externa de la nación. Esta política deficitaria contribuyó, inevitablemente, a crear una tendencia inflacionista. Tal fue el origen de las serias crisis monetarias que se produjeron en los años siguientes.

El reto más serio que tuvo que enfrentar la omnipotencia del PRI ocurrió en 1968, que fue un año de protestas y manifestaciones estudiantiles en el mundo occidental. En Europa y en Latinoamérica, sobre todo, el descontento juvenil se manifestó bajo las banderas de la izquierda política y sus líderes del momento: Fidel Castro, Che Guevara, Mao, Ho Chi Minh. En México, las manifestaciones estudiantiles tuvieron especial impacto ya que la nación iba a ser la sede ese año de los Juegos Olímpicos. El gobierno mexicano, interesado en presentar una imagen positiva de paz y tranquilidad al mundo exterior, reprimió con dureza las protestas estudiantiles, que fueron aumentando en intensidad. El clímax llegó el 2 de octubre de 1968, cuando una manifestación escenificada en la simbólica Plaza de las Tres Culturas de la capital mexicana terminó en una masacre de jóvenes a manos de la policía. El incidente, en el que murieron posiblemente varios centenares de personas, marcó un hito en la historia moderna de México. El poeta y ensayista más prestigioso del país, Octavio Paz, renunció a su puesto de embajador en la India como protesta, y ocurrió una escisión° entre el partido oficial y los intelectuales que tardó años en cicatrizar°. El reinado absoluto del PRI y el endémico clima de corrupción que ocurría a su sombra, empezaron ya desde entonces a inspirar una actitud cínica, sobre todo entre la juventud. *schism* *to heal*

En los años 70 se descubrieron en México enormes yacimientos de petróleo que lo convirtieron en uno de los primeros productores del mundo, pero la bonanza económica que trajo el "oro negro" probó ser efímera. La presidencia de José López Portillo (1976–1982), la principal beneficiaria del *boom* petrolero, utilizó los ingresos generados por el crudo para expandir los beneficios del estado de bienestar e iniciar costosos proyectos diseñados para crear empleo. Otra generosa porción fue a parar a los bolsillos de funcionarios públicos deshonestos. Cuando a partir de 1981 los precios del petróleo empezaron a descender, México se vio en una de las peores crisis financieras de su historia. En 1982 la nación tuvo que declararse incapaz de pagar siquiera los intereses de su deuda exterior, que ya sobrepasaba los 80 mil millones de dólares. Esto produjo escalofríos° en los mercados internacionales y hubo que tomar medidas de emergencia para mantener a México a flote con la intervención de los Estados Unidos y del Fondo Monetario Internacional. *chills*

Rectificaciones

Una nueva mentalidad, al menos en cuanto a políticas económicas, ascendió a la presidencia en 1982. Se hacía necesario desmontar° buena parte del aparato estatal de beneficios y subsidios que en la mente de muchos mexicanos era consubstancial al proceso revolucionario de 1910. Esta difícil, poco grata tarea, comenzada por la administración de Miguel de la Madrid (1982–1988), fue realizada sobre todo por su sucesor en la presidencia, Carlos Salinas de Gortari (1988–1994), un pragmático economista entrenado en la Universidad de Harvard. Salinas renegoció el pago de la deuda exterior, redujo el gasto público y empezó una política de apertura a las inversiones extranjeras y a las importaciones, abandonando las políticas proteccionistas del pasado. Al mismo tiempo, inició un radical programa de privatización total o parcial de las ineficientes empresas estatales, incluyendo la compañía telefónica de México (TELMEX) y los bancos que habían sido nacionalizados durante la crisis financiera de 1982. Salinas también apoyó con entusiasmo el establecimiento de una enorme zona de comercio libre que incluyera a México, los Estados Unidos y Canadá. Esto se hizo realidad cuando en 1993 el Congreso de los Estados Unidos ratificó el Tratado de Libre Comercio (TLC en español, NAFTA en inglés). *dismantle*

La liberalización de la economía mexicana produjo un notable aumento en el volumen de las actividades económicas en las industrias y en los mercados financieros. La agricultura, en cambio, marchaba a la zaga en muchas regiones; el sistema del ejido, que para 1988 abarcaba° el 57% de la tierra cultivable, no había *comprised* superado sus debilidades congénitas, especialmente la de su baja productividad, y el gobierno se mostraba poco dispuesto a mantener el costoso programa de subsidios que lo sostenía. En 1992 el Congreso mexicano declaró terminada la distribución de tierras por parte del gobierno y dio a los compesinos la propiedad individual de las parcelas que ocupaban en los ejidos. Este cambio significaba una revisión radical del sistema agrario que había sido la médula de la Revolución de 1910. El día de Año Nuevo de 1994 el presidente Salinas recibió con alarma la noticia de que en el estado de Chiapas, uno de los más pobres de México, había comenzado una rebelión armada de campesinos, muchos de ellos indígenas, que invocaba el nombre de Emiliano Zapata y se autodenominaba Ejército Zapatista de Liberación Nacional (EZLN).[6]

El de 1994 fue un año extremadamente turbulento para México. Aparte de la subversión de la guerrilla zapatista, el candidato del PRI a la presidencia, Luis Donaldo Colosio, fue asesinado en extrañas circunstancias que nunca se han llegado a aclarar. El candidato que lo sustituyó, Ernesto Zedillo, ganó las elecciones presidenciales de ese año, pero sólo un mes después de su elección el Secretario General del PRI, José Francisco Ruiz Massieu, fue también asesinado. ¿Existía una conspiración criminal a los más altos niveles del gobierno? Mientras tanto, la guerrilla zapatista demostraba una gran habilidad para librar una efectiva guerra de propaganda contra el gobierno. En este clima de general intranquilidad política, muchos mexicanos comenzaron a canjear° pesos mexicanos por dólares, de manera que las reservas monetarias de la nación empezaron a disminuir de manera alarmante. El 1º de diciembre de 1994 Zedillo ascendió a la presidencia de un país al borde de la crisis, que se produjo unos días después cuando las agencias de prensa extranjeras difundieron° la noticia de que el Ejército Zapatista había iniciado una ofensiva exitosa que se extendía más allá del estado de Chiapas. Esta "invasión" era sólo un producto de la habilidad propagandística de los zapatistas, pero se creó el pánico y una insostenible fuga° de dólares; el peso mexicano se devaluó en un 50% y los efectos de esta crisis se sintieron en los mercados bursátiles de todo el mundo: el llamado "efecto tequila". La administración de Zedillo tuvo que ponerse en contacto con Washington y el presidente Clinton logró establecer un "paquete" de ayuda internacional de 50 mil millones de dólares, al que los Estados Unidos contribuyeron con 20 mil millones. México pudo iniciar así una difícil recuperación económica que se fue produciendo con mayor celeridad de la que muchos esperaban. El gobierno mexicano, con orgullo, logró completar por adelantado los pagos del préstamo norteamericano.

Pero el presidente Zedillo, personalmente un hombre honesto, tuvo que presidir durante el resto de su mandato un país minado por la corrupción a todos los niveles de su vida política y económica. El mismo ex-presidente Salinas tuvo que irse de México ante la perspectiva de enfrentar posibles cargos criminales; su hermano, Raúl Salinas de Gortari —a quien el gobierno suizo° confiscó 114 millones de dólares en varias cuentas bancarias— fue encontrado culpable por un juez federal mexicano como autor intelectual del asesinato de Ruiz Massieu. Por si esto fuera poco, el general del ejército mexicano a cargo de la guerra contra las drogas fue detenido en 1997, acusado de complicidad en el tráfico de estupefacientes°. No es de extrañar que en las elecciones parciales de 1997 el

to exchange

spread

flight

Swiss

narcotics

PRI sufriera una derrota aplastante en las que perdió la mayoría en la Cámara de Diputados. Por otra parte, Cuahutémoc Cárdenas, el líder izquierdista del Partido de la Revolución Democrática, fue electo alcalde° de la capital de México. Muchos pensaron que Cárdenas —hijo del legendario presidente Lázaro Cárdenas— sería el candidato capaz de derrotar al PRI en las elecciones presidenciales del año 2000.

mayor

No habría de ser así. El Partido de Acción Nacional (PAN), de ideología conservadora, que había sido el principal partido de oposición durante muchos años, presentó para las elecciones del 2000 a un candidato que pronto capturó la imaginación del pueblo mexicano: Vicente Fox Quesada.

Este hijo de padre norteamericano y madre de ascendencia vasca desplegó un estilo abierto, locuaz, dinámico, en agudo contraste con la usual presencia formal y reservada de los candidatos del PRI.

Aunque Fox creció en el campo mexicano —su padre era agricultor—, mostró desde joven vocación por los negocios; después de estudiar administración de empresas° en México, cursó estudios empresariales en la Universidad de Harvard y en 1964 empezó a trabajar para la Coca-Cola de México; su ascenso en la compañía fue rápido: en pocos años fue ascendido a presidente de la Coca-Cola para México y Latinoamérica. Pero la política empezó a atraerle y, tras regresar a su estado natal de Guanajuato, fue electo diputado del Congreso federal mexicano. En 1995 resultó electo gobernador de Guanajuato y su exitosa gestión° en ese cargo hizo que su nombre empezara a sonar a nivel nacional. Su campaña para la presidencia de México como candidato del PAN hizo especial hincapié en la necesidad de terminar con la corrupción que había imperado en la maquinaria política del PRI durante los 70 años que este partido había gobernado a México, prácticamente como partido único. Durante la campaña presidencial, el jovial y efusivo Fox adoptó un acento populista marcado por su heterodoxo atuendo°: botas vaqueras, blue-jeans, sombrero tejano°.

business administration

successful performance

unconventional attire
Texas-style

El triunfo de Vicente Fox en las elecciones del año 2000 abrió una nueva página en la vida política de México. Tan pronto tomó posesión de su cargo, el 1° de diciembre del 2000, el nuevo presidente inició toda una serie de iniciativas encaminadas a tratar de resolver mediante negociaciones el conflicto con la guerrilla zapatista en el estado de Chiapas; de momento, ordenó retirar las tropas del ejército de la región donde operan los zapatistas; también se ha estado reuniendo con representantes de las comunidades indígenas y ha propuesto un ambicioso plan para superar° los problemas de la conflictiva zona fronteriza entre México y los Estados Unidos. Su labor no será fácil, pues su partido no tiene mayoría ni en la Cámara de Diputados ni en el Senado, pero su energía y su estilo directo y conciliador auguran bien° para la nación mexicana. A principios del año 2001, el EZLN inició una marcha de 3.000 kilómetros (1.800 millas) desde Chiapas hacia la capital de México, ya no en son de guerra sino como una manifestación multitudinaria que reclamaba el respeto a los derechos de los indígenas y a su cultura, y la aprobación de una ley que diera un apreciable grado de autonomía a las comunidades indígenas. Al llegar a la gran Plaza del Zócalo, el 15 de marzo, una multitud entusiasta escuchó el discurso del subcomandante Marcos —su rostro todavía oculto— que, además de su mensaje pro-indigenista, lanzó severos ataques contra el sistema capitalista.

to overcome

bode well

El presidente Fox, por su parte, lejos de mostrar hostilidad, saludó la marcha neozapatista como el comienzo de un diálogo necesario, invitó al líder zapatista a entrevistarse con él y no obstaculizó su aparición ante la Cámara de Diputados para presentar sus demandas. Como respuesta, el Congreso mexicano discutió y rápidamente aprobó una legislación proindigenista, pero los zapatistas declararon a través del subcomandante Marcos que esa legislación no era suficiente. Entre otras cosas, no les daba a las comunidades indígenas suficiente autonomía, pues no incluía el derecho a que éstas administraran su propio sistema penal, de acuerdo con sus leyes ancestrales. En mayo del 2001 la dirigencia zapatista suspendió las negociaciones con el gobierno mexicano, dejando la situación en el limbo.

NOTAS

[1] Hacia el final de las guerras de independencia de Hispanoamérica, varias naciones europeas mostraron tener ambiciones territoriales en el Nuevo Mundo. En 1823 el Presidente James Monroe, en un mensaje al Congreso estadonidense, estableció el principio —la llamada "Doctrina Monroe"— de que cualquier ataque de un país europeo contra cualquier nación de nuestro hemisferio sería considerado como un ataque contra los Estados Unidos. El famoso "Corolario" a la Doctrina Monroe formulado por el presidente Theodore Roosevelt en 1904, proclamó el derecho de los Estados Unidos a ejercer la función de un *international police power* en el hemisferio americano. Este fue el comienzo de la *"Big Stick"* o *"Gunboat Diplomacy"*, politica continuada bajo las administraciones de Taft y Wilson.

[2] Dos principales fuerzas políticas se enfrentaron en esos años: el Partido Demócrata Cristiano, de centro-derecha, presidido por un político moderado graduado de Notre Dame, Napoleón Duarte, y ARENA, partido de derechas que estuvo liderado por Roberto D'Aubuisson, un dirigente extremista al que se acusó de hallarse detrás de los "escuadrones de la muerte" que ejecutaron un crecido número de atentados a menudo fatales. Uno de los blancos (*targets*) de estos escuadrones fueron los miembros del clero católico que eran percibidos como simpatizantes de la "teología de la liberación" (véase el Capítulo 9). La década de 1980 comenzó con el asesinato del arzobispo Oscar Arnulfo Romero mientras decía misa (*mass*) en la catedral de San Salvador, y de cuatro ciudadanas norteamericanas, tres de ellas monjas; terminó con la masacre de seis padres jesuítas en 1989. Duarte consiguió ganar la presidencia en las elecciones de 1984 bajo una nueva constitución que intentaba garantizar un clima de mayor libertad, pero el clima de violencia continuó. En las elecciones de 1989 Alfredo Cristiani, el candidato de ARENA, logró ganar la presidencia y, en contraste con D'Aubuisson, probó ser un líder bastante moderado que hizo un llamado al FMNL para iniciar negociaciones directas. Así se inició un proceso que culminó con la firma de un tratado de paz en diciembre de 1992. El FMNL, convertido en partido político, se incorporó al proceso electoral con bastante éxito. Uno de sus candidatos fue electo alcalde de San Salvador y en las elecciones del año 2000 obtuvo 31 de los 84 escaños (*seats*) de la Asamblea Legislativa. Sin embargo, en las últimas elecciones presidenciales, celebradas en 1999, el candidato de ARENA, Guillermo Flores Pérez, ascendió a la presidencia. ARENA ha continuado siendo el partido dominante en la nación, que hoy disfruta una clima de bastante libertad.

[3] El positivismo de Comte y sus seguidores afirmaba que el único conocimiento "positivo", es decir válido, es el que puede ser comprobado científicamente. Rechazaban (*rejected*) las especulaciones puramente filosóficas y la experiencia religiosa como fuentes de conocimiento adecuadas en el mundo moderno, confiando más bien en la experimentación científica.

[4] Esta alianza entre Huerta y Félix Díaz se concretó en el llamado "Pacto de la Embajada", pues se firmó en la Embajada de los Estados Unidos en la capital de México bajo el patrocinio (*sponsorship*) del embajador norteamericano Henry Lane Wilson. Con una mentalidad típica de la época, Wilson (con el apoyo de varias embajadas europeas) había concluído que lo mejor era poner fin a la violencia para proteger los intereses norteamericanos en México.

[5] Al saber que la administración de Woodrow Wilson le había extendido reconocimiento diplomático al gobierno de Carranza, Villa protagonizó una serie de ataques contra ciudadanos norteamericanos en la frontera con México que culminaron en 1916 con su ataque al pueblo de Columbus, Nuevo México, al que saqueó y quemó (*plundered and burned*), y en el que murieron 18 personas. La expedición punitiva que el presidente Wilson envió al mando del general Pershing nunca pudo encontrar a Villa para castigarlo.

[6] Desde el principio, los dirigentes del EZLN ocultaron sus caras con máscaras pasamontañas (*sky masks*), y aunque la mayoría parecían indígenas, su jefe, el "subcomandante Marcos", era obviamente blanco y su manera de hablar la de un hombre educado; en 1995 el gobierno mexicano lo identificó como Rafael Sebastián Guillén, un intelectual marxista que había sido alumno y luego profesor de filosofía en la Universidad Nacional Autónoma de México. La rebelión zapatista no obtuvo significativas victorias militares contra el ejército mexicano y su principal campo de operaciones se mantuvo dentro del estado de Chiapas, pero su gran habilidad propagandística ha atraído atención nacional e internacional.

Ejercicios y actividades

A. Preguntas sobre la lectura

1. ¿Por qué la nación Provincias Unidas del Centro de América no duró mucho tiempo?

2. Políticamente, ¿era Panamá parte de Centroamérica en el siglo XIX? Explique.

3. ¿Qué dos países se enfrentaron en la "guerra del fútbol"? ¿Duró el conflicto mucho tiempo?

4. ¿Qué problemas geológicos tienen las repúblicas de Centroamérica?

5. ¿Por qué fue la *United Fruit Company* blanco (*target*) de muchos ataques?

6. ¿En qué se diferencia Costa Rica de las demás naciones centroamericanas?

7. ¿Qué le ocurrió al gobierno del presidente Jacobo Arbenz en Guatemala?

8. ¿Por qué fue 1999 un año importante para el Canal de Panamá?

9. ¿Cómo cambió el mapa territorial de México durante la presidencia de Santa Anna?

10. ¿Por qué fue especialmente meritoria la carrera política de Benito Juárez?

11. Mencione dos aspectos positivos y dos negativos de la era de Porfirio Díaz.

12. ¿Cómo terminó la vida de Francisco Madero?

13. El dúo Carranza-Obregón se diferenciaba bastante del dúo Villa-Zapata. ¿En qué aspectos?

14. ¿Qué ocurrió en la batalla de Celaya?

15. ¿Fueron buenas o malas las relaciones entre el gobierno de Plutarco Elías Calles y la Iglesia? ¿Puede dar un ejemplo?

16. ¿Qué aspecto de la Revolución impulsó especialmente Lázaro Cárdenas?

17. ¿Continuó Avila Camacho las políticas (*policies*) de Cárdenas? Comente.

18. Comente dos rectificaciones económicas efectuadas por gobiernos mexicanos recientes.

B. Definiciones. Encuentre en la lista las palabras que corresponden a las siguientes definiciones.

terremoto	ejido	huelga	fechoría
títere	hito	arancel	taimado
tregua	ingenuo	blanco	deuda

1. _____ Un período transitorio de paz durante una guerra.
2. _____ Un paro en el trabajo como forma de protesta laboral.
3. _____ Un individuo que no es sincero pues oculta sus verdaderas intenciones.
4. _____ En México, una finca que se cultiva colectivamente.
5. _____ Un acto reprobable cometido en violación de la ley.
6. _____ Se dice de un individuo que está sometido a la voluntad de otro.
7. _____ Un hecho que marca un momento importante en la historia.
8. _____ Tipo de impuesto que se paga en las aduanas.
9. _____ Una conmoción de la tierra.
10. _____ Se dice de un individuo a quien es fácil engañar (*to deceive*).

C. Comentarios. Haga breves comentarios orales o escritos sobre los siguientes temas.

1. La creación de la república de Panamá en 1903
2. El término "*banana republics*"
3. La "decena trágica" de 1913
4. La figura de Plutarco Elías Calles
5. Los sucesos del 2 de octubre de 1968
6. El PRI

D. Opiniones e hipótesis

1. ¿Cree que los Estados Unidos hicieron bien en devolverle el Canal de Panamá a los panameños? Comente.

2. Ahora una compañía de Hong Kong financiada por China controla los dos puertos del Canal de Panamá, tanto en el mar Caribe como en el océano Pacífico. ¿Qué piensa de esto?

3. ¿Estuvo bien que los Estados Unidos ayudaran a los "contra" de Nicaragua durante las administraciones de Reagan y Bush padre? Explique.

4. Hay quienes dicen que los Estados Unidos actuaron en forma reprensible cuando se apoderaron de casi la mitad del territorio mexicano en 1848. Otros, en cambio, argumentan que esos territorios son hoy prósperos estados de los Estados Unidos y que si hubieran permanecido en manos de México serían aún áreas pobres y subdesarrolladas. ¿Qué cree usted?

5. ¿Piensa usted que fue correcto que el presidente Lázaro Cárdenas expropiara las compañías norteamericanas y británicas que explotaban el petróleo de México? ¿Por qué?

6. Como consecuencia del Tratado de Libre Comercio (NAFTA), muchas compañías norteamericanas han cerrado todas o algunas de sus plantas industriales y las han trasladado a México, donde pagan salarios mucho más bajos que los de Estados Unidos. Estas industrias, situadas en suelo mexicano pero cerca de la frontera estadounidense, reciben el nombre de "maquiladoras" y operan sin muchas de las restricciones que se imponen a la industria en los Estados Unidos. ¿Qué le parece esto?

E. Proyecto de clase. El estudiante obtendrá material informativo sobre sucesos recientes en México y Centroamérica que complementen la información contenida en este capítulo.

13

El área del Caribe: Haití, la República Dominicana, Cuba

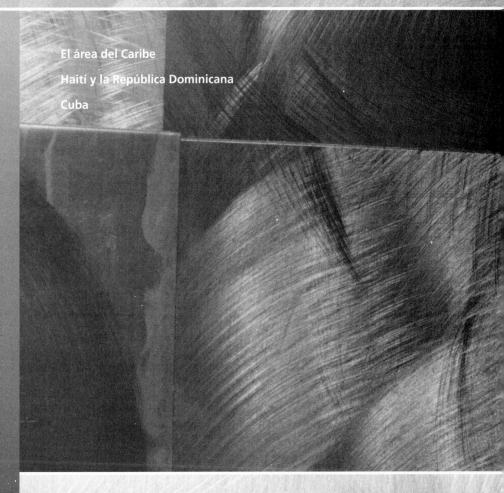

El área del Caribe

Haití y la República Dominicana

Cuba

Cronología

REPÚBLICA DOMINICANA

1843 Los dominicanos, bajo el liderazgo de Juan Pablo Duarte, logran expulsar de su país a los haitianos y recobrar su independencia.

1861–1865 Breve período en que la República Dominicana vuelve a hacerse colonia de España.

1882–1889 Era dictatorial de Ulises Heureaux.

1916–1924 El país es ocupado por tropas norteamericanas.

1930–1961 Era dictatorial de Rafael Leónidas Trujillo.

1963–1965 Juan Bosch electo presidente y derrocado por los militares. Intervención militar de los Estados Unidos bajo el manto de la Organización de los Estados Americanos (OEA).

1966 Elecciones presidenciales. Joaquín Balaguer derrota a Juan Bosch.

1966– Relativa normalidad.

HAITÍ

1818–1843 Presidencias de Alexandre Pétion, amigo de Bolívar, y de Jean Pierre Boyer, cuyo gobierno ocupa Haití.

1843–1915 El país permanece estancado (*stagnant*) bajo una serie de líderes incapaces. Los acreedores (*creditors*) extranjeros, principalmente Francia y Alemania, amenazan con intervenir. Los Estados Unidos aplican la Doctrina Monroe e intervienen por su cuenta.

1915–1934 Ocupación militar de los Estados Unidos.

1957–1971 Gobierno dictatorial de François Duvalier.

1971–1986 Dictadura de Jean-Claude Duvalier, hijo de François.

1991 Jean-Bertrand Aristide elegido presidente y derrocado por el ejército.

1994 Operación *Uphold Democracy* patrocinada (*sponsored*) por las Naciones Unidas con personal mayormente norteamericano. Aristide restaurado como presidente.

1994– Precaria situación política y económica. Elecciones llenas de irregularidades. René Preval sucede a Aristide en 1996. Aristide retorna a la presidencia en el año 2000.

CUBA

1492–1868 Descubierta por Colón en su primer viaje y conquistada por los españoles.

1868–1898 Los cubanos libran dos guerras de independencia contra España, la segunda de ellas bajo el liderazgo ideológico de José Martí.

1898–1902 Tras la guerra con España (1898), los Estados Unidos ocupan la isla, pero se retiran en 1902 y Cuba se hace república independiente.

1902–1924 Segunda ocupación norteamericana de tres años (1909–1912), solicitada por el presidente cubano Tomás Estrada Palma, seguida por una sucesión de gobiernos civiles cubanos a menudo perturbados por enfrentamientos armados de menor cuantía. Considerable influencia de los Estados Unidos en los asuntos cubanos.

1924–1933 Gerardo Machado elegido presidente en 1924. Se reelige ilegalmente en 1928, convirtiéndose en el primer dictador de Cuba hasta su caída en 1933.

1933–1940 El sargento Batista manipula a su favor la confusión que ocurre tras la caída de Machado y domina la política cubana.

1940–1952 Batista elegido presidente. En 1944, en elecciones libres, Ramón Grau, del Partido Auténtico, es electo presidente. Grau es sucedido por su protegido Carlos Prío en 1948. Eduardo Chibás funda el Partido Ortodoxo y alcanza gran popularidad por sus denuncias contra la corrupción política, pero se suicida en 1951.

1952–1956 Batista da un golpe de estado en 1952 y se hace dictador de Cuba. Tras un fracasado (*failed*) ataque al Cuartel Moncada el 26 de julio de 1953, Fidel Castro es condenado a 15 años de prisión, pero es indultado (*pardoned*) por Batista y se exilia en México, donde funda el "Movimiento 26 de julio".

1956–1958 Castro encabeza (*heads*) una expedición que desembarca en la provincia de Oriente, Cuba, a bordo del yate (*yacht*) "Granma" (1956), comenzando la lucha contra la dictadura de Batista en las montañas de la Sierra Maestra.

1959–1961 Triunfo de la revolución, que comienza a derivar hacia el socialismo y el bloque soviético. Estados Unidos rompe relaciones con Cuba en 1961. Tras la fallida invasión de exiliados cubanos en la Bahía de Cochinos (*Bay of Pigs*), Castro se proclama marxista y a Cuba como país socialista.

1962–1989 Tras la crisis de los cohetes (*missiles*) en 1962, Cuba se consolida como una dictadura comunista que depende económicamente del bloque soviético. El régimen incurre en sistemáticas violaciones de los derechos humanos en tanto la economía del país se deteriora.

1989– El colapso de la Unión Soviética sumerge a Cuba en una grave crisis económica, pero Castro se niega a abandonar la ideología marxista.

muy negativo
poder satánico
vudú → creencias paganas
brujería → curse
sacerdote → bruja

El área del Caribe

Como ya hemos visto en un capítulo anterior, las tierras americanas situadas en el mar Caribe fueron el principal escenario de la conquista y colonización española durante su fase inicial. A partir de 1519 el impulso conquistador se trasladó primero a México y Centroamérica, luego al Perú, pero las islas Antillas y la costa caribeña° de Centro y Suramérica continuaron siendo una región altamente conflictiva en la que España tuvo que enfrentar la rivalidad de los otros poderes navales europeos así como las atrevidas y destructivas incursiones de corsarios y piratas ingleses, franceses y holandeses; éstos eran a menudo agentes más o menos clandestinos de sus respectivos gobiernos. Cuando Francis Drake regresó a Inglaterra con un enorme botín° producto de sus ataques a los españoles en el Caribe, su mentora, Isabel I de Inglaterra, subió ella misma al navío° de Drake para hacerlo caballero. Poco después, en 1588, Sir Francis Drake sería uno de los capitanes ingleses que, con astutas maniobras, derrotaran a la Armada Invencible enviada por Felipe II contra Inglaterra, poniendo fin a la superioridad naval de España.

En el siglo XVII España fue perdiendo el control de la parte oeste de la isla Española a manos de renegados y aventureros, muchos de ellos franceses, que fueron llamados bucaneros por los asadores° —*boucans* en francés— en que preparaban la carne ahumada°. Con el tiempo se hicieron piratas y con base en la cercana isla Tortuga, se dedicaron a hostigar° las posesiones españolas. Holanda, por su parte, se había convertido en un formidable poder marítimo. Los holandeses ocuparon durante varios años las regiones azucareras del norte del Brasil, y aunque los brasileños lograron expulsarlos en 1654, se llevaron consigo los secretos del proceso de fabricación del azúcar y se trasladaron al Caribe. España, con su disminuido poder naval, no pudo ya evitar que Holanda, Francia e Inglaterra establecieran posesiones permanentes en las islas del mar Caribe. Holanda se posesionó de Curaçao, St. Martin y St. Eustasius; los franceses se apoderaron de Guadalupe y Martinique, en tanto los ingleses capturaban Barbados, Antigua, Monserrat y, por fin, Jamaica en 1655. Jamaica fue usada durante un tiempo por los ingleses como base de operaciones de corsarios y piratas, pero al cabo fue más rentable explotar la riqueza agrícola de las nuevas colonias. En 1670 España tuvo que reconocer la soberanía inglesa sobre Jamaica, y en 1697 cedió a Francia el tercio occidental° de la Española, que, bajo bandera francesa, pasó a llamarse Saint-Domingue. Para el siglo XVII el dominio español en el Caribe quedaba limitado a Cuba, Puerto Rico y la parte este de la Española.

Caribbean

booty
vessel

grills
smoked meat
to harass

western third

Haití y la República Dominicana

Cuando en el Capítulo 7 estudiamos la emancipación de Latinomérica, vimos como los dos países independientes que surgieron en la isla Española nacieron marcados por profundas rivalidades y rencores culturales y raciales. Haití, la nación de herencia francesa y de raza predominantemente negra, se enfrentó repetidamente a la República Dominicana, de tradición hispana y población criolla o mulata.

Los haitianos mismos estuvieron muchos años divididos dentro de su propio país por rivalidades geográficas entre el norte, con centro en Cap Haïtien, y el sur, con sede en la capital, Port-au-Prince, y por rencores raciales entre la más educada minoría mulata y la mayoría negra de la población; la primera se preciaba de hablar un francés puro y de ser heredera de la "superior" cultura francesa y su tradición católica; la segunda, casi enteramente analfabeta°, ocupaba el fondo de la escala social, hablaba créole, un francés muy penetrado de voces africanas, y practicaba el vudú, una religión sincrética en que las creencias y ritos africanos se mezclaban con los de la religión católica. Dos presidentes mulatos y personalmente refinados, Alexandre Pétion y Jean Pierre Boyer, gobernaron el país entre 1818 y 1843, pero este último se anexionó a la República Dominicana hasta su derrocamiento°. Durante el resto del siglo XIX Haití fue gobernado por una serie de líderes negros poco educados que mantuvieron al país en la miseria. A principios del siglo XX los colonizadores franceses habían sido masacrados o tenido que escapar del país y sus antiguas plantaciones fueron divididas en pequeñas parcelas poco productivas que resultaron en una economía agrícola ineficiente con el café como único producto importante de exportación.

illiterate

overthrow

La República Dominicana, por su parte, siempre gozó de condiciones económicas más favorables que las de Haití y una población mejor educada, pero atravesó por una crisis política tras otra durante el siglo XIX. La rebelión encabezada por el distinguido intelectual Juan Pablo Duarte logró expulsar del país a los haitianos en 1843, pero no fueron estos patriotas sino varias generaciones de oportunistas quienes mal gobernaron a la República Dominicana, usualmente de manera dictatorial, en las décadas siguientes. Uno de ellos, temiendo una nueva invasión haitiana, le pidió a España que volviera a ocupar el territorio dominicano e Isabel II aceptó esa absurda proposición. Durante

Niños haitianos celebran el Día de Rara, el festival más popular de Haití.

cuatro años (1861–1865) la República Dominicana volvió a ser colonia española. La experiencia fue desafortunada para ambas partes; los dominicanos se vieron de nuevo discriminados y las tropas que envió España fueron decimadas, sobre todo por la fiebre amarilla. Cuando el descontento dominicano estalló en una rebelión, España decidió poner fin a aquel fiasco y retiró sus tropas. No obstante esta amarga experiencia, pocos años después otro mandatario dominicano le propuso al presidente Ulysses S. Grant convertir a la República Dominicana en estado de la Unión. La propuesta, favorecida por Grant, fue sin embargo derrotada en el Senado norteamericano. El siglo terminó para los dominicanos bajo la corrupta y represiva

negros
mulatos ⇒ mezcla indígena de sangre indígena y sangre negra

tiranía de Ulises Heureaux (1882–1899), un militar negro de origen haitiano. Pero

improvement el asesinato de Heureaux en 1899 no resultó en una mejoría° de la situación del país. Para principios del siglo XX tanto Haití como la República Dominicana se hallaban en muy precaria situación económica y ambos habían contraído una substan-

creditors cial deuda exterior, con la agravante de que los principales acreedores° eran intereses
to collect europeos que amenazaban tomar medidas drásticas para cobrar° su dinero. La administración de Theodore Roosevelt, alegando la existencia de un peligro de invasión por parte de las potencias europeas, sobre todo de Alemania, invocó la doctrina Monroe e inició una serie de intervenciones en ambos países. Los Estados

customhouses Unidos se hicieron cargo de las principales aduanas° de las dos naciones, cuyos
(custom) duties/ derechos° eran las más importantes fuentes de ingresos° de sus gobiernos y es-
income/equitable/ tablecieron un equitativo° sistema en que los impuestos recaudados° en las aduanas
collected eran repartidos proporcionalmente entre los respectivos gobiernos y los acreedores

arrangement extranjeros. Este arreglo° funcionó bien, pero las continuadas perturbaciones políticas hicieron escalar la presencia norteamericana en ambos países, lo que resultó en una ocupación militar de 19 años en Haití (1915–1934) y de 8 años (1916–1924) en la República Dominicana.

La ocupación norteamericana trajo una serie de beneficios materiales a estas dos naciones: mejoras dramáticas en la situación sanitaria, en el transporte y comunicaciones locales, en el estado de la educación. En la República Dominicana, por ejemplo, la población escolar aumentó de 18.000 a 100.000 estudiantes en esos años (Fagg 155). Pero tales beneficios no consiguieron ganar

good will la buena voluntad° de haitianos y dominicanos ni calmar el profundo resentimiento que sentían hacia las tropas de ocupación y su actitud muchas veces arrogante. En el aspecto racial, los *marines* aplicaron la discriminación que existía en los Estados Unidos y su incapacidad de distinguir entre negros y mulatos. La orgullosa minoría mulata de Haití se sintió tan discriminada como sus conciudadanos negros, y lo mismo le ocurrió a la población mulata en la República Dominicana.

La presencia norteamericana no consiguió forjar un legado democrático en ninguno de los dos países. En Haití, la retirada de los *marines* señaló un retorno a la violencia y la corrupción política en tanto la población continuó sufriendo el nivel de vida más bajo de Latinoamérica. Uno de los peores gobernantes fue François Duvalier, quien gobernó al país durante catorce años (1957–1971) como si fuera una finca de su propiedad privada y los haitianos sus "hijos" (se hacía llamar "Papa Doc"). Se hizo declarar presidente de por vida y propagó la leyenda de que poseía poderes mágicos como practicante del vudú. A pesar de ser médico de profesión, gobernó con crueldad: la policía secreta que creó, el *Tonton Macoute*, fue un cuerpo represivo que sembró el terror en todo el país. Antes de morir, como si fuera un rey, nombró heredero a su hijo Jean Claude Duvalier, de sólo dieciocho años. A pesar de su juventud, Jean Claude, al que llamaban "Baby Doc", consiguió mantenerse en el poder quince años; menos cruel que su padre, continuó, sin embargo, la tradición de enriquecerse a costa del tesoro público. En 1986 un golpe de estado le hizo

"Canto a la libertad", mural— homenaje a tres hermanas asesinadas por orden del dictador Rafael Leonidas Trujillo.

buscar asilo en la Riviera Francesa, y Haití cayó de nuevo en las manos de militares nada escrupulosos.

En la República Dominicana, los Estados Unidos habían creado durante sus años de ocupación un cuerpo de policía local con la intención de establecer una fuerza militar dominicana bien entrenada que permaneciera al margen de la política. Rafael Leónidas Trujillo fue uno de los cadetes que recibieron el riguroso entrenamiento que impartían los *marines* norteamericanos. Su astucia y dedicación le ganaron una serie de ascensos° que al cabo le llevaron a la jefatura de aquel cuerpo de elite, el cual, tras la retirada de los Estados Unidos, pasó a ser el ejército efectivo de la República Dominicana, subordinado en teoría a la autoridad del presidente. En teoría. En las elecciones de 1930 Trujillo se presentó como candidato a la presidencia y fue "electo" con un 95% de los votos. *promotions*

Así se inició la era de Trujillo (1930–1961), un régimen tiránico que se acercó bastante al del *Big Brother* descrito por George Orwell en su novela *1984*. Nada pasaba en el país de lo que Trujillo no se enterara° a través de su eficiente red de espionaje; sus enemigos, reales o imaginados, eran exiliados o desaparecían misteriosamente, no sólo en territorio dominicano sino hasta en el extranjero[1]. En 1960 la Organización de Estados Americanos le impuso al gobierno de Trujillo una serie de sanciones al comprobarse que había estado implicado en un atentado al presidente de Venezuela, Rómulo Betancourt. Pero su acto más brutal había ocurrido en 1937: Trujillo detestaba a la población negra de Haití y varios miles de haitianos pobres habían cruzado la frontera para establecerse en las tierras más fértiles del lado dominicano; aquel año Trujillo decidió acabar con el problema de estos haitianos ilegales y envió sus tropas a la frontera. Varios miles de haitianos fueron masacrados a sangre fría (los cálculos flutúan entre 10.000 y 20.000) y Trujillo tuvo la audacia de ofrecer al gobierno de Haití la suma de $750.000 como compensación por esas muertes; es decir, a razón de entre $75 y $38 por cada persona asesinada. *wouldn't find out*

Al escribir sobre ese período, muchos historiadores admiten a regañadientes° que, a pesar de sus métodos tiránicos, Trujillo impulsó una era de notable progreso económico que benefició a un sector apreciable del pueblo dominicano. Admiten también que Trujillo tenía una personalidad carismática capaz de captar la adhesión de quienes le rodeaban, y que era una persona bastante austera, no particularmente inclinada a los lujos o a la vida disipada, con una excepción: sus numerosas aventuras extramatrimoniales. De cualquier modo, mostró una desmedida codicia que le llevó a acumular una fortuna de varios cientos de millones de dólares. Hacia el final de su carrera, había pocos negocios o industrias en el país que Trujillo o su familia no controlaran total o parcialmente. Si en Haití "Papa Doc" actuaba como si fuera el padre y dueño de su país, Trujillo actuaba como lo que era: el dueño de la República Dominicana. Un día de 1961, mientras se dirigía a una cita con una de sus queridas, su automóvil fue emboscado y el dictador fue acribillado a balazos. El distinguido escritor peruano-español Mario Vargas Llosa ha publicado una novela, *La fiesta del chivo* (*The Goat's Party*) que ofrece un cuadro vívido y bien documentado de la era trujillista. *reluctantly*

Desde entonces, desafortunadamente, estas dos naciones del Caribe sólo han captado la atención internacional en períodos de especial conmoción política. Desde la década de 1960 hasta la de 1990, dos figuras dominaron la escena política de la República Dominicana: Joaquín Balaguer y Juan Bosch. Balaguer, un astuto intelectual autor de varios libros y doctorado en las universidades de Santo Domingo y París, logró mantenerse a flote políticamente después del asesinato de Trujillo a pesar de haber sido un miembro prominente del régimen del tirano; hombre refinado, conservador y con magníficas conexiones en los círculos políticos y financieros de la República Dominicana, ocupó seis veces la presidencia de la nación entre 1966 y 1996, en elecciones que no siempre se distinguieron por su honestidad. Bosch, un prestigioso escritor de ideología izquierdista, fue electo presidente en 1963, pero resultó ser un mandatario administrativamente inepto; la influencia que adquirieron los comunistas durante su mandato hizo que el ejército lo derrocara en septiembre de 1963 mediante un golpe de estado. Los militares impusieron una junta civil que no fue aceptada por los seguidores de Bosch y la pugna entre ambos bandos degeneró en una verdadera guerra civil. En este punto, la administración de Lyndon Johnson percibió la presencia de elementos comunistas y pro-castristas en el bando de Bosch y el peligro de que en la República Dominicana pudiera instalarse un régimen al estilo del de Fidel Castro en Cuba[2]. En abril de 1965, tras asegurarse el apoyo° de la Organización de *backing* Estados Americanos (OEA), Johnson ordenó el desembarco de una fuerza militar interamericana de 20.000 hombres, que aunque numéricamente dominada por los Estados Unidos, se puso bajo el mando de un oficial del ejército de Brasil, uno de los países latinoamericanos que enviaron tropas. Esto hizo revivir las críticas contra el intervencionismo norteamericano. No pocos acusaron a Johnson de haber regresado a la política agresiva de los tiempos de Teddy Roosevelt y su *Gunboat Diplomacy*. La OEA estuvo a cargo de conducir las negociaciones entre los dos bandos en disputa hasta que en agosto de 1965 se logró firmar un "acta de reconciliación". En septiembre, las tropas norteamericanas y las de sus aliados se retiraron de Santo Domingo, cinco meses después de su llegada. En las elecciones presidenciales que se celebraron puntualmente en 1966, se enfrentaron Juan Bosch y Joaquín Balaguer. Los Estados Unidos decidieron mantener la más estricta neutralidad, aunque no era secreto que la administración de Johnson prefería a Balaguer. Para alivio de Washington, Balaguer resultó electo por una amplia mayoría y el país inició su retorno a una relativa normalidad.

Políticamente la década de 1990 marcó una gradual tendencia hacia la estabilización democrática en la nación dominicana. Las elecciones de 1996 y 2000 fueron por la mayor parte honestas y un nuevo equipo de políticos más jóvenes ha iniciado una nueva serie de prometedoras reformas económicas, incluyendo un plan de privatización de empresas públicas. La nación ha estado experimentado un crecimiento económico satisfactorio de alrededor de un 7% anual y una baja inflación. La mejor noticia económica de los últimos años ha sido el gran incremento que ha experimentado el sector del turismo: una inyección de más de mil millones de dólares anuales en la economía dominicana. Las numerosas y excelentes instalaciones hoteleras que se han construido en tiempos recientes han *isolated domains* tendido a crear enclaves aislados° en el que los turistas pueden disfrutar el clima tropical y las magníficas playas del país sin entrar realmente en contacto con la *pity* cultura local. Esto es una lástima°: la capital, Santo Domingo, que ya sobrepasa los dos millones de habitantes posee una rica herencia colonial, como primer centro urbano importante del mundo colonial español.

En cuanto a Haití, un rayo de esperanza democrática apareció en 1990, cuando Jean Bertrand Aristide, un ex-sacerdote de ideología izquierdista salido de los barrios pobres de Port-au-Prince, fue elegido presidente con un mensaje de compasión e identificación con las clases pobres. Pero los militares derrocaron a Aristide y se inició un período de tensión que culminó en 1994 con la intervención de una fuerza militar internacional compuesta principalmente de tropas estadounidenses bajo el patrocinio de las Naciones Unidas. En los días anteriores a la intervención, los Estados Unidos habían enviado a Santo Domingo una comisión encabezada por Jimmy Carter y Colin Powell para iniciar negociaciones con la junta militar haitiana, pero fue necesario emprender una acción militar. Mas a diferencia de la intervención militar en la República Dominicana en 1965, esta vez la comunidad internacional apoyó casi unánimemente la *Operation Uphold Democracy*, como se la llamó. Los líderes militares acabaron por dimitir y Aristide fue reinstaurado como presidente. Pero el optimismo inicial pronto se enfrió: Haití era —y en buena medida aún es— un país carente de° instituciones   *lacking in* estables donde es poco menos que imposible imponer la ley y el orden; una nación económicamente muy débil, con un 50% de desempleo y un 70% de la población dedicada a una agricultura de subsistencia. La figura de Jean Bertrand Aristide ha continuado dominando la escena política, pero éste es ya un Aristide menos idealista, que no sólo ha aprendido a jugar el juego político personalista sino que ha conseguido obtener un decisivo control de la maquinaria política de la nación. Salió electo de nuevo en las elecciones de noviembre del 2000, que fueron boicoteadas por la oposición y estuvieron llenas de irregularidades. Como reportó la revista *The Economist* (12/2/2000), las autoridades electorales de Haití declararon que el 68% de los electores votaron en dichas elecciones y un 92% votó por Aristide, cifras ambas poco creíbles. Huelga decir° que los obje-   *Needless to say* tivos de la operación *Uphold Democracy* no se han cumplido cabalmente°.   *fully*

Cuba

[handwritten: chamanes →] 3 religiones/creencias como vudú [handwritten: santería →] 3 de LatinoAmérica

Los niños cubanos aprenden de memoria en la escuela las palabras que pronun-   *got sight of* ció Cristóbal Colón la primera vez que avistó° la isla: "Ésta es la tierra más her-   *Blessed* mosa que ojos humanos vieran". Bendecida° por un clima privilegiado, tierras fértiles, magníficos puertos y playas naturales, Cuba ha sido un paraíso tropical al que la historia ha tratado bastante mal. Conquistada por España en 1511, su abundante población indígena desapareció en pocos años. Cuando a partir de 1537 España estableció el sistema de flotas para proteger sus barcos de ataques de corsarios y piratas, La Habana se convirtió en obli-   *port of call, stopover* gado puerto de escala° de los galeones que viajaban entre América y España. Esto le trajo alguna prosperidad a la

Catedral de La Habana. Siglo XVII.

isla y evidenció su importancia estratégica, a la entrada del mar Caribe. Para el siglo XVIII Cuba había agregado a sus exportaciones dos importantes productos: el tabaco y sobre todo el azúcar, de los que había gran demanda en Europa. La industria del azúcar, por otra parte, trajo consigo su acostumbrada lacra°: una masiva importación de esclavos negros del África, que desde entonces se convirtieron en una parte considerable de la población de la isla.

usual curse

En 1762 una flota inglesa consiguió capturar La Habana. La ocupación británica duró sólo 10 meses, pero transformó radicalmente la economía de la isla: las restricciones al comercio que había impuesto el gobierno español quedaron abolidas y La Habana se convirtió en un próspero puerto abierto al comercio internacional. Aunque España recuperó la capital de Cuba en 1763 —a cambio de cederle a Inglaterra los territorios de la Florida—, muchas de las limitaciones al comercio internacional no fueron restablecidas por el gobierno del ilustrado rey español Carlos III. En estos años aumentaron considerablemente las relaciones comerciales entre Cuba y las colonias norteamericanas pues España, aliada de Francia y enemiga de Inglaterra, no obstaculizó el comercio con los futuros Estados Unidos, empeñados entonces en independizarse de Inglaterra. La prosperidad de Cuba se consolidó en el siglo XIX, cuando se convirtió en el primer exportador de azúcar del mundo e incrementó considerablemente su producción de café. Ésta era la época en que las otras colonias españolas de América estaban librando, con éxito, las guerras de independencia contra España. Cuba, en cambio, siguió siendo colonia hasta 1898. En contraste con las colonias continentales, a España le fue más facil mantener su control sobre Cuba debido al carácter insular de ésta, y al hecho de que mantuvo allí un considerable ejército de más de 40.000 soldados.

José Martí (1853–1895), máximo arquitecto de la independencia de Cuba.

Aun así, durante la segunda mitad del siglo XIX los criollos cubanos protagonizaron una larga y costosa lucha por la independencia de la isla. La Guerra de los Diez Años (1868–1878) terminó en derrota para los criollos y las miles de personas de color que se les habían unido, entre ellos el apuesto° general mulato y brillante estratega° Antonio Maceo. Pero las hostilidades fueron reanudadas en 1895, esta vez bajo la inspiración de José Martí (1853–1895), el cubano más importante en la historia de la isla, quien logró unir a todas las fuerzas independentistas[3]. La isla se convirtió en un campo de batalla al que España mandó más de 200.000 soldados, muchos de ellos reclutas° inexpertos que enfermaban y morían de enfermedades tropicales como la malaria y la fiebre amarilla. Para 1898 una España exhausta tuvo que enfrentar la oposición de los Estados Unidos, cuyos periódicos empezaron a publicar las fotos de los campos de concentración en que las autoridades españolas habían internado a miles de familias cubanas.

handsome/tactician

recruits

La guerra de 1898, en la que España fue fácilmente derrotada por los Estados Unidos, trajo la ocupación de Cuba por tropas estadounidenses y la instalación de un gobierno militar norteamericano en la isla. Pero el Congreso de los Estados Unidos había aprobado en aquel mismo año la llamada Enmienda° Teller en que el gobierno norteamericano renunció a anexar el territorio de Cuba, y el 20 de mayo de 1902 la isla se convirtió en república independiente, aunque

Amendment

tuvo que aceptar una cláusula en su Constitución de 1901, la Enmienda Platt, que autorizaba a los Estados Unidos a intervenir en Cuba cuando lo considerasen necesario.

Años difíciles (1902–1940)

Los primeros años de vida republicana no fueron fáciles para Cuba y produjeron una segunda intervención militar de los Estados Unidos (1906–1909), pero, pasado este duro período, la isla inició una vida política que, si bien marcada por frecuentes crisis, consiguió evitar la aparición de dictaduras. Los Estados Unidos continuaron ejerciendo considerable influencia en la política y la economía del país, en la que poseían cuantiosas inversiones tanto en la industria del azúcar como en la banca° y las empresas de servicios públicos. La economía cubana, por otra parte, dependía demasiado de la industria azucarera, por lo que una caída apreciable en el precio del azúcar podía traer la ruina a la nación. En 1921, por ejemplo, el final de la Primera Guerra Mundial trajo un colapso del precio del azúcar, que de 23 centavos bajó a menos de 4 centavos la libra. Como resultado, muchos ingenios azucareros e instituciones bancarias que habían sido propiedad de cubanos pasaron a manos de firmas norteamericanas. En la política, la mayoría de los gobiernos de esos años no consiguieron escapar a esas dos grandes lacras de la vida pública latinoamericana: la corrupción de los funcionarios públicos y el personalismo, es decir, el predominio de personalidades fuertes sobre las instituciones republicanas. Aun así, el primer dictador que sufrió Cuba, Gerardo Machado, fue elegido presidente en las elecciones de 1924 y fue sólo al final de su mandato constitucional, en 1928, que la ambición de poder le hizo reelegirse de manera espúrea.

    Desafortunadamente, la confusión e inestabilidad política que ocurrieron tras la caída de Machado en 1933 fueron aprovechadas por un oscuro sargento del ejército, Fulgencio Batista[4], para convertirse en la figura dominante de la política cubana. Los numerosos políticos que ocuparon la presidencia entre 1933 y 1940 tuvieron que contar con la voluntad de Batista. El antiguo sargento, ascendido primero a coronel, luego a general, fue el vocero° de los soldados, cabos° y sargentos del ejército, es decir, de los sectores menos privilegiados de las fuerzas armadas; su liderazgo tuvo así un sabor populista que él supo promocionar astutamente, estableciendo una serie de programas de servicio social que le ganaron bastante popularidad entre las clases pobres. Su popularidad, sin embargo, nunca se extendió a los sectores más liberales y educados de la sociedad cubana, que se le opusieron en su gran mayoría. En estos años ocurrieron cambios significativos en las relaciones de Cuba con los Estados Unidos: la irritante Enmienda Platt fue abolida bajo la conciliadora "política del buen vecino" de Franklin D. Roosevelt y, aunque Washingon mantuvo bastante influencia, la embajada norteamericana en La Habana dejó de ser el lugar en que se decidía el futuro político de la isla. El golpe de estado del sargento Batista en 1933, por ejemplo, ocurrió sin el conocimiento previo ni la aprobación de la embajada.

banking institutions

spokesperson
corporals

Retorno a la democracia (1940–1952)

Al cabo, Batista fue lo suficientemente astuto —al menos en esta etapa de su carrera— para comprender que necesitaba legitimar su poder: presidió, primero, la convocatoria a una Convención Constituyente que en 1940 promulgó una

Palacio Presidencial, La Habana.

constitución liberal y jurídicamente muy avanzada, y ese mismo año se presentó como candidato a la presidencia frente al ex-presidente Ramón Grau San Martín, cuya caída había sido propiciada por el propio Batista en 1934. Las elecciones de 1940 fueron por la mayor parte honestas y Batista fue elegido por un término de cuatro años. Al término de su mandato Batista aceptó la derrota del candidato de su partido y traspasó el poder a Grau San Martín, que esta vez logró triunfar por un amplio margen. Grau, a su vez, fue sucedido por su protegido Carlos Prío Socarrás, cuyo término presidencial debía expirar en 1952. Este período de casi doce años de regímenes constitucionales tuvo una importancia crucial para la joven generación de cubanos que luego protagonizaron la revolución de 1959: fue una generación, en efecto, que creció dentro de un clima de libertades y cuyos puntos de referencia ideológicos se hallaban firmemente enclavados en las instituciones democráticas. Si hubo un serio problema socio-político bajo las administraciones de Grau y Prío fue el relajamiento de las costumbres y de los códigos morales que exhibieron muchos miembros de ambos gobiernos, de modo que las quejas más comunes que se oían en la Cuba de aquellos años se referían no a la falta de libertad sino, por lo contrario, al excesivo "relajo"° que impregnaba la escena nacional. "Esto —se oía decir a menudo— ya no es libertad sino libertinaje°. Libertinaje que incluía un alto grado de deshonestidad en el manejo° de los fondos públicos.

  No faltaron voces honestas que se levantaron contra la corrupción de la clase política. La más importante, fue la del senador Eduardo Chibás, cuyas denuncias en su programa de radio semanal le ganaron gran popularidad. En 1947 Chibás fundó su propio partido, el Partido del Pueblo Cubano Ortodoxo. El símbolo de los "ortodoxos" era una escoba°, con la que pretendían barrer° la corrupción que plagaba la vida pública cubana. Chibás parecía un candidato presidencial formidable para las elecciones de 1952, pero en agosto de 1951, avergonzado° de no haber podido probar una denuncia que había hecho contra un miembro del gobierno de Prío, terminó su transmisión radial dándose un tiro° ante los micrófonos y murió pocos días después. Su funeral fue el más multitudinario que había presenciado La Habana hasta entonces.

  La muerte de Chibás dejó un vacío imposible de llenar, pero el Partido Ortodoxo registró una impresionante recuperación en los meses siguientes a pesar de que el nuevo candidato presidencial, el profesor Roberto Agramonte, no era una figura demasiado atractiva. Lo que dio ahora impulso al partido fue, de un lado, la memoria de Chibás, de otro, el hecho de que los más reputados políticos e intelectuales de Cuba cerraron filas en torno a la causa ortodoxa y crearon un clima de militante compromiso con un modelo político presidido por la honestidad. Uno de los jóvenes que se unieron entonces a las filas ortodoxas fue un abogado recién graduado llamado Fidel Castro. Es fascinante imaginar lo diferente que pudo haber sido la historia de Cuba si las elecciones de 1952 hubieran llegado a celebrarse y, como vaticinaban° las encuestas de opinión pública°, el Partido Ortodoxo hubiese ascendido al poder. Pero no iba a ser así.

disrespect

excessive use of freedom/handling

broom/intended to sweep

embarassed

shooting himself

predicted/opinion polls

Batista retorna (1952–1958)

Pocos meses antes de las elecciones, en la madrugada del 10 de marzo de 1952, Fulgencio Batista protagonizó un golpe de estado que derrocó al gobierno constitucional de Prío Socarrás. Cuando los cubanos se levantaron a la mañana siguiente, se encontraron con que su país había caído en manos de un régimen militar. La indignación del público fue general pero ya no había mucho que hacer. Los líderes universitarios acudieron ese día al Palacio Presidencial para ofrecer su apoyo al presidente y pedirle armas, pues aunque Prío no era popular entre ellos, en aquel momento representaba la legalidad constitucional; mas se encontraron con un presidente abatido°, abandonado por el ejército. El pueblo cubano, en general, se refugió en una rabia sorda°. En la gran escalinata° que asciende hacia el campus de la Universidad de La Habana los estudiantes colocaron una enome pancarta° en que se leía: "Dentro de esta colina° sólo encontrarán cadáveres".

dejected
pent-up anger
monumental staircase
sign/hill

En los meses siguientes fueron los estudiantes quienes proveyeron el principal ímpetu de la oposición contra Batista, bajo el liderazgo de la Federación Estudiantil Universitaria (FEU). Una y otra vez las manifestaciones° estudiantiles descendían de la colina universitaria enarbolando° pancartas y dando gritos de denuncia, para enfrentarse°, sin más armas que sus brazos, a los cordones policíacos que los esperaban, listos para arrestarlos después de golpearlos°. Al cabo, los dirigentes de la FEU fundaron el Directorio Estudiantil Revolucionario con el propósito de emprender una lucha armada clandestina contra la dictadura; su presidente, el estudiante de arquitectura José Antonio Echeverría, era un joven dotado de° extraordinario carisma personal y pudo haber sido una de las figuras claves del futuro cubano, pero estaba destinado a morir muy pronto, demasiado pronto. El 13 de marzo de 1957 el Directorio llevó a cabo una atrevida acción armada cuyo objetivo era penetrar en el Palacio Presidencial y ejecutar a Batista en su despacho°. El ataque no tuvo éxito y la mayoría de los asaltantes° resultaron muertos dentro del palacio. Mientras tanto, otro grupo del Directorio, encabezado por Echeverría, leía en una estación de radio local el mensaje insurreccional acordado°. En su retirada hacia el santuario de la Universidad el automóvil en que viajaba Echeverría tuvo un encuentro armado con un carro patrullero de la policía en el que José Antonio resultó muerto. La fotografía de "Manzanita" —como llamaban a Echeverría por el color sonrosado° de sus mejillas°—, tendido sin vida sobre el pavimento de la calle, fue la foto de primera plana° de los periódicos del día siguiente; una foto que llenó de impotente indignación a toda una generación de jóvenes cubanos.

demonstrations
wielding
to face

after beating them

endowed with

office
attackers

agreed upon

rose-red/cheeks
front page

Durante los días siguientes, dos sucesores de Echeverría en la presidencia de la FEU fueron asesinados por la policía de Batista, incluyendo al valeroso Fructuoso Rodríguez. Varios de los dirigentes del Directorio que sobrevivieron optaron por abrir frentes guerrilleros en las montañas de la zona central de Cuba. Pocos meses antes del ataque al Palacio Presidencial, en diciembre de 1956, Fidel Castro había desembarcado con un grupo de seguidores en la provincia de Oriente. Castro había ganado ya notoriedad gracias a su ataque, en julio de 1953, a la guarnición militar del Cuartel Moncada, en la ciudad de Santiago de Cuba. En adelante, casi toda la atención nacional e internacional se concentraría en su figura.

Castro: la ruta hacia el poder

Nacido en 1926, en una comunidad rural de la provincia de Oriente, Fidel Castro es hijo de un inmigrante español que prosperó en Cuba. Fidel y sus hermanos pasaron su niñez en el ambiente campestre° de la extensa colonia de caña° de la familia. La buena posición económica del padre permitió a Fidel estudiar en los mejores colegios religiosos, incluyendo el elitista Colegio de Belén en La Habana, de la orden jesuita. Aparentemente el joven Castro no fue feliz allí. Su temperamento díscolo° soportó mal la disciplina académica y religiosa; sus rústicos modales° de campesino (de "guajiro" en el habla cubana) no encajaban bien° en el círculo urbano y sofisticado de sus compañeros de colegio. Sus ambiciones políticas empezaron a manifestarse tras su ingreso en la Universidad de La Habana como estudiante de Derecho°. En esa época —la década de 1940— funcionaban en la universidad varios "grupos de acción", unas pandillas° a menudo bien armadas formadas por estudiantes muy politizados que se dedicaban menos a estudiar que a promover sus fines° políticos y ambiciones personales. Fidel pronto se hizo miembro de uno de esos grupos y comenzó a acumular un historial de hombre duro muy capaz de acudir a la violencia. Tras su graduación, ya casado⁵, no mostró vocación por ejercer° la carrera de Derecho. Prefirió más bien postularse° como candidato a congresista para las elecciones de 1952 por el Partido Ortodoxo de Eduardo Chibás.

Pero las elecciones de 1952, como vimos, quedaron canceladas por el golpe de estado de Batista. La próxima vez que los cubanos supieron de Castro fue cuando el 26 de julio de 1953, al frente de unos 150 hombres, dirigió un ataque contra la guarnición del Cuartel° Moncada en la ciudad de Santiago de Cuba. El ataque fue un completo fracaso° pero hizo de Castro la personalidad más conocida y admirada de Cuba. Capturado y sentenciado a 15 años de prisión, hizo del juicio° en que se le condenó una oportunidad para dar a conocer su credo revolucionario, que entonces se adhería firmemente a los principios democráticos contenidos en la constitución cubana de 1940. Actuando como su propio abogado defensor, su discurso ante el tribunal fue impreso bajo el título de "La historia me absolverá" y se convirtió en el primer texto canónico de la causa fidelista. Una amnistía dictada por Batista le permitió a Castro salir en libertad en 1955. Marchó entonces a México y preparó allí una pequeña expedición de 82 hombres que a bordo del yate° "Granma" desembarcó en la costa sur de la provincia de Oriente en diciembre de 1956. El ejército de Batista, alertado, montó un ataque en el que pereció la mayor parte de los expedicionarios. Sólo Castro y unos 15 de sus hombres escaparon con vida y optaron por buscar refugio en los tupidos bosques° de la cordillera conocida como la Sierra Maestra.

Así comenzó el proceso que en dos años llevaría a Castro a la victoria. En febrero de 1957 un periodista del periódico *The New York Times* consiguió entrevistarlo° en la Sierra y sacar fotos en que Castro, de uniforme, lucía una poblada barba° y empuñaba° un rifle de mirilla telescópica°. Así nació su leyenda. Desde ese momento Batista tuvo que luchar, no contra un pequeño grupo de improvisados guerrilleros, sino contra la imagen de un mítico combatiente cuyos hombres burlaban° con impunidad la persecución del ejército. En las ciudades cubanas, células clandestinas del "Movimiento 26 de julio", que Castro había fundado en México, proveyeron un continuo flujo de dinero y

---

Glosas marginales:

- rural environment
- sugar plantation
- rebellious
- manners
- didn't fit
- Law
- gangs
- objectives
- to practice
- to run
- army barracks
- failure
- trial
- yacht
- thick forests
- interview him
- full-grown beard/held/ telescopic finder
- evaded

pertrechos°. Y cuando los rebeldes consiguieron hacerse de un transmisor de *weapons and munitions*
radio en febrero de 1958, su guerra de propaganda adquirió un instrumento de
primera importancia. Las transmisiones de "Radio Rebelde" describieron ahora
con dramáticos tonos los movimientos de las fuerzas rebeldes por todas partes
de la Sierra y sus exitosos enfrentamientos° con las tropas de Batista. La realidad *encounters*
era bien distinta. En el verano de 1957 el ejército rebelde se componía de unos
130 hombres; todavía en la primavera de 1958 Castro comandaba un contingente de no más de 450 hombres (Quirk 138;
184). Pero el ejército de Batista, formado en su
mayoría por oficiales corruptos y soldados mal pa-
gados y sin motivación, fue incapaz de sostener
una prolongada campaña en el difícil terreno de la
Sierra. Mientras tanto, en las ciudades y en el
campo, la frustrada policía y el ejército del dictador ejercían una represión cada vez más brutal, de
modo que muchos jóvenes optaron por escapar a
las zonas del campo controladas por las fuerzas
rebeldes y las filas de éstas aumentaron. Para el
otoño de 1958 las fuerzas de Castro sumaban ya
varios miles de hombres. La fase final vino cuando
los rebeldes, enfrentando poca oposición, comenzaron a invadir el resto de la isla y capturaron

Vista panorámica de La Habana (1959).

Santa Clara, la capital de Las Villas, la provincia central de Cuba. Por esos días
el gobierno norteamericano anunció la suspensión de ventas de municiones al
ejército de Batista. El 31 de diciembre, tras celebrar una recepción de fin de año,
Batista, su familia y sus seguidores más allegados° escaparon en avión a la *closest followers*
República Dominicana, gobernada entonces por el dictador Trujillo. La entrada
triunfal de Castro en La Habana el 8 de enero de 1959, rodeado de sus ya legendarios barbudos, fue un acontecimiento° apoteósico. El entusiasmo que des- *event*
pertaba en el público su figura de joven revolucionario rayaba en° la adoración. *bordered on*
Una revista de La Habana publicó un dibujo de su rostro que lo representaba
con las facciones° de Cristo. *features*

Consolidación del poder castrista

Desde el principio Castro adoptó un estilo *sui géneris* de gobernar. Cuba era el
país latinoamericano que tenía mayor número de televisores *per cápita* y Castro
aprovechó bien esta circunstancia. La agenda del gobierno le era comunicada a la
ciudadanía principalmente a través de los discursos televisados de Fidel, que solían
durar cinco o seis horas. Siempre un actor consumado, los estados de ánimo° que *moods*
sugerían sus gestos y las entonaciones de su voz parecían ofrecer un índice de las
decisiones que pensaba tomar, de las direcciones en que se proponía conducir a
Cuba. A veces una medida° que anunciaba en uno de sus discursos aparecía publi- *measure*
cada en forma de ley a los pocos días; otras, las decisiones que parecía haber
bosquejado° no se materializaban. No era remiso° a enunciar los principios gene- *outlined/reluctant*
rales de la revolución, pero —sobre todo en las primeras semanas y meses de su
gobierno— era vago o ambiguo al delinear direcciones ideológicas específicas. La
enorme popularidad de que gozaba le permitía mantener al país constantemente

en suspenso; la mayoría de la gente confiaba implícitamente en su buena fe y trataba de adivinar las políticas específicas en que iban a concretarse sus buenas intenciones. Como la nueva Cuba revolucionaria no tenía Congreso y el gobierno provisional que había nombrado difícilmente pensaría en oponérsele, el "Máximo Líder", como ya se le llamaba, disfrutaba de una casi completa libertad para ejercitar su creatividad política ante las pantallas de la televisión.

Familia campesina cubana, cerca de 1959.

El asunto más polémico que enfrentó Castro en sus primeras semanas fue la adversa reacción internacional que causó la manera en que su gobierno se dio a ejecutar a cientos de militares y funcionarios de la dictadura de Batista tras unos juicios relámpago° en los que se condenaba al acusado, se oía la apelación en unas horas y, con gran frecuencia, se le ejecutaba a la madrugada siguiente. Enfurecido, Castro convocó a una reunión del pueblo ante el Palacio Presidencial de La Habana y, luego de un apasionado discurso ante las cámaras de televisión, le preguntó a la multitud si debían continuar los fusilamientos°. El estruendoso° "¡Sí!" de la muchedumbre fue seguido por el ominoso cántico de "¡Paredón!, ¡Paredón!"° Aquel público, mesmerizado aún por la retórica de Castro, acababa de refrendar° tácitamente el tipo de justicia revolucionaria que iba a imperar en Cuba en adelante.

Los espectáculos televisados más importantes de los meses siguientes ocurrieron en torno a la presencia de influencias comunistas en el gobierno revolucionario. Castro lo negó enfáticamente e incluso aprovechó la oportunidad para criticar a los marxistas. Pero cuando miembros de su propio gobierno, como el presidente Manuel Urrutia y el comandante Húber Matos, empezaron a quejarse de la infiltración comunista, el Máximo Líder los acusó de utilizar el comunismo como pretexto para sembrar la división en las filas revolucionarias; esto le costó a Urrutia el puesto y la salida hacia el exilio; a Matos, 20 años de cárcel. Para el verano de 1959 ya estaba claro que Castro iba a continuar usando el tipo de liderazgo personalista que había ejercido en los días de la Sierra Maestra, sin hacer demasiado caso al gobierno provisional que él mismo había nombrado. También se hizo evidente que no tenía intenciones de convocar elecciones, como había predicado en la Sierra. Su tendencia fue más bien la de extender su poder a zonas cada vez más extensas de la vida cubana, y de hacerlo mediante tácticas que revelaban una orientación socialista. Los periódicos, las revistas, las estaciones de radio y de televisión cayeron gradualmente bajo control estatal, y lo mismo le sucedió al Poder Judicial, a las organizaciones profesionales, a los sindicatos obreros, a la dirigencia° universitaria. En el sector económico, para fines de 1960 la mayor parte de las tierras del país, las empresas comerciales y las industrias habían sido confiscadas y convertidas a los modelos colectivistas típicos de los

instant trials

shootings by firing squad/boisterous

To the firing squad!

authenticate

leadership

regímenes marxistas. En mayo de 1961 Castro proclamó oficialmente a Cuba como país socialista, pero ya para entonces las isla vivía, de hecho, bajo un régimen comunista.

Al tiempo que transformaba radicalmente la sociedad cubana, Castro creó las estructuras políticas y represivas que habrían de hacer prácticamente imposible la aparición de una oposición organizada. El movimiento "26 de julio", su propia criatura, fue perdiendo fuerza, y lo mismo le ocurrió al Ejército Rebelde que lo había conducido al triunfo. Castro continuó dependiendo de su "familia revolucionaria", es decir del grupo de seguidores que habían estado con él desde los días de la Sierra y le debían una fidelidad absoluta[6], pero los miembros del partido comunista ocuparon puestos cada vez más importantes en su gobierno. Las renovadas fuerzas armadas —ahora ideológicamente comprometidas con la ideología marxista— quedaron al mando de su hermano Raúl; la nueva y eficiente policía secreta mantuvo la estructura del "G-2", la policía secreta del dictador Batista. Por otro lado, dos nuevas organizaciones le aseguraron un completo control de la población civil: las milicias revolucionarias, formadas por cientos de miles de civiles reclutados en los centros de trabajo, y los Comités de Defensa de la Revolución, grupos de simpatizantes del régimen que eran seleccionados en cada manzana° de cada ciudad cubana para vigilar las actividades de sus vecinos y que fueron aumentando su poder y funciones políticas. Cuando la colectivización de la economía produjo un dramático descenso en la producción de artículos de primera necesidad y el gobierno tuvo que implantar libretas de racionamiento, los Comités fueron puestos en control del sistema. Ya se hallara en su trabajo o en su casa, el ciudadano cubano se encontró sujeto a un sistema de vigilancia constante. Si quería celebrar el cumpleaños de un hijo, debía notificárselo previamente al Comité.

block

Es fácil imaginar los excesos a que puede conducir un régimen así, cuando los medios de prensa son parte del aparato estatal y jueces y magistrados sólo pueden ocupar sus puestos si demuestran una completa lealtad al sistema. A lo largo de los años, miles de disidentes políticos, intelectuales, estudiantes y simples ciudadanos se vieron cumpliendo condenas de veinte o treinta años, mezclados con los presos comunes en prisiones donde se vivía en condiciones infrahumanas, víctimas de frecuentes apaleaduras°, execrables condiciones sanitarias y enloquecedores° confinamientos solitarios; algunos de ellos, como el poeta Armando Valladares, vivieron para contar su historia; otros, como el líder estudiantil Pedro Luis Boitel, no tuvieron tanta suerte. El código revolucionario, por otra parte, no se limitaba a reprimir° y castigar las desviaciones ideológicas y políticas; tampoco admitía creencias religiosas que interfirieran con la fidelidad debida a la causa revolucionaria, o patrones de conducta que se apartaran de la más estricta heterosexualidad. Adventistas del Séptimo Día, Pentecostales y miembros de otras sectas religiosas que persistieron en mostrar su independencia quedaron así incluídos junto con los homosexuales entre los grupos perseguidos como contrarrevolucionarios. De los homosexuales se hacían redadas° frecuentes, sobre todo en La Habana, y entre 1965 y 1967 funcionaron incluso unos campos de concentración, los UMAPS, donde se les internaba sin juicio previo y se les sometía a todo tipo de vejaciones° con el pretexto de "rehabilitarlos". El buen revolucionario tenía que ser un varón viril. Por las lesbianas, en cambio, la Revolución nunca mostró mucho interés[7].

beatings

maddening

to repress

raids

humiliations

Confrontaciones con los Estados Unidos

En 1961 Castro declaró que siempre había sido marxista-leninista, aunque lo había ocultado por razones políticas, pero quienes han seguido su carrera se inclinan a pensar que en realidad siempre fue, y continúa siendo... fidelista; el marxismo le ofreció una conveniente ideología capaz de justificar el sistema dictatorial que implantó en Cuba. Y en la arena internacional, la política de confrontación que practicó con los Estados Unidos desde el principio de su gobierno le persuadió a acercarse a la Unión Soviética: era una especie de póliza de seguros°, tanto en el aspecto económico como en el militar. El bloque comunista podía ofrecerle un mercado alternativo para el azúcar, el tabaco y demás productos cubanos si los Estados Unidos les cerraban las puertas. Y el poderío militar de los soviéticos podría ser una conveniente sombrilla protectora contra un posible ataque norteamericano. En 1960 Cuba estableció relaciones diplomáticas y comerciales con la Unión Soviética al tiempo que iniciaba una ola de expropiaciones de propiedades y empresas norteamericanas. Esto desencadenó una serie de acciones y reacciones entre Washington y La Habana que resultaron en la confiscación total, sin compensación, de las propiedades norteamericanas en la isla (valoradas en más de mil millones de dólares), la supresión de la cuota que disfrutaba el azúcar cubano en el mercado estadounidense, y el embargo impuesto por el gobierno norteamericano sobre el comercio con Cuba. En enero de 1961 Estados Unidos rompió relaciones diplomáticas con Cuba.

Muchos esperaron entonces una reacción militar de los Estados Unidos, pero la administración de Eisenhower, ya en sus meses finales, no tenía intención de atacar a Cuba; más bien permitió que una pequeña fuerza de unos 1.200 exiliados cubanos fueran entrenados en Guatemala por la CIA para lanzar una invasión a la isla. El plan fue heredado por John F. Kennedy, quien lo aprobó sin entusiasmo pero prohibió la intervención de fuerzas navales o aéreas norteamericanas, lo cual probó ser un golpe° fatal para el proyecto y para muchos de los cubanos que participaron en la acción. Tras desembarcar en la Bahía de Cochinos, en la costa sureste de Cuba, los miembros de la brigada anticastrista, carentes de apoyo aéreo o naval estadounidense, fueron pronto rodeados° por las fuerzas de Castro, muy superiores en número, y muertos o capturados. Este episodio bochornoso° marcó el peor momento de la presidencia de Kennedy y la imagen de los Estados Unidos sufrió un daño considerable: el poderoso Goliat del norte había sido humillantemente derrotado por el pequeño David del Caribe.

Esa imagen de debilidad de los Estados Unidos envalentonó° al primer ministro de la Unión Soviética, Nikita Krushchev, quien, en complicidad con Castro, comenzó a construir bases secretas en Cuba provistas de cohetes° nucleares programados en dirección a la costa norteamericana, a sólo unas 100 millas de distancia. Cuando en octubre de 1962, los aviones de reconocimiento norteamericanos tomaron fotos que revelaban la existencia de las bases, el presidente Kennedy denunció el hecho en la televisión norteamericana, exigió a los soviéticos retirar los cohetes de Cuba y declaró una "cuarentena"°, es decir, un bloqueo naval de la isla. Durante unos días, mientras se esperaba la reacción de la Unión Soviética, el mundo entero contuvo la respiración°: nunca la humanidad se había hallado tan cerca de la impensable guerra nuclear. Tras una serie de tensos mensajes entre Washington y Moscú, Krushchev accedió por fin a desmantelar las bases de cohetes, pero a un pre-

insurance policy

blow

surrounded

shameful

emboldened

missiles

"quarantine"

held its breath

cio: Kennedy se comprometió a no invadir Cuba. Desapareció así el peligro inmediato de un holocausto nuclear; por otra parte, la promesa de Kennedy significó una tácita abdicación de la Doctrina Monroe.

Cuba en el mundo

Uno de los sueños de Fidel Castro en la década de 1960 fue reproducir la revolución cubana en otros países latinoamericanos. Se dedicó así a apoyar conspiraciones armadas y grupos guerrilleros en varias naciones de la región, pero estas tácticas no tuvieron mucho éxito. El fracaso de la aventura guerrillera del Che Guevara en Bolivia en 1967[8] mostró que no era fácil repetir los éxitos de la Sierra Maestra en la lejana cordillera de los Andes. En la década de 1970, en cambio, Castro se halló en posesión de un formidable aparato militar suministrado por la Unión Soviética y, como hemos visto, jugó un papel crucial en las actividades revolucionarias y guerrilleras que ocurrieron durante esos años en Centroamérica. Al mismo tiempo, Cuba emprendió varias aventuras militares ambiciosas en África que promovieron los objetivos de la Unión Soviética en ese continente. En 1975–1976, unas 36.000 tropas cubanas fueron enviadas por Castro en apoyo del marxista Movimiento Popular para la Liberación de Angola. Dos años más tarde, otros 15.000 soldados cubanos acudieron en ayuda de Mengistu, el dictador marxista de Etiopía, que se defendía de una invasión proveniente de Somalia. Las fuerzas cubanas resultaron ser extraordinariamente efectivas, para la preocupación de las administraciones de Nixon y Ford, primero, y de la de Jimmy Carter después. En realidad, aunque Castro y sus tropas representaban hasta cierto punto el expansionismo marxista de la Unión Soviética, los rusos siempre tuvieron problemas para controlar al dictador cubano y sus ambiciones personales. Castro se veía ahora a sí mismo como un estadista de proyecciones mundiales y un líder natural de los países no alineados. El cénit de su influencia en este rol ocurrió en 1979, cuando actuó como anfitrión y presidente de la Sexta Cumbre de los Países no Alineados, celebrada en La Habana[9].

Cuba por dentro

Mientras Castro perseguía su sueño de liderazgo mundial, la situación interna de Cuba iba de mal en peor. Entre 1960 y 1990 la isla recibió de la Unión Soviética 60.000 millones de dólares en ayuda económica (Mesa Lago, *Are Economic Reforms... ?* 1), mas las condiciones de vida de la población cubana se deterioraron radicalmente en ese período. La industria norteamericana, y en menor medida la europea no comunista, habían suministrado la maquinaria, las piezas de repuesto, la tecnología, los medios de transporte que existían en la isla, y los países comunistas —que ahora controlaban el 84% del comercio exterior cubano (*ibid.*)— no fueron capaces de llenar ese vacío. Los productos de la industria soviética eran mayormente incompatibles con los del parque industrial cubano, y éste acabó por deteriorarse, a menudo irreversiblemente. Pero el embargo norteamericano y las dificultades de la Cuba comunista en el mercado internacional no pueden explicar satisfactoriamente el colapso que sufrió la producción doméstica de la isla. Los bajos rendimientos de la agricultura colectivista y, en general, de la sovietizada economía cubana, convirtieron a la isla en un país de tiendas casi vacías

stood in line a cuyas puertas la gente hacía colas° durante horas llevando en la mano libretas de racionamiento que especificaban los escasos artículos de consumo a que cada familia tenía derecho. Alguien descubrió que las raciones de alimentos que en el siglo XIX los dueños de esclavos estaban obligados por ley a darles a sus esclavos eran más abundantes que las que tenían derecho a recibir los cubanos bajo el gobierno revolucionario. Pero lo peor era que con mucha frecuencia ni siquiera era posible encontrar en las tiendas los artículos especificados en las libretas.

La causa fundamental de tales problemas habría que buscarla en la endémica ineptitud del modelo económico marxista, la indiferencia y falta de iniciativa individual que siempre lo acompaña, y los erráticos cambios de política económica que caracterizaron a la dirigencia revolucionaria. En 1980, por ejemplo, ante la enorme *prevailing* escasez de alimentos imperante°, el gobierno accedió a hacer un modesto experimento de economía de mercado: permitió la apertura de pequeños mercados de co- *foodstuffs* mestibles° donde los campesinos podían vender sus productos sin control estatal. El experimento fue un éxito rotundo: hubo de pronto una notable abundancia de frutas, vegetales y otros comestibles, y apareció una clase de pequeños comerciantes que empezó a prosperar. Pero la dogmática adhesión de Castro al modelo marxista le hizo suprimir al cabo de dos años este modesto ensayo de economía de mercado.

Uno de los hechos más lamentables de todo ese proceso fue que en su curso Cuba perdió a más de un millón de sus ciudadanos, que emigraron principalmente a los Estados Unidos para tratar de comenzar una nueva vida. En el último capítulo de este libro, al estudiar las distintas comunidades hispanas de los Estados Unidos, hemos descrito en algún detalle las características de la minoría cubana y cubano-americana, sus difíciles comienzos como refugiados y las importantes contribuciones que han realizado a la vida cultural y económica de su país adoptivo.

Quizás la mayor dificultad que enfrentan los cubano-americanos cuando tratan de explicar las razones que les hicieron ausentarse de su patria son las nociones preconcebidas que tienen muchos norteamericanos sobre el tipo de país que era Cuba antes de Castro: imaginan a la Cuba precastrista como una nación tercermundista donde la mayoría de la población era analfabeta y vivía en la miseria, y a donde acudían los turistas norteamericanos en busca de placeres fáciles en bares y casinos dominados por la Mafia estadounidense. Estos son clichés muy difíciles de combatir, no importa cuántas estadísticas puedan citarse para demostrar su falsedad y el hecho de que Cuba era en realidad uno de los países más avanzados de *One could argue* Latinoamérica. Podría aducirse°, por ejemplo, que juzgar a Cuba basándose en las actividades ilícitas que ocurrían en varios casinos de La Habana en los años 50, es como si un extranjero, en su primera visita a los Estados Unidos, escribiese un ensayo sobre la sociedad norteamericana después de pasar un fin de semana en Las Vegas. El filósofo español José Ortega y Gasset hizo una vez la distinción entre *ideas* y *creencias*; las primeras suelen prestarse a razonable discusión y razonamientos lógicos; las *creencias*, en cambio, se encuentran firmemente enraizadas° en la *rooted* psiquis de la persona y son muy difíciles de extirpar[10].

Cuba en el mundo postsoviético

La caída del muro de Berlín en 1989 y la desintegración del bloque soviético de- *godfather* jaron a Castro sin el padrino° que lo había sostenido durante 30 años. El régimen *meddling* cubano tuvo que contraerse y poner fin a sus injerencias° en otros países, espe-

cialmente en Centroamérica, pero se las arregló° para mantenerse en el poder. Ni *managed*
el catastrófico bajón que sufrió la economía cubana en la década de 1990 ni el
desprestigio del comunismo como doctrina persuadieron a Castro de la necesidad
de efectuar reformas significativas o abjurar de su credo marxista. Y aunque las
dislocaciones económicas disminuyeron un poco la eficiencia del aparato de seguridad del régimen, éste había establecido un control tan completo sobre la vida
ciudadana que aun ahora había muy pocas posibilidades de establecer ningún
tipo de oposición organizada; el partido comunista seguía siendo el único partido
permitido. Varios grupos de disidentes han aumentado su visibilidad en años recientes, pero a base de alternar su vivienda° entre su casa y la cárcel, y sufrir con- *lodging*
tinuos ataques verbales o físicos por parte de grupos de seguidores del régimen
"espontáneamente" organizados en "batallones de acción rápida"; carentes de
vehículos de prensa locales para exponer sus ideas, estos grupos sólo han podido
contar con la presencia esporádica de la prensa extranjera.

En lo económico, la escasez de divisas° para pagar importaciones hizo a *hard currency*
Castro declarar la existencia de un "período especial": una manera eufemística
de anunciar que la ya precaria economía cubana iba a descender a niveles de consumo y calidad de vida aún más bajos, inferiores incluso a los de la mayoría de
los países del llamado Tercer Mundo. Y así fue. La escasez de combustibles poco
menos que paralizó el transporte público y privado, los servicios de electricidad y
de agua, la producción industrial; se agotaron las piezas de repuesto, los materiales de construcción; en muchos casos la bicicleta sustituyó al automóvil, los
bueyes° a los tractores. El peso cubano perdió casi todo su valor y el salario men- *oxen*
sual de un cubano promedio malamente le alcanzaba para comprar la comida de
un día... cuando podía encontrarla en una tienda del gobierno. Inevitablemente
apareció un mercado negro en el que podían comprarse todo tipo de cosas, pero
había que pagarlas en dólares, cuya posesión estaba prohibida.

Castro tuvo al fin que aprobar, entre 1993 y 1995, una serie de medidas
económicas que eran totalmente contrarias a su ideología pero indispensables
para su supervivencia; entre otras cosas, legalizó la circulación del dólar, permitió
la existencia de empleados por cuenta propia en un selecto número de ocupaciones y autorizó las inversiones extranjeras, aunque bajo estricto control del
gobierno cubano. Para el año 2000, el régimen castrista había conseguido estabilizar un tanto la situación económica, aunque el cubano promedio seguía
viviendo en condiciones de escasez difíciles de imaginar para quien no viva en la
isla. El gobierno cubano se sostenía ahora gracias al incremento de ciertas fuentes
de divisas y a la creación de otras. Los cubanos residentes en los Estados Unidos
enviaban a sus familias en la isla un estimado de entre 600 y 800 millones de
dólares al año; varias corporaciones extranjeras (e.g., canadienses) explotaban
las minas que, como la Nicaro Nickel Company, Castro le había confiscado a
compañías norteamericanas en los años 50, y la industria del turismo se había
expandido de manera dramática, ayudada por la construcción de numerosos
hoteles e instalaciones recreativas financiada mayormente por corporaciones
españolas.

Según el Departamento de Estado norteamericano, para mediados de la década de 1990 el turismo sobrepasó al azúcar como principal fuente de divisas
para Cuba: 1,6 millones de turistas visitaron la isla en 1999, produciendo $1,9
mil millones de dólares. Por otra parte, el embargo norteamericano daba señales

to weaken de aflojarse° a principios del nuevo milenio. El Congreso norteamericano, por ejemplo, aprobó en el año 2000 la venta a Cuba de alimentos y medicinas, aunque bajo estrictas condiciones de pago. No obstante la oposición del grueso de la comunidad cubano-americana, había también bastante presión sobre la Casa Blanca para estrechar las relaciones con la isla, proveniente en buena parte de empresarios y agricultores norteamericanos interesados en entrar en el mercado cubano, como lo han hecho los europeos y los canadienses; lo mismo sucedía con buena parte de la comunidad académica estadounidense, que a pesar de las restricciones establecidas por Washington sobre visitas a Cuba por norteamericanos, se las arreglaba para enviar allí numerosos grupos de estudiantes y operar programas académicos dentro de la isla.

En el otoño del 2001 Cuba sufrió varios reveses serios. Los ataques terroristas del 11 de septiembre en New York y en Washington tuvieron un impacto muy negativo sobre el turismo, que es, como vimos, la principal fuente de divisas para el gobierno cubano; al mismo tiempo, la recesión económica estadounidense hizo disminuir las cantidades de dinero que los cubanos residentes en los Estados Unidos envían a sus familiares en Cuba, y ocurrió también un bajón en el precio *nickel* del níquel°, otra fuente de ingresos importante para el régimen castrista. A principios de noviembre el huracán Michelle produjo muy serios daños en la isla y arruinó las cosechas de bananas, piñas y otras frutas destinadas a la exportación.

NOTAS

1 El caso más conocido fue el de Jesús de Galíndez, un profesor vasco que había residido en la República Dominicana y luego se trasladó a Nueva York, donde era profesor de la Universidad de Columbia. Galíndez había escrito un libro crítico de Trujillo y un día desapareció en el metro de Nueva York. Un tiempo después se supo que había sido secuestrado (*kidnapped*) y transportado a la República Dominicana en un avión privado. Nunca se supo más de él.

2 Las fuerzas pro Bosch eran una mezcla de oficiales y civiles partidarios del depuesto presidente, agitadores comunistas, miembros del movimiento procastrista "14 de junio" y simples oportunistas que aprovechaban la caótica situación para saquear (*plunder*) tiendas y disparar (*shoot*) indiscriminadamente. La rebelión era probablemente demasiado caótica para ser dominada en aquel momento por ninguno de esos grupos, pero la retórica que salía de sus filas era a menudo una copia al carbón de la de Fidel Castro. Las transmisiones de Radio Santo Domingo, capturada por los insurgentes, imitaban a la letra el lenguaje revolucionario de la Radio Rebelde de Castro.

3 José Martí fue un hombre realmente excepcional, una rara combinación de brillante hombre de letras, conspirador, perenne exiliado, maestro, hombre de acción. Sus grandes dotes (*gifts*) de orador, su poder de persuasión, su carisma, dieron a la causa revolucionaria una cohesión que no había tenido antes. Murió en batalla en 1895, poco después del comienzo de las hostilidades, pero su muerte no frenó (*didn't slow down*) el impulso de la guerra de independencia. Y es que su ejemplo le sobrevivió.

4 Batista venía de una familia humilde y sólo consiguió asistir a la escuela primaria, pero era listo (*smart*). Ingresó en el ejército como soldado y aprendió taquigrafía (*shorthand*), lo que le ayudó a ascender a cabo (*corporal*) y luego a sargento. Cuando fue nombrado taquígrafo del estado mayor (*supreme command*) del ejército en el Campamento Militar de Columbia,

cerca de La Habana, le llegó la oportunidad de trabajar en el centro del poder militar; como taquígrafo, estaba al tanto de los mensajes y órdenes que se daban en el ejército. Llegado el momento, encabezó, junto con otros sargentos, una exitosa rebelión contra sus superiores, los oficiales del ejército.

[5] La esposa de Fidel Castro, Mirta Díaz Balart, era hija de un conocido abogado y amigo de Batista. Irónicamente, cuando Fidel y Mirta se casaron, Batista les envió $1.000 como regalo de bodas (Quirk 27). El matrimonio tuvo un hijo, Fidel, que Castro retuvo junto a él cuando la pareja se divorció. Mirta Díaz Balart se ausentó de Cuba después del divorcio. Un sobrino de ella, Lincoln Díaz Balart, fue elegido en Miami miembro de la Cámara de Representantes de los Estados Unidos.

[6] Los principales miembros de esta "familia" eran su hermano Raúl Castro, Celia Sánchez, Che Guevara, Camilo Cienfuegos y Juan Almeida; este último era la única persona de color en el grupo. Celia Sánchez, varios años mayor que Castro, fue su compañera inseparable hasta su muerte en 1980, y llenó las funciones de secretaria, probablemente amante (*lover*) y, sobre todo, figura maternal que atendía a todas las necesidades del Máximo Líder.

[7] Suele dársele crédito al gobierno de Castro por haber mejorado substancialmente el sistema sanitario y educacional de la isla. Su régimen emprendió una masiva y bastante exitosa campaña de alfabetización (*literacy*) y la gran mayoría de la población tuvo acceso a la enseñanza primaria y secundaria. Pero Cuba era ya en 1959 uno de los países más alfabetizados de Latinoamérica (alrededor del 80%). Como observó el demógrafo Nick Eberstadt, el progreso de Cuba fue similar o inferior al de otros países latinoamericanos. Además, la educación ha sido utilizada en Cuba como instrumento de adoctrinamiento ideológico, sin que se permita la discusión de ideas que se aparten del dogma comunista. Castro, por otro lado, expandió el sistema sanitario, dándole acceso a él a la mayoría de la población, y consiguió estadísticas muy favorables, como la de tener un médico por cada 300 habitantes. Pero era un sistema de atención médica financiado al estilo comunista, sin gran atención al costo, por lo que al terminar la asistencia económica de los soviéticos, el sistema comenzó a desintegrarse y se produjo una aguda escasez (*acute shortage*) de los medicamentos y equipos médicos más básicos. Y, como en el campo de la educación, el gobierno castrista no empezó exactamente a partir de cero. El propio Nick Eberstad, después de examinar las estadísticas sanitarias de la Cuba pre-castrista, tuvo que concluir que *"Far from being an especially stricken nation, pre-revolutionary Cuba was in fact one of the developing world's healthiest societies"*.

[8] Ernesto "Che" Guevara (1928–1967) fue un médico argentino que se unió a Fidel Castro en México y fue uno de los protagonistas de la revolución cubana. En 1967 fue a Bolivia para iniciar allí un movimiento guerrillero al estilo cubano pero no encontró la recepción que esperaba entre la población rural boliviana. Los campesinos bolivianos habían tenido ya su propia revolución, la de 1952, y aparentemente miraron al "Che" —sofisticado revolucionario internacional— como a un extranjero. Además, el ejército boliviano, bajo un popular presidente, René Barrientos, había sido entrenado por instructores norteamericanos en las tácticas de la guerra de guerrillas. Guevara fue capturado y ejecutado por los militares sin juicio (*trial*) previo en octubre de 1967.

[9] Los países no alineados eran entonces una importante organización de naciones mayormente del Tercer Mundo con las más variadas orientaciones ideológicas, desde la India, más bien moderada, hasta países que favorecían el marxismo.

[10] Las estadísticas de la Cuba de 1959 se encontraban entre las más favorables de Latinoamérica. El escritor Carlos Alberto Montaner ha destacado las siguientes: cuarto lugar en cuanto a la calidad física de la vida, después de Uruguay, Argentina y Costa Rica (un índice de 84 respecto a un índice máximo de 100); segundo lugar en esperanza de vida, después de Uruguay; primer lugar respecto al nivel más bajo de mortalidad infantil; tercer lugar en número de automóviles per cápita; primer lugar en número de televisores por habitante (Montaner, Fidel Castro... 270; 280).

Ejercicios y actividades

A. Preguntas sobre la lectura

1. ¿Quién fue Francis Drake?

2. ¿Quiénes eran los bucaneros? ¿Por qué los llamaban así?

3. ¿Qué parte de la isla Española ocupa Haití? ¿De qué país fue colonia a partir de 1657?

4. ¿Qué diferencias había entre la minoría mulata de Haití y la mayoría negra?

5. ¿Qué beneficios trajo la ocupación norteamericana de Haití y Santo Domingo? ¿Qué aspectos negativos tuvo la ocupación?

6. ¿Qué tipo de gobernante fue François Duvalier?

7. El gobierno de Trujillo se distinguió por su crueldad. ¿Puede dar un ejemplo?

8. ¿Qué razones dieron los Estados Unidos para intervenir en la República Dominicana en 1965?

9. Durante el período colonial, ¿por qué fue importante La Habana para el comercio entre América y España?

10. ¿Qué cambios trajo la ocupación británica de La Habana en 1762?

11. Haga un comentario sobre José Martí.

12. ¿Cuál fue el resultado de la guerra de 1898 entre los Estados Unidos y España?

13. ¿Hubo represión durante las presidencias de Ramón Grau y Carlos Prío? ¿Cuál fue el principal defecto de esas dos presidencias?

14. ¿Qué ocurrió en la madrugada del 10 de marzo de 1952?

15. ¿Y el 26 de julio de 1953?

16. ¿Qué hizo el dictador Batista el 31 de diciembre de 1958?

17. ¿Qué hizo el periodista Herbert Matthews? ¿Por qué fue esto importante para Castro?

18. Mencione algunos cambios importantes que introdujo Castro en la economía cubana.

19. Mencione algunas medidas (*measures*) que tomó el gobierno castrista para eliminar la oposición a su régimen y asumir un control completo de la sociedad cubana.

20. ¿Qué consecuencias tuvo para Castro la desintegración de la Unión Soviética y del bloque comunista?

B. Sinónimos. Forme parejas de sinónimos.

1. ____ vejación
2. ____ etapa
3. ____ equitativo
4. ____ recluta
5. ____ despacho
6. ____ asaltante
7. ____ fusilamiento
8. ____ lacra
9. ____ promoción

a. atacante
b. oficina
c. defecto
d. ejecución
e. período
f. ascenso
g. soldado
h. justo
i. humillación

C. Antónimos. Ahora, forme parejas de antónimos.

1. ____ derrota
2. ____ abatido
3. ____ díscolo
4. ____ fracaso
5. ____ armonía
6. ____ defecto
7. ____ apuesto

a. animado
b. rivalidad
c. triunfo
d. feo
e. virtud
f. victoria
g. pusilánime

D. Definiciones. Encuentre en la lista las palabras que corresponden a las siguientes definiciones.

aduana	tupido	cabo	cuartel	encuesta
cohete	cola	vocero	buey	

1. _____ Persona que habla en representación de un grupo.
2. _____ Investigación sobre las opiniones del público.
3. _____ Lugar donde se alojan miembros del ejército.
4. _____ Animal utilizado en la agricultura.
5. _____ Lugar de la frontera donde se pagan los impuestos.
6. _____ Proyectil con el que un país puede atacar a otro.
7. _____ Línea de personas.

E. Asociaciones. Encuentre en la lista las oraciones que son aplicables a las siguientes personas.

1. José Antonio Echeverría
2. Celia Sánchez
3. Pedro Luis Boitel
4. Carlos Prío
5. Mirta Díaz Balart
6. Che Guevara
7. Juan Bosch
8. Jean Bertrand Aristide

a. Presidente haitiano derrocado por los militares en 1991.

b. Líder estudiantil que se opuso a Fulgencio Batista.

c. Médico argentino que se unió a Fidel Castro.

d. Primer presidente del gobierno revolucionario en 1959.

e. Era presidente de Cuba cuando Batista dio su golpe de estado en 1952.

f. Fue la primera esposa de Fidel Castro.

g. Fue la colaboradora más cercana de Fidel Castro.

h. Conocido escritor. Fue presidente de la República Dominicana.

i. Líder estudiantil que murió en prisión bajo el régimen de Fidel Castro.

F. Opiniones e hipótesis

1. ¿Cree que la administración de Lyndon Johnson debió intervenir en la República Dominicana? ¿Por qué sí o por qué no?

2. ¿Fue diferente el caso de la intervención en Haití en 1994? ¿Por qué?

3. Bajo el régimen de Castro se les daba a muchos prisioneros políticos la opción de "rehabilitarse", es decir, de declarar que habían visto la luz y aceptaban las ideas del régimen. De esta manera podían recibir mejor trato y aun reducir sus condenas. Si usted hubiera estado en una situación semejante, ¿qué habría hecho? Explique por qué.

4. ¿Cree usted que los Estados Unidos deben terminar el embargo sobre el comercio con Cuba? Justifique su respuesta.

5. ¿Le gustaría a usted pasar un verano estudiando en Cuba? Explique.

G. Proyecto de clase. ¿Han ocurrido cambios políticos significativos en Haití, la República Dominicana o Cuba que no han sido mencionados en este capítulo? En caso afirmativo, haga un comentario oral o escrito sobre el tema.

14

La Hispanoamérica andina: Ecuador, Perú, Bolivia

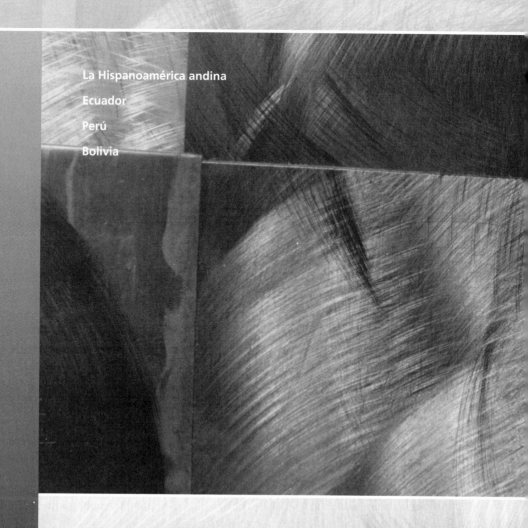

La Hispanoamérica andina

Ecuador

Perú

Bolivia

Cronología

ECUADOR

1830–1845 Proclamada la independencia, Juan José Flores, conservador, antiguo lugarteniente de Bolívar, sirve como primer presidente; a partir de 1835, se turna en el poder con el líder liberal Vicente Rocafuerte.

1845–1860 Período anárquico, mayormente bajo gobiernos liberales.

1860–1875 La era del ultraconservador Gabriel García Moreno, autoritario, honesto y competente, que pone al Ecuador bajo el manto de la Iglesia Católica. Florecimiento de la producción de cacao. García Moreno muere asesinado.

1875–1895 Período turbulento. Sucesión de dictadores. Pugnas entre conservadores y liberales.

1895–1944 Período de dominio liberal a partir de la presidencia de Eloy Alfaro. Retorna la separación de la Iglesia y el Estado. Ruina de la producción de cacao debido a un hongo (*fungus*). Tiempos difíciles en la década de 1930 debido a la depresión mundial. Recuperación económica en la década de 1940 con el aumento en la producción y exportación de bananas. Bajo el apto presidente liberal Carlos Arroyo del Río, Ecuador coopera estrechamente con los Estados Unidos durante la Segunda Guerra Mundial.

1948–1960 Período de estabilidad democrática, comenzando con la ejemplar presidencia de Galo Plaza (1948–1952), que es sucedido por el carismático demagogo José María Velasco y el apto Camilo Ponce Enríquez.

1960–1972 Período dominado por la figura de Velasco Ibarra, con un interludio militar de 1963 a 1966.

1972–1979 Velasco Ibarra derrocado por una junta militar de conducta moderada. Ecuador comienza a exportar petróleo en grandes cantidades.

1979–2001 Los militares entregan el poder. Sucesión de gobiernos civiles poco competentes. Repetidas crisis motivadas por la deuda exterior y los altibajos (*ups and downs*) de los precios del petróleo. Constantes choques entre el presidente y el gran número de partidos representados en el Congreso. Dolarización de la economía.

PERÚ

1821–1845 Independencia. Sucesión de gobiernos casi siempre militares. Brevemente anexado a Bolivia (1836–1839) bajo el caudillo Andrés Santa Cruz.

1845–1862 La era del presidente Ramón Castilla, que pone orden en la vida nacional. Bonanza económica debida al guano, que se convierte en el principal producto de exportación.

1862–1883 Nueve presidentes en rápida sucesión. Pero en 1872 asciende al poder Manuel Prado, el primer presidente civil de la nación. Guerra del Pacífico

(1879–1883). Perú y Bolivia pierden la guerra contra Chile, que ocupa las áreas productoras de salitre e incluso la ciudad de Lima.

1900–1968 Luchas entre las izquierdas, representadas principalmente por Víctor Raúl Haya de la Torre y su partido aprista, y los gobiernos dictatoriales derechistas del período.

1968 Golpe de estado de los militares. El general Juan Velasco Alvarado emprende un ambicioso programa social y económico de sello izquierdista.

1975 El general Francisco Morales Bermúdez asume la jefatura de la junta militar y pone fin en buena medida a las reformas de Velasco Alvarado.

1980 Fin del régimen militar con la elección a la presidencia del arquitecto Fernando Belaúnde Terry, de tendencias moderadas y progresistas. "Sendero Luminoso" emerge como peligrosa organización terrorista de ideología comunista.

1985 El aprista Alan García elegido presidente. Nacionalismo radical e intervencionismo estatal. La economía peruana al borde del colapso.

1990–2000 La era de Fujimori. Alberto Fujimori, un ingeniero peruano de ancestro japonés, establece una política económica neoliberal, con resonante (*resounding*) éxito; tras suspender las garantías constitucionales, logra capturar a los principales jefes de "Sendero Luminoso". Reelecto por amplio margen en 1995, Fujimori intenta reelegirse por tercera vez en las elecciones del año 2000, pero su victoria en ellas no es aceptada por la oposición. En septiembre, el jefe de la policía secreta del gobierno se ve envuelto en un grave escándalo y al fin Fujimori envía su renuncia desde un hotel de Tokio, donde ha pedido asilo político.

2001 Se celebran elecciones en abril. Alejandro Toledo, candidato centrista, hace una campaña electoral que apela a las masas indígenas y obtiene el mayor número de votos, pero no el 51% requerido para evitar unas segundas elecciones; éstas se celebran en junio y Toledo sale electo.

BOLIVIA

1825 Simón Bolívar proclama la República de Bolívar (luego Bolivia) y deja en ella a su lugarteniente, el ejemplar Antonio José de Sucre como presidente.

1829–1839 Sucre es derrocado por el caudillo Andrés Santa Cruz, quien en 1836 se apodera también del Perú y unifica a las dos naciones. Tropas chilenas atacan y ponen fin a la unión en 1839.

1839–1879 Sucesión de dictadores entre los que destaca Mariano Melgarejo (1864–1871), llamado "el dictador de dictadores".

1879–1883 Guerra del Pacífico, por el control del salitre del desierto de Atacama. Bolivia y Perú pierden frente a Chile, el cual se apodera de parte de la zona sur de Bolivia y de su acceso al mar.

1900–1932 Dos gobiernos liberales a principios del siglo. Creciente presencia de inversionistas extranjeros, especialmente norteamericanos. El estaño (*tin*) emerge como el metal que domina las exportaciones, explotado principalmente por tres poderosas familias.

1932–1935 Guerra del Chaco. Bolivia intenta apoderarse de la región del Chaco, reclamada por Paraguay, pero es derrotada por los paraguayos.

1952–1964 Revolución que cambia radicalmente las estructuras políticas y económicas de la nación, protagonizada por el Movimiento Nacionalista Revolucionario (MNR). Sus líderes, Víctor Paz Estenssoro y Hernán Siles Zuazo dominan el período.

1964–1982 Regímenes militares entre los que destacan el de René Barrientos, militar, ex-miembro del MNR, de inclinaciones populistas (1964–1969), y el de Hugo Bánzer (1971–1978).

1982–2001 Retorno a los gobiernos civiles, coincidiendo con una grave crisis económica. Paz Estenssoro, elegido presidente una vez más (1985), inicia un período de restauración de la salud económica de la nación. La elección a la presidencia en 1997 de Hugo Bánzer, el antiguo dictador, marca un período de serios esfuerzos por eliminar las plantaciones ilegales de coca en Bolivia. Aquejado de cáncer, Bánzer renuncia a la presidencia en agosto del 2001 y es sucedido por el joven y capaz vicepresidente Jorge Quiroga.

La Hispanoamérica andina

L a cordillera de los Andes afecta la geografía de siete países suramericanos, pero cuando hablamos de "los países andinos" nos referimos especialmente a Ecuador, Perú y Bolivia, pues es en estas tres naciones que la gran cordillera ha modelado en mayor medida la cultura, el modo de vida e incluso la constitución física de buena parte de sus habitantes. Se trata de países en que predomina la población indígena o mestiza, en que las lenguas precolombinas como el quechua y el aymará son ampliamente habladas, en que los habitantes de las grandes altitudes tienen que luchar con terrenos casi siempre áridos y temperaturas extremas. El visitante actual que vuela a La Paz, la capital de Bolivia, situada a más de 12.000 pies de altura, tarda a menudo uno o dos días en acostumbrarse a los efectos de la altitud. Los hoteles de la Paz tienen balones de oxígeno que le traen al viajero a su habitación con la mayor naturalidad.

El imperio inca se desintegró hace cerca de quinientos años, pero aún hoy se puede sentir constantemente su presencia en las impresionantes ruinas de los innumerables edificios y monumentos que construyeron sus súbditos°, en el aspecto físico y las vestimentas° de sus descendientes actuales, en la destreza° y sentido artístico con que trabajan la lana° de los animales nativos, en los instrumentos musicales con que interpretan su música ancestral, a menudo enriquecida por ritmos modernos. Los gobiernos de la región han estado alentando desde hace ya muchos años la glorificación de las culturas indígenas. Los incas, especialmente, son vistos en una luz idealizada como creadores de un sistema equitativo° que satisfacía las necesidades de todos sus súbditos. En el aspecto religioso, el cristianismo que edificó tantas bellas iglesias barrocas en la era colonial convive con las creencias indígenas ancestrales. No es raro ver a un pescador del lago Titicaca sacar unas hojas de coca de la bolsa° que lleva siempre a la cintura° y tirarlas al lago como ofrenda° al dios de las aguas del lago. Este culto al pasado indígena se expresa también en la preferencia por los nombres que emulan la fonética de los idiomas nativos. Una joven señora peruana, que me mostró la iglesia de San Santiago a orillas del lago Titicaca, se apresuró a darme el nombre quechua de la iglesia: Pomata.

—Es una combinación de las palabras Puma y Uta —me dijo, en un español impecable y musical. —Uta significa "casa", por lo que Pomata quiere decir "la casa del puma"—.

Al mismo tiempo, los signos de la modernización se hacen cada vez más visibles aun en los lugares más remotos de los Andes. Es posible, por ejemplo, ver una enorme antena parabólica que corona el edificio del Ayuntamiento° en una comunidad indígena que carece de electricidad y agua corriente; o, en un apartado° pueblecito peruano, un cartel° que anuncia teléfonos celulares y ofrece "conexión gratis más un regalo°". Estos contrastes entre un modo de vida económicamente básico y apegado° a lo tradicional, de un lado, y los artefactos y tácticas comerciales de la tecnología moderna, de otro, son parte de una nueva realidad que ha invadido a toda Latinoamérica pero que nos impresiona especial-

subjects
attires/dexterity
wool

equitable

bag/waist/offering

city hall

faraway/sign
gift
attached

mente cuando los vemos aparecer en países que figuran entre los menos desarrollados del Hemisferio.

Geográficamente, Ecuador y Perú exhiben un perfil similar: en el oeste, una estrecha faja costera; en el centro, la gran cordillera andina, conocida como "la sierra"; en el este, la cordillera desciende hacia el corazón del continente y da paso a un clima tropical y a una abundante vegetación a veces selvática; esta área es conocida como "el oriente" en Ecuador y como "la montaña" en el Perú. Bolivia, por su parte, es un país sin costa pues la perdió a manos de Chile tras la Guerra del Pacífico (1879–1883); en su parte central, la cordillera andina se divide en dos cadenas entre las cuales se encuentra el mayormente inhóspito altiplano boliviano, con alturas de entre 12.000 y 13.000 pies; al este, los Andes bolivianos descienden y forman una serie de fértiles valles conocidos como "las yungas"; por fin, al pie de la cordillera oriental, comienza la región de tierras bajas de clima tropical a la que también en Bolivia se le da el nombre de "el oriente"; este oriente boliviano presenta un paisaje selvático en su parte norte pero en su parte sur, que colinda con Paraguay, pierde vegetación para dar lugar a la inhóspita región conocida como el Gran Chaco. Tradicionalmente, la zona oriental de estos tres países ha estado escasamente desarrollada y poblada, pero su población y su importancia económica han estado aumentando en tiempos recientes, sobre todo en Bolivia.

La costa sur del Ecuador y la del Perú están sujetas al fenómeno oceánico conocido como "El Niño" debido a que suele ocurrir en el mes de diciembre, por lo que se le asocia con el nacimiento del niño Jesús. Normalmente, las corrientes cálidas del océano Pacífico descienden desde Panamá a lo largo de la costa suramericana aproximadamente hasta un área situada al sur de la ciudad ecuatoriana de Guayaquil (unos 3 grados de latitud sur); la mayor parte de la costa del Ecuador recibe así la alta humedad y abundante precipitación que la han convertido en una próspera zona agrícola productora de magníficas frutas tropicales como la banana y el mango. En cambio, la costa del Perú y la del norte de Chile son muy secas por estar sometidas a la influencia de la corriente fría de Humboldt que asciende de sur a norte desde la Antártica. Periódicamente, sin embargo, ese patrón° queda trastornado° por el fenómeno del Niño: debido a complejos cambios en las condiciones atmosféricas, las corrientes cálidas descienden entonces hasta el norte de Chile (una latitud sur de 14 a 15 grados), desplazando a las corrientes frías que vienen del polo sur y produciendo con ello cambios climáticos que pueden ser devastadores. La normalmente desértica costa del sur del Ecuador, del Perú y del norte de Chile recibe entonces una excesiva cantidad de precipitación que provoca inundaciones° y serias erosiones del suelo. En el océano, los peces acostumbrados a bajas temperaturas, mueren por millones, provocando, a su vez la muerte de las aves marinas, que se ven privadas de alimento°; esto ha traído varias veces la ruina a la industria pesquera del Ecuador y del Perú.

La evolución de estos tres países durante las últimas décadas del siglo XX muestra un buen número de similitudes. Económicamente, son naciones que han dependido de manera excesiva de la exportación de productos agrícolas y minerales básicos sujetos a los vaivenes del mercado internacional; también se ven obligadas a importar una gran cantidad de productos manufacturados, por lo que en tiempos de crisis de las exportaciones, sufren balanzas de pagos negativas. En la década de 1970 hubo una sucesión de gobiernos, en su mayoría militares, que introdujeron programas sociales ambiciosos controlados y financiados en

pattern
upset

floods

deprived of food

buena parte por el gobierno. Esto, sobre todo en Perú y en Bolivia, trajo un aumento extraordinario de los gastos del estado. Cuando el monto de las exportaciones descendía, los gobiernos financiaban el déficit obteniendo préstamos de instituciones y bancos extranjeros. Como vimos en un capítulo anterior, para la década de 1980 la deuda exterior se había hecho tan alta que estos países, como muchos otros en Latinoamérica, tuvieron que dedicar una parte importante de su presupuesto° al pago de los intereses de la deuda. El hecho de que esta crisis *budget* monumental era en buena medida consecuencia de las políticas económicas de los regímenes militares de la década de 1970, desacreditó a éstos y contribuyó al retorno de gobiernos civiles y relativamente democráticos en los años 90.

Durante la época colonial, como ya estudiamos en un capítulo anterior, Perú, Ecuador y Bolivia formaron parte del Virreinato del Perú hasta el siglo XVIII, cuando la actual Bolivia fue incorporada al Virreinato del Río de la Plata, con capital en Buenos Aires. Al concluir las guerras de independencia, Simón Bolívar, recordemos, realizó brevemente su sueño de ver todo el norte de Suramérica unido bajo la bandera de una gran nación, la Gran Colombia, que incluía a los territorios de las actuales repúblicas de Venezuela, Colombia, Panamá, Perú y Ecuador, en tanto Bolivia surgía como nación independiente. Pero la Gran Colombia no sobrevivió a Bolívar: tras su muerte en 1830, Venezuela, Colombia (que entonces incluía a Panamá), Perú y Ecuador acabaron por separarse, siguiendo límites fronterizos a menudo arbitrarios. Esto ha provocado incontables disputas territoriales que en ocasiones han desembocado en verdaderas guerras, como la Guerra del Pacífico (1879–83), en la que Chile resultó victorioso frente a las fuerzas combinadas de Perú y Bolivia, o la sangrienta Guerra del Chaco (1932–1935), entre Paraguay y Bolivia. Todavía en 1995 hubo serios encuentros armados entre Ecuador y Perú que, afortunadamente, fueron transados en 1998 mediante mutuo acuerdo.

Ecuador

Esta república de unos 12,5 millones de habitantes y unas 107.000 millas cuadradas de superficie (ligeramente más pequeña que el estado norteamericano de Nevada), debe su nombre a la línea geográfica del ecuador que atraviesa su territorio. Limita al oeste con el océano Pacífico, al norte con Colombia, y al este y al sur con Perú; su territorio incluye las Islas Galápagos, a unas seiscientas millas de la costa ecuatoriana. Casi la mitad de sus habitantes vive en el área de los Andes y allí habita también la mayor parte de la población indígena del país, en un paisaje dominado por altos picos nevados y volcanes, ocho de los cuales muestran todavía signos de actividad.

Las islas Galápagos deben su nombre a las enormes tortugas° que habitan allí. *tortoises* Aisladas en el océano Pacífico, a considerable distancia de las masas continentales, estas islas se convirtieron en un laboratorio natural donde varias especies animales evolucionaron independientemente, adaptándose al ambiente local hasta convertirse en algunos casos en animales que, o son muy raros, o no se encuentran en ninguna otra parte del mundo; así sucede, por ejemplo, con las iguanas marítimas y con las variedades locales de pinzones°. Allí se detuvo Charles Darwin en 1835 y las obser- *finches* vaciones que hizo de su fauna —especialmente de los pinzones— le inspiraron la teoría de la evolución. Especialmente notable es la manera en que conviven en las

*seals/seagulls/
mockingbirds*

Galápagos las más diversas especies —pingüinos, focas°, gaviotas°, sinsontes°, leones marinos—, y el hecho de que no les intimida la presencia de seres humanos. No es de extrañar que esta islas se hayan convertido en una importante atracción turística. La cantidad de visitantes de todas partes del mundo ha crecido hasta el

priceless

punto de amenazar el inapreciable° medio ambiente de las islas, lo que ha obligado al gobierno ecuatoriano a poner límite al número de turistas que pueden visitarlas cada año.

La vida política y económica del Ecuador gira en torno a sus dos grandes ciudades: Quito, la capital, en la región andina, y Guayaquil, en la costa. La región andina fue tradicionalmente agrícola y ganadera, aunque en tiempos recientes Quito se ha industrializado bastante, pero Guayaquil sigue siendo el principal centro comercial del país y se beneficia de la fertilidad de la costa ecuatoriana. La banana o plátano fruta, y el camarón procedente de los vastos criaderos de la costa, son dos de los principales productos de exportación del Ecuador; estos criaderos han sido bastante criticados debido a que han resultado en la destrucción de buena parte de los ecológicamente valiosos manglares de la costa.

La población indígena del país se ha estado reduciendo pero todavía constituye una parte substancial del total de habitantes (los cálculos varían entre el 25% y el 38%); la mayoría de ellos son hablantes bilingües de español y quechua. En el oriente amazónico existen varias tribus indígenas bastante primitivas que hablan sus propios idiomas, como es el caso de los jíbaros, célebres por su habilidad de reducir el tamaño de las cabezas de sus víctimas (esta práctica fue abandonada por

naïve

los jíbaros hace tiempo, pero todavía los turistas ingenuos° compran las famosas cabezas, que no son más que imitaciones). Los mestizos forman el mayor contingente étnico, seguidos por una minoría blanca de un 10% y un porcentaje similar de negros descendientes de los esclavos de la época colonial. El porcentaje de analfabetismo es bastante bajo: se estima que entre un 88% y un 90% de los ecuatorianos actuales saben leer y escribir, pero hay una notable disparidad entre el campo y las ciudades: la población urbana está mucho más alfabetizada que la rural. La minoría de ecuatorianos blancos ha controlado el poder político y económico del país desde la época colonial, pero en los últimos treinta años ha aparecido una clase media bastante numerosa compuesta de, entre otros, pequeños empresarios, comerciantes, profesionales, empleados de empresas privadas y burócratas. Mas todavía mestizos e indígenas forman el grueso de la población pobre.

Durante el siglo XIX y principios del XX, la economía ecuatoriana dependió del cacao como principal producto de exportación. Hasta un 50% del chocolate que se consumía en el mundo provenía del cacao ecuatoriano. Pero en la década de 1920

fungus

las plantaciones de cacao fueron muy afectadas por un hongo° que redujo substancialmente la producción, y esto produjo un período de seria crisis económica. Para

stock market

colmo, la depresión mundial que comenzó con la caída de la bolsa° de Wall Street en 1929, agravó aún más la situación en la década de 1930. La recuperación económica vino por fin en la década siguiente, cuando el Ecuador se convirtió en el primer productor mundial de bananas, gracias a un gran aumento en la demanda por parte de la Europa de la posguerra, y al colapso de la producción bananera en el Caribe y en Centroamérica, donde las plantaciones de esa fruta fueron decimadas por una combinación de plagas y desastres naturales (Schodt 56). Luego, en la década de 1970 vino el *boom* del petróleo, proveniente casi todo del oriente amazónico, lo que puso considerables cantidades de divisas en las arcas del tesoro ecuatoriano.

La vida política del Ecuador ha seguido también el desafortunado patrón de otros países latinoamericanos. Desde su inauguración como república en 1830, se disputaron el poder toda una serie de gobiernos autoritarios, civiles o militares, interrumpidos intermitentemente por regímenes que fueron producto de elecciones más o menos honestas. Un problema que hubo durante el siglo XIX y la mayor parte del XX fue que una parte muy pequeña del electorado participaba en las elecciones. Había una clase media muy reducida y las clases bajas, en su mayoría analfabetas, apenas votaban, pues para votar había que saber leer y escribir. Dos partidos, el conservador y el liberal, se turnaban en la presidencia, separados sobre todo por su actitud hacia la Iglesia Católica: los conservadores eran ardientes defensores de la iglesia mientras que los liberales eran antieclesiásticos. Pero era además un problema de rivalidades geográficas entre la conservadora sierra, con Quito, la capital, y la liberal y dinámica costa, que tiene a Guayaquil como ciudad principal.

La situación política del Ecuador, como han destacado varios estudiosos (e.g., Schodt; Isaacs; Skidmore & Smith) ha dependido con mucha frecuencia de la situación económica del país: los años de bonanza económica han solido traer períodos de estabilidad política, en tanto que los períodos de recesión o depresión económica han estado usualmente acompañados de perturbaciones en la vida pública. Como ejemplo de ello se cita, en el siglo XIX, el caso de Gabriel García Moreno, que dominó la política nacional entre 1860 y 1875 durante el apogeo de las exportaciones de cacao; su mano fuerte ayudó a unificar parcialmente la sierra y la costa, lo cual era necesario para el desarrollo de la producción de cacao, y el Ecuador disfrutó de estabilidad política bajo su mandato; por otra parte, García Moreno convirtió al Ecuador —como han dicho sus críticos— en un monasterio, pues puso a la nación al servicio de la Iglesia Católica; en su mente de tendencias místicas, el país sólo podría alcanzar verdadera paz y estabilidad a través de la unidad religiosa de todos sus ciudadanos bajo la autoridad moral del Vaticano. Todo el sistema escolar quedó a cargo de la Iglesia y el catolicismo fue declarado religión oficial del Estado.

García Moreno fue asesinado en 1875 y dejó un gran vacío de autoridad que no fue llenado hasta fines de siglo, cuando en 1895 los liberales accedieron al poder. Los gobiernos liberales de comienzos del siglo XX desmantelaron el aparato eclesiástico creado por García Moreno, en tanto que la conclusión del ferrocarril de Quito a Guayaquil, construido por una empresa norteamericana, mejoró radicalmente la comunicación entre los dos centros de poder del Ecuador. La rivalidad entre estas dos ciudades, sin embargo, lejos de suavizarse, se intensificó y ha sido hasta nuestros días uno de los rasgos más nocivos de la vida política del Ecuador. La relativa prosperidad que trajeron las grandes exportaciones de bananas contribuyó a crear un interludio de estabilidad democrática entre 1948 y 1960, a partir de la elección a la presidencia de Galo Plaza, uno de los verdaderos estadistas que produjo Latinoamérica en el siglo XX[1]. Galo Plaza fue sucedido por José María Velasco Ibarra, un personaje contradictorio, voluble y carismático, que fue presidente del Ecuador cinco veces entre 1934 y 1972 pero sólo en una ocasión (1948–1952) logró terminar su mandato.

Dos de los regímenes militares que gobernaron el Ecuador durante el siglo XX promulgaron leyes de reforma agraria. La de 1964, por ejemplo, benefició a miles de campesinos, mayoritariamente indígenas, y aunque nunca se aplicó con verdadero rigor, al menos puso fin al bochornoso sistema del "huasipungo", bajo el cual los campesinos trabajaban las tierras de las haciendas y en vez de devengar un salario, se les permitía obtener el producto de los pequeños lotes que se les asignaban. Una de las más famosas novelas ecuatorianas se titula, precisamente, *Huasipungo* (1934) y su autor, Jorge Icaza, narra en ella la vida miserable que llevaban los campesinos que vivían bajo tal sistema. También el régimen militar que tomó el poder en 1972 dictó una ley de reforma agraria pero, para evitar una confrontación directa con los grandes terratenientes°, enfatizó la productividad más que la redistribución de tierras. El resultado es que el Ecuador de la actualidad sufre aún un gran desbalance en la propiedad rural: todavía en la década de 1990, según estadísticas publicadas por la Fundación José Peralta, "el 1.2% de los terratenientes controla[ba] el 66% de las tierras arables, mientras que el 90% de los pequeños agricultores pose[ía] parcelas no superiores a 10 hectáreas [25 acres], la mayoría de ellas ubicadas° en laderas° y pendientes pronunciadas° de difícil cultivo" (Fundación. . . 88). Los minifundios —lotes de tierra demasiado pequeños para mantener a una familia— siguen así siendo uno de los grandes problemas de esta nación.

landowners (margen junto a "terratenientes")

located/slopes/steep inclines (margen junto a "ubicadas/laderas/pendientes")

Desde 1979 el Ecuador ha sido gobernado por regímenes civiles que normalmente han accedido al poder a través de procesos electorales. Pero la estabilidad política se ha visto a menudo amenazada por desacuerdos entre el Presidente y el Congreso. En lugar de los dos partidos tradicionales —liberales y conservadores—, la mayor complejidad de la actual sociedad ecuatoriana ha complicado el sistema. Los 16 partidos políticos que tienen representación en el Congreso forman coaliciones complicadas y hostiles que a menudo paralizan el proceso legislativo e impiden que se aprueben las leyes propuestas por el presidente. Otro factor en la vida política ecuatoriana es el considerable poder que han alcanzado las organizaciones indígenas como grupos de presión. Este complejo aparato político no es ciertamente el más adecuado para lidiar con los graves problemas económicos que ha enfrentado la nación en años recientes y se deben en no poca medida al *boom* petrolero que empezó en 1972. La bonanza del petróleo trajo algunos beneficios innegables: aceleró el paso de la industrialización (en parte debido a la política de "substitución de exportaciones" de los años 70) y expandió el tamaño de la clase media; el extraordinario aumento en el gasto público permitió al gobierno mejorar la infraestructura del país. Como la mayoría de los yacimientos de petróleo se hallaban en la parte norte del oriente, esta región se hizo más accesible a partir de la construcción del primer camino que comunicó a Quito con la zona oriental, construido por las compañías extranjeras que realizaban las exploraciones. Pero el país se acostumbró a disfrutar de un nivel de gastos que no podía sostenerse indefinidamente y, cuando se producían crisis en el mercado del petróleo, el gobierno recurría a la práctica de solicitar préstamos de bancos extranjeros. Esto resultó en la creación de una enorme deuda exterior que conmocionó a los mercados internacionales en la década de 1980. La crisis fue agravada en el Ecuador por la política nacionalista de los gobiernos militares de los años 70, pues pusieron tan onerosas condiciones a las compañías extranjeras de petróleo que éstas empezaron a retirarse del mercado ecuatoriano, con lo cual hubo un apreciable descenso en la producción del crudo; la agencia del gobierno a cargo de la industria del petróleo pasó a controlar la mayor parte de la producción nacional.

El Ecuador tuvo grandes dificultades para cumplir con las rigurosas medidas económicas que le impusieron los bancos extranjeros y el Fondo Monetario Internacional (IMF) en los años 80, y su bienestar económico ha continuado dependiendo de la demanda y del precio que alcanzan sus exportaciones, con el petróleo seguido por la banana como productos principales. El período 1997–1999 fue especialmente duro para Ecuador: el fenómeno de El Niño produjo enormes daños en la industria de pesca, coincidiendo con la caída de los precios del petróleo y la inestabilidad de los mercados en muchos países subdesarrollados. La inflación ascendió a niveles poco comunes en la Latinoamérica actual y, como de costumbre, el ejecutivo tuvo grandes problemas para hacer que el Congreso aprobara sus planes para estabilizar la tambaleante° economía; dichos planes incluían medidas neoliberales tan polémicas como la privatización de Petroecuador, la agencia gubernamental en control del petróleo, y el abandono del sucre, la moneda nacional, en favor del dólar. Estos planes le costaron el puesto al presidente Jamil Mahuad en enero del 2000, pero su vicepresidente y sucesor, Gustavo Noboa, persistió en llevar adelante un programa económico similar, incluyendo la adopción del dólar como moneda única. Sorpresivamente, la economía ecuatoriana mostró un modesto crecimiento de un 1,9% en el año 2000, y a pesar de las conmociones económicas y los ataques terroristas del año 2001, las perspectivas financieras de la nación eran precavidamente optimistas a principios del 2002, presididas por un notable descenso en la inflación.

tottering

Perú

El Perú es un país de considerable extensión: su superficie de unas 500.000 millas cuadradas es poco menos del doble del área de Texas. Limita al oeste con el océano Pacífico, al norte con Ecuador y Colombia, al este con Brasil y al sur con Chile. Su población de unos 26 millones es urbana en un 70%. Casi todas las ciudades más populosas, incluyendo la capital, Lima, se encuentran en la costa, que es la parte más desarrollada del país. La región situada al este de los Andes, en cambio, es un área subdesarrollada y de escasa población, especialmente en su zona norte, con clima tropical y vegetación selvática; allí comienza el río Amazonas y se halla la principal ciudad de esta región, Iquitos, a orillas del gran río. Iquitos ha crecido mucho en tiempos recientes (alcanza ya los 600.000 habitantes) pues ésta es la principal área de exploración del petróleo peruano. Hasta hoy, sin embargo, sólo es accesible desde Lima mediante transporte aéreo.

Plaza de Armas, Cuzco.

La parte central del país, ocupada por los Andes —que aquí se dividen en tres cordilleras paralelas—, fue el asiento principal del imperio inca, con capital en la ciudad de Cuzco, situada a 11.000 pies de altura; Cuzco es palabra quechua que *navel* muy apropiadamente significa "ombligo° del mundo", pero cuando Francisco Pizarro conquistó a los incas en el siglo XVI, estableció la capital en una nueva ciudad que fundó en la costa: Lima. Durante el período colonial, Lima fue el asiento del Virreinato del Perú, y ha mantenido su prominencia como centro del poder político y económico. Hasta hoy, la mayor parte de la población indígena vive en la región andina, dividida en pequeñas comunidades rurales que malamente consiguen sostenerse económicamente. Los terrenos de las grandes alturas de los Andes son generalmente poco fértiles, permitiendo sólo el cultivo de la papa, la quínoa y otros pocos cereales. Pero existen varios ríos como el Urubamba que han cavado profundos valles y cañones muy hermosos en las montañas y en ellos se pueden hallar terrenos fértiles excelentes para la agricultura. El problema es que los métodos de cultivo, todavía primitivos, producen rendimientos muy bajos; el uso del tractor es muy raro y la vivienda típica es la casa de adobe fabricada con ladrillos de barro sin cocer cuya duración no excede los 15 ó 20 años.

Cuzco, con unos 275.000 habitantes, es todavía hoy la principal ciudad de los Andes peruanos y es visitada por cientos de miles de turistas todos los años. Un aspecto distintivo de esta limpia y bien cuidada ciudad es que el visitante, al caminar por sus calles más céntricas, encuentra a cada paso la evidencia visual de cómo la cultura europea fue impuesta sobre la nativa: muchos edificios del período colonial, en efecto, fueron construidos sobre los restos de las estructuras incas, de modo que a veces la base del edificio actual es una pared de piedra inca de dos o tres metros de altura. La Plaza de Armas, centro de la ciudad y uno de los espacios urbanos más hermosos de Latinoamérica, está dominada por la Catedral, imponente edificio barroco del siglo XVII, construido en parte con piedras traídas de una fortaleza inca cercana en el lugar que ocupó el palacio del emperador inca Viracocha. La iglesia de la Compañía de Jesús, en la propia plaza, fue edificada por los padres jesuitas sobre el que una vez fue el palacio del inca Huayna Capac.

A tres horas y media por tren desde Cuzco se halla el monumento indígena más visitado de Suramérica: Machu Picchu, en uno de los escenarios naturales más im-

Cuzco. Edificio construido sobre pared inca.

presionantes del planeta. Esta ciudad-fortaleza inca, cuyas ruinas ocupan cinco millas cuadradas, se halla al borde del profundo cañón excavado por el río Urubamba. Una zigzagueante carretera asciende 1.500 pies desde el fondo del cañón, donde se encuentra la estación de tren, hasta la fortaleza, situada entre dos picos de los Andes. La alta humedad del lugar hace que a menudo la fortaleza parezca flotar en la bruma. Nadie sabe a ciencia cierta con qué propósito construyeron los incas esta ciudad ni las fechas en que fue ocupada. Su difícil acceso hizo que permaneciera olvidada durante 900 años hasta que una expedición de la Universidad de Yale, encabezada por el profesor Hiram Bingham, dio con ella en 1911.

En cuanto a la composición étnica del Perú, las estadísticas nos dicen que un 45% de la población es indígena, un 37% mestiza y un 15% blanca, con el restante 3% integrado por grupos minoritarios como los negros, los japoneses y los chinos. Pero, como ya hemos mencionado, la composición racial de estos países andinos es difícil de determinar con exactitud, ya que términos como "indígena" o "blanco" tienen allí con frecuencia un sentido más cultural que racial; una persona que, por ejemplo, haya adoptado el modo de vida occidental y habite en una ciudad puede considerarse blanca aunque tenga los rasgos raciales de un indígena. Probablemente el criterio más confiable es el que atiende al tipo de organización social y a la habilidad lingüística de la persona: el indígena típico del Perú vive en comunidades rurales relativamente aisladas y, o es bilingüe, o habla preferentemente el quechua. Se estima que dos terceras partes de los indígenas de los Andes peruanos no dominan bien la lengua española.

El poder político y económico del Perú se halla concentrado en Lima, cuya área metropolitana alcanza ya los 8 millones de habitantes. La mayor parte de la ciudad data de la segunda mitad del siglo XVIII, pues fue casi toda destruida en 1746 por un devastador terremoto. En su zona monumental destaca la Plaza de Armas, donde se encuentran el Palacio de Gobierno, residencia del Presidente de la República —construido en el sitio que una vez ocupara el palacio del conquistador Francisco Pizarro—, y la Catedral, en la que reposan los restos de Pizarro. En las calles aledañas se halla la mayoría de los palacios y casas señoriales edificados por la aristocracia colonial, con sus intrincadas fachadas barrocas y sus bellos balcones de madera labrada. Como se encuentra al sur de la línea del ecuador, el verano de Lima dura aproximadamente de diciembre a abril, mientras que su invierno se prolonga de mayo a noviembre. Pese a su proximidad al ecuador, la fría corriente de Humboldt suaviza el clima de la ciudad, de modo que las temperaturas máximas fluctúan entre los 75 grados Fahrenheit en verano y los 62 en invierno. Durante los meses invernales la ciudad es cubierta por una húmeda neblina° llamada la "garúa" que hace recordar menos a una ciudad *mist* suramericana que al Londres de Sherlock Holmes. Al final del día el pavimento de las calles aparece mojado° como si hubiera llovido, pero es sólo el resultado de *wet* la alta humedad, pues casi nunca llueve en Lima. Francisco Pizarro fundó la ciudad en enero de 1535, favorablemente impresionado —se dice— por el clima suave y soleado del lugar en pleno verano. El rápido aumento de la población limeña se debe en no poca medida a los numerosos barrios pobres que se han formado alrededor de la capital como consecuencia de las oleadas de peruanos que, por largo tiempo, han estado trasladándose del campo a la ciudad.

El general José de San Martín proclamó la independencia del Perú el 28 de julio de 1821 y esta es la fecha que celebran los peruanos, aunque la liberación del país no quedó consolidada hasta 1824, cuando Bolívar en la batalla de Junín y Sucre en la de Ayacucho, derrotaron definitivamente a los españoles (aunque la guarnición española del puerto de Callao no capituló hasta 1826). Como Ecuador, el Perú sufrió su dosis de gobiernos militares autoritarios desde su inauguración como república. No fue hasta 1845, con la era del general Ramón Castilla (1845–1862), que el país se estabilizó políticamente. Esta estabilidad se debió tanto a las habilidades de Castilla como a la bonanza económica que trajo en esos años la explotación del guano. Durante miles de años, millones de aves habían depositado sus excrementos en las desiertas Islas de Chincha y otras islas deshabitadas situadas frente a la costa del Perú. La escasa precipitación había permitido la creación de depósitos de muchos metros de profundidad que resultaron ser un magnífico fertilizante gracias a su alto contenido de nitrógeno. La explotación en gran escala de estos depósitos de guano comenzó en la década de 1840 como un monopolio del gobierno peruano y durante cuarenta años su exportación produjo hasta un 75% del ingreso total del tesoro de la nación. Durante los mejores años, el Perú exportaba más de 450.000 toneladas de guano a Europa y a otros países de Suramérica y la consiguiente prosperidad puso a la nación económicamente al frente de los demás países de la región (Crow 633). Luego sucedió lo inevitable: los pájaros que producían el guano fueron ahuyentados° o muertos y el exceso de extracción disminuyó considerablemente los depósitos.

scared away

Por otra parte, en la desértica costa sur perteneciente entonces a Perú y Bolivia, comenzaron a explotarse extensos yacimientos de salitre (nitrato de sodio) que, además de ser uno de los componentes básicos de la nitroglicerina, es un magnífico fertilizante y comenzó a desplazar al guano. Carentes de suficientes recursos, Perú y Bolivia concedieron la mayor parte de la explotación a operadores chilenos respaldados por capital británico. Al cabo surgieron disputas sobre todo en cuanto al monto de los derechos que debían pagar las compañías chilenas, y las tensiones políticas comenzaron a aumentar. En febrero de 1879 un contingente de soldados chilenos ocupó el puerto boliviano de Antofagasta y se desató° la llamada Guerra del Pacífico (1879–1883). Perú y Bolivia formaron un frente común, pero las tropas chilenas, mejor entrenadas, ocuparon todos los territorios donde se hallaban las minas de salitre e incluso marcharon hasta la capital peruana, que ocuparon durante tres años. Como resultado de esta guerra, Chile se incorporó la costa de Bolivia y dos provincias del sur peruano.

broke out

Esta humillante derrota trajo la ruina económica al Perú. El gobierno, prácticamente sin fondos, tuvo que firmar un tratado muy desfavorable con una corporación británica: ésta se hizo cargo de la deuda exterior del Perú a cambio de una serie de onerosas concesiones que dieron al capital británico un importante papel en la economía peruana. Al mismo tiempo, la Guerra del Pacífico sirvió para dramatizar las grandes desigualdades sociales que existían en el Perú. La mayor parte de las bajas las había asumido la población indígena, que era la primera en morir en batalla y la última en recibir los escasos beneficios asignados a las clases pobres. Entre los intelectuales que comenzaron entonces una crítica implacable de la sociedad peruana, destaca el nombre de Manuel González Prada (1844–1918). Como combatiente en la Guerra del Pacífico, González Prada había sido testigo de aquella tragedia e inició una ardorosa cruzada en pro de la población nativa. "Nuestra forma de gobierno —escribió en su libro *Nuestros indios* (1904)— se reduce a una gran mentira, porque no merece llamarse república democrática un estado en que dos o tres millones de individuos [indígenas] viven fuera de la ley"(207). El magisterio de González Prada inspiró la primera novela indigenista de América, *Aves sin nido*° (1889), de Clorinda Matto de Turner, y   *nest* en el siglo XX, la ideología indigenista que, fortalecida por el ejemplo de la Revolución Mexicana, se concretó sobre todo en el movimiento aprista fundado por Víctor Raúl Haya de la Torre en 1924.

La historia del Perú entre la década de 1920 y la de 1960 fue, en buena medida, la de una rivalidad, a menudo sangrienta, entre la izquierda política —encabezada por Haya de la Torre y su Partido Aprista Peruano— y las fuerzas conservadoras apoyadas por los militares (Véase el Capítulo 10). Las dictaduras de la época [las de Augusto Leguía (1919–1930), Luis Sánchez Cerro (1931–1933), Oscar Benavides (1933–1939) y Manuel Odría (1948–1956)] fueron particularmente duras con los apristas, que varias veces obtuvieron la mayoría de los votos pero no se les permitió gobernar. En una ocasión, bajo la dictadura de Odría, Haya de la Torre tuvo que buscar asilo político en la Embajada de Colombia en Lima y allí se vio obligado a permanecer durante 5 años.

Desde el punto de vista social, el suceso° más importante de aquellos años   *event* fue la ascensión al poder en 1968, mediante un golpe de estado, de la junta militar presidida por el general Juan Velasco Alvarado. En vez de adoptar las tradicionales políticas conservadoras, el nuevo régimen militar, movido por un impulso nacionalista y de reivindicación social, inició el programa de reformas sociales más radical que ha visto el Perú. Esto se explica en parte por el hecho de que la composición social y racial del ejército peruano había cambiado: Velasco y buena parte de los oficiales eran mestizos y procedían de la clase media o de las clases bajas. El carácter dictatorial de la junta le permitió dictar, sin oposición, un plan de reforma agraria que expropió una parte substancial de las tierras laborables, sobre todo en las prósperas plantaciones de caña de azúcar y algodón de la costa peruana, convirtiéndolas en cooperativas agrícolas bajo la autoridad de un administrador del gobierno. En la región andina, dominada por los *gamonales*, es decir los terratenientes de grandes haciendas, gran parte de éstas fueron transferidas a los campesinos que vivían en ellas, también bajo un régimen colectivista. En el sector industrial, los trabajadores de las empresas adquirieron el derecho a comprar hasta un 50% de las acciones° y a tener representación en la   *stock* directiva° del negocio. El régimen dispuso también la expropiación de las com-   *board of directors* pañías extranjeras que controlaban la producción petrolera y minera y las comunicaciones telefónicas. Preocupada por la existencia de extensos barrios pobres en torno a las ciudades peruanas, habitados por cientos de miles de precaristas°,   *occupants without* la junta militar dictó una ley que convertía estas comunidades en "pueblos   *title* jóvenes" cuyos habitantes recibirían título legal de las viviendas que ocupaban.

Tales reformas acabaron con el poder político de los hacendados. El sistema de cooperativas agrícolas funcionó bien en las eficientes plantaciones de la costa, no tan bien en las menos productivas haciendas de la sierra peruana, donde la producción agrícola no logró incrementarse o incluso disminuyó. En 1972, los médicos de Velasco Alvarado diagnosticaron que padecía de cáncer y en ese propio año el fenómeno de "El Niño" acabó con la población de anchoas°, lo que   *anchovies* puso fin a la exportación de harina de pescado°, un sector de vital importancia   *fish meal* para la economía peruana. Al mismo tiempo, los precios de otros importantes productos de exportación, como el azúcar y el cobre, disminuyeron en los

Perú.
Chamán indígena
efectuando una curación.

mercados internacionales. En 1975 un golpe de estado interno destituyó a Velasco y nombró en su lugar al general Francisco Morales Bermúdez, de ideología conservadora.

sharp turn   La jefatura de Morales Bermúdez resultó en un viraje° de la junta hacia la derecha que deshizo en buena medida las reformas de su predecesor, frenó el intervencionismo estatal en la industria y atemperó el fervor nacionalista de la era de Velasco Alvarado. El nuevo régimen alentó las inversiones de compañías extranjeras e impuso draconianas medidas de austeridad económica para enfrentar el problema de la enorme deuda exterior contraída durante los años de Velasco. Enfrentando un creciente descontento popular, la dictadura decidió facilitar el retorno a la democracia. Tras la promulgación de una nueva constitución en 1979, se celebraron elecciones presidenciales en 1980, en las que un político liberal, Fernando Belaúnde Terry —que había sido derrocado por el golpe militar de 1968— fue elegido una vez más por amplio margen. La administración del bien intencionado Belaúnde no fue exitosa, mayormente por causas fuera de su control. Uno de los problemas que tuvo que enfrentar Belaúnde fue el creciente poderío y tácticas brutales del movimiento guerrillero maoísta *Sendero Luminoso*[2] en la región andina del país.

Los últimos quince años del siglo XX, comenzando con la elección del presidente aprista Alan García en 1985, fueron años turbulentos para el Perú. El sueño aprista de capturar la presidencia del país se hizo al fin realidad (Haya de la Torre había muerto en 1979), pero la administración de García resultó ser un fracaso; sus políticas populistas agotaron los fondos del tesoro peruano; su radical nacionalismo le hizo declarar su intención de no pagar la deuda exterior, que ascendía ya a 14.000 millones de dólares, lo cual convirtió al Perú en un paria en los medios financieros internacionales. La tasa de inflación llegó a alcanzar un 3000% anual.

La campaña para las elecciones presidenciales de 1990 presenció la contienda entre la candidatura del admirado novelista Mario Vargas Llosa, con una plataforma neoliberal, y Alberto Fujimori, un ingeniero poco conocido de ascendencia japonesa que predicaba una ideología centrista. Aparte de la desastrosa

situación económica, las actividades terroristas de *Sendero Luminoso* amenazaban la estabilidad de la nación; la guerrilla controlaba ya extensas zonas de la
sierra peruana, con poca o ninguna interferencia del ejército, y había extendido
su campo de operaciones a los suburbios de las ciudades; sus actividades habían
costado ya la vida a más de 23.000 personas.

El inesperado triunfo de Fujimori inició una nueva era para el Perú. Su gobierno emprendió una política económica neoliberal que privatizó muchas de las
empresas del estado y consiguió reducir dramáticamente la inflación. También
tomó las medidas necesarias para comenzar a restaurar la solvencia económica del
Perú ante los organismos internacionales. Y cuando en 1992 *Sendero* empezó a
amenazar a Lima con sus actividades terroristas, el gobierno declaró un estado de
emergencia, disolvió el Congreso y suspendió las garantías constitucionales.
Gozando ahora de poderes poco menos que absolutos, Fujimori llevó a cabo la
transformación del Perú en una economía de mercados libres y emprendió una persecución implacable de *Sendero Luminoso* que culminó con la captura del jefe del
movimiento, Abimael Guzmán, y sus más importantes colaboradores. Esto, más el
hecho de que las medidas económicas del gobierno empezaron a arrojar° resulta- | *to show*
dos positivos, le ganó una gran popularidad al presidente peruano, quien convocó
una convención constituyente en 1993. La nueva constitución declaró, entre otras
cosas, que el presidente podría reelegirse por dos términos consecutivos de cinco
años. En 1995 Fujimori se presentó de nuevo como candidato a la presidencia y
ganó por muy amplio margen. Al año siguiente ocurrió un incidente que habría de
fortalecer su prestigio. Un grupo de terroristas pertenecientes al movimiento guerrillero Tupac Amaru se apoderaron de la Embajada de Japón en Lima durante una
recepción diplomática y capturaron a casi 500 personas como rehenes°. Entre sus | *hostages*
demandas: la liberación de todos los miembros de la guerrilla que se hallaban encarcelados. Fujimori reaccionó con calma y en principio se negó a negociar con la
guerrilla, aunque luego se mostró mas dispuesto a llegar a un arreglo°. Mientras | *to reach an agreement*
se realizaban las negociaciones, que duraron más de cuatro meses, la guerrilla
fue soltando° a buen número de los rehenes. Fujimori, en realidad, estaba ga- | *gradually released*
nando tiempo mientras sus soldados, en completo secreto, construían un túnel
subterráneo en dirección a la Embajada. El 17 de abril de 1997, un grupo de
soldados de elite emergieron del túnel dentro del edificio de la Embajada, y
rápidamente mataron a los 14 guerrilleros que la ocupaban. Todos los rehenes
resultaron ilesos°, menos uno que murió de un ataque al corazón. Desafortu- | *unharmed*
nadamente, ese fue también el año en que el fenómeno de "El Niño" azotó al
Perú con enorme furia, produciendo severos daños.

El gobierno de Fujimori no usó bien la popularidad que le ganó su mano
dura con los terroristas, y se fue tornando más represivo. Su policía secreta, el
Servicio de Inteligencia Nacional (SIN), desarrolló una extensa red de informantes que infiltraron los más diversos sectores de la vida nacional e influencia-
ron el nombramiento de jueces y otros funcionarios del estado. Los tribunales
judiciales no lograron recuperar su independencia y el Congreso, en el que el partido del gobierno gozaba de mayoría, aceptó la elegibilidad de Fujimori para un
tercer término presidencial ya que, según él, su primer término no contaba, pues
era anterior a la Constitución de 1993 que limitaba la reelección del presidente a
dos términos consecutivos. Este tipo de maniobra creó bastante malestar en la
nación y en las elecciones del año 2000, que ganó Fujimori, éste fue acusado de

haber practicado todo tipo de trampas. En el verano del 2000 ocurrieron numerosas protestas populares, algunas violentas, que el gobierno consiguió controlar, pero en septiembre la televisión peruana mostró un video en que aparecía el jefe del SIN, Vladimiro Montesinos, en el acto de entregar a un congresista de *bribery* la oposición la suma de $15.000 en lo que parecía ser un intento de soborno°. Aquel fue el primero de una avalancha de videos procedentes de los archivos del SIM en que un gran número de funcionarios, congresistas y figuras políticas aparecían aceptando sobornos. El escándalo desacreditó totalmente al gobierno de Fujimori, quien abandonó el Perú con el pretexto de un viaje oficial. En noviembre, Fujimori renunció a la presidencia desde un hotel de Tokio y allí ha permanecido. El gobierno japonés anunció entonces que el ex-presidente siempre había poseído la ciudadanía japonesa. Tras el nombramiento de un presidente provisional, se convocaron elecciones presidenciales para abril del 2001, en las que el candidato centrista Alejandro Toledo obtuvo una mayoría de votos pero no el 51% que hubiera necesitado para evitar unas segundas elecciones, en mayo o junio del mismo año. Los rivales en esta segunda campaña presidencial fueron Alejandro Toledo y, sorpresivamente, Alan García, el ex-presidente aprista que había presidido una administración desastrosa en la década de 1980. García había retornado al Perú tras nueve años de exilio, pues había sido encausado por los tribunales peruanos, y a pesar de su historial comenzó a ganar popularidad entre el electorado, especialmente entre las comunidades indígenas, con su atractiva presencia y una retórica populista de la época aprista. Toledo, por su parte, hizo hincapié en su ancestro quechua, en sus orígenes humildes y adoptó vestiduras indígenas cuando hacía campaña por el interior; su esposa, una antropóloga belga, traducía sus discursos al idioma quechua. Toledo parecía estar bien cualificado para ocupar el puesto de presidente: tras muchos sacrificios económicos había conseguido obtener un doctorado en economía de la Universidad de Stanford, California, y había trabajado como economista para el Banco Mundial (World Bank). En las elecciones, celebradas el 5 de junio, Toledo obtuvo la victoria y finalmente asumió la presidencia del Perú.

Bolivia

El historiador inglés Harold Osborne se ha hecho eco de una elocuente anécdota sobre Bolivia. En tiempos de la reina Victoria de Inglaterra, el ministro plenipotenciario británico fue expulsado de La Paz de la manera más ignominiosa: *donkey* desnudo y montado en un borrico°. Indignada, la reina ordenó que se enviara un barco de guerra a la costa boliviana para mostrar el disgusto de la corona británica. Cuando le informaron que Bolivia no tenía costa, su Majestad ordenó borrar a dicha nación del mapa, condenándola así a la extinción cartográfica. Esta anécdota, ilustra, entre otras cosas, lo poco o nada que se sabe sobre esta nación suramericana en otros países.

Durante el período colonial la actual Bolivia fue conocida como la Presidencia de Charcas y fue, primero, parte del Virreinato del Perú y luego del de Río de la Plata, con capital en Buenos Aires. En 1825 Bolívar decidió convertirla en república independiente, en parte porque quería darle el tipo de constitución ideal con que siempre había soñado, parcialmente inspirada en el sistema parlamentario inglés, pero con un poderoso presidente que sería nombrado de por vida y tendría el derecho de nombrar a su sucesor. Al marcharse de la nueva nación, Bolívar dejó en ella como presidente a su más fiel lugarteniente, el general Antonio José de Sucre. Mas el "país modelo" que Bolívar creó sobre el papel no existía en la realidad. En 1829 Sucre fue derrocado por uno de los caudillos que habrían de gobernar a Bolivia durante el siglo XIX. El peor de ellos, Mariano Melgarejo (1864–1871), fue un brutal analfabeto de vida licenciosa que aplastó violentamente a la oposición, vendió al Brasil parte del territorio boliviano y creó una nueva moneda, el "melgarejo", con intención de mejorar, con dinero de papel, el pobre estado de la economía boliviana.

La Paz, Bolivia. Vista panorámica.

A lo largo de su azarosa historia, Bolivia, como hemos visto, ha perdido casi la mitad de su territorio original a manos de sus países vecinos, Brasil, Chile, Perú y Paraguay, pero su área actual es todavía considerable: unas 425.000 millas cuadradas, equivalente a dos veces la superficie de Francia. Uno de los problemas que ha confrontado la nación desde sus inicios es que la mayor parte de su población de 8 millones de habitantes ha estado concentrada en el altiplano andino, una alta y fría meseta en buena parte estéril para la agricultura. En cambio, la región oriental, que representa un 70% del territorio y abunda en terrenos fértiles, ha estado tradicionalmente subdesarrollada y subpoblada. En décadas recientes, sin embargo, ha ocurrido un notable desarrollo económico en esta región —especialmente en los departamentos de Beni y Santa Cruz—, gracias a una dramática mejora en las comunicaciones, a incentivos del gobierno boliviano, que ha aumentado la emigración desde el altiplano, e incluso a un importante flujo migratorio desde países extranjeros, incluyendo a los Estados Unidos, Canadá y Japón. Hoy, la ciudad de Santa Cruz, con casi un millón de habitantes, es la segunda ciudad de Bolivia. En uno de los valles situados en las laderas de la cordillera andina oriental, la ciudad de Cochabamba, centro de la rica región agrícola del mismo nombre, es el tercer centro urbano de la nación.

De las tres naciones andinas, Bolivia es la que cuenta con la mayor población indígena: casi un 55%, de habla quechua y aymará, en tanto que la población de origen europeo no pasa del 15%. Ésta es también la nación andina con el más bajo ingreso anual *per cápita* y la más alta cifra de analfabetismo. Sucre, una pequeña ciudad situada en un valle de la región andina meridional, es legalmente la capital de Bolivia y en ella reside el Tribunal Supremo de la nación, pero La Paz, en la parte norte del altiplano, cerca del lago Titicaca, es la capital *de facto*: no sólo residen allí el Presidente y el Congreso, sino que es el principal centro urbano de la nación, con más de un millón de habitantes. Por otra parte, Sucre ha conservado su arquitectura y su atmósfera colonial, habiendo sido declarada "Patrimonio histórico y cultural de la humanidad" por la UNESCO. La Paz, en cambio, es una ciudad predominantemente moderna donde quedan pocos vestigios de su pasado histórico.

Otra ciudad boliviana que evoca el pasado colonial es Potosí, situada al pie de la montaña donde se hallaron en 1545 las minas de plata más ricas del mundo. Durante casi dos siglos, Potosí fue la ciudad más rica del Nuevo Mundo, la principal fuente de la plata que recibía la Corona española y que, convertida en moneda, ayudó a transformar la economía y la sociedad de Europa. Cuando llegó la independencia en 1825, el rendimiento de las minas había disminuido considerablemente y para fines de siglo fue necesario encontrar otra fuente de riqueza *tin* mineral. Ésta fue provista por el estaño°, que se hallaba en gran demanda en el mercado internacional, pero desafortunadamente el grueso de la producción de estaño cayó en manos de las compañías fundadas por tres familias, las de Patiño, Hochschild y Aramayo; estas dos últimas representaban mayormente los intereses de inversionistas extranjeros, en tanto que la de Patiño, la mayor, permaneció en la familia, con participación minoritaria de intereses norteamericanos. El fundador del clan, Simón Patiño (1868–1947), fue un mestizo pobre e ineducado que por un golpe de suerte adquirió los derechos a una pequeña mina de estaño. *cunning* Su astucia° le permitió extender sus operaciones hasta que se convirtió en el hombre más rico de Bolivia; sus ingresos personales sobrepasaban los del tesoro boliviano y creó un imperio financiero internacional que se extendía a tres continentes. Su estilo de vida se hizo suntuoso, casó a sus hijas con miembros de la aristocracia europea, construyó ostentosos palacios en varios países y cuando viajaba era precedido por sus Rolls-Royces. Este extravagante estilo de vida contrastaba con las duras condiciones de trabajo y la pobreza en que vivían los trabajadores de las minas, pero la importancia que tenía el estaño para la economía del país (entre un 60% y un 70% de las exportaciones) hizo que los gobiernos *acquiesced* bolivianos se plegaran° a los deseos de estos "barones" de la aristocracia mineral. Cuando los obreros de las minas se rebelaban, el ejército ponía rápido fin a la sublevación empleando a menudo una fuerza excesiva. El caso más célebre fue el de la "masacre de Catavi" en 1942, en la que fueron muertos varios cientos de mineros. Para esta época, sin embargo, el estaño había visto ya sus mejores días: el rendimiento de las minas era cada vez menor y el elevado costo de transportar el mineral hacía cada vez menos competitivo al estaño boliviano. Al mismo tiempo, la población campesina del altiplano vivía también en muy pobres condiciones, practicando una agricultura de mera subsistencia en lotes demasiado pequeños, o trabajando en lotes familiares dentro de las grandes haciendas que dominaban el altiplano, a cambio de laborar en las tierras de los hacendados y prestar servicios en las casas de éstos.

Tales tensiones económicas y sociales explotaron por fin en 1952. Las elecciones de ese año dieron la victoria a Víctor Paz Estenssoro, el candidato del Movimiento Nacional Revolucionario (MNR), un partido de clase media con un pasado ambiguo (había incluido a simpatizantes de los nazis y de Perón), pero que ahora, en su nueva encarnación bajo Paz Estenssoro, mostraba tendencias de izquierda. Cuando el ejército trató de impedir que Paz Estenssoro accediera a la presidencia, se produjo una batalla campal en La Paz en la que los partidarios del MNR y la policía lograron derrotar al ejército e hicieron un llamamiento a los mineros y a los campesinos indígenas del altiplano para que se sumaran a la rebelión. Así comenzó una de las pocas revoluciones genuinas que han ocurrido en Lationamérica. El MNR distribuyó armas entre mineros y campesinos e implementó las medidas más radicales de su programa: la nacionalización de las minas, que pasaron a ser administradas por una nueva agencia del estado, la Corporación Minera de Bolivia (COMIBOL), y una reforma agraria que cristalizó en el Decreto-ley 03464 de 2 de agosto de 1953. En realidad, cuando se dictó esta legislación ya los campesinos, instigados por los agentes marxistas que dominaban el movimiento minero, se habían organizado en sindicatos° bien armados que procedieron a ocupar las tierras de las haciendas, a menudo por la violencia. La mayoría de los hacendados optó por escapar y refugiarse en la ciudades.

trade unions

La euforia que produjeron tales medidas entre la población minera y campesina no fue de larga duración, sin embargo. La nacionalización de las minas no consiguió hacerlas más productivas y su rendimiento continuó disminuyendo hasta que en 1985 el gobierno se vio obligado a cerrar las que operaban bajo el COMIBOL. En cuanto a la agricultura, la reforma agraria incluyó a una parte substancial de la población campesina del altiplano (se estima que unas 200.000 familias se beneficiaron). La revolución había destruido al ejército y los mineros y campesinos armados constituían ahora la fuerza decisiva del país. La revolución los había hecho también dueños de las tierras que ocupaban, por lo que ahora podían percibir todos sus productos en vez de compartirlos con los hacendados. Aparte del sentido de dignidad que esto debió darles, muchos de estos nuevos pequeños propietarios pudieron, a corto plazo, adquirir un mayor número de bienes de consumo para sus familias. Por otra parte, la escasez y la pobreza de las tierras del altiplano continuaron siendo el principal problema. Los campesinos, además, ya no podían contar con el capital y la competencia administrativa que habían suministrado los hacendados, y el gobierno no tenía ni el personal ni los medios económicos necesarios para llenar ese vacío. Al mismo tiempo, las graves disrupciones que creó la revolución en el tejido° social y económico de la nación trajeron un descenso en la productividad que resulto en una alta inflación, lo cual disminuyó apreciablemente el poder adquisitivo de la población, incluyendo a la campesina. Así, aunque la reforma agraria no mejoró de manera substancial el bienestar del campesinado, sí le dio un valioso sentido de dignidad y autoestimación. Basándose en encuestas realizadas varios años después de la revolución, Kelley y Klein concluyeron que, en opinión de los campesinos indígenas, el principal beneficio que habían recibido de la revolución era el disfrute de una mayor libertad; un número mucho menor mencionó los beneficios económicos que habían obtenido (120–121).

fabric

Paz Estenssoro fue sucedido por su vicepresidente, Harnán Siles Zuazo, en 1956, y el propio Paz fue elegido de nuevo en las elecciones de 1960. Pero a partir de 1956 el MNR adoptó políticas más moderadas motivadas por la grave crisis económica. La influencia comunista, sobre todo entre los mineros liderados por el marxista Juan Lechín, le creó innumerables problemas al gobierno; Siles Suazo tuvo incluso que sofocar° por la fuerza las huelgas que tenían paralizadas a las minas. El gobierno de los Estados Unidos, motivado en parte por el peligro comunista que parecía existir en Bolivia, inició un programa de ayuda económica masiva que mantuvo al MNR a flote durante esos años. Pero el intento de Paz Estenssoro de reelegirse en 1964 resultó en un exitoso golpe de estado protagonizado por su vicepresidente, el general René Barrientos. Barrientos representó un giro político hacia la derecha; benefició a las clases media y alta, y favoreció la recuperación de los grupos económicos que habían sido más efectados por la revolución de 1952; bajo su régimen, los departamentos orientales de Beni y Santa

to quell

Cruz vieron la aparición de una impresionante actividad comercial y eficientes empresas agrícolas que resultaron incluso en la creación de nuevos latifundios. Pero Barrientos se cuidó de mantener una imagen populista, sobre todo entre los campesinos; respetó la reforma agraria de 1953 y se hizo popular entre el campesinado con sus sorpresivas visitas en helicóptero a los lugares más remotos del país. Ya en esta época el ejército boliviano había sido reconstituido y se entrenaba en las tácticas de la guerra de guerrillas con la asistencia de instructores norteamericanos. Fue durante el gobierno de Barrientos que el Che Guevara, exlugarteniente de Fidel Castro, intentó establecer un "foco" guerrillero en el campo boliviano; intento mal organizado que le costó la vida en 1967 al no encontrar apoyo entre los campesinos. Barrientos moriría en 1969, víctima de un accidente de helicóptero.

El decenio de 1970 estuvo dominado por la dictadura de Hugo Bánzer (1971–1978), un militar astuto que representó un retorno a la tradición personalista de Latinoamérica. Bánzer practicó una hábil duplicidad en su manera de gobernar: por un lado, expandió el papel del gobierno en la economía y aumentó considerablemente el gasto público en detrimento de las empresas privadas; por *juicy* otro, benefició a éstas con todo tipo de exenciones fiscales y jugosos° contratos otorgados a base de conexiones personales con funcionarios del gobierno; era el *He who has a god-* viejo sistema hispano resumido en el refrán "El que tiene padrino°, se bautiza°". *father (connections)/* Como han indicado Conaghan y Malloy, el descontento del sector privado, con-*gets baptized* tenido temporalmente por esas tácticas de Bánzer, explotó sin embargo bajo los regímenes militares que le siguieron en rápida sucesión entre 1978 y 1982 (75); éstos probaron ser incapaces de contener la creciente crisis económica y el pueblo boliviano estaba hastiado de su ineficaz militarismo. Tras las elecciones de 1980 el ejército había impedido que ascendiera a la presidencia su ganador, Hernán Siles Zuazo, a quien ahora el Congreso eligió como presidente.

El retorno a la democracia en 1982 coincidió, sin embargo, con la peor crisis económica en la historia de Bolivia. La caída en el precio de las exportaciones, el creciente déficit fiscal, la galopante deuda exterior provocaron un colapso económico que se tradujo para la población en una inflación de hasta un 300%. La administración de Siles Suazo trató de implementar varios planes de estabilización, pero todos fallaron y la inflación se disparó hasta cifras irreales que, según los diferentes cálculos, alcanzaron entre 8.000 y 22.000% (Toranzo Roca 10). Por fin, el presidente Siles accedió a anticipar el fin de su mandato y convocar elecciones. En las elecciones de 1985 resultó electo el viejo caballo de batalla del MNR, Víctor Paz Estenssoro. Sólo que esta vez el líder de la radical revolución boliviana de 1952 dio un giro dramático hacia la derecha e implementó un riguroso programa neoliberal que, entre otras cosas, congeló los salarios, recortó el presupuesto y el tamaño de la burocracia, devaluó la moneda nacional y eliminó muchas de las restricciones gubernamentales a las actividades de las empresas privadas. Este "tratamiento de choque" a la economía boliviana pronto obtuvo muy buenos resultados: para 1987 la inflación había descendido a un 10% anual y Bolivia ganó nueva credibilidad ante los organismos financieros internacionales como el IMF y el World Bank (Toranzo Roca 11). Desde entonces, Bolivia ha sido el país más estable del área andina. Una serie de acuerdos y pactos entre los principales agentes políticos permitieron la continuación de los programas neoliberales y la sucesión pacífica de gobiernos civiles mediante elecciones. Ya los bolivianos no tienen que saber leer y escribir para votar: un sistema de boletas de diferentes colores les permite votar por los candidatos de su predilección. Y, aunque sigue siendo la república económicamente más pobre de los Andes, Bolivia es hoy un país que mira hacia el futuro con cierto optimismo justificado. La tasa de inflación es muy baja y los minerales son ya una parte pequeña de sus exportaciones, aunque ha aumentado la producción de oro y se han descubierto enormes yacimientos de hierro. La industria del petróleo, parcialmente privatizada, es el mayor empleador del país y uno de los recursos más valiosos es el gas natural que Bolivia exporta a varios de sus países vecinos a través de gaseoductos ya existentes o en proceso de construcción. Pero el principal producto de exportación de Bolivia —aunque no figure en las estadísticas— ha sido la cocaína, cuyo valor ha ascendido probablemente a 500 millones de dólares anuales en las últimas décadas.

Un hecho indicativo de los notables cambios que han ocurrido en la atmósfera política de esta nación fue la elección del antiguo dictador Hugo Bánzer como presidente de la república en 1997. Una de las mayores prioridades de la administración de Bánzer fue la de erradicar el cultivo de la coca destinada a ser convertida en cocaína. El uso de las hojas de la coca para masticar, como es costumbre entre los indígenas, o para hacer una infusión que ofrecen casi todos los restaurantes del país, es legal en Bolivia (se supone que el té de coca disminuye los efectos de la altitud). Pero el problema son las grandes plantaciones que existen en el oriente boliviano, especialmente en el área de Chapare, destinadas a ser vendidas a los traficantes de drogas. Un artículo de Clifford Krauss en el *New York Times* (9 mayo 1999) describió los resultados positivos obtenidos por el programa de erradicación de Bánzer, que resultó en la destrucción de hasta un 25% de las plantaciones de coca en la zona de Chapare. Bánzer anunció su intención de erradicar completamente el cultivo ilegal de la coca para el final de su presidencia en el año 2002. Y, anticipándose a esta fecha, en la primavera del 2001 dio una gran fiesta para celebrar la consecución de dicho objetivo. Poco después, desafortunadamente, le fue diagnosticado un cáncer que le obligó a renunciar a la presidencia en agosto del 2001 y fue sucedido en el cargo por su vicepresidente Jorge Quiroga. Quiroga, de sólo 41 años, tiene un historial impresionante como economista y funcionario competente; graduado de dos universidades norteamericanas, trabajó varios años en los Estados Unidos para la multinacional IBM y representó a Bolivia en varios organismos internacionales.

NOTAS

[1] Galo Plaza fue un hombre alto, atlético y con una gran personalidad. Había nacido en Nueva York y su padre, un ex-presidente del Ecuador, lo envió a hacer estudios universitarios en los Estados Unidos, donde el joven se interesó especialmente en los métodos agrícolas norteamericanos que, a su regreso a Ecuador, puso en práctica en la hacienda de sus padres. Al asumir la presidencia en 1948, tuvo la oportunidad de poner en práctica sus ideas modernas al nivel nacional, y así lo hizo. Fue un presidente democrático que impulsó un notable aumento en la producción agrícola de la nación, alentó (*encouraged*) las inversiones extranjeras, eliminó los déficits en el presupuesto (*budget*), y el tesoro ecuatoriano acumuló una saludable cantidad de

divisas (*hard currency*) gracias en parte a un aumento impresionante en las exportaciones de café, cacao y bananas. Tras concluir su mandato presidencial, Plaza desempeño importantes puestos diplomáticos, incluyendo el de Secretario General de la Organización de Estados Americanos.

[2] *Sendero Luminoso* ha sido un movimiento fanáticamente adepto al comunismo duro de Mao Tse Tung. Fue fundado en 1970 por Abimael Guzmán, un profesor de la Universidad de San Cristóbal de Huamanga en la ciudad de Ayacucho, Perú. Guzmán se declaró heredero del líder comunista peruano José Carlos Mariátegui (1895–1930) y de la "revolución cultural" de Mao. La cúpula (*leadership*) de *Sendero* estaba dominada por intelectuales blancos, pero sus filas se nutrieron mayormente de indígenas y mestizos descontentos. Sendero practicó el terror más inhumano entre las comunidades rurales que no se sometían a su doctrina, en tanto recompensaba (*rewarded*) a las que se mostraban aquiescentes mediante algunas recompensas materiales y un sentido de orden y disciplina. Sus ataques se extendieron por fin a las afueras de las ciudades peruanas, donde predicaban su dogma con bastante éxito entre los habitantes pobres de los suburbios. Lima misma empezó a ser objeto de sus ataques terroristas.

Ejercicios y actividades

A. Preguntas sobre la lectura

1. ¿Qué características comunes tienen los habitantes de los países andinos que estudiamos aquí?

2. ¿Qué aspectos de la civilización inca conservan hasta hoy sus descendientes?

3. ¿Por qué no tiene costa Bolivia?

4. ¿Por qué ha recibido el nombre de "El Niño" el fenómeno oceánico que ocurre periódicamente en la costa oeste de Suramérica?

5. ¿Qué efectos produce "El Niño"?

6. ¿A qué debe su nombre la república del Ecuador?

7. ¿Por qué asociamos a las islas Galápagos con Charles Darwin?

8. ¿Qué diferencias hay entre Quito y Guayaquil?

9. ¿Por qué pensamos en la Iglesia Católica cuando pensamos en el presidente García Moreno?

10. ¿Qué parte del Perú está más desarrollada, la costa o la región situada al este de los Andes? Explique.

11. ¿Qué característica inusual tiene la arquitectura de muchos edificios situados en la parte más antigua de Cuzco? ¿Qué simbolismo sugiere esto?

12. ¿Por qué se menciona a Hiram Bingham en relación con Machu Picchu?

13. ¿Qué es la "garúa"?

14. ¿Por qué fue importante el guano para el Perú del siglo XIX?

15. ¿Cuál fue la principal causa de la Guerra del Pacífico (1879–1883)?

16. ¿Quién fue Víctor Raúl Haya de la Torre?

17. ¿Por qué se distinguió el gobierno militar de Juan Velasco Alvarado?

18. ¿Fue exitoso (*successful*) el primer período presidencial de Alberto Fujimori? ¿Por qué podemos decir esto?

19. ¿Por qué fue importante la captura de Abimael Guzmán?

20. Cuando se menciona el estaño, pensamos en la familia Patiño. Explique por qué.

21. ¿Por qué fue el período 1952–1953 memorable para Bolivia?

B. Definiciones. Encuentre en la lista las palabras que corresponden a las siguientes definiciones.

lana	sindicato	ofrenda	presupuesto	
súbdito	soborno	precarista	suceso	rehén

1. _____ Dinero ilegal que se paga a un funcionario.
2. _____ Producto animal que se utiliza para hacer ropa de invierno.
3. _____ Donación que se hace a una figura religiosa.
4. _____ Organización de trabajadores.
5. _____ Un hecho que ocurre.
6. _____ Cálculo que hace el gobierno del dinero que va a gastar.
7. _____ Ciudadano de una nación gobernada por un rey o reina.
8. _____ Persona que está detenida contra su voluntad.
9. _____ Persona que ocupa una propiedad sin tener título legal.

C. Identificaciones geográficas. Señale a qué lugares de la columna A corresponden las descripciones de la columna B.

A

_____ Guayaquil

_____ Ecuador

_____ Lima

_____ Sucre

_____ el oriente

_____ Cuzco

_____ la sierra

_____ Bolivia

_____ Iquitos

B

a) Esta es la región situada al este de los Andes.

b) Las islas Galápagos pertenecen a este país.

c) Esta ciudad fue el principal centro de la civilización inca.

d) Este es el país andino con mayor proporción de población indígena.

e) En esta ciudad peruana casi nunca llueve.

f) Así llaman a la cordillera de los Andes en Ecuador y Perú.

g) Esta es la ciudad principal de la costa de Ecuador.

h) Esta ciudad peruana ha crecido mucho gracias a la industria del petróleo.

i) En esta ciudad se encuentra el Tribunal Supremo de Bolivia.

D. Identificación de figuras de ayer y de hoy. Encuentre en la lista las personas a las que corresponden las siguientes definiciones.

____ Hugo Bánzer

____ Vladimiro Montesinos

____ Mario Vargas-Llosa

____ Víctor Paz Estenssoro

____ Jorge Icaza

____ Alan García

____ Manuel González Prada

____ Galo Plaza

____ Ramón Castilla

a) Este escritor peruano fun un precursor del indigenismo.

b) Fue uno de los mejores presidentes del Ecuador.

c) Ex-dictador y luego presidente constitucional de Bolivia.

d) Presidente aprista que resultó incompetente.

e) Presidente boliviano que presidió la revolución de 1952.

f) Fue el jefe de la policía secreta de Fujimori.

g) Famoso novelista que se opuso a Fujimori en 1990.

h) Este presidente se benefició de la bonanza del guano.

i) Autor ecuatoriano de la novela Huasipungo.

E. Opiniones e hipótesis

1. Uno de los candidatos peruanos en las elecciones del 2001, Alejandro Toledo, fue profesor con un doctorado de la Universidad de Stanford, pero acostumbra ir al campo vestido de indígena para atraerse a la población rural. ¿Qué le parece esto?

2. ¿Piensa que está bien que las islas Galápagos estén abiertas al turismo, o debería limitarse el acceso a científicos y personas seriamente interesadas en la ecología? Justifique su respuesta.

3. En 1992 el presidente Fujimori suspendió las garantías constitucionales, disolvió el Congreso peruano y declaró un estado de emergencia nacional. Dijo que esto era indispensable para combatir el terrorismo de *Sendero Luminoso*. Según las encuestas (*polls*), un 80% de los peruanos estuvieron de acuerdo con él. Poco después fueron detenidos los líderes de Sendero. ¿Qué cree de la decisión de Fujimori? ¿Y del apoyo que recibió del pueblo peruano? ¿Cree que los norteamericanos reaccionarían del mismo modo en una situación similar?

15

Los países del cono sur:
Paraguay, Uruguay, Argentina, Chile

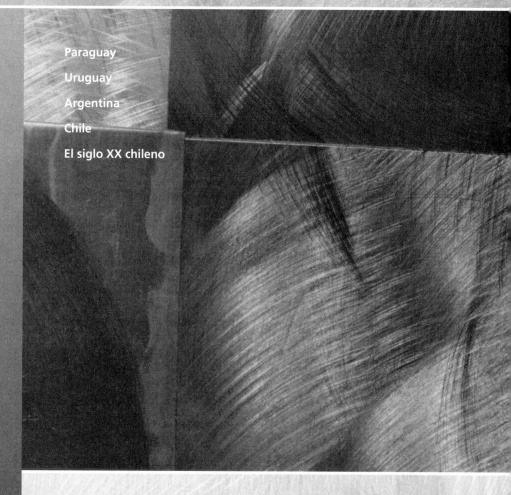

Paraguay

Uruguay

Argentina

Chile

El siglo XX chileno

Cronología

PARAGUAY

1811–1870 Independencia. Dictaduras de José Gaspar Rodríguez Francia (1814–1840), Carlos Antonio López (1841–1862) y Francisco Solano López (1862–1870). Guerra de la Triple Alianza (1864–1870), en la que Paraguay queda destrozado.

1932–1935 Guerra del Chaco, contra Bolivia. Paraguay victorioso.

1954–1989 Dictadura de Alfredo Stoessner.

1989– Problemático tránsito hacia la democracia.

URUGUAY

1811–1828 Brasil y Argentina se disputan el territorio de la Banda Oriental, el futuro Uruguay.

1828 Independencia, tras acuerdo entre Brasil y Argentina mediado por Inglaterra. Héroe nacional: José Gervasio Artigas (1764–1850).

1828–1903 Pugnas entre el partido Blanco, conservador, y el Colorado, liberal.

1903–1958 Dominio del partido Colorado. José Batlle Ordóñez, dos veces presidente (1903–1907; 1911–1915), es la figura más influyente del período: bajo su tutela (*guidance*), el Uruguay se hace un estado de bienestar (*welfare state*) y adopta el modelo suizo (*Swiss*) de gobierno.

1966–1984 Gobiernos dictatoriales.

1984– Retorno a la democracia.

ARGENTINA

1816 Congreso de Tucumán. Independencia.

1816–1826 Pugnas entre unitarios y federalistas. Bernardino Rivadavia, unitario, es nombrado presidente.

1829–1852 La era del dictador Juan Manuel Rosas, federalista (1793–1877).

1862–1880 Presidencias de tres distinguidos argentinos: Bartolomé Mitre, Domingo Faustino Sarmiento y Nicolás de Avellaneda.

1880–1916 Gobiernos de la oligarquía. Sugrafio "universal" (para hombres), contenido en la ley electoral Sáenz Peña.

1916–1930 Predominio del nuevo partido Unión Cívica Radical, bajo el liderazgo de Hipólito Yrigoyen.

1930–1943 Golpe de estado del ejército, bajo el mando del general José Uriburu, de tendencias fascistas. Después de gobernar dos años, Uriburu permite elecciones en las que triunfa el conservador Agustín Justo (1932–1930). Justo guía a Argentina, con bastante éxito, a través de la depresión mundial de los años 30, pero la corrupción política vicia (*vitiates*) el sistema.

1943–1945 Golpe militar (1943) presidido por el Grupo de Oficiales Unidos (GOU), en el que pronto se destaca el coronel Juan Domingo Perón. Tras un momentáneo revés (*set back*) en el que es brevemente encarcelado (*jailed*), Perón emerge triunfante (octubre 1945) y, junto con su nueva mujer, Eva, inicia una exitosa campaña presidencial.

1946–1955 Perón presidente, con Eva Duarte (Evita) como compañera indispensable.

Gobierno militar/populista. Evita se hace el ídolo de los "descamisados".

Grandes concesiones a los sindicatos obreros; marcha forzada hacia la industrialización; intervencionismo estatal.

Muerte de Evita (1952). Deterioro de la situación económica. Perón es derrocado.

1955–1973 Sucesión de gobiernos militares o civiles dominados por los militares, que no logran la recuperación económica de la nación. Aumento de la violencia por parte de terroristas de izquierda.

1973–1974 Perón de nuevo presidente, con su segunda mujer, María Estela Martínez, como vice. Perón muere en 1974, dejando a su esposa como presidenta.

1974–1976 María Estela Martínez derrocada por los militares.

1976–1983 Dura represión militar contra las guerrillas urbanas de izquierda, que se extiende a muchas víctimas inocentes (la llamada "guerra sucia").

Guerra de las Malvinas (1982), que desprestigia a los militares.

1983–2001 Restauración de la democracia. Raúl Alfonsín, de la Unión Cívica Radical, electo presidente (1983–1989). Elección y reelección de Carlos Saúl Menem, del Partido Peronista (1989–1999). Presidencia de Fernando de la Rúa, de la coalición de la Unión Cívica Radical y FREPASO, un nuevo partido de izquierda (1999–).

2001– Grave crisis económica provoca la renuncia de la Rúa.

CHILE

1818–1830 Independencia. Primer presidente, Bernardo O'Higgins, derrocado en 1823.

Pugnas entre liberales y conservadores.

1830–1861 Predominio del partido Conservador, bajo el liderazgo de Diego Portales.

1879–1883 Guerra del Pacífico por los yacimientos de salitre del desierto de Atacama.

Chile derrota a Bolivia y al Perú y extiende su frontera norte.

Encuentros armados con los indígenas araucanos (mapuches), que son al cabo confinados a reservaciones al estilo norteamericano.

1886–1891 Las reformas sociales introducidas por el presidente José Manuel Balmaceda (1886–1891) provocan una guerra civil. Balmaceda acaba por suicidarse.

1891–1920 Período de inestabilidad en que el poder ejecutivo se subordina al Congreso y se multiplican los partidos; los gobiernos representan los intereses conservadores.

1920–1938 Con la primera presidencia de Arturo Alessandri (1920–1925), liberal, el poder ejecutivo recobra el control, pero el Congreso conservador todavía se impone.

Dictadura del coronel Carlos Ibáñez (1927–1931). Segunda presidencia de Alessandri (1932–1938), muy exitosa desde el punto de vista económico.

1938–1941 Presidencia de Pedro Aguirre Cerda, del Frente Popular, coalición de centroizquierda.

1941–1952 El partido Radical (centrista), domina durante los años de la Segunda Guerra Mundial, en la que Chile, tras un período de vacilación, se une a la causa aliada.

1952–1973 Período dominado por coaliciones de los partidos políticos: conservadores/liberales, socialistas/comunistas, más el nuevo Partido Demócrata Cristiano.

Presidencia del demócrata cristiano Eduardo Frei (1964–1970).

Presidencia de Salvador Allende, de Unidad Popular, coalición de socialistas y comunistas (1970–1973). Golpe de estado militar en el que Allende muere.

1973–1990 Dictadura del general Augusto Pinochet.

1990–2000 Retorno gradual a la democracia, aunque Pinochet se mantiene como jefe de las fuerzas armadas.

Patricio Aylwin, candidato de una amplia coalición de partidos, asciende a la presidencia (1990–1994), seguido por Eduardo Frei Ruiz-Tagle (1994–2000).

Pinochet se retira del ejército.

Ricardo Lagos, socialista, gana las elecciones presidenciales del año 2000 como candidato de una coalición de socialistas y demócrata cristianos.

El cono sur de Suramérica alberga cuatro países hispanos. Tres de ellos, Argentina, Uruguay y Chile, se cuentan entre los más desarrollados de Latinoamérica; el cuarto, Paraguay, es en cambio un país subdesarrollado.

Cuando en 1810 los criollos de Buenos Aires se declararon en "cabildo abierto" como paso de transición hacia la independencia, su intención fue reclamar los territorios que habían pertenecido al Virreinato del Río de la Plata bajo el gobierno colonial español, es decir, las actuales repúblicas de Argentina, Uruguay, Paraguay y Bolivia. No lo consiguieron y Buenos Aires sólo pudo conservar los territorios de la actual Argentina, pero la cuestión ocasionó no pocos derramamientos de sangre y luchas que se convirtieron en conflictos armados en los años que siguieron a la independencia. En la actualidad, afortunadamente, Argentina, Uruguay, Paraguay y Brasil se han convertido en socios económicos gracias a la creación, en 1991, de MERCOSUR (Mercado Común del Sur), que ha unido a estos países en un proyecto de cooperación comercial. Aunque dicho organismo ha estado funcionando con éxito desigual°, ha creado un importante *uneven* mercado regional que absorbe cantidades significativas de la producción de los países miembros en ventajosos° términos arancelarios° y contempla establecer *advantageous/custom* una completa unión aduanera° para el año 2006.   *duties rates/free-trade zone*

Paraguay

El Paraguay es un país subpoblado. Su capital, Asunción, es la única ciudad importante y la población total del país no es mayor que la de la ciudad de Nueva York, esparcida en un territorio del tamaño de California. El río Paraguay atraviesa el país de norte a sur, dividiéndolo en dos secciones bien distintas: al este del río se encuentra la porción más próspera y poblada, incluyendo la capital; al oeste, se halla la región conocida como el Chaco, que va perdiendo fertilidad a medida que avanza hacia el noroeste. El Chaco ocupa más del 60% del territorio paraguayo pero contiene sólo un 2% de su población, incluyendo varias colonias de agricultores menonitas de ancestro alemán que han florecido en torno a la ciudad de Filadelfia, a unas 300 millas de Asunción; estas prósperas comunidades, en las que se habla alemán, son oasis económicos y culturales en medio de una tierra infértil. La sección más seca e inhóspita del Chaco es su porción noroeste, el llamado Chaco Boreal, que termina en la frontera con Bolivia. Étnica y culturalmente el Paraguay es un país único: el europeo y el indígena se mezclaron allí más libremente que en otras partes de Latinoamérica, con el resultado de que los paraguayos son mestizos en un 95% y la mayoría de ellos habla tanto el español como la lengua indígena, el guaraní.

Es también un país sin costa, aislado casi en el medio del continente. En la actualidad disfruta de un buen sistema de carreteras que lo comunican con Argentina y con Brasil, pero hasta principios del siglo XX —cuando se construyó el ferrocarril entre Buenos Aires y Asunción— su principal acceso al océano Atlántico era a través del río Paraná, que fluye por territorio argentino. Esto lo hacía muy vulnerable pues los argentinos podían bloquear el paso cuando había problemas entre los dos países, lo que sucedió con frecuencia en el siglo XIX. Hoy quedan pocos vestigios en el país de la arquitectura o el arte colonial español. La más importante inyección de cultura colonial europea vino con los padres jesuitas, que entre el siglo XVII y el XVIII fundaron una serie de aldeas modelo, las "reducciones", donde adoctrinaban e instruían a los indígenas en la fabricación de artesanías°, el empleo de mejores métodos de cultivo, etc., bajo una estricta supervisión eclesiástica. Las reducciones llegaron a albergar a más de 100.000 indígenas pero terminaron abruptamente cuando la Corona española, temerosa del poder que estaban alcanzando los jesuitas, ordenó la expulsión de éstos de todas las colonias de América.

handicrafts

Tras ganar su independencia de España en 1811, el Paraguay fue gobernado por una serie de dictadores a todo lo largo del siglo XIX. El primero de ellos, José Gaspar Rodríguez Francia, le impuso su xenofobia a la nueva nación, convirtiéndola en un país casi totalmente aislado del resto del mundo; el tercero, Francisco Solano López, fue un diletante incapaz y belicoso que precipitó a la nación a la Guerra de la Triple Alianza (1864–1870) en la que Paraguay se enfrentó con las fuerzas combinadas de Argentina, Brasil y Uruguay, y casi dejó de existir como nación: al final de la guerra quedaban vivos unos 29.000 hombres en todo el país. Durante el último tercio del siglo XIX se crearon dos partidos: el Colorado (conservador) y el Partido Liberal. Los dictadores que gobernaron hasta 1904 lo hicieron bajo el emblema del Partido Colorado. A principios del siglo XX el Partido Liberal capturó el poder y hubo varios presidentes civiles de alto calibre intelectual que trajeron un limitado progreso a la nación. El más notable de ellos, Eusebio Ayala, tuvo sin embargo el triste honor de presidir la entrada del Paraguay en la Guerra del Chaco. Desde el siglo XIX Paraguay y Bolivia se habían disputado esta región, pero en la década de 1930 empezó a decirse que había allí considerables yacimientos de petróleo. Esto hizo más candente la disputa. Bolivia, además, había perdido su costa en la Guerra del Pacífico (1879–1883) y quería ganar acceso al océano Atlántico a través del río Paraguay. La guerra duró tres años (1932–1935) y Paraguay llevó la mejor parte en ella, aunque las fuerzas de Bolivia eran muy superiores en número de soldados y en armamentos. Al final de la guerra —en negociaciones patrocinadas por Argentina—, el Paraguay retuvo la mayor parte del Chaco Boreal y a Bolivia le fue concedido acceso al río Paraguay. Es irónico que hasta hoy no se ha encontrado en el Chaco el petróleo que precipitó la guerra.

En la segunda mitad del siglo XX la escena política paraguaya estuvo dominada por la dictadura de un general de ancestro alemán, Alfredo Stroessner, que gobernó durante 34 años (1954–1989). Su régimen suprimió las libertades públicas y cometió continuas violaciones de los derechos humanos. No es de extrañar que el novelista más conocido del Paraguay, Augusto Roa Bastos, haya encontrado en los males causados por las dictaduras uno de los temas centrales de su narrativa. El derrocamiento de Stroessner hizo posible la promulgación, en 1992, de una constitución que establece un sistema democrático para la nación, pero los resultados han sido mixtos: se han celebrado varias elecciones mayormente libres de fraude y el poder civil ha conseguido afirmarse sobre el militar, pero las rivalidades partidistas han continuado amenazando la estabilidad política de la nación: un buen ejemplo fue el asesinato del vicepresidente del gobierno en 1999, que causó la renuncia del presidente Jorge Cubas y el nombramiento del presidente del Senado, Luis González Macchi, como su sucesor en la presidencia.

El Paraguay de la actualidad es todavía un país predominantemente agrícola, con el algodón y el frijol de soya a la cabeza de sus exportaciones. Pero todavía sufre el clásico problema del campo latinoamericano: la concentración de la propiedad rural en unas pocas manos. En tiempos recientes ha adquirido importancia la re-exportación de productos electrónicos, electrodomésticos° y computadoras, principalmente a Brasil y Argentina. Como en otros países latinoamericanos, es muy importante la "economía sumergida", es decir, el ingreso° que generan los miles de pequeños comerciantes y empresarios que no pagan impuestos y no aparecen, por tanto, en las estadísticas económicas oficiales. Otro renglón de la economía sumergida es la venta y tráfico de drogas y el lavado de dinero, que ha aumentado de manera alarmante en años recientes. Los productos manufacturados sólo contribuyen un 15% al producto doméstico bruto. Como ha sucedido en otros países de la región, los gobiernos paraguayos recientes han estado ensayando la privatización de empresas estatales como las aerolíneas del estado, las plantas de cemento y de acero. Y aunque no tiene petróleo, el país posee una abundante fuente de energía hidroeléctrica gracias a las presas° que se han construido en sus ríos, incluyendo la presa más grande del mundo: Itaipú, en el río Paraná, construida en cooperación con Brasil. A pesar de los grandes problemas económicos y sociales que tiene aún que resolver, es consolador ver que Paraguay ha conseguido superar el militarismo y que sus antiguos enemigos, Argentina y Brasil, son hoy importantes socios económicos, especialmente a partir de la creación de MERCOSUR.

appliances

income

dams

Uruguay

El Uruguay, por su parte, fue una región contenciosa que España y Portugal se disputaron durante el período colonial, pero en 1810 se hallaba en manos de España. Un líder local, José Gervasio Artigas, se rebeló contra el gobierno español en 1811 y ofreció a los criollos de Buenos Aires combatir a su lado. Pero Artigas quería un Uruguay que fuese provincia autónoma y Buenos Aires rechazó la idea. Durante los 17 años siguientes la "Banda Oriental", como se le llamaba entonces al Uruguay (o sea, la margen° este del río Uruguay), fue escenario de sangrientas luchas en las cuales Artigas combatió primero contra las tropas de Buenos Aires y luego contra las del Brasil, que ocuparon Montevideo en 1817. Y si el protagonismo de Artigas se eclipsó en 1820, Argentina y Brasil continuaron disputándose la región hasta que en 1928, gracias a la mediación de Inglaterra, ambos países consintieron en abandonar la contienda y reconocer al Uruguay como nación independiente. Aunque Artigas no logró coronar sus objetivos patrióticos, los uruguayos lo consideran su héroe nacional.

(river) bank

En contraste con Paraguay, Uruguay es una nación de ancestro mayormente europeo que disfruta de uno de los niveles de vida más altos de Latinoamérica. Esta pequeña república, con una superficie similar a la del estado de Oklahoma, ha sido bendecida por un clima templado y extensas llanuras fértiles cuyos excelentes pastos alimentan a millones de cabezas de ganado vacuno y lanar°. La lana y la carne han sido los dos principales productos de exportación del Uruguay; en el caso de esta última, la llegada de los frigoríficos, a principios del siglo XX, hizo de la exportación de carnes congeladas° —tanto

bovine and wool-bearing cattle

frozen

beef/lamb

de res° como de cordero° —un renglón esencial de la economía nacional. Aparte de su favorable geografía, otros factores hicieron posible el notable desarrollo económico que experimentó el Uruguay desde los comienzos del siglo XX. Los indígenas churrúas que habitaban la región y presentaron una fiera resistencia a la conquista española fueron prácticamente eliminados durante el período colonial, permitiendo a los colonizadores españoles extenderse por el área con facilidad. Por otra parte, cientos de miles de inmigrantes europeos —italianos, españoles, alemanes— se establecieron en el país después de su independencia, creando las bases para la aparición de una robusta clase media que se convirtió en la clase mayoritaria en el siglo XX. Y la nación tuvo la suerte de contar con un estadista excepcional, José Batlle y Ordóñez, que supo aprovechar ese potencial humano y económico. Batlle, un brillante periodista, fue elegido presidente del Uruguay dos veces (1903–1907 y 1911–1915) y su formidable figura, que incluía una presencia física impresionante, dominó la escena política uruguaya hasta su muerte en 1929.

hacienda owners
was in favor of
unleashed

En el Uruguay existían desde el siglo XIX dos partidos políticos siempre en pugna por asumir el poder: los Blancos, el partido conservador y católico apoyado por los estancieros° del interior del país, y los Colorados, el partido liberal que apostaba por° las clases populares. El ascenso de Batlle, del partido colorado, a la presidencia, desencadenó° una rebelión de los Blancos en 1904 que fue aplastada e inauguró un período de control del partido Colorado que duró hasta 1958. Inspirado por el modelo político de Suiza, Batlle convirtió al Uruguay en una nación democrática en la que gobierno actuaba como principal proveedor del bienestar social al tiempo que asumía el control de la banca, los seguros, los medios de transporte, las compañías de electricidad y otras empresas de servicio público. Al mismo tiempo se estableció un generoso plan de ayuda social, servicios médicos y pensiones. La constitución de 1919, bajo la influencia de Batlle, limitó la autoridad del presidente de la república, muchos de cuyos poderes fueron asumidos por un Consejo Nacional de Gobierno, compuesto de nueve miembros. Bajo este régimen, el Uruguay alcanzó un nivel de prosperidad y estabilidad democrática que le ganó el título de "la Suiza° de América".

Switzerland

La nación no escapó del todo a los nocivos efectos de la depresión mundial de 1929. La crisis económica provocada por la drástica caída en la demanda internacional de carne y lana, provocó repetidos disturbios que hizo al presidente de turno, Gabriel Terra, disolver el Congreso y el Consejo Nacional y gobernar con poderes dictatoriales. Pero la democracia retornó en 1938 y con ella el modelo de gobierno creado por Batlle; la perdurable influencia de éste se evidenció en la constitución uruguaya de 1951, que llegó incluso a abolir el cargo de presidente y dio al Consejo Nacional de Gobierno plenos poderes ejecutivos.

impossibly expensive/
in the long run

social welfare

Pero ese estado utópico ideal resultó ser incosteable° a la larga°. La enorme burocracia estatal que dominaba la economía y el tremendo gasto público ocasionado por los planes de bienestar social°, probaron ser insostenibles. Para la década de 1960 el gobierno se encontró operando con grandes déficits y se mostró incapaz de sostener el generoso sistema de beneficios y servicios públicos, que empezaron a deteriorarse. Al mismo tiempo, como sucedió en otros países latinoamericanos, apareció un movimiento guerrillero urbano de ideología comunista, los *tupamaros*, que decían seguir el espíritu revolucionario de Tupac Amaru, el jefe inca rebelde del siglo XVIII, y comenzaron a sembrar el terror en Montevideo.

Esta difícil situación produjo varios cambios políticos importantes, incluyendo la ascendencia del sector militar; los *tupamaros* acabaron por ser eliminados pero el Consejo Nacional de Gobierno fue abolido en 1966 y se retornó a un sistema presidencial cuyas posibilidades autoritarias fueron demostradas cuando en 1973 el presidente Juan María Bordaberry, en colusión con los militares, disolvió el Parlamento y gobernó con poderes dictatoriales. Esto inició un período de regímenes dictatoriales durante el cual se cometieron todo tipo de abusos y violaciones de los derechos humanos. La crisis económica provocada por la recesión mundial de principios de los 80 y la firme posición de la población uruguaya en favor de un retorno a la democracia lograron por fin que en 1984 los militares accedieran a la reinstauración de un régimen democrático. Desde entonces, el Uruguay ha mantenido su estabilidad democrática pero su economía ha experimentado notables altibajos. Para la década de 1990 se notaba la tendencia a expandir una vez más los beneficios sociales de la era de Batlle, imponiendo una carga onerosa sobre los ciudadanos: cada 2 trabajadores uruguayos mantenían a una persona pensionada (la proporción en los Estados Unidos es de 4 a 1). Y los programas de privatización de los gobiernos recientes no han despertado el entusiasmo del pueblo uruguayo, acostumbrado a depender del estado como proveedor de todo tipo de beneficios. Por el lado positivo, si en el pasado el territorio uruguayo se vio comprimido entre los dos grandes y a menudo hostiles países de Suramérica, Argentina y Brasil, la creación de MERCOSUR ha hecho del Uruguay un socio que se ha beneficiado bastante de esta cooperación regional, que absorbe más del 40% de sus exportaciones.

En definitiva, ya sea en tiempos de recesión o de bonanza económica, el Uruguay cuenta siempre con un bien de valor incalculable: una población culturalmente refinada, ubicada° en su mayoría en la clase media, con una tasa de crecimiento muy baja y mínimos niveles de analfabetismo. No es de extrañar así que a lo largo de su historia este diminuto país haya producido varias de las figuras literarias más notables de Latinoamérica, como vimos en un capítulo anterior. Uruguayo fue, en efecto, el mejor prosista del modernismo, José Enrique Rodó (1871–1917), cuyo ensayo, *Ariel* (1900), tuvo un profundo impacto en toda Hispanoamérica al afirmar la identidad cultural del ser latinoamericano —de ancestro latino y refinado—, frente al poder material de los Estados Unidos. Y uruguayo fue también el gran poeta modernista Julio Herrera y Reissig (1875–1910), así como dos de las poetisas más importantes de la lengua española, Delmira Agustini (1886–1914) y Juana de Ibarbourou (1895–1979). En el cuento, Horacio Quiroga (1878–1937) destaca fácilmente como uno de los tres o cuatro mejores cuentistas de Hispanoamérica. Y en tiempos más recientes, dos narradores uruguayos han sido miembros prominentes del *boom* de la narrativa hispanoamericana: Mario Benedetti y Juan Carlos Onetti.

that belongs to

Argentina

Durante sus primeras décadas de vida independiente Argentina estuvo varias veces a punto de desintegrarse, víctima de las pugnas que surgieron entre los argentinos que representaban los intereses y la mentalidad de la capital, Buenos Aires, y los que defendían los intereses y el modo de vida del interior del país. En su clásico

Vista de Buenos Aires.

libro *Vida de Facundo Quiroga* (1845) el gran escritor y estadista argentino Domingo Faustino Sarmiento describió esa polaridad como un conflicto entre "civilización y barbarie". Según Sarmiento, existían en realidad dos Argentinas: de un lado, la Argentina urbana y civilizada, identificada sobre todo con Buenos Aires; de otro, la Argentina primitiva, bárbara, de las inmensas llanuras del interior, las pampas, donde los caudillos gauchos imponían su propia ley y sentían una instintiva hostilidad hacia la mentalidad refinada, europeizada, del habitante de las ciudades. Esa generalización de Sarmiento era algo simplista, pero apuntaba con efectividad al hecho de que de las pampas y de los hombres que las habitaban surgieron los principales retos al predominio de Buenos Aires como principal asiento del poder de la nación.

La era de Rosas

Esa rivalidad degeneró al cabo en una serie de luchas sangrientas bajo las banderas de dos bandos irreconciliables: el de los federales, dominado por los caudillos del interior, quienes, celosos de su independencia, querían hacer del país una federación de provincias autonómas, y el de los unitarios, partidarios de una república centralizada cuyo poder residiera en Buenos Aires. Tras un breve período inicial de predominio unitario, fue la causa federal de los caudillos de la pampa la que se impuso. A partir de 1829 la Argentina cayó en manos de la "barbarie", si usamos la terminología de Sarmiento. Dos caudillos de la pampa, Juan Manuel Rosas, de la provincia de Buenos Aires, y Facundo Quiroga, de La Rioja, compartieron brevemente el escenario del poder, pero era fácil predecir que a la larga sólo habría espacio suficiente para uno de los dos. Al cabo fue Facundo el perdedor. Sarmiento, sin embargo, vio en él al arquetipo perfecto del brutal caudillo de la pampa y lo hizo el protagonista de su libro, pues su objetivo era denunciar el deplorable fenómeno del caudillismo y de los mecanismos psicológicos que lo hacían posible.

Entre 1835 y 1852 Rosas fue el amo indiscutible de la Argentina, aunque oficialmente fue sólo gobernador de la provincia de Buenos Aires. Su régimen fue el primer intento de dictadura total que apareció en Hispanoamérica, incluyendo un aparato de censura y represión que anticipaba algunos de los refinamientos de los regímenes dictatoriales del siglo XX, desde la organización de una brutal policía secreta hasta la introducción de nuevos textos escolares que exaltaban las virtudes del dictador; desde el despliegue obligado de retratos de Rosas en todas partes, aun en el interior de las iglesias, hasta la imposición del color rojo como *support* símbolo de adhesión° al régimen (todos los ciudadanos debían desplegar algún objeto de ese color en sus ropas, en tanto que el azul, el color identificado con los unitarios, estaba prohibido). Bajo su régimen se realizaron también las primeras campañas de exterminio sistemático de la población indígena que habitaba el interior del país. Charles Darwin, de visita en Argentina por aquellos años, fue testigo° horrorizado de una de aquellas masacres. El astuto dictador, por otra parte, consolidó su poder no sólo en el campo argentino sino también entre las clases bajas de Buenos Aires, ante las que se presentó como protector. Un conocido relato de la época, *El matadero*°, de Esteban Echeverría, narra una escena dantesca° en que una multitud de los barrios bajos ataca a un joven elegantemente vestido que acierta a pasar por° el matadero municipal; su delito°: ir vestido de azul y llevar las patillas° en forma de "U" , que sugiere la palabra "unitario".

El autor de este relato fue el fundador de la Asociación de Mayo, un círculo de jóvenes escritores románticos que se opuso a la dictadura de Rosas. A él pertenecieron varios de los futuros líderes de Argentina: Sarmiento, Bartolomé Mitre, Juan Bautista Alberdi, entre otros. Al cabo tuvieron que exilarse y continuar sus ataques al dictador desde el extranjero. La Argentina de Rosas fue un país prácticamente cerrado a la inmigración, con ambiciones territoriales que miraban con codicia a los territorios de Bolivia, Paraguay, Uruguay. Rosas dilapidó substanciales recursos en poco exitosas campañas contra estos países vecinos, especialmente contra el Uruguay. Al final, su beligerante xenofobia contribuyó a su caída. Los estancieros de la pampa, temerosos de perder los mercados internacionales para sus productos, comenzaron a retirarle su apoyo°, y los caudillos regionales que le habían sostenido se volvieron también contra él, resentidos de sus excesivos despliegues de poder. Uno de ellos, Justo José de Urquiza, gobernador de la provincia de Entre Ríos, fue el encargado de darle el golpe final, en la batalla de Monte Caseros (1852). La implacable dictadura de Rosas le hizo, sin embargo, un servicio a Argentina: doblegó° a la mayoría de los caudillos del interior, de modo que hacia el final de su mandato la polaridad Buenos Aires *vs.* pampas había quedado en buena parte superada° y Argentina estaba lista para hacerse finalmente un país unificado.

Consolidación de la nación

Durante el período 1862–1880, tres distinguidos argentinos, Bartolomé Mitre, Domingo Faustino Sarmiento y Nicolás de Avellaneda, ocuparon sucesivamente la presidencia de una nación finalmente unificada. Luego, comenzando con la presidencia del general Julio Roca en 1880, se abrió el período de los llamados "gobiernos de la oligarquía", que se prolongó hasta 1916. Mitre, Sarmiento y Avellaneda fueron intelectuales comprometidos con la idea de crear una Argentina educada, abierta a la cultura occidental y a la inmigración europea. Los presidentes de la oligarquía, en cambio, no tuvieron los ideales o la estatura intelectual de un Mitre o un Sarmiento; fueron más bien gobernantes pragmáticos y bastante eficientes que representaban fundamentalmente los intereses de los grandes terratenientes, los estancieros, pero guiaron a Argentina a través de un período de impresionante progreso.

En el campo de la educación, fue Sarmiento el que proveyó el primer gran impulso. El autor de *Facundo* vio en ella un factor crucial para el futuro desarrollo de la Argentina, y bajo su presidencia se echaron las bases del que iba a ser el mejor sistema educacional de Latinoamérica. Gran admirador de los Estados Unidos, donde había servido como Embajador de Argentina, Sarmiento atribuía

---

witness

The Slaughterhouse

Dantesque

happens to pass by/crime/whiskers

withdraw their support

humbled

overcome

el éxito del sistema norteamericano más que nada a la excelencia de sus métodos pedagógicos y a la importancia que se daba allí a la escolarización. Adoptando el sistema escolar estadounidense como modelo, trajo incluso a la Argentina a un grupo de maestras norteamericanas para establecer las primeras escuelas normales que entrenarían a una nueva generación de maestros argentinos.

La conquista de la pampa

Entretanto°, el interior de la Argentina estaba siendo abierto a la modernización. La introducción de la cerca de alambre° en la década de 1840 anunció el fin de las grandes llanuras abiertas. En la siguiente década comenzó a construirse la red de ferrocarriles, financiada principalmente por capital británico, que en veinte años llegaría a contar con 1.800 millas de vía férrea, la más extensa de Suramérica. Otra nueva invención, el telégrafo, contribuyó a mejorar dramáticamente la comunicación entre Buenos Aires y el interior. Tales transformaciones significaron, por otra parte, el principio del fin del tradicional modo de vida que había imperado° en las pampas, del libre desplazarse° de los gauchos, los *cowboys* de la Argentina, y del Uruguay, por las inmensas llanuras pobladas de reses salvajes°. Ese inevitable proceso fue registrado por la literatura ríoplatense°. Con el romanticismo se había puesto en boga° en la región del Plata una literatura que glorificaba la figura del gaucho, su independencia e individualismo, su resistencia a someterse a los códigos de la cultura urbana. La obra maestra de este género, el gran poema gauchesco *Martín Fierro* (1872; 1879), del argentino José Hernández, vino ahora a narrar del modo más elocuente cómo la irrupción de la "civilización" en la pampa había puesto fin a la vida libre que el gaucho había disfrutado hasta entonces. El protagonista del poema, un tranquilo gaucho payador°, expresa en él su amor a esa libertad que se vería cada vez más amenazada°:

> Mi gloria es vivir tan libre
> como el pájaro del cielo;
> no hago nido° en este suelo
> ande [donde] hay tanto que sufrir,
> y naides [nadie] me ha de seguir
> cuando yo remuento [remonto] el vuelo°.

A partir de 1880, el general Julio Roca —el "general Custer de la Argentina"— emprendió una serie de campañas militares en las que miles de indígenas de la pampa fueron muertos o empujados hacia el sur, hacia las tierras frías y desoladas de la Patagonia. La pampa quedó así abierta a la colonización del hombre blanco, un proceso similar al que ocurrió en el oeste norteamericano.

La llegada de los inmigrantes

Hasta mediados del siglo XIX la Argentina había sido un país mayormente vacío. Tras la caída de Rosas, sin embargo, la población comenzó a aumentar considerablemente debido sobre todo a las oleadas de inmigrantes que empezaron a llegar de Europa. "Gobernar es poblar°", había dicho el gran estadista argentino Juan Bautista Alberdi, y sus ideas encontraron eco en la política de aliento° a la inmigración que siguieron los gobiernos argentinos a partir de la década de 1850. La tesis central era que la vía más directa hacia el progreso de la Argentina era

Margin glosses:
- meanwhile
- barbed-wire fence
- had prevailed
- unimpeded roaming
- wild cattle
- from the river Plata region/had become fashionable
- gaucho singer
- threatened
- nest
- when I take off (like a bird)
- to populate
- encouragement

poblar las inmensas extensiones vacías que poseía el país con inmigrantes europeos dotados de habilidades manuales y deseos de trabajar. Para 1895 Argentina se había convertido en una nación en cuya población predominaban los inmigrantes europeos o los hijos de éstos. Los italianos formaban el mayor contingente, seguidos por los españoles y una variada representación de franceses, ingleses, alemanes, suizos y austríacos. La nación se hizo así un país predominantemente caucásico, pues los elementos raciales indígenas y negroides de su población quedaron diluídos en el gran flujo migratorio europeo. Una minoría de estos inmigrantes se convirtieron en pequeños agricultores prósperos en regiones como la de Santa Fe, donde aún había suficiente tierra libre para ser explotada, pero en general encontraron que, a su llegada, buena parte de la pampa había sido ya reclamada por los estancieros, cuyas enormes fincas se habían multiplicado y agrandado bajo el régimen de Rosas y aun bajo los gobiernos siguientes. Buen número de aquellos recién llegados° acabaron trabajando como aparceros° o simples peones en las grandes estancias, en condiciones no exactamente ideales. Aun así, su pericia° como trabajadores agrícolas fue decisiva en la transformación de la pampa. El espectacular aumento en la producción agrícola que se registró en esos años —especialmente de cereales como el trigo°, el maíz, la alfalfa— fue crucial para el futuro de la nación. Argentina se convirtió en uno de los principales exportadores de trigo a los mercados del mundo, en tanto que los demás cereales proveían la necesaria base alimenticia para un aumento igualmente dramático en la población de ganado vacuno y lanar. También se mejoró radicalmente la calidad del *stock* del ganado argentino con la importación de toros Angus, Hereford y otras razas procedentes de Inglaterra y Estados Unidos. El antiguo ganado de la pampa, sólo bueno para producir carne salada y cueros°, fue gradualmente reemplazado por un excelente *stock* productor de carne de primera calidad. A partir de la década de 1870 la Argentina se convirtió en exportador de carne fresca para los mercados de Europa, y con la introducción de los buques frigoríficos° en esos mismos años, la nación del Plata se hizo pronto el principal exportador mundial de carne congelada°. Inglaterra, en tanto, se había hecho parte integral de aquel proceso: británica era la mayor parte de la red de ferrocarriles y el telégrafo, y el capital inglés tenía una presencia muy importante en el mundo industrial y financiero de Buenos Aires. El trigo y la carne de Argentina encontraban su principal mercado en Gran Bretaña, y ésta, a su vez, suplía una parte considerable de los productos manufacturados que llegaban al país del Plata.

newly arrived immigrants/sharecroppers

skill

wheat

hides

refrigerated ships
frozen meat

Una sociedad en marcha

Los efectos de esta prosperidad se hicieron especialmente visibles en la ciudad de Buenos Aires, que se llenó de monumentos, imponentes edificios públicos, amplios bulevares y lujosas residencias para los ricos estancieros. Su sabor distintivamente europeo —después de todo, la mayoría de sus habitantes eran inmigrantes del Viejo Mundo—, su intensa vida cultural y nocturna le ganaron la reputación de ser "el París de Suramérica". Pero en aquella Argentina de fines del siglo XIX se estaba gestando al mismo tiempo una sociedad más diversa. Buen número de los inmigrantes, incapaces de encontrar trabajo en el campo, se habían establecido en Buenos Aires, convirtiéndose en obreros industriales, artesanos, pequeños comerciantes y empresarios. Los menos afortunados de ellos llegaron a crear un nuevo proletariado urbano que pronto mostró descontento ante su situación social y económica; los más prósperos, en cambio, pronto formaron una nueva clase media que empezó a reclamar una mayor participación en la vida política del país. Con los inmigrantes habían llegado a la Argentina las ideas sindicalistas y anarquistas que conmocionaban a Europa y predicaban la huelga y, si era necesario la violencia, para zanjar° los problemas laborales de los trabajadores. Por el momento, sin embargo, fue la nueva clase media de apellidos extranjeros la que dominó el debate político con demandas de una mayor participación en el gobierno del país.

to settle

Al cabo, una coalición formada principalmente por miembros de la nueva clase media, intelectuales y profesionales universitarios consiguió organizar una nueva fuerza política, el partido Unión Cívica Radical[1], que acabó por integrar un vigoroso movimiento de oposición. En 1910 fue elegido el último presidente de la oligarquía, Roque Sáenz Peña, un honorable político conservador que, comprendiendo que se hacía necesaria una reforma del proceso político, hizo aprobar en 1912 una nueva ley electoral conocida como la "Ley Sáenz Peña", cuyos artículos marcaron un hito en la historia de la moderna Argentina. Esta ley decretó el voto secreto y universal para todos los varones mayores de 18 años, que tendrían que registrarse obligatoriamente y votar, bajo pena de multa° (las mujeres no tuvieron derecho al voto hasta la época de Perón). Por primera vez los argentinos acudieron en masa a las urnas y en 1916 resultó electo el candidato radical a la presidencia, Hipólito Yrigoyen.

fine

El interludio radical

La era de dominio radical (1916–1930) no alteró fundamentalmente las estructuras sociales y económicas de Argentina pero introdujo varios cambios significativos. El Partido Radical, cuyo principal apoyo estaba en la clase media, hizo un claro esfuerzo por ampliar su base popular y captarse el favor de la clase obrera y de los pequeños agricultores mediante una serie de concesiones a ambos grupos. Yrigoyen y su partido tuvieron, sin embargo, la mala suerte de gobernar en tiempos difíciles: la Primera Guerra Mundial causó graves trastornos° en el comercio internacional que perjudicaron a Argentina; el clima de violencia laboral característico de aquellos años produjo serias huelgas que el gobierno tuvo a veces que sofocar por la fuerza. Yrigoyen mismo cometió el error de aspirar a la reelección cuando ya sus facultades mentales le fallaban. Fue reelegido en 1928, pero su gobierno no sobrevivió por mucho tiempo a la crisis económica mundial que siguió al *crash* de Wall Street en 1929. Al año siguiente, un grupo de oficiales del ejército dio un golpe de estado que depuso a Yrigoyen.

disruptions

Nacionalismo con botas

Los generales que dieron el golpe de 1930 eran simpatizantes del modelo fascista que Mussolini hacía triunfar en Italia por aquellos años, con su ardiente nacionalismo de tendencia autoritaria, su carácter conservador, opuesto al movimiento sindicalista obrero, y su proclamación del interés del Estado como bien supremo de la nación, por encima de los intereses de clase. Los militares argentinos, sin embargo, no tenían suficiente fuerza para intentar el establecimiento de un estado fascista y tuvieron que acceder a la reinstauración de gobiernos civiles conservadores de apariencia democrática, de los cuales sólo el primero, el de Agustín Justo (1932–1938), tuvo bastante éxito, pues guió bien a Argentina a través de los peores años de la depresión mundial. Esta etapa llegó a su fin en 1943, cuando el presidente civil de turno fue derrocado por una nueva clique militar, el Grupo de Oficiales Unidos (GOU), compuesta mayormente de coroneles. Y uno de ellos se destacó pronto como líder del grupo: Juan Domingo Perón (1895–1974), un carismático coronel de 49 años destinado a ser el protagonista de la nueva era que se abría para la nación.

Perón y Evita

Los primeros años de la vida de Perón transcurrieron en las frías e inhóspitas tierras de la Patagonia, donde su familia tenía una estancia, pero a los diez años fue enviado a Buenos Aires para iniciar sus estudios. En 1911, cuando tenía sólo 15 años, consiguió ingresar en el Colegio Militar del ejército argentino, donde se destacó como atleta (campeón de esgrima° del *fencing champion* ejército, boxeador, tirador° experto) y voraz *marksman* lector. Sus extensas lecturas en historia, filosofía, literatura, le dieron un bagaje intelectual° *intellectual weight* poco común en un militar profesional. En 1930 era ya capitán y fue uno de los oficiales que participaron en el golpe militar que derrocó a Yrigoyen. Por esos años consiguió un nombramiento como profesor de la prestigiosa Escuela Superior de Guerra, lo que le dio la oportunidad de ejercitar su innata afabilidad y poderes de persuasión entre los oficiales jóvenes que habrían de ser la base de su extensa red de contactos personales en el ejército. Enviado a Europa por el gobierno para hacer estudios de estrategia militar, cayó él también bajo la atracción de Mussolini y su modelo fascista. De regreso en la Argentina, se halló preparado para dejar su marca en la historia de la nación.

Juan Domingo Perón (1895–1974). Tres veces presidente de la Argentina.

El instrumento que inicialmente utilizó Perón para su ascenso al poder fue un círculo de jóvenes oficiales ultranacionalistas, el Grupo de Oficiales Unidos (GOU), que él mismo ayudó a organizar. Estos oficiales veían la presencia económica de Gran Bretaña y Estados Unidos en Argentina como el principal obstáculo a la completa soberanía de ésta. En su opinión, el triunfo de los países del Eje° (Alemania, Italia, Japón) le permitiría a Argentina establecer su *Axis* propio curso, tanto en la economía doméstica como en el marco internacional. Perón, sin embargo, no fue totalmente fiel a la ortodoxia pro-fascista de sus compañeros del GOU. Se dio cuenta de que había sectores marginados de la población argentina que carecían de líderes efectivos que los representaran; éste era el caso, especialmente, del proletariado urbano. Concibió así la idea de forjar una alianza entre dos grupos que hasta entonces se habían mirado con desconfianza o franca enemistad: el ejército y la clase obrera. Por eso solicitó ser nombrado Ministro de Trabajo en el nuevo gobierno, lo que le permitiría realizar su labor de proselitismo entre los trabajadores. Se fue a las fábricas°, a las plantas frigoríficas, a los molinos harineros° de Buenos Aires, repartiendo sonrisas, apretones de mano y promesas que, como pronto se vio, realmente se cumplían. Los líderes sindicales no tardaron en darse cuenta de que para conseguir beneficios había que estar a bien con Perón, aquel atractivo y amigable coronel que venía a hablarles y a escuchar con simpatía sus problemas. Para la primavera de 1944 Perón ocupaba ya la doble cartera de Ministro de Trabajo y Ministro de Guerra, y, meses después, era nombrado vicepresidente del gobierno. Este ascenso vertiginoso despertó un recelo° general, incluso entre sectores influyentes del propio ejército. El 9 de octubre de 1945 Perón fue obligado a renunciar a todos sus cargos y poco después ingresaba en prisión. Pero su encarcelamiento no duró mucho: ocho días más tarde salía de la cárcel entre ovaciones de una entusiasta multitud de trabajadores que habían venido a liberarlo; entre ellos se encontraba Eva Duarte, la amante de Perón, a la que se atribuyó el haber movilizado a los sindicatos obreros. Aquel mismo día la pareja fue conducida a hombros de la muchedumbre a la Casa Rosada, el palacio presidencial de la Argentina. Pocos días después, Perón y Eva, "Evita", contraían matrimonio°.

Como su futuro marido, Eva Duarte había nacido en el interior de la Argentina, en un pueblecito de la pampa. Su madre había sido cocinera° en casa de una familia local, la de Juan Duarte, que la dejó cinco veces en estado° a pesar de ser hombre casado y con hijos. Evita creció así pobre e ilegítima y determinada a hacerse un porvenir° fuera de aquel ambiente humillante. Siendo todavía una adolescente se instaló en Buenos Aires, resuelta a seguir la carrera de actriz. De alguna manera logró sobrevivir los primeros años en la capital haciendo pequeños papeles en obras teatrales, probablemente frecuentando algunos bares y *nightclubs* para conseguir ganar algún dinero extra. Pero fue la radio la que la hizo una figura nacionalmente conocida, cuando consiguió hacer papeles destacados en la estación radiofónica más escuchada de la Argentina, Radio Belgrano. Su círculo de relaciones, especialmente las masculinas, se hizo ahora más amplio y selecto y llegó a incluir a varios oficiales del GOU. Perón no fue su primera aventura amorosa, pero en él encontró Evita la definitiva consumación tanto de sus impulsos sentimentales como de la sed de éxito, reconocimiento y poder que la había consumido desde su niñez de hija ilegítima. Durante la campaña electoral que llevó

factories
flour mills

suspicion

get married

cook
pregnant

future

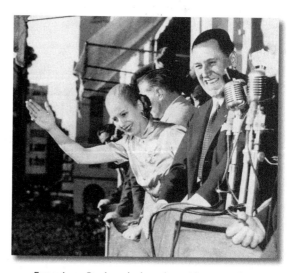

Eva y Juan Perón saludan al pueblo argentino desde el balcón de la Casa Rosada.

a Perón a la presidencia en febrero de 1946, Evita se reveló como una presencia tan carismática como la de su nuevo marido: cada vez que subía a la tribuna pública, su cálido estilo oratorio° conseguía establecer una inmediata identificación emocional con la gente del pueblo que predominaba en su auditorio°. No sólo fue ya la esposa del candidato presidencial sino que empezó a brillar con luz propia en un nuevo rol: el de protectora de los desposeídos de la nación. Aquella peculiar y profunda, a veces histérica, relación afectiva que se desarrolló entre Evita y sus "descamisados"[2], como llamó a aquellas masas de gentes mal vestidas que venían a adorarla, se convirtió pronto en el mayor espectáculo de la Argentina de aquellos años. La mujer argentina, en particular, fue beneficiaria del ambiente profeminista que promovió la popularidad de Evita, quien hizo campaña abierta contra el tradicional machismo de la sociedad de su país. En 1947 las mujeres obtuvieron al fin su derecho al voto.

public-speaking style

audience

El peronismo

Como gobernante, Perón fue un ardiente nacionalista que albergó un visible resentimiento contra el poder de los Estados Unidos. Esto le llevó a emprender un excesivamente costoso programa de adquisición de las más visibles empresas extranjeras —sobre todo británicas y estadounidenses— que operaban en la Argentina. Al mismo tiempo, trató de convertirla en un país industrializado, poco menos que de la noche a la mañana. En cinco años (1943–1947), la nación quintuplicó° sus producción industrial, pero a un alto precio: a fin de recaudar fondos para la industrialización, el gobierno había creado un organismo estatal que controlaba la compra y exportación de las carnes y cereales argentinos, de modo que ahora los estancieros tenían que vender su producción a la corporación estatal, a precios fijados por ésta; precios bastante inferiores a los del mercado libre; esto a la larga provocó un bajón apreciable en la producción agrícola y ganadera, que siempre había sido la gran riqueza de la nación. En el aspecto laboral, el gobierno peronista continuó haciendo generosas concesiones salariales a los trabajadores, en tanto Evita disfrutaba de su papel como protectora de los "descamisados" a través de la Fundación Eva Perón. Esta organización, que operaba con inmensos fondos de misteriosa procedencia, proveyó a las masas argentinas de una red de servicios médicos e instituciones de beneficencia —clínicas, hospitales, orfanatos, dispensarios médicos— sin precedentes en Latinoamérica. Los obreros podían ir de vacaciones a campamentos y lugares de veraneo financiados por la Fundación, comprar en tiendas que dispensaban los artículos a precio de costo.

quintupled

Toda esa costosa estructura de beneficios había dependido en buena medida de las grandes ventas de carnes y cereales que realizó Argentina en el mercado europeo en los años que siguieron a la Segunda Guerra Mundial. Para 1949, sin embargo, Europa estaba en vías de recuperarse, de manera que empezaron a decaer la demanda y los precios de las carnes y cereales argentinos en su mercado principal. Además, los Estados Unidos se convirtieron en un competidor formidable, con sus grandes exportaciones de cereales a Europa, a precios subsidiados por los fondos del Plan Marshall. Perón todavía consiguió reelegirse en 1951, gracias a un Congreso servil que había promulgado una nueva constitución que permitía la reelección del presidente. Pero esta vez Evita tuvo que votar desde su lecho° de enferma, aquejada de un cáncer que en poco tiempo acabó con su vida.

bed

mourning

Su fallecimiento en julio de 1952, a la edad de 33 años, produjo la mayor manifestación de luto° popular de la historia argentina. La ausencia de Evita, unida al deterioro de la situación económica, marcó el principio del fin del régimen de Perón. Éste trató de distraer la atención del pueblo emprendiendo una campaña

excommunication

contra la Iglesia Católica que le ganó la excomunión° del Vaticano, pero no consiguió salvar su régimen. Una revuelta militar, en septiembre de 1955, le obligó a irse a un exilio, que habría de durar 17 años.

Los generales que se hicieron cargo del gobierno en 1955 no consiguieron devolver ni la tranquilidad ni la prosperidad a Argentina, ni aun cuando permitían la elección de presidentes civiles a los que removían rápidamente tan pronto daban señales de debilidad. Esto era en parte consecuencia del legado peronista: un poderoso movimiento sindical poco dispuesto a abdicar los beneficios alcanzados bajo Perón, una serie de improductivos monopolios estatales —consecuencia de las nacionalizaciones peronistas— que alimentaban a una enorme e ineficiente burocracia. Increíblemente, la nostalgia del peronismo acabó por triunfar y en 1973 un Juan Domingo Perón que contaba ya 78 años era elegido una vez más presidente de Argentina. Trajo ahora consigo a su segunda mujer, María Estela Martínez, conocida como "Isabelita", que fue elegida vicepresidenta. El peronismo que encontró Perón a su regreso a Buenos Aires era, sin embargo, un movimiento diferente, tremendamente conflictivo y heterogéneo, pues agrupaba

dissimilar

a sectores ideológicos bien disímiles°: desde peronistas de la vieja guardia hasta jóvenes de izquierda radical, inspirados por la mística populista de Eva Duarte y por el nuevo ídolo de la izquierda de los años sesenta, Ernesto "Che" Guevara. Predeciblemente, Perón se pronunció a favor del modelo original de su movimiento y contra la izquierda radical que se había organizado en guerrillas dedicadas a la práctica del terrorismo urbano, los "montoneros". El viejo líder no tuvo tiempo, sin embargo, de intentar una resurrección del peronismo, pues la muerte lo sorprendió pocos meses después de ascender a la presidencia, en julio de 1974. Lo sucedió su viuda, que pronto demostró su ineptitud para lidiar, al mismo tiempo, con la alta inflación (350% anual), las constantes demandas salariales de los sindicatos obreros y la violencia de los grupos terroristas. Su iniciativa de traer al fin el cuerpo de Evita desde España (Perón había pasado en Madrid buena parte de su exilio) para que descansara en suelo argentino no le ganó el favor que quizás esperaba. En marzo de 1976 los militares dieron un fácil golpe de estado.

La guerra sucia

La nueva etapa de gobierno militar (1976–1984) se caracterizó, en lo económico, por un esfuerzo sistemático por desmontar el aparato de empresas estatales ineficientes heredadas del peronismo y establecer una economía de mercado de patrón neo-liberal; en lo político, por una estrategia de represión implacable contra las guerrillas izquierdistas. A la larga, la política económica de las juntas militares probó ser incapaz de acabar con los elefantes blancos del peronismo y mantener indefinidamente su severo programa de austeridad fiscal y salarial. La campaña

unusual

antiterrorista, en cambio, tuvo inusitado° éxito. En un despliegue de brutalidad sistemática, el gobierno desató una persecución implacable no sólo de los sospechosos de practicar el terrorismo sino de infinidad de personas, sobre todo de jóvenes, a quienes percibía como potenciales enemigos políticos. Miles de ciudadanos fueron detenidos arbitrariamente y muchos de ellos ejecutados después de ser torturados. Quizás hasta 20.000 personas desaparecieran en esta "guerra sucia", como se la llamó. Para 1982, con el peso argentino en situación de crisis y la inflación aún a más del 100% anual, el general de turno, Leopoldo Galtieri, ideó una maniobra para despertar el celo° nacionalista de los argentinos y, de paso, distraer la atención de sus problemas políticos y económicos. En abril, una fuerza expedicionaria argentina invadió y ocupó las Islas Malvinas, que, bajo su nombre inglés, *Falkland Islands*, habían sido una posesión británica desde 1833. El valor económico o estratégico de este pequeño archipiélago, situado en el Atlántico sur, a unas 400 millas al noreste del Cabo de Hornos, era prácticamente inexistente, pero el hecho de que había sido una posesión española antes de que los ingleses lo capturaran había hecho a Buenos Aires reclamarlo como territorio argentino durante muchos años. Dado su escaso valor y su lejanía de Inglaterra, Galtieri calculó que era una operación militar de poco riesgo pues Gran Bretaña no intentaría montar una campaña militar para recobrar esta posesión. Se equivocaba, por supuesto. La invasión argentina de las Falklands produjo también una explosión de fervor nacionalista en Inglaterra, liderada en aquel momento por "la dama de hierro", Margaret Thatcher. La fuerza expedicionaria que envió el gobierno británico derrotó a las fuerzas argentinas que habían ocupado las islas; éstas retornaron al dominio británico y el gobierno militar de Buenos Aires quedó totalmente desacreditado. Esto preparó el camino para un regreso al sistema democrático.

zeal

Retorno a la democracia

Un miembro del viejo partido Unión Cívica Radical, Raúl Alfonsín, resultó electo en 1983 a la presidencia de la Argentina. Hombre eminentemente decente y moderado, Alfonsín tuvo que presidir un difícil período de continuada crisis económica (la inflación llegó a sobrepasar el 1.000% anual) y de alta tensión política. Con el retorno a la democracia, la justicia argentina empezó a pedir cuentas a los militares por los crímenes y desapariciones de los años de la "guerra sucia", con la predecible insatisfacción del ejército. Alfonsín se las arregló para sobrevivir a tres intentos de golpe militar y a decenas de huelgas convocadas por los sindicatos, aún ardientemente peronistas, pero al final su prestigio político se hallaba tan desgastado° que malamente consiguió terminar su mandato presidencial. Una vez más, los peronistas lograron ganar las próximas elecciones y en 1989 Carlos Saúl Menem ascendió a la presidencia del país. Menem resultó ser un peronista de nuevo cuño° con una pintoresca personalidad. Su afición a los automóviles de carrera, su fama de mujeriego°, su un tanto extravagante aspecto físico, eran el lado frívolo de un carácter que pronto mostró, sin embargo, un coraje político bien fuera de lo común. Rodeándose de un competente equipo de pragmáticos economistas neoliberales —varios de ellos entrenados en Estados Unidos— no vaciló en tomar una serie de medidas que, si bien iban contra las premisas fundamentales del peronismo, eran indispensables dado el desesperado estado en que se encontraba la economía del país. Argentina había tenido que suspender el pago de los intereses de una deuda exterior que alcanzaba los 64 mil millones de dólares y la inflación anual ascendía ya al 1.800%. Desechando° el ardiente nacionalismo del credo peronista, Menem abrió las puertas a las inversiones extranjeras, rebajando° al mismo tiempo las tarifas arancelarias° y otras

spent

modern mold
womanizer

discarding

lowering/custom duties

limitaciones al libre comercio. También fue abandonada la tradicional postura antiestadounidense del peronismo. Por otra parte, Menem redujo espectacularmente la burocracia estatal (de 670.000 en 1990 a menos de 285.000 en 1992) y los gastos del Estado, y emprendió un serio programa de privatizacion de las deficitarias empresas públicas, encausando claramente a la nación argentina en la dirección de la economía de mercado. Políticamente, tomó la muy polémica me-

to pardon
attempts

dida de amnistiar° a los militares que habían participado en las aún recientes intentonas° de golpes de estado, e incluso a los que cumplían condena por delitos cometidos durante la "guerra sucia"; su razonamiento: era necesario hacer bo-

to start anew

rrón y cuenta nueva°, pensar en el futuro, no en el pasado, por el bien de la nación. Aunque tales medidas antagonizaron a importantes sectores de la sociedad argentina (el mismo Menem tuvo que enfrentar una revuelta militar), se obtuvieron resultados impresionantes. Entre otras cosas, el gobierno estableció la

to print
not backed

paridad del peso argentino con el dólar y prohibió imprimir° papel moneda no avalado° por las reservas en divisas; estas medidas lograron estabilizar el peso argentino y produjeron un dramático descenso en la inflación, lo que hizo de nuevo a Argentina un país atractivo para los inversores extranjeros. Un estudio sobre la economía argentina realizado por el *World Bank* en 1993 se titulaba "*Argentina. From Insolvency to Growth*". La popularidad del presidente le permitió proponer una enmienda de la constitución argentina que le permitiera aspirar a la reelección. La enmienda fue aprobada sin mayores objeciones por parte de la oposición y en 1995 Menem fue elegido por mayoría absoluta a un segundo término presidencial.

resonated

Pero la segunda presidencia de Menem (1995–1999) fue mucho menos exitosa. Su comienzo coincidió con la crisis monetaria mexicana que repercutió° en casi toda Latinoamérica —el llamado "efecto tequila"— y produjo en la Argentina una importante fuga de capital que conmocionó su sistema bancario. El país logró recuperarse momentáneamente —registró, por ejemplo, un aumento del 8% en el producto interno bruto (PIB) en 1997—, pero en los años siguientes fue incapaz de reactivar su economía lo suficiente para evitar el aumento de los déficits, en parte debido a las crisis financieras internacionales ocurridas en Rusia en 1997 y en los países del Asia en 1998. En 1999 el PIB registró una cifra negativa de −3% y la tasa de desempleo subió al 15%. Nada sorpresivamente, en las elecciones presidenciales de ese año el candidato del Partido Justicialista (peronista), Alejandro Duhalde, fue derrotado por Fernando de la Rúa, el candidato de una coalición formada por el viejo partido centrista, Unión Cívica Radical, y Frepaso, un nuevo partido de izquierda. Para la primavera del año 2001, sin embargo, el nuevo presidente no había logrado reactivar la economía y tuvo que acudir al Fondo Monetario internacional (IMF) en busca de un préstamo que evitara la suspensión de pagos de la deuda exterior. En los meses siguientes, la crisis económica argentina se precipitó de manera alarmante y ninguna de las medidas que adoptó el gobierno para con-

worked

tenerla surtió efecto°. Domingo Cavallo, el arquitecto de la recuperación económica bajo el gobierno de Menem, fue nombrado ministro de Economía, pero anunció un plan draconiano de reducción del déficit, incluyendo una apreciable reducción en los salarios de los empleados públicos, que fue, por supuesto, muy impopular; ésta y otras medidas restrictivas tomadas por el gobierno fueron aumentando la inconformidad entre los argentinos, que ya habian sufrido más de tres años de recesión económica. La clase media, mayoritaria en la ciudad de Buenos Aires y tradicionalmente la más próspera de Latinoamérica, vio su nivel de vida descender ostensiblemente con cada mes que pasaba. La explosión de indignación popular ocurrió en diciembre, cuando el gobierno decretó la congelación de las cuentas bancarias, permitiendo sólo la extracción de $1000 por mes como medio de contener la fuga de capitales hacia el extranjero. Ocurrió entonces un fenómeno que no se veía en Latinoamérica desde comienzos de la década de 1970, cuando miles de amas de casa chilenas ejercieron presión contra el gobierno de Salvador Allende mediante manifestaciones que marchaban al compás de los golpes que daban a las cacerolas° *stew pans* vacías que portaban. Ahora, de una manera aparentemente espontánea, los vecinos de Buenos Aires salieron a las calles haciendo ruido con sus cacerolas ("cacerolazos", se bautizó al fenómeno) y marcharon hacia los edificios del Congreso, la residencia presidencial y aun la residencia privada de Domingo Cavallo, el ministro de Economía. Hubo también serios incidentes de saqueo en barrios populares de la capital, que causaron varias muertes en choques con la policía. Poco después renunciaron a sus cargos tanto el ministro Cavallo como el presidente De la Rúa, quien tuvo que abandonar el palacio presidencial en un helicóptero.

En los días que siguieron, entre el 20 de diciembre y el primero de enero del 2002, se sucedieron cuatro presidentes, el gobierno decretó la suspensión de pagos de la enorme deuda exterior (unos 140.000 millones de dólares) y la nación se vio viviendo al borde del caos económico y en medio de una alta tensión social. El año 2002 se inició con el ascenso a la presidencia de Alejandro Duhalde del Partido Justicialista, electo por voto del Congreso argentino (el mismo que había sido derrotado por De la Rúa en las últimas elecciones presidenciales). Presumiblemente, Duhalde ocuparía la presidencia hasta diciembre del 2003, es decir, hasta completar el término presidencial para el que había sido elegido De la Rúa. Pero en uno de sus primeros discursos, el nuevo presidente, un peronista de inclinaciones populistas, sugirió la posibilidad de una radical reforma del sistema de gobierno argentino para transformarlo, de un régimen presidencial, en un sistema parlamentario como el que existe en varias naciones europeas. En febrero, representantes del gobierno argentino volaban a Washington para tratar de obtener un préstamo del Fondo Monetario Internacional, al tiempo que dejaban flotar al peso argentino en los mercados de cambio, rompiendo así la artificial paridad entre éste y el dólar, que en opinión de muchos había sido una de las causas fundamentales de la crisis económica. Mientras tanto, Argentina era una nación que había perdido la fe en sus políticos, denunciaba la endémica corrupción existente en los círculos oficiales y miraba al futuro con un justificado sentido de frustración e inseguridad. Habría que agregar, por otra parte, que los gobiernos argentinos, como sucede en muchos otros países latinoamericanos, experimentan siempre considerables dificultades en recaudar impuestos de sus ciudadanos, sin lo cual es difícil mantener sistemas económicos solventes. Y pese a los importantes recortes° en el gasto público que logró la primera administración de Carlos Menem en la década de 1990, el tesoro público tiene aún que sostener a una burocracia excesiva. No es fácil, en tales condiciones, combatir los déficits que han llevado a la Argentina a sus problemas presentes. Afortunadamente, la crisis argentina no ha tenido hasta ahora un impacto mayor en las economías de sus países vecinos (el "efecto tango" que se temía), ya que éstos la vieron venir y tuvieron tiempo de tomar medidas para disminuir sus efectos.

(spending) cuts

Pero a pesar de las grandes dificultades en que se encuentra, Argentina es un país de gran potencial económico que, a largo plazo y tras indispensables correcciones, casi inevitablemente tendrá que superar su dura situación actual. Las pampas han perdido fertilidad, pero son todavía una de las áreas de ganado y cereales más importantes del mundo. El país tiene, además, la ventaja de poseer suficiente petróleo y gas natural para el consumo nacional y aun para exportar, así como una substancial producción hidroeléctrica. La industria del país estuvo tradicionalmente dominada por el procesamiento de carnes y cereales, pero hoy posee muchos parques industriales en que se manufacturan poductos durables, como es el caso de la fabricación de automóviles. Casi una tercera parte de los trabajadores argentinos son empleados industriales. Se trata, además, de una población educada, producto del que es posiblemente el mejor sistema educacional de Latinoamérica. La mayoría de los argentinos son de ascendencia europea, principalmente española e italiana, pero con un buen grado de diversidad étnica que incluye la mayor población judía al sur de los Estados Unidos y cientos de miles de inmigrantes procedentes de los países del Medio Oriente, sobre todo de Siria y el Líbano. Buenos Aires, el "París de Suramérica", con su vida de cafés y tertulias literarias, siempre se ha preciado de ser una ciudad de sabor y arquitectura europeos. Su cultura popular dio el tango, el canto y baile que invadió a Europa y a los Estados Unidos en el decenio de 1920, pero también acogió a las vanguardias artísticas y literarias del siglo XX, y produjo varios de sus mayores talentos, con el cuentista Jorge Luis Borges a la cabeza. La narrativa hispanoamericana de la segunda mitad del siglo XX no sería la misma sin figuras como las de Ernesto Sábato y Julio Cortázar.

Chile

shoelace

El territorio de este largo y estrecho país, situado entre el Océano Pacífico y la cordillera de los Andes, ha sido comparado con un cordón de zapatos°: 2.700 millas de longitud, de norte a sur, pero un promedio de sólo 110 millas de este a oeste. Esto le da una notable variedad climática: la parte norte de la nación, muy árida, está dominada por el desierto de Atacama, donde casi nunca llueve, pero donde se halla la riqueza mineral del país. La parte central, en cambio, donde se encuentran las principales ciudades —Valparaíso, la cercana ciudad-balneario de Viña del Mar y la capital, Santiago de Chile—,

Vista de Santiago de Chile.

disfruta de un clima de tipo mediterráneo poco menos que ideal, y contiene la mayor parte de la riqueza agrícola de la nación. Más al sur, el clima se va enfriando y aumenta la precipitación, dando paso a la llamada región de los Lagos, que incluye las ciudades de Valdivia y Puerto Montt; esta bella región, cuya precipitación se eleva a 80 pulgadas al año, contiene un impresionante escenario de valles, ríos, glaciares, picos volcánicos, lagos de un intenso azul, forestas perpetuamente verdes, libres todavía de contaminaciones ambientales; aquí se establecieron , entre 1860 y 1880, inmigrantes alemanes que han dado a la región un distintivo sabor europeo, tanto en su arquitectura como en la apariencia física de sus habitantes, sus usos y costumbres, e incluso su gastronomía: los numerosos turistas que visitan esta área se sorprenden cuando en los restaurantes se les ofrece jamón con sauerkrout. Por fin, desde Puerto Montt hasta el extremo sur del país, la Tierra del Fuego (que comparte con Argentina), se extiende la muy lluviosa, fría y escasamente habitada zona de Los Canales, cuyo paisaje costero, muy irregular, contiene multitud de islas y fiords semejantes a los de Noruega.

En contraste con Argentina y Uruguay, cuya composición étnica fue substancialmente transformada por la copiosa inmigración europea, Chile recibió pocos inmigrantes durante los siglos XIX y XX, de modo que el grueso de su población actual es de ancestro español o una mezcla de español e indígena. En el siglo XVIII ocurrió una importante inmigración de españoles del país vasco, a lo que algunos atribuyen el carácter laborioso de muchos chilenos. Sobreviven hoy varios miles de indígenas descendientes de la población araucana —modernamente llamada mapuche—, que nunca fue completamente sometida por los conquistadores españoles; viven segregados en reservaciones situadas en el sur del país, entre el río Bío-Bío y el Tolten.

Los primeros años de Chile como república independiente fueron bastante turbulentos, como sucedió en casi todos los demás países hispanoamericanos. Su primer presidente, el héroe de la independencia Bernardo O'Higgins, fue derrocado en 1823; hijo intelectual del iluminismo, las ideas liberales de O'Higgins antagonizaron a los sectores conservadores de la nueva nación, incluyendo a la Iglesia Católica. En los años que siguieron, las elites chilenas —como sucedió también en tantos otros países de la región— se dividieron en dos facciones bien definidas. Los conservadores, o "pelucones", representaban primordialmente a los dueños de los grandes fundos (haciendas) y al clero, y apostaban por la preservación de los valores del período colonial; eran partidarios de gobiernos fuertes que impusieran orden y disciplina en la vida nacional; algunos de ellos eran incluso monárquicos. Los liberales, o "pipiolos", en cambio, preferían las formas de gobierno parlamentarias, apostaban por la evolución hacia formas menos autoritarias de gobierno y estaban a favor de limitar los poderes del clero. Tales antogonismos escalaron hasta convertirse en una guerra civil que no fue concluida hasta 1830, con un triunfo decisivo de los conservadores. Esto trajo por fin un período de estabilidad que se prolongó durante treinta años (1830–1861), presidido por la personalidad más influyente del período: Diego Portales, que ha sido llamado el "Alexander Hamilton de Chile", un estadista excepcional que nunca ocupó la silla presidencial, pero gobernó con mano férrea a través de varios presidentes. Su estilo autoritario, eficiente y aristocrático dejó una profunda huella en la vida política de Chile que, plasmada en la constitución de 1833, habría de durar muchos años.

Las cosas se complicaron después de 1861, pues ocurrieron nuevos alineamientos de las fuerzas políticas que resultaron en la creación de nuevas coaliciones. Conservadores y liberales, por ejemplo, disminuyeron sus diferencias y a menudo forjaron alianzas, en tanto los liberales más puros fundaron un nuevo partido, el Radical. Fue, sin embargo, un período de bastante progreso en el que se limitaron los poderes tanto del presidente como de la Iglesia Católica en tanto aumentaban los del Congreso, aunque estuvo marcado por la Guerra del Pacífico (1879–1883) contra Bolivia y Perú —que ya hemos descrito en otro lugar—, gracias a la cual la nación chilena aumentó significativamente sus territorios norteños y sus yacimientos de salitre. Las minas de cobre habían sido hasta entonces la principal riqueza mineral de Chile, pero el salitre vino ahora a dominar las exportaciones y las recaudaciones del gobierno. Varias compañías extranjeras tuvieron un papel preponderante en la explotación de los yacimientos salitreros, pero los dueños de minas nativos derivaron suficientes beneficios como para constituir una nueva elite local que vino a aumentar la de los hacendados. Hasta fines del siglo XIX, estas elites y los gobiernos que las representaban daban pocas evidencias de hallarse preocupadas por la suerte de las clases bajas, las pésimas condiciones de trabajo de los obreros de las minas y la situación de los *inquilinos*, o peones de los fundos.

Un presidente, el liberal José Manuel Balmaceda (1886–1891), presentó un importante programa de reivindicaciones sociales que intentó, incluso, imponerle al Congreso, pero encontró una oposición tan violenta que desembocó en guerra civil. Derrotado militarmente, Balmaceda recurrió por fin al suicidio.

El siglo XX chileno

La historia política y económica de Chile en el siglo XX fue complicada pero pueden señalarse en ella algunos rasgos fundamentales. Desde los comienzos del siglo hasta 1973, la nación chilena experimentó varios períodos de inestabilidad, pero vivió mayormente bajo gobiernos elegidos democráticamente; en contraste con otros países de la región, los militares chilenos se fueron acostumbrando a mantenerse al margen de la política. Ocurrió, al mismo tiempo, una multiplicación de los partidos políticos que, entre otras cosas, reflejaba la ascendencia de las ideologías de izquierda representadas por socialistas y comunistas. Y esto fue acompañado por un progresivo aumento del poder del Congreso chileno, que en el período 1891–1920 llegó a imponerse sobre el poder ejecutivo.

La figura más destacada del período 1920–1939 fue la de Arturo Alessandri, dos veces presidente de Chile, quien restauró en parte el poder del ejecutivo sobre el Congreso. Durante su primer término presidencial (1920–25), Alessandri luchó por implementar un ambicioso programa de reformas sociales y, aunque fue bloqueado repetidamente por un Congreso hostil, consiguió la aprobación de un Código Laboral que legitimizaba los derechos básicos de los trabajadores y probó ser muy importante en las décadas que siguieron. Alessandri fue derrocado en 1925 por el único golpe militar que ocurrió en este período e instaló en la presidencia al coronel Carlos Ibáñez (1927–1931). Pero la dictadura de Ibáñez no pudo resistir el colapso económico que acompañó a la depresión mundial de 1929, y el retorno al sistema electoral produjo la segunda presidencia de Arturo Alessandri (1932–1938). En su segundo término presidencial Alessandri adoptó una postura más conservadora y enfrentó una creciente oposición de las izquierdas; éstas formaron una coalición, el Frente Popular, que ganó las elecciones presidenciales de 1939, pero la muerte de su líder, el presidente Pedro Aguirre Cerda, dos años después, fue un golpe fatal del que el Frente Popular nunca se recuperó.

Los gobiernos del Partido Radical (centrista) predominaron durante los años de la Segunda Guerra Mundial, en los que Chile apoyó la causa aliada y el Partido Comunista fue declarado ilegal. Este giro a la derecha hizo posible la elección del antiguo dictador, el conservador Carlos Ibáñez a la presidencia para el período 1952–1958. En esos años se fundó el Partido Demócrata Cristiano, que advocó una posición intermedia entre las derechas y las izquierdas y propuso un programa progresista de cambios sociales dentro de los principios de la ética cristiana y, especialmente, de las doctrinas sociales del Papa León XIII; su modelo fue el partido demócrata cristiano fundado en Alemania por el Canciller Konrad Adenauer después de la Segunda Guerra Mundial. Debido a esta complicación del mapa político, en las elecciones de 1958 y en las dos siguientes ocurrieron alianzas de los diferentes partidos para integrar bloques que podían tener una importancia decisiva, ya que la constitución chilena decretaba que si ninguno de los candidatos presidenciales lograba obtener mayoría absoluta, el Congreso estaría a cargo de nombrar al nuevo presidente. Así ocurrió en las elecciones de 1958, en las que el candidato de la derecha, Jorge Alessandri (hijo de Arturo) fue nombrado presidente tras obtener un 32% de los votos.

En las elecciones de 1964, sin embargo, el candidato Demócrata Cristiano, Eduardo Frei, obtuvo una mayoría absoluta, con un 56% de los votos. Frei y su partido adoptaron el lema de "Revolución en libertad" y emprendieron un vigoroso programa de reformas económicas y sociales, incluyendo una reforma agraria que expropió, mediante compensación, 8,5 millones de acres de los grandes fundos° y los distribuyó entre la población campesina, a la que concedió también *farms* el derecho de formar sindicatos y de devengar un salario mínimo igual que el de los trabajadores urbanos. En general, la administración de Frey incrementó notablemente la intervención del gobierno en la economía; en el caso de las minas de cobre, el sector más importante de la economía nacional, inició un programa de "chilenización" que entró en negociaciones con las tres compañías norteamericanas que operaban las principales minas a fin de hacer del estado chileno un socio mayoritario en la propiedad y explotación de las mismas. El clima relativamente amigable que presidió inicialmente las negociaciones se agrió° hacia el final *turned sour* de la presidencia de Frei, cuando la dirección del Partido Demócrata Cristiano fue capturada por una facción izquierdista que advocó un programa más radical de "nacionalización progresiva". Anaconda, la compañía que se había mostrado más renuente a aceptar la intervención del gobierno, fue compelida a aceptarla, bajo protesta.

En las elecciones presidenciales de 1970, la posición izquierdista que había adoptado el Partido Demócrata Cristiano hizo que los conservadores le retiraran su apoyo y presentaran a su propio candidato, el ex-presidente Jorge Alessandri. Los demócrata cristianos nominaron al líder de su ala izquierdista, Radomiro Tomic. Comunistas, socialistas y varios grupos de extrema izquierda formaron una coalición, Unidad Popular, que postuló al senador socialista Salvador Allende, quien había aspirado varias veces, sin éxito, a la presidencia. Este nuevo mapa político permitió a Allende obtener una ventaja de un 1,6% del voto popular sobre Alessandri, la suficiente para que el Congreso chileno lo declarara presidente electo. Por primera vez en la historia, un candidato marxista había llegado a la presidencia de un país mediante elecciones democráticas, para júbilo general de las izquierdas de todo el mundo y preocupación de los Estados Unidos.

Los tres años de la presidencia de Allende se contaron entre los más turbulentos de la historia del país. Allende era un hombre elegante, refinado, con un título de médico y gustos burgueses; a pesar de sus convicciones marxistas, tenía un historial de respeto a los procesos constitucionales, pero se encontró cada vez más presionado por los grupos extremistas de su coalición a adoptar posiciones progresivamente radicales. En el campo, el gobierno decretó una masiva expropiación de los grandes fundos, prácticamente sin compensación, y en vez de repartirlos entre los agricultores, los convirtió en cooperativas estatales, siguiendo el patrón marxista. Por otro lado, Allende hizo poco por oponerse a la ocupación ilegal de fincas que se producía continuamente: encontraba difícil recurrir a la violencia contra los campesinos que lo habían respaldado en las elecciones. Lo mismo ocurrió con las ocupaciones de fábricas y otros centros de trabajo. Las minas de cobre, el blanco favorito de los ataques de la izquierda contra el poderío norteamericano, fueron expropiadas sin atender a los acuerdos que el gobierno de Frei había firmado con las compañías estadounidenses. La mayor parte de los bancos y de las plantas industriales fueron pasando igualmente al control del gobierno. Allende disfrutó de gran popularidad durante los meses iniciales de su administración; se habían decretado generosos aumentos de salarios en tanto se dictaba la congelación de los precios. Pero esto, junto con las graves perturbaciones ocurridas tanto en el sector agrícola como en el industrial, ocasionaron al cabo una caída notable en la producción, el florecimiento del mercado negro y la escasez de alimentos y otros artículos de primera necesidad. La inflación, que ya había sido un problema al final de la administración de Frei, se disparó° ahora a niveles sin precedentes. La creciente insatisfacción del público, sobre todo de la clase media, se hacía ya evidente en el verano de 1972 y se fue agravando a medida que avanzaba el año 1973. Las manifestaciones de protesta en las calles de Santiago se hicieron cada vez más comunes; una de las que causaron mayor impacto fue la "manifestación de las ollas°", en la que miles de amas de casa° marcharon por las calles de la capital haciendo sonar sus utensilios de cocina para denunciar la escasez de alimentos. Incluso los sectores que eran aliados naturales del gobierno, como los obreros de las minas y los camioneros° protagonizaron varias huelgas. Temeroso de perder el control de la situación, Allende acudió a los militares para solicitar su apoyo e incluso hizo ministros de su gabinete a varios de ellos. Gran error. Los generales, que no se habían inmiscuido en la política desde la década de 1930, se vieron ahora seriamente envueltos en ella y adquirieron cada vez mayor influencia en el gobierno. Todo hace pensar sin embargo, que estos militares con el jefe del estado mayor, general Carlos Prats, a la cabeza, realmente trataron de sostener al gobierno de Allende, pero éste se vio cogido en un difícil dilema: mientras trataba de mantener el apoyo de los militares, los elementos más radicales de su régimen, como el Movimiento de Izquierda Revolucionaria (MIR), continuaban su retórica antimilitarista y propiciaban° la distribución de armas en los centros de trabajo y la creación

shot up

pots/homemakers

truck drivers

favored

de milicias de trabajadores armados. En el verano de 1973, la inflación iba camino de llegar al 1.000% anual. En agosto, el general Prats, desprestigiado°, tuvo que dimitir° y fue sustituido por el general Augusto Pinochet como jefe del estado mayor°. El final para Allende llegó el 11 de septiembre de 1973, cuando los militares, al mando de Pinochet, dieron un golpe de estado. Atrapado en su residencia oficial, el Palacio de la Moneda, el presidente se negó a renunciar a su cargo y perdió la vida en el subsiguiente ataque del ejército. Nunca ha quedado claro si se suicidó, según la versión oficial, o si fue muerto por los soldados. El caso es que con su muerte se cerró el experimento marxista en Chile. El papel que jugaron los Estados Unidos en la caída del gobierno de Allende ha sido objeto de muchas controversias. La administración de Richard Nixon adoptó una política de hostigamiento al régimen chileno: entorpeció la concesión de préstamos a Chile por las agencias internacionales y alertó a los inversores norteamericanos sobre los riesgos de invertir en ese país; por otro lado, realizó contribuciones monetarias secretas a periódicos chilenos y a los partidos políticos que se oponían a Allende, aunque se trató de sumas de dinero bastante modestas. Estas tácticas no tuvieron un impacto decisivo en el derrocamiento del presidente chileno, que se produjo más bien debido a los factores internos que hemos mencionado arriba, pero los procedimientos clandestinos utilizados por Washington produjeron una fuerte reacción congresional que resultó en un aumento apreciable de la supervisión del Congreso norteamericano sobre las actividades secretas de agencias como la CIA.

having lost face
to resign
general staff

Se abrió así para Chile un período de 17 años de dictadura. Especialmente durante los primeros meses, el gobierno militar presidido por el general Pinochet desató una ola de represión que produjo enérgicas protestas de numerosas organizaciones de defensa de los derechos humanos en todo el mundo: miles de personas resultaron muertas, torturadas o desaparecidas. El régimen se dedicó con premeditación metódica a eliminar todas las huellas del gobierno de Allende y de su ideología marxista que pudo encontrar. Los partidos y movimientos de izquierda fueron suprimidos e incluso los partidos que se habían opuesto al gobierno marxista quedaron indefinidamente suspendidos. Pinochet cerró el Congreso, se hizo nombrar a la vez presidente de la nación y jefe del estado mayor de las fuerzas armadas, y gobernó de manera unilateral, utilizando a los demás miembros de la junta militar como consejeros. Todos los medios de comunicación quedaron censurados y una atmósfera de temor se extendió sobre el país por bastante tiempo. El régimen comenzó por retornar a sus antiguos dueños las propiedades que habían sido expropiadas ilegalmente por el gobierno de Allende, e inició un programa de privatización de la economía. Pinochet supo rodearse de un grupo de hábiles consejeros económicos que seguían las doctrinas neoliberales del economista norteamericano Milton Friedman de la Universidad de Chicago y eran partidarios de alentar el libre funcionamiento de las fuerzas económicas del mercado con una mínima intervención del Estado; o sea, una política económica exactamente opuesta al intervencionismo estatal que había prevalecido bajo Allende y aun bajo la administración demócrata cristiana de Eduardo Frei. Este equipo de economistas, al que apodaron "los Chicago boys", implementó un programa de *"shock treatment"* que recortó el gasto público, redujo la cantidad de dinero en circulación, disminuyó las regulaciones estatales sobre el mercado e hizo hincapié en ofrecer condiciones muy ventajosas a los inversionistas extranjeros. Tales medidas draconianas no fueron fáciles de asimilar (el desempleo, por ejemplo, aumentó a casi un 18%), pero los *Chicago boys* —que eran más bien apolíticos— tuvieron la ventaja de ser respaldados por un régimen dictatorial que no permitía expresiones de descontento en la población. Para 1976 la economía chilena empezó a recuperarse y en los años siguientes experimentó niveles de crecimiento impresionantes en tanto la inflación era reducida a tasas razonables. Así empezó a hablarse de "el milagro chileno" y el neoliberalismo ganó rápidamente adeptos, aun entre las instituciones financieras internacionales como el Fondo Monetario Internacional y el *World Bank*. La recesión mundial de 1982 afectó severamente a Chile que, debido a su escasez de regulaciones económicas, se encontró en una posición débil para enfrentarla. Pero una vez que el FMI accedió a concederle a Chile préstamos masivos, la economía del país empezó otra vez a recuperarse y para el final de la década de 1980 se hallaba de nuevo en crecimiento vigoroso. En 1989, confiando en el buen estado de la economía, Pinochet celebró un plebiscito que proponía extender su presidencia por un período adicional de ocho años. Pero la mayoría del electorado chileno votó en contra, y el gobierno tuvo que permitir la convocatoria a elecciones presidenciales.

Una coalición de 17 partidos, bajo el nombre de "Concertación", resultó triunfadora en las elecciones de 1990 y su candidato, el demócrata cristiano Patricio Alwyn, fue electo presidente de Chile. Este retorno a la democracia no fue completo, pues Pinochet continuó ocupando su cargo de Jefe de las Fuerzas Armadas, pero poco a poco el clima de libertad se fue consolidando. Alwyn y su sucesor en la presidencia, Eduardo Frei Ruiz Tagle (demócrata cristiano también e hijo de Eduardo Frei), continuaron en general las políticas económicas neoliberales pero realizaron importantes ajustes en el sistema; hubo, por ejemplo, aumentos en los impuestos de las clases media y alta e incrementos en el gasto público encaminados a mejorar el nivel de beneficios sociales para los sectores más pobres de la población, que en realidad no habían participado de la bonanza económica. Pero los gobiernos del período pos Pinochet se han abstenido de enfatizar tanto la retórica como las acciones populistas que puedieran traer una nueva desestabilización del sistema.

En 1998 Pinochet renunció a su puesto de jefe de las fuerzas armadas pero *for life* inmediatamente fue nombrado "senador vitalicio"° por el Congreso chileno, lo que le aseguraba la inmunidad contra cargos criminales. Ese mismo año, cuando se hallaba en Londres bajo tratamiento médico, Pinochet fue detenido por las au- *house arrest* toridades inglesas y sometido a arresto domiciliario°, pues un juez español había reclamado su extradición a España para responder a crímenes cometidos durante su dictadura contra ciudadanos españoles. El incidente se resolvió cuando un tribunal británico declaró a Pinochet incompetente para ser enjuiciado debido a su pobre salud. El ya anciano ex-dictador consiguió regresar a Chile en marzo del año 2000, pero para entonces era ya una sombra de su antiguo ser y Chile continuaba su marcha por la vía democrática. El Tribunal Supremo de Chile privó a Pinochet de su inmunidad el mismo año de su regreso. En las elecciones presidenciales de enero del 2000 el candidato de una coalición de socialistas y demócrata cristianos, Ricardo Lagos Escobar, resultó electo por estrecho margen. Lagos es socialista —el primero desde Allende— pero profesa al parecer una ideología moderada.

En los dos capítulos que dedicamos a la cultura hispanoamericana del siglo XX, el nombre de Chile aparece con frecuencia. Este país le ha dado al mundo, recordemos, dos premios Nóbel de literatura —Gabriela Mistral y Pablo Neruda—, así como uno de los poetas más importantes del vanguardismo de los años 20, Vicente Huidobro, y la magnífica poesía "antipoética" de Nicanor Parra. La lista sería más larga de lo que el espacio nos permite, pero no debe sorprender a quienes se familiarizan con la rica tradición literaria y artística de la nación chilena.

NOTAS

[1] El término "radical" alude aquí a una postura liberal, no propiamente radical.

[2] Aunque el término "descamisados" puede significar literalmente "personas sin camisa", se le suele interpretar como alusivo a personas pobremente vestidas.

Ejercicios y actividades

A. Preguntas sobre la lectura

1. ¿Qué países son miembros de MERCOSUR?

2. ¿Por qué podemos decir que Paraguay es un país único tanto étnica como lingüísticamente?

3. ¿En qué consistieron las reducciones en Paraguay?

4. ¿Qué dos razones provocaron la Guerra del Chaco entre Bolivia y Paraguay?

5. ¿Cuáles han sido tradicionalmente las principales exportaciones del Uruguay?

6. Menciones dos aspectos en que Uruguay es diferente a Paraguay.

7. Según Sarmiento, ¿qué elementos de la sociedad argentina representaban la civilización y cuáles la barbarie?

8. ¿Qué drama colectivo constituye el tema del poema gauchesco *Martín Fierro*?

9. Mencione dos aspectos en que la gran inmigración europea transformó a Argentina.

10. ¿Qué tendencias ideológicas tenían muchos militares argentinos en las décadas de l930 y 1940?

11. ¿Qué características novedosas tuvo el régimen de Perón en cuanto a los sectores sociales en que basó su poder?

12. ¿Por qué ese doble nombre de Islas Malvinas y *Falkland Islands*?

13. ¿Por qué podemos decir que el presidente Menem fue un peronista "de nuevo cuño"?

14. ¿Por qué se ha comparado a Chile con un cordón de zapatos?

15. Mencione tres diferentes tipos de clima que se pueden encontrar en Chile.

16. ¿Qué características ha tenido el Partido Demócrata Cristiano de Chile?

17. ¿Qué proceso llevó a Salvador Allende a la presidencia de Chile?

18. ¿Cómo describiría usted el régimen de Augusto Pinochet?

19. ¿Por qué les decían *Chicago boys* a los economistas que rodeaban a Pinochet? ¿Qué tipo de sistema económico favorecieron?

B. Asociaciones. Encuentre en la lista las oraciones que son aplicables a las siguientes personas.

1. ____ Francisco Solano López
2. ____ José Gervasio Artigas
3. ____ José Batlle y Ordóñez
4. ____ Alfredo Stroessner
5. ____ Hipólito Yrigoyen
6. ____ Roque Sáenz Peña
7. ____ José Hernández

a. Presidente argentino responsable de una importante legislación electoral

b. Presidente y líder del Partido Radical argentino

c. Autor del poema *Martín Fierro*

d. Héroe nacional del Uruguay

e. Gran estadista uruguayo

f. Dictador que llevó a Paraguay a la Guerra de la Triple Alianza

g. Dictador paraguayo de 1954 a 1989

C. Selección. Encuentre los términos que completen correctamente estas oraciones.

1. Los aranceles son impuestos que se pagan _____ (en las tiendas de lujo / cuando se compra ganado / en las aduanas / en los fundos).

2. Los indígenas churrúas eran habitantes _____ (del actual Paraguay / de la pampa argentina / del sur de Chile / del actual Uruguay).

3. Pero los mapuches viven en reservaciones situadas _____ (en la costa de Paraguay / en las llanuras del Uruguay / en el oeste de la Argentina / en el sur de Chile).

4. Las escuelas normales son instituciones dedicadas a la educación de _____ (alumnos normales / futuros maestros / artesanos / inmigrantes).

5. Un tirador experto es hábil en el manejo del _____ (ganado / rifle / caballo / sable).

6. Podemos decir que una persona está de luto cuando _____ (le faltan recursos / ha muerto un familiar suyo / ha cerrado una empresa / no se adapta a su ambiente).

D. Definición. Explique los significados de estos términos en el contexto del presente capítulo.

1. los tupamaros
2. los descamisados
3. los montoneros
4. La Suiza de Suramérica
5. el color rojo
6. el GOU
7. la guerra sucia
8. los gobiernos de la oligarquía

E. Opiniones e hipótesis

1. Los uruguayos adoptaron un sistema de gobierno en el que el estado atendía a todas las necesidades de los ciudadanos desde que nacían hasta que morían. ¿Qué aspectos positivos y negativos ve usted en esto? ¿Le gustaría ver un sistema similar implantado en los Estados Unidos? ¿Por qué?

2. El presidente Menem de Argentina decretó un perdón presidencial para los militares del período de la "guerra sucia". ¿Cree que Menem actuó correctamente? El presidente de los Estados Unidos tiene la misma prerrogativa. ¿Piensa que está bien que la constitución le dé ese derecho? ¿Puede recordar algunos casos controversiales?

3. ¿Qué le parecen las reformas económicas que se hicieron en Chile bajo Pinochet y los *Chicago boys*, incluyendo la inversión de los fondos de pensiones en la bolsa de valores (*stock market*)?

4. El arresto de Pinochet mientras visitaba Inglaterra se debió a una orden de detención que emitió desde España el juez Baltasar Garzón. El juez quería juzgar a Pinochet en España por crímenes cometidos contra ciudadanos españoles residentes en Chile bajo el régimen del ex-dictador chileno. ¿Está usted de acuerdo con la petición del juez Garzón, o piensa que este tipo de extradición crearía un mal precedente?

16

Los hispanos en los Estados Unidos

Virtualmente todas las naciones de Hispanoamérica están representadas en la gran comunidad hispana de los Estados Unidos, pero la mayor parte de ella proviene de México (63%), Centro y Suramérica (14%), Puerto Rico (11%) y Cuba (4%). Comprensiblemente, los estados del suroeste norteamericano que bordean la frontera con México —California, Arizona, Nuevo México y Texas— contienen la mayor concentración de mexicano-americanos. El estado de Nueva York alberga buena parte de la población puertorriqueña, tradicionalmente atraída por las oportunidades de trabajo que ha ofrecido esa ciudad y la frecuencia y bajo costo de los vuelos San Juan–Nueva York. La Florida, a 90 millas de Cuba, ha sido el destino natural de los cubanos, especialmente desde que en 1960 se inició el gran éxodo de exiliados opuestos al régimen de Fidel Castro.

En las últimas décadas, por otra parte, ha habido una tendencia hacia la dispersión, confirmada por el censo del año 2000. Una buena parte de la población puertorriqueña, por ejemplo, se ha trasladado desde sus enclaves en la ciudad de Nueva York, hacia otras ciudades del estado de Nueva York e incluso hacia otros estados, como Nueva Jersey, Connecticut e Illinois. En el área de Chicago reside ya el mayor núcleo de puertorriqueños fuera de la ciudad de Nueva York. En menor escala, los cubanos han ido constituyendo importantes comunidades fuera de la Florida, notablemente en la costa este de los Estados Unidos. El área metropolitana al oeste de la ciudad de Nueva York contiene la mayor concentración de cubano-americanos fuera del estado de la Florida; ciudades como West New York, Union City y Elizabeth —todas en Nueva Jersey— han adquirido una atmósfera distintivamente hispano-cubana. Filadelfia y Atlanta albergan también importantes comunidades de origen cubano. Los mexicano-americanos, en cambio, han mostrado menor tendencia a la dispersión. Cuatro de cada cinco de ellos viven todavía en los estados del suroeste norteamericano. Los que han emigrado más al norte han mostrado la tendencia a desplazarse hacia los estados del medio oeste, sobre todo al de Illinois. Para fines de los años 90, cuatro estados, Arkansas, Nevada, Carolina del Norte y Georgia habían más que duplicado su población hispana, y en otros dos, Nebraska y Tennessee, el incremento llegaba casi al 100%. El censo del año 2000 ha producido una gran sorpresa en cuanto al incremento general de la población hispana en los Estados Unidos, que ha aumentado en un 60% desde 1990 y se eleva actualmente a 35.3 millones de personas; esto la pone en paridad con la población negra estadounidense, que sólo aumentó en un 16% durante el mismo período.

Otro fenómeno relativamente reciente es la multiplicación de las nacionalidades representadas en la comunidad hispana de los Estados Unidos. Una importante inmigración dominicana ha estado llegando sobre todo a Nueva York desde la década de 1960, utilizando el puente aéreo Puerto Rico–Nueva York como principal vía de entrada, de modo que los dominicanos han llegado a rivalizar con los puertorriqueños como grupo hispano predominante en la ciudad de Nueva York. A partir de los años 70, la inestabilidad política de Centroamérica comenzó a producir una constante corriente de emigrantes y de refugiados políticos o económicos, especialmente desde Nicaragua, Guatemala y El Salvador. El destino preferente de ellos, en parte por razones geográficas, ha sido California (la ciudad de Los Ángeles, por ejemplo, contiene la mayor concentración de salvadoreños que existe fuera de El Salvador). Los nicaragüenses, además, se han establecido en considerable número en el área de Miami.

Otro tanto han hecho los venezolanos, siguiendo la conveniente conexión aérea Caracas–Miami. La mayoría de los suramericanos, sin embargo, han mostrado tendencia a concentrarse en la costa este, sobre todo en Nueva York, donde argentinos, peruanos, ecuatorianos y colombianos forman los núcleos más importantes; estos últimos, además, son bastante visibles en el área de Miami. El otro estado preferido de los suramericanos, California, acomoda a una comunidad suramericana dominada por argentinos, peruanos, bolivianos y chilenos.

Los índices de lo hispano

¿Qué características distintivas permiten identificar a un individuo como "hispano"? Un criterio que ciertamente no debe usarse es el racial ya que no existe una "raza hispana". El hecho es, sin embargo, que los dos principales grupos que crearon la imagen de lo hispano en Estados Unidos, los mexicano-americanos y los puertorriqueños, estaban formados en parte apreciable por personas de color, lo cual creó en la mente del estadounidense la asociación de lo hispano con la categoría "*not-White*". Como ha apuntado Clara E. Rodríguez, refiriéndose al caso de los puertorriqueños, en los Estados Unidos "*The ethnic order was subsumed into the race order. . . (based upon the White/not-White classification system). European ethnics were White, Africans and Asians were not-White. Hispanics straddled the queues or were not-White. These racial and ethnic patterns were clear to arriving Puerto Ricans—as it was also clear that these categorizations were real in their consequences*" (50–51). Las consecuencias han sido, por supuesto, las situaciones de clara o velada discriminación a que con frecuencia se ha visto sometida la población hispana de los Estados Unidos.

El censo del 2000 ha separado por primera vez el aspecto lingüístico-cultural del ser hispano del aspecto racial: la persona que se identifica a sí misma como hispana en dicho censo, puede, a continuación, designar la raza a la que pertenece. Esto es acertado, pues los índices de lo hispano no deben incluir la pertenencia a una raza u otra sino tales criterios como la nacionalidad de origen de la persona o de sus ascendientes, el uso de la lengua española en el hogar, el hecho de tener un apellido° hispano, incluso el hecho de si la persona se identifica a sí misma como hispana. Ninguno de estos criterios es suficiente por sí mismo pero tomados en su conjunto°, pueden dar una noción bastante confiable de la pertenencia o no de la persona a la minoría hispana. ¿Pero es correcto, en realidad, hablar de una "minoría hispana" o de una "comunidad hispana" en la que se pretenda° incluir a todos los grupos hispanos de los Estados Unidos? Algunos contestan a esta pregunta de forma negativa debido a las notables diferencias económicas, étnicas y culturales que a menudo existen entre esos grupos. Un autorizado estudio sobre el tema llegaba, por ejemplo, a la siguiente conclusión: "*What is clear... is that in light of the extensive socioeconomic diversity*

last name

as a whole

it is intended

characterizing the national origin groups, it is largely inappropriate to treat Hispanics as a single population" (Bean & Tienda 103).

No obstante, es posible argüir que existe una colectividad hispana en Estados Unidos con suficientes rasgos afines° para merecer tal nombre. Por encima de sus diferencias, las distintas comunidades hispanas de este país no sólo comparten los más obvios indicadores culturales —origen hispano, el español como principal referente lingüístico, el catolicismo como religión predominante, un sistema de valores común— sino también un lazo° de unión adicional y no menos importante: el hecho de que la sociedad norteamericana suele percibir a los hispanos como un grupo más o menos uniforme. Errónea o no, ésta es una percepción que el hispano tiene que enfrentar en su vida diaria, que es la que más cuenta. La pregunta *"Are you Spanish?"* (*Hispanic* no es parte del vocabulario habitual del norteamericano promedio) demanda una respuesta afirmativa tanto del argentino como del peruano asentado en Estados Unidos, antes de que uno y otro puedan aclarar su nacionalidad de origen. Y en el común de los casos, la mención de su nacionalidad particular tiene, para su interlocutor, menos importancia que el término *"Spanish"*, con todo el complejo de ideas preconcebidas que evoca en la cultura angloeuropea.

similar — afines

tie — lazo

La familia y el barrio

Recordemos que el concepto hispanoamericano del término "familia" corresponde al de la llamada "familia extensa". No es sorprendente así, que al trasladarse a los Estados Unidos el hispano trate de establecer en su nueva patria núcleos de convivencia familiar que incluyan a un alto número de personas y muestren considerable resistencia a ser fragmentados. Detrás de cada familia hispana extensa hay con frecuencia la historia de una familia nuclear que estableció una "cabeza de playa" en Norteamérica y luego fue trayendo al resto de sus familiares —hermanos, cuñados°, tíos, sobrinos, primos—, a veces con considerables sacrificios económicos. Una vez en Estados Unidos, tienden a mantener su proximidad geográfica, incluso a vivir en un mismo barrio. De ahí que los hispanos muestren menos tendencia a la movilidad geográfica que el resto de la población estadounidense. A menudo los incentivos económicos para trasladarse a otras partes del país —un empleo mejor pagado, por ejemplo— no son suficientes para hacerlos alejarse de su entorno familiar y, por extensión, del amplio círculo de amistades que genera este tipo de familia. Esto también les da a las comunidades hispanas una notable cohesión cultural y una menor disposición a ser absorbidas por la sociedad angloeuropea circundante°, a hacerse parte del "crisol", el *melting pot*, de los inmigrantes que les precedieron. ¿Se halla esto en proceso de cambio? Sin duda. En la medida en que la colectividad hispana gana acceso a la formación profesional y universitaria, como está sucediendo a un ritmo acelerado, las exigencias de la dinámica vida económica norteamericana probablemente estén destinadas a prevalecer sobre las estructuras tradicionales; como consecuencia, la tendencia a la dispersión se hace cada vez más fuerte, como ya mencionamos. Pero esto no anuncia el final inminente de las estructuras mencionadas.

brothers/sisters-in-law — cuñados

surrounding — circundante

Más allá del círculo familiar, como extensión de él, el típico barrio hispano exhibe también características distintivas. Quien ande por él no dejará de notar

una modalidad de vida volcada° hacia los espacios exteriores, aficionada a uti-   *turned*
lizar las calles, las plazas y otros lugares públicos como puntos no sólo de circulación sino también de encuentro y convivencia. Estos, recordemos, son signos
medulares de la cultura peninsular hispana, manifestación de un espíritu grega-
rio que hizo a los conquistadores españoles del siglo XVI fundar pueblos por
toda América que tenían una plaza como centro nervioso de la comunidad.
Tal tendencia, además, se acentúa en las ciudades norteamericanas debido al
carácter popular que tiene la mayoría de sus barrios hispanos, en los que por
razones económicas no suele haber muchas viviendas espaciosas y cómodas que
inviten al aislamiento. La imagen del barrio hispano es así la de la forma de vida
de las clases populares de Hispanoamérica —trabajadores manuales, pequeños
tenderos°, empleados de sueldos modestos, etc.—, de las cuales proviene la   *shopkeepers*
mayor parte de los emigrantes hispanos a Estados Unidos. Como tantos otros
antes que ellos, han venido a este país en busca de una vida mejor, pero no se re-
signan fácilmente a perseguirla fuera del contexto familiar de sus barrios; éstos
funcionan a menudo como santuarios que les ofrecen relativa seguridad respecto
al ambiente más bien hostil, con frecuencia plagado de prejuicios que existe en el
mundo urbano que les rodea.

La religión

Los hispanos de Estados Unidos, en su mayoría, trajeron a este país la religión
católica de sus antepasados. Y si el catolicismo que practican las clases media y
alta hispanas no difiere substancialmente del que predomina en los Estados
Unidos (salvo los rasgos distintivos que anotamos en el Capítulo 9), los hispanos
de extracción humilde, en cambio, se identifican a menudo con las modalidades
del culto católico que suelen aparecer en los medios sociales de los que proceden.
Así sucede, por ejemplo, con el sincretismo religioso, que en el Caribe mezcla las
creencias cristianas con los cultos africanos, y en México y otros países hispanoamericanos inyecta las creencias indígenas en los dogmas católicos. También
es frecuente ver la tendencia a incorporar al culto católico elementos del folclore
y el arte autóctono de los países latinoamericanos, todo ello como parte de una
experiencia estético-religiosa distintivamente hispana.

Hasta tiempos relativamente recientes la Iglesia norteamericana carecía de
estructuras adecuadas para atender las necesidades particulares de los feligreses°   *parishioners*
hispanos; todavía a principios de los años 70 ofrecía muy pocos programas que
trataran de establecer puentes culturales para los hispanohablantes. El número de
sacerdotes hispanos, por ejemplo, era escasísimo: sólo un 2,5% del total. La ciudad de Chicago, con más de un millón de hispanos, contaba con sólo 29 sacerdotes de este grupo étnico (Weyr 200). Las cosas, afortunadamente, comenzaron
a cambiar a mediados de los 70 y este progreso se aceleró bastante en la década
de 1980. Ahora se ofrecían servicios religiosos en español en las iglesias de los
barrios hispanos, frecuentemente transmitidos por televisión, y se multiplicaban
en las parroquias los programas de acercamiento cultural a los feligreses hispanos. A partir del nombramiento en 1974 del primer arzobispo hispano,
Roberto Sánchez, en Santa Fe, Nuevo México, creció notablemente el número de
hispanos que accedieron a altos cargos de la Iglesia Católica de Estados Unidos.
Apareció también un clima de activismo ideológico que formuló programas de

reivindicación social dirigidas específicamente a los católicos hispanos. Durante unos años fue influyente incluso la "teología de la liberación" —de moda en los años 70 en Hispanoamérica— que aplicaba principios marxistas a la problemática social y organizaba a los católicos hispanos, sobre todo a los de clases humildes, en "comunidades de base" diseñadas para poner un acento de lucha social en las actividades religiosas. En general, el activismo social es recibido con simpatía en la comunidad hispana, pero debe contender a menudo con el carácter esencialmente conservador del sistema de valores de ésta, incluyendo sus nociones sobre el respeto que se debe a la institución de la familia; esto hace, por ejemplo, que muchos hispanos se opongan al aborto y miren con desconfianza a las creencias liberales o francamente de izquierda de algunos activistas que hablan en su nombre.

La música

Junto con su lengua, su sistema de valores, su religión, sus esperanzas, los hispanos han traído su música a los Estados Unidos, que no es contribución pequeña. La música moderna del mundo entero —la que lo mismo se oye en un ascensor de Berlín que en un bar de Bangkok— se ha nutrido principalmente de dos fuentes: la música estadounidense y la latinoamericana. Canciones como "Granada" del mexicano Agustín Lara, o "Siboney" y "Malagueña" del cubano Ernesto Lecuona, son parte de un legado musical que pertenece a toda la humanidad, aunque el 90% de sus oyentes° no hispanos ignoren los títulos de esas melodías y su nacionalidad de origen. El término "música latina" y su traducción, *Latin music,* aluden, no realmente a un tipo de música sino a un complejo panorama musical que incluye aportes° de diversas naciones latinoamericanas. En sus orígenes se hallan la música europea, principalmente española, secundariamente francesa, que evolucionó en el Nuevo Mundo, así como los ritmos autóctonos africanos que llegaron con los esclavos sobre todo a tierras del Brasil y del Caribe.

    Es difícil exagerar la importancia que tiene la música en la vida del hispano. Su impacto trasciende las distinciones de clase y de generaciones. Si oímos a un hispano que cuenta la ocasión memorable en que asistió a un concierto de Paquito de Rivera en Nueva York, lo mismo puede tratarse de un joven dominicano de Manhattan, un obrero cubano de Nueva Jersey o un profesor puertorriqueño de Chicago. Cada nueva generación de hispanos se identifica, por supuesto, con la música de moda del momento, pero no rompe con el legado° musical de las generaciones anteriores, bien al contrario, lo incorpora con naturalidad. Un joven hispano usualmente conoce los músicos y cantantes que estuvieron (y a menudo todavía están) de moda durante la juventud de sus padres; halla en ese acervo° común un espacio donde puede afirmar su identidad cultural; un espacio en el que, además, quedan momentáneamente soslayadas° las distinciones sociales, sobrepasadas° por la democracia del ritmo, a cuya atracción sucumben por igual el pobre y el rico, el obrero y el profesional.

    La popularidad de la música hispana en los Estados Unidos se remonta° a la década de 1920, cuando la Revolución Mexicana de 1910 provocó un éxodo de emigrantes mexicanos a tierras norteamericanas; con ellos vinieron tales melo-

listeners

contributions

legacy

(cultural) wealth

sidestepped

surpassed

goes back

días como el jarabe tapatío y el corrido, así como las pequeñas orquestas típicas llamadas mariachis. El Hollywood de los años 20 se enamoró de los ritmos latinos, incluyendo el tango argentino, puesto de moda por Rodolfo Valentino, el ídolo romántico del cine mudo°. En los años 30 llegó a Hollywood el músico catalán nacionalizado cubano Xavier Cugat y popularizó una versión adulterada de la música latina a base de un pintoresco estilo personal respaldado por una magnífica orquesta. Por aquellos años se difundió° también la samba brasileña que la meca del cine incorporó a sus comedias musicales, haciendo de Carmen Miranda y sus espectaculares sombreros de frutas un hito de la cultura popular de la época.

silent

spread

En las décadas de los años 40 y los 50 el centro de acción se trasladó a la costa este de los Estados Unidos y en particular a la ciudad de Nueva York, donde ocurrió una verdadera explosión de música latina. El nuevo estilo que inició este fenómeno fue el mambo cubano, popularizado por Dámaso Pérez Prado y su orquesta; con ello comenzó una era de predominio de los ritmos afro-cubanos y otros ritmos caribeños, incluyendo el merengue dominicano y la cumbia colombiana, que en buena parte ha continuado hasta el presente. Estos eran los años en que ocurría el gran éxodo puertorriqueño a Nueva York, y los inmigrantes puertorriqueños pronto abrazaron con entusiasmo esos ritmos cuyas raíces estaban no sólo en Cuba sino también en el acervo musical hispano-africano de Puerto Rico. Al éxito del mambo vino en seguida a sumarse el del cha-cha-cha, otro producto de la Cuba de los 50. Como ha apuntado el crítico Tony Evora, "eran los días de los miércoles de mambo en el Palladium (de Nueva York), donde asistían más jóvenes judíos que negros o latinoamericanos. Las orquestas de Tito Rodríguez, Machito y sus Afro-Cubans, Tito Puente y otros, lo manipularon en sus diversos estilos. Joe Loco, el pianista de Machito, hizo historia en el concierto 'Mambo USA' en Carnegie Hall". El repertorio de música latina se enriqueció aun más en los años 60 con el triunfo en los Estados Unidos del sensual, acariciante° ritmo brasileño de la *bossa nova*, sucesora de la samba; su canción emblemática, "Garota de Ipanema", de Vinicius de Moraes y Antonio Carlos Jobim, fue grabada por Nat King Cole como *The Girl from Ipanema*, convirtiéndose en una clásico internacional.

caressing

Entre los exiliados cubanos que huyeron a Estados Unidos en los años 60 tras la subida al poder del régimen de Fidel Castro llegaron muchos músicos y artistas de primera fila que inyectaron nuevo vigor a la presencia musical cubana en suelo norteamericano: Celia Cruz, la orquesta "Sonora matancera", Paquito de Rivera, el gran Israel López, "Cachao", a quien algunos atribuyen la invención del mambo. El área de Miami, centro del exilio cubano, comenzó a competir con Nueva York como meca de la música latina. Fue en ese entorno de música predominantemente afro-cubana con contribuciones puertorriqueñas e influencias del jazz que empezó a usarse en Nueva York a mediados de los años 60 la palabra "salsa"; con ella se intentaba darle un nombre independiente a aquel fenómeno de trasplante y enriquecimiento de los ritmos caribeños en tierra norteamericana. Algunos de los más distinguidos músicos latinos, con Tito Puente e Israel López a la cabeza, han negado la existencia de la salsa, pues ven en ella sólo el desarrollo natural de la música cubana en el ambiente neoyorquino, pero es innegable que el término ha pegado° y hoy es el que más se usa en los Estados Unidos para referirse a la música de tipo caribeño, una música que

has stuck

group

ha continuado renovándose en las tres últimas décadas sin perder su individuali-dad. En el Miami de los años 80 apareció un conjunto° musical, *Miami Sound Machine*, que ilustraba bien la capacidad de esa música para entrar en una fruc-tífera síntesis con los ritmos pop de Norteamérica. Su número hit, "Conga", entró de lleno en la corriente central de la música norteamericana y convirtió a su cantante, la cubano-americana Gloria Estefan, en una figura de magnitud mundial. La salsa, en artistas como el panameño Rubén Blades, ha servido a menudo de marco a la protesta social.

En la década de 1990 ocurrió una nueva explosión de la música latina en los Estados Unidos. La salsa consolidó un puesto prominente en la corriente central de la música estadounidense; las voces de Enrique Iglesias, hijo del famoso Julio, Ricky Martin, Jennifer López, Marc Anthony, Christina Aguilera, entre otros, llevaron al gran público norteamericano las irresistibles cadencias de su mundo musical bilingüe.

Los mexicano-americanos

Cuando en 1848 México perdió casi la mitad de su superficie a manos de los Estados Unidos, unos 100.000 mexicanos se quedaron a vivir en los territorios que pasaron a integrar el suroeste norteamericano. La emigración mexicana a Estados Unidos comenzó a aumentar a fines del siglo XIX, con la expansión de la agricultura en los estados del suroeste y la construcción de los ferrocarriles, y se aceleró a partir de los años caóticos que siguieron a la Revolución Mexi-cana de 1910. Para fines de la década de 1920 había un millón de mexicanos viviendo en los Estados Unidos. Los años de la década de 1930, los de la Gran Depresión, crearon un ambiente hostil contra esta minoría; parte de ella fue ilegalmente repatriada y, en aquel clima de general xenofobia, disminuyó dramá-ticamente el número de mexicanos que emigraban a suelo norteño. Al comen-zar la Segunda Guerra Mundial, sin embargo, se produjo una gran escasez de

labor shortage

mano de obra° agrícola en Estados Unidos que fue llenada por nuevas oleadas de inmigrantes mexicanos. El gobierno norteamericano estableció entonces el "*Bracero Program*", que funcionó durante más de veinte años (1942–1964) y permitía a trabajadores mexicanos entrar temporalmente en los Estados Unidos para emplearse en labores agrícolas. De este modo, hasta 400.000 personas eran admitidas anualmente para hacer trabajos que la mayoría de los ciudadanos norteamericanos no estaban dispuestos a hacer. Al terminar el programa de los

labor unions

braceros —en parte debido a la oposición de los sindicatos° norteamericanos— se produjo un espectacular aumento en el número de inmigrantes mexicanos que entraron o trataron de entrar ilegalmente en los Estados Unidos. El Servicio de Inmigración norteamericano comenzó a aprehender entre 800.000 y 1.000.000 de ilegales anualmente, la mayoría en la zona de la frontera entre México y los Estados Unidos.

Por otro lado, los mexicanos y mexicano-americanos que vivían legalmente en este país se sentían a menudo afectados por la sombra del prejuicio. Si a ello se añade el hecho de que el nivel de vida de la minoría mexicana era considerable-mente inferior al del resto de la población estadounidense, se comprenderá la

acogida favorable con que a menudo fueron recibidas las palabras de los líderes
radicales que hicieron su aparición en los años 60, en las huellas° del movimiento *in the footsteps*
en defensa de los derechos civiles de la población negra norteamericana. En
Colorado, el activista radical Rodolfo "Corky" Gonzales proclamó el concepto
de "la Raza", que proponía de manera desafiante la independencia de la comunidad mexicano-americana del resto de la sociedad norteamericana y una vía de
confrontación para obtener sus objetivos sociales. En Nuevo Mexico, el carismático Reyes Tijerina presionaba a las autoridades para que se ventilaran en los
tribunales de justicia los derechos que tenían los hispanos a las concesiones de
tierras realizadas por la corona española con anterioridad a 1848. En Delano,
California, César Chávez, comenzaba su trabajo de organización de los trabajadores agrícolas fundando el *National Farm Workers Organizing Committee*
(NFWOC); la exitosa huelga que organizó en los viñedos° de California, el boicot *vineyards*
nacional que promovió contra los productores de vino de ese estado, mostraron
la presencia de un talento organizador de primer orden, con una habilidad innata
para usar efectivamente los medios de publicidad, incluyendo especialmente la
televisión. Al grito de *black power* se unió ahora el de *brown power* y se popularizó el término "chicano" para referirse a los mexicano-americanos. Durante
unos años la izquierda radical llevó la voz cantante° del movimiento chicano y *the leadership*
alcanzó considerable visibilidad en conferencias y congresos que promovían "la
Causa" a través de California y los estados del suroeste. No faltaron incluso
los incidentes violentos, como los que protagonizó Reyes Tijerina y los seguidores
de su movimiento, "la Alianza"[1]. Ese clima de confrontación disminuyó con el
fin de la década de 1960. Signo de ello fue la creación de La Raza Unida como
partido político a principios de los 70, que buscó adelantar la causa chicana a
través de la vía de las urnas°. El líder de aquellos años que, merecidamente, *ballot boxes*
conservó más prestigio fue César Chávez; su aproximación no violenta, su atractiva presencia, el fondo religioso de sus campañas en defensa de los trabajadores
agrícolas, le convirtieron en una figura venerada por la comunidad mexicano-
americana hasta el final de sus días, aunque sus campañas reivindicativas no
volvieron a alcanzar éxitos comparables a los obtenidos en los años 60. El término "chicano" nunca ganó aceptación universal en la comunidad mexicano-
americana, en parte porque buena parte de ella, de tendencia conservadora, lo
identificó con un activismo radical de izquierda que no compartía.

El progreso de los mexicano-americanos —y lo mismo se podría decir del
resto de los hispanos de Estados Unidos— ha sido lento aunque constante, sin
grandes saltos espectaculares, conseguido a través de vías políticas y de un aprendizaje de las tácticas que funcionan mejor en los centros del poder político norteamericano, incluyendo el *lobbying* y la identificación y organización del voto
hispano. La década de los 80 produjo un notable aumento en el número de
mexicano-americanos elegidos a puestos públicos de importancia: Tony Anaya,
por ejemplo, como gobernador de Nuevo México; Henry Cisneros, como alcalde
de San Antonio; Federico Peña como alcalde de Denver. Aun así, las estadísticas de la comunidad mexicano-americana continuaban mostrando la desventaja
en que se hallaba en relación con el resto de la población estadounidense.
Mientras cerca del 42% de los norteamericanos nativos completaban por lo
menos 12 grados de enseñanza primaria, menos del 17% de la minoría mexicana

alcanzaba tal nivel (Heer 121). Todavía para 1989, de acuerdo con el censo del año siguiente, más del 26% de esta minoría vivía por debajo de la línea de la pobreza, en comparación con un 13% para la población angloamericana. Y mientras ésta gozaba de un ingreso anual promedio de más de 14.000 dólares, los mexicano-americanos no llegaban a los 7.500.

El problema de la inmigración ilegal, por otra parte, ha continuado creando tensiones tanto dentro de la comunidad mexicano-americana como en las relaciones entre Estados Unidos y México. Según el censo de 1980, sólo en el *county* condado° de Los Angeles vivían 658.000 indocumentados (Heer 18). Para mediados de los años 90, el Servicio de Inmigración y Naturalización (INS) estimaba el número de inmigrantes ilegales en unos 400.000 para Texas y 1,6 millones *raids* para California. Las redadas° por sorpresa que ha practicado tradicionalmente el INS, "la Migra", han sido fuente de resentimiento entre la comunidad mexicana sin contribuir significativamente a la solución del problema. Ultimamente, sin embargo, el Servicio de Inmigración ha tendido a disminuir el número de tales redadas y a concentrarse más en la vigilancia de la frontera con México. Y aunque la inmigración ilegal se ha mantenido en niveles altos en años recientes (un estimado de 300.000 al año), a principios del año 2000 estaba ocurriendo una discernible disminución debida, probablemente, a una variedad de causas: la situación económica de México ha mejorado, el *U.S. Border Patrol* ha aumentado considerablemente su personal y mejorado su sistema de vigilancia, y, quizás, lo que la revista *U.S. News & World Report* (2/26/01) llamara el *Fox factor,* es decir, el optimismo que ha causado entre la población mexicana la elección de Vicente Fox a la presidencia del país y sus planes de mejorar el nivel de vida de las clases pobres de México, especialmente las que viven cerca de la frontera con los Estados Unidos.

Por otro lado, la actitud de los norteamericanos, especialmente de los empresarios agrícolas e industriales, se ha hecho más tolerante: el bajo desempleo de estos últimos años en Estados Unidos ha hecho a los inmigrantes pobres, ilegales o no, prácticamente indispensables para trabajar en los puestos más basicos de la agricultura y de la industria norteamericanas. Un artículo del *New York Times* (1/14/01) citaba unos recientes comentarios del senador Peter Domenici de Nuevo México: "Estamos alentando la hipocresía. Los arrestamos en la frontera, pero una vez que consiguen llegar aquí, todo el mundo les abre los brazos y les dice: 'tenemos un trabajo para usted'" [la traducción es nuestra].

Los puertorriqueños

Como antes hemos visto, en 1917 los Estados Unidos concedieron a los puertorriqueños un tipo especial de ciudadanía norteamericana, por lo que les ha sido posible entrar y salir de suelo estadounidense sin restricción alguna. Hasta la década de 1940, sin embargo, se trató de una emigración numéricamente modesta que, aunque emigraba a Estados Unidos por razones económicas, estaba compuesta en su mayoría por personas procedentes de centros urbanos, con un *trade* alto nivel de alfabetización y un oficio° que les permitía incorporarse rápidamente al mercado de trabajo estadounidense. Nueva York fue desde el principio su lugar de destino favorito y en esos años se establecieron los primeros núcleos

de población boricua° en Brooklyn, East Harlem y otras áreas de Manhattan *Puerto Rican*
(Rodríguez 3).

El gran éxodo comenzó en los años que siguieron al fin de la Segunda Guerra
Mundial. Para 1980 más de dos millones de puertorriqueños vivían en Estados
Unidos. Estos inmigrantes, por otro lado, procedían en
buena parte de las áreas rurales de Puerto Rico, su nivel
de alfabetización era menor que el de sus predecesores y
la mayoría de ellos no poseía habilidades manuales espe-
cializadas. Ese dramático incremento en la emigración
puede relacionarse con una serie de causas. En la década
de 1940 se inició en Puerto Rico un ambicioso programa, la llamada *"Operación Bootstrap"*, que buscaba
conseguir la rápida industrialización de la isla mediante
la concesión de importantes incentivos económicos y fiscales a empresas industriales extranjeras que se establecieran allí. El programa fue muy exitoso en cuanto a que
logró aumentar apreciablemente el nivel de vida de la
isla, pero no produjo la solución del problema del desempleo. Las plantas industriales que se establecieron
no generaron suficiente número de empleos, mientras
que la reorientación de la economía hacia la industria

La familia de Carlos y Carmen Ramos,
familia puertorriqueña residente en Carlisle,
Pennsylvania, muy activa en programas
de ayuda comunitaria.

resultó en perjuicio de las actividades agrícolas pues la población campesina
tendió a desplazarse hacia las ciudades; todo esto produjo un excedente de mano
de obra que encontró una válvula de escape en la emigración hacia Estados
Unidos. Aparte de esto, Estados Unidos y Nueva York ofrecían el atractivo del
mito norteamericano como "tierra de promisión", de oportunidades ilimitadas
de trabajo.

Desafortunadamente, muchos puertorriqueños encontraron que "el sueño
americano" no era fácil de realizar, especialmente en el entorno competitivo y
a menudo hostil de una gran ciudad como Nueva York. Y la situación se les
hizo aun más difícil debido a las transformaciones que experimentó la economía
neoyorquina en las décadas de 1960 y 1970: en esos años Nueva York perdió
una gran cantidad de puestos de trabajo en las industrias manufactureras, que
eran las principales fuentes de trabajo para los puertorriqueños; por otro lado,
no se crearon suficientes empleos en el área de servicios para compensar esas
pérdidas. Esta tendencia empeoró° durante la década de 1980: los empleos de   *worsened*
cuello y corbata° que constituían ahora el sector en expansión requerían conoci-   *white-collar*
mientos cada vez más especializados en materia de finanzas, mercados, progra-
mas informáticos°, etc, y la mayor parte de la población puertorriqueña no tuvo   *computer programs*
gran éxito en acceder a ese nuevo mercado de trabajo. Incluso los que poseían el
entrenamiento apropiado y las necesarias credenciales académicas no encontraban fácil introducirse en el mundo de Wall Street y Madison Avenue. Aun en las
empresas de mentalidad más abierta, los signos de identidad hispana —acento en
la pronunciación del inglés, apellido hispano, etc.— actuaban a veces como su-
tiles barreras al acceso a los buenos puestos de trabajo.

Como consecuencia, muchos emigrantes de Puerto Rico llegaban ahora a
Nueva York y no se quedaban allí sino que se trasladaban a otras ciudades donde
ya existían comunidades puertorriqueñas más prósperas. Incluso buena parte de

los puertorriqueños de clase media empezaron a mudarse a otras comunidades fuera del área metropolitana. Nueva York misma se convirtió en una ciudad que albergaba a una comunidad puertorriqueña predominantemente pobre, y que dependía en buena medida de la asistencia social° para sobrevivir. A ello vino a agregarse el problema del consumo y tráfico de drogas en los barrios, cuyos efectos han sido devastadores. Dos de las consecuencias más lamentables de ese proceso fueron, de un lado, el deterioro de las condiciones de vida en los barrios puertorriqueños, con el emblemático South Bronx a la cabeza; de otro, el daño que sufrió la tradicional estructura familiar hispana, que siempre ha sido el principal pilar de la sociedad puertorriqueña. Evidencia de ello es el alto porcentaje de niños nacidos de parejas no casadas, productos a menudo de relaciones sexuales ocasionales, y el también alto número de núcleos familiares presididos sólo por mujeres. Una conocida obra del gran dramaturgo puertorriqueño René Marqués, *La carreta* (1953), presenta la experiencia traumática de una familia puertorriqueña rural que se traslada primero a San Juan, luego a Nueva York, sólo para regresar, al cabo, al campo de Puerto Rico con el fin de recuperar sus raíces culturales perdidas.

No todo en ese cuadro es negativo, sin embargo. Como ha destacado Clara Rodríguez, la comunidad puertorriqueña de Nueva York ha conseguido mantener una vida cultural poco visible para el observador externo pero que subsiste y se expresa en multitud de manifestaciones artísticas. Estudios y talleres° diseminados por los barrios han producido valiosas expresiones pictóricas propias que han hallado espacio en El Museo del Barrio en la Quinta Avenida y en el *Bronx Museum of the Arts* (158–159). Joseph P. Fitzpatrick, por su parte, ha anotado la presencia del Ballet Hispánico de Nueva York y del *Puerto Rican Travelling Theatre* que, bajo la dirección de Miriam Colón, llevó a la escena la problemática puertorriqueña de los barrios; así como la productividad artística que ha demostrado esa comunidad en el campo del teatro y el cine: de allí salieron, en efecto, actores y actrices de la talla° de José Ferrer, ganador del Oscar por su actuación en *Cyrano de Bergerac,* Héctor Elizondo, Raúl Juliá, Chita Rivera, Rita Moreno… (60–61). El propio Fitzpatrick ha llamado la atención sobre importantes características de la idiosincrasia puertorriqueña que han logrado sobrevivir en suelo norteamericano aun en las condiciones más adversas: la distintiva manera, por ejemplo, en que los puertorriqueños, ya sean de piel blanca o de piel morena, pueden confraternizar en reuniones y celebraciones, o la capacidad de las familias puertorriqueñas para lidiar de manera ecuánime° con los reveses° más serios de sus vidas diarias gracias a la fortaleza que, a pesar de todo, mantienen los lazos familiares en esta cultura (112; 90).

Por último, cuando los puertorriqueños no han tenido que enfrentar condiciones tan adversas como las de la ciudad de Nueva York, han sido muy capaces de crear comunidades prósperas, según ha sucedido en otros enclaves boricuas del estado de Nueva York, el de Nueva Inglaterra, el medio oeste norteamericano y el área de San Francisco en California, por no hablar del alto nivel de vida que han alcanzado en el propio Puerto Rico. Allí, en su isla, han conseguido mantener una identidad cultural hispana de asombroso vigor que es puesta a dura prueba pero consigue sobrevivir cuando emigran a Estados Unidos. Es difícil encontrar otro grupo hispano que, aunque en tierra extraña, muestre mayor identificación emocional con las cosas de su tierra de origen: con su comida, su

social welfare

workshops

stature

calm
setbacks

música, su sentido comunitario basado en la supremacía de la amistad y de los lazos familiares, con el escenario de su bella isla que evocan las notas del "himno nacional" puertorriqueño: "Mi viejo San Juan".

Los cubanos

Tres generaciones de cubano-americanos: Oscar y Lourdes León, sus hijos y nieta.

El tercer gran grupo de hispanos asentados en Estados Unidos se diferencia de los otros en varios aspectos. La mayor parte de la emigración cubana que llegó a Estados Unidos durante los años 60 lo hizo por razones ideológicas más bien que económicas. Se trataba, además, de emigrantes pertenecientes en su mayoría a la raza blanca y con un nivel de educación bastante superior al de casi todos los demás grupos hispanos. Los cubanos se han distinguido también por su baja tasa de fertilidad y por su tendencia a residir fuera del centro de las ciudades, en barrios residenciales. Económicamente disfrutan de un nivel de ingresos sólo ligeramente inferior al de la población angloamericana.

Esas características tienen que ver con el hecho de que, sobre todo en el período 1959–1963, los exiliados procedían en buena parte de la clase media y alta de la sociedad cubana. Hasta cierto punto, esos primeros contingentes de refugiados sentaron las pautas de comportamiento° para los que vinieron después. El impresionante éxito que han tenido en adaptarse a la vida de su nuevo país y prosperar en ella es una historia que ha sido contada muchas veces. Cuando llegaron a Miami, el principal centro del exilio cubano, ésta era una ciudad en decadencia, con pocas plantas industriales y una industria turística que languidecía°. Pocos años después, y gracias en buena medida a la dinámica presencia de los exiliados cubanos, Miami se había convertido en una próspera metrópoli y en el principal centro financiero de los negocios entre los Estados Unidos y Latinoamérica. La presencia cubana actuó también como incentivo para que otros núcleos de población hispana vinieran a establecerse en la Florida. Miami ha llegado a ser llamada "la capital de Latinoamérica".

La explicación de ese éxito no reside únicamente en la abundancia de personas de la clase media y alta entre los exiliados cubanos. Aun en el período inicial, 1959–1963, más del 50% de los exiliados eran empleados y obreros especializados o semiespecializados, y esta representación de la clase obrera fue aumentando en los años siguientes, a medida que las leyes y disposiciones del gobierno comunista de Castro fueron afectando a sectores cada vez más amplios de la población cubana. Para 1967 sólo el 18% de los exiliados eran profesionales o ejecutivos (Fagen 115). Esto quiere decir que "el milagro cubano" ocurrido en las décadas de 1960 y 1970 fue producido por una comunidad cubana cuya composición social se acercaba a la de la sociedad que había dejado atrás en mayor medida de lo que usualmente se piensa (Boswell & Curtis 45). Los exiliados, por otro lado, se hallaban altamente motivados para abrirse paso° en la

set the behavioral rules

languished

to succeed

branded them as
worms

enterprising spirit

change of clothes
belongings
cash

relocate

hurt

rebellious

sociedad norteamericana porque tenían algo que probar. El trato abusivo que habían recibido de las autoridades del régimen de Castro, que los tachaban de° "gusanos"° y les auguraban un futuro de humillante penuria en los Estados Unidos, actuó sin duda como estimulante para incitarlos a la acción en su nuevo país. A esto habría que agregar el acentuado espíritu empresarial° que caracterizaba a amplios sectores de la población cubana de los años 50.²

Sus primeros tiempos no fueron fáciles, sin embargo. Los refugiados llegaban a Miami con tres mudas de ropa° en las maletas y ningún dinero, ya que el gobierno cubano, después de confiscar todas sus propiedades y pertenencias° personales, les hacía "donar" a la Revolución el dinero efectivo° que les quedaba en el momento de tomar el avión en el aeropuerto de La Habana. El número de refugiados se hizo tan grande (más de 250.000 entraron por el aeropuerto de Miami entre 1959 y 1963) que al cabo requirió la creación de un programa oficial de ayuda. En 1961, la administración de Kennedy estableció el *Cuban Refugee Program* que brindaba asistencia inicial a los refugiados, los proveía de un modesto cheque mensual y algunas provisiones de comida, y les daba la oportunidad de relocalizarse° en otros estados del país. Más de 400.000 refugiados optaron por relocalizarse, lo que les llevó a recomenzar sus vidas en los rincones más apartados de Estados Unidos, desde New Hampshire hasta el estado de Washington. Muchos de ellos realizaron una exitosa adaptación a esos climas y paisajes, tan diferentes a los de Cuba, pero otros terminaron por volver al área de Miami, atraídos irresistiblemente por su clima y su ambiente cubano. Para la década de 1980 la red familiar cubana de la Florida había crecido lo suficiente como para ofrecer un sólido sistema de apoyo tanto a los nuevos refugiados que llegaban como a los que decidían regresar a Miami después de haber sido relocalizados en otras partes de los Estados Unidos. Existía ahora allí un importante mercado de trabajo compuesto por industrias, cientos de restaurantes, tiendas, supermercados y bancos cuyos empleados y ejecutivos cubanos estaban dispuestos a conceder financiación de viviendas, créditos comerciales, etc. a los compatriotas que los necesitaban.

El episodio del Mariel en 1980, cuando en sólo cinco meses arribaron 125.000 nuevos refugiados cubanos a las costas de la Florida, creó una momentánea crisis en el proceso del exilio. No sólo fue extremadamente difícil asimilar de un golpe a tan gran número de refugiados sino que la minoría de delincuentes comunes y enfermos mentales enviados por el gobierno cubano entre aquel grupo dañó° temporalmente la positiva imagen que los cubanos se habían ganado en los Estados Unidos. Durante los meses que siguieron a su llegada, el sector más díscolo° de los "marielitos" protagonizó una serie de incidentes delictivos o de protesta contra sus condiciones de vida en Miami que hicieron temer un difícil período de adaptación al medio norteamericano. Con el tiempo, los refugiados de Mariel fueron asimilados, en parte a través de un programa especial de relocalización, excepto por un grupo de individuos considerados delincuentes peligrosos que fueron encarcelados indefinidamente por el gobierno norteamericano; éstos quedaron así en una situación penosamente indefinida, pues ni se les ponía en libertad por temor a que continuaran cometiendo delitos, ni se les juzgaba ya que no había cargos contra ellos en territorio norteamericano. Los cubano-americanos de hoy viven aún con el penoso recuerdo de aquellos difíciles días.

La presencia cubana ha transformado radicalmente el ambiente cultural de las áreas urbanas en que se ha concentrado. El próspero *Little Havana* es sólo el barrio cubano más famoso de un Miami que se ha convertido en una metrópolis predominantemente hispana donde los comerciantes que deseen atraer a clientela no latina tienen que colgar en sus escaparates cartelitos que aclaren: *English spoken*. El hispano que vive en esa área puede usar la lengua española en todas las actividades de su vida, desde comprar en los supermercados, comer en restaurantes y cortarse el pelo hasta leer el periódico, ver la televisión y consultar a su médico. El inglés, en verdad, suena como una lengua extranjera en la mayor parte de la ciudad. Miami es así mismo un importante centro artístico y literario en el que existe una notable concentración de salas de arte, teatros, salas de conciertos, librerías, bibliotecas y casas editoras que promocionan las producciones hispanas, con fuerte énfasis en las cubanas.

Políticamente, los cubanos son más conservadores que el resto de los hispanos. Mientras éstos se han alineado tradicionalmente con el partido Demócrata, los cubanos tienden a apoyar a los Republicanos. El episodio de Bahía de Cochinos (1961), en el que una administración Demócrata, la de Kennedy, desembarcó a una brigada de exiliados cubanos en una playa de la isla y luego no les prestó apoyo naval ni aéreo, dejó una profunda huella de resentimiento en la comunidad cubana que no se ha borrado todavía. Los Republicanos han sido tradicionalmente percibidos como más decididos y efectivos opositores al régimen de Fidel Castro.

Bilingüismo y asimilación cultural

Más allá de las diferencias que los separan, los grupos hispanos de Estados Unidos comparten un fundamental rasgo común: el uso de la lengua española como medio de comunicación que les da su principal sentido de identidad pero que, a la vez, les plantea el problema de insertarse adecuadamente en una sociedad dominada por la lengua inglesa. La tradición norteamericana, la del llamado *melting pot,* ha requerido que los inmigrantes aprendan el inglés y se incorporen lo más rápidamente posible a la corriente central de la cultura norteamericana, subordinando a ésta sus diferencias culturales y lingüísticas. Quienes ven este rasgo del "experimento americano" como algo positivo destacan el hecho de que ha permitido forjar un país fuerte, dotado de un carácter común, sin perder un distintivo sello° de diversidad que permite a sus diferentes grupos étnicos manifestar su individualidad y el orgullo que sienten por sus culturas de origen. Los críticos de esa posición alegan, en cambio, que a los inmigrantes se les ha hecho ver sus respectivas culturas como "diferentes", es decir, como desviaciones de la norma, engendrando en ellos un nocivo sentido de inferioridad cultural. El niño italiano veía que la lengua que hablaban sus padres era considerada indeseable en la escuela y sacaba de ello sus propias conclusiones, aunque luego, sobre todo en tiempos de elecciones, vinieran los políticos a elogiar las virtudes de la herencia étnica italiana. Tuvieron así que vivir en un mundo dual, simbolizado por el guión° que los definía como *Italian-Americans, Irish-Americans,* etc.

El caso de los hispanos es todavía más complicado y difícil. Los métodos de asimilación lingüística que funcionaron con efectividad (aunque al precio arriba

imprint

hyphen

strength

mencionado) para las etnias europeas no son necesariamente eficaces para las minorías hispanas. La cultura española, en primer lugar, ha probado tener una robustez° que le permite sobrevivir relativamente intacta los intentos de penetración de otras culturas, incluso cuando se la trasplanta a otros entornos. A Puerto Rico, por ejemplo, un siglo de dominación estadounidense no le ha hecho perder su lengua ni su cultura hispana, y en los Estados Unidos las minorías hispanas han sido probablemente las que han mostrado mayor resistencia a ser asimiladas por la cultura circundante. Pero la robustez de la cultura hispana ha sido sólo uno de los factores de la ecuación. El hecho de que la mayor parte de los inmigrantes hispanos hayan venido de las clases más pobres y menos educadas de sus respectivas naciones ha dificultado también su inserción en la cultura de su nuevo país de una manera plena y, sobre todo, exitosa desde el punto de vista económico. A ello habría que añadir la tendencia hispana a concentrarse en enclaves urbanos en los que el uso de la lengua española es el más importante

tie

vínculo° de unión comunitaria. En esos entornos, la utilización de la lengua materna es incluso un mecanismo de autodefensa, sobre todo entre adultos que, sintiéndose incapaces de aprender el inglés, imponen el español en el ambiente familiar. No es sorprendente así que en la ciudad de Nueva York, por ejemplo, aproximadamente el 90% de los puertorriqueños y de los cubanos hablen español en casa (Rodríguez 30).

Los escolares hispanos han sido singularmente afectados por esas circunstancias. Hasta la década de 1960, sobre todo en los estados del suroeste, no era raro someterlos a reprimendas y castigos si usaban el español en clase. El testimonio de una estudiante de secundaria de los años 60 es bien elocuente:

> *Sometime during the process of receiving my education I became a Mexican-American. Perhaps it was during my primary years when a teacher with blue eyes told me "Wash your hands... you people always manage to be filthy..." or maybe it was the teacher who told me "We don't want to hear you speaking that language again"…. Somewhere along the road I learned that "you people" meant Mexican-Americans and that "that language" meant Spanish… (Stoddard 205).*

mentally retarded

Las dificultades que experimentaban muchos niños hispanos debido a su poco conocimiento del inglés hacía que sus maestros les colocaran a veces en las mismas clases que a los retrasados mentales°. La década de 1960 trajo una mayor sensibilidad hacia el problema y se crearon los primeros programas encaminados a compensar las desventajas que padecían muchos escolares hispanos. Uno de los eventos que hizo ver la necesidad de hacer algo al respecto fue la llegada masiva de niños exiliados cubanos a la Florida en esos años. El *Coral Way Elementary School*, en particular, se encontró con que la mitad de los escolares de sus primeros grados eran niños cubanos que no hablaban inglés y se hizo necesario establecer urgentemente un programa de enseñanza bilingüe, uno de los primeros que se creó en la nación (Weyr 53–54). En los años siguientes la enseñanza bilingüe se extendió por todo el país, se dictaron leyes y disposiciones administrativas para regularla y se proveyeron fondos para su implementación, aunque éstos siempre resultaban insuficientes dada la enorme tarea que se proponía. Pues si al principio estos programas fueron creados fundamentalmente para niños hispanos, luego el concepto se extendió a otras minorías. El Tribunal Supremo de los Estados Unidos, en particular, dictaminó en 1974 que negarles a los escolares el derecho a recibir asistencia lingüística constituía una violación de sus derechos civiles.

La enseñanza bilingüe se anotó sus más importantes avances en el período que terminó a principios de los años 80, cuando, durante la recesión económica de aquellos años, empezó a cuestionarse la validez de las premisas que habían ocasionado la introducción de los programas bilingües y la efectividad de los métodos que empleaban para conseguir sus objetivos. En lo que a las minorías hispanas se refiere, dos posiciones pedagógicas e ideológicas han dominado el debate desde el principio: una es partidaria de que como objetivo principal, se le ofrezca al niño asistencia en el aprendizaje y/o perfeccionamiento de la lengua inglesa; la otra insiste en que, además de enseñársele inglés, se ayude al niño hispano a conservar su competencia en español, e incluso se le permita estudiar en esta lengua las asignaturas básicas del programa —matemáticas, ciencias, historia, etc.—, con énfasis en la historia y la cultura de los pueblos hispanos. Durante los años "dorados" de la enseñanza bilingüe, este último enfoque° *approach* gozó de bastante favor. Últimamente, en cambio, ha sufrido importantes reveses desde que en 1998 el estado de California decidió suprimir la enseñanza bilingüe: las notas escolares de los niños hispanos mostraron tendencia a aumentar, no a disminuir, cuando se los ponía en clases en que se usaba sólo la lengua inglesa. Pero tales resultados no son aún concluyentes y es de esperar que el debate continúe.

NOTAS

[1] En junio de 1967 Tijerina y sus seguidores trataron de arrestar al fiscal del distrito de Río Arriba, Nuevo México. "La Alianza" había proclamado la creación de una ciudad-estado mexicana, el "Pueblo de San Joaquín", en tierras que habían sido parte de una concesión de la corona española pero que ahora eran tierras públicas administradas por el *U.S. Forest Service*.

[2] La gran emigración española que vino a establecerse en Cuba durante las primeras décadas del siglo XX estaba formada en buena parte por laboriosos peninsulares que, al abrir comercios (*business*) en la isla y prosperar en ellos, dieron un aura de dignidad a las actividades comerciales, usualmente despreciadas por el código de valores hispanoamericano. Una parte considerable de la clase media cubana estaba formada por los familiares de esos inmigrantes españoles, cuyos hijos crecieron respirando esa atmósfera empresarial. Por otro lado, la presencia en Cuba de multitud de compañías y empresas estadounidenses ofreció una importante escuela de entrenamiento para toda una generación de cubanos, al adoptar muchas de esas compañías la política de emplearlos en cargos ejecutivos. En los años 50, los cubanos ocupaban el 75% de los puestos técnicos y ejecutivos de las subsidiarias norteamericanas en Cuba (Baklanoff 25). Cuba tuvo incluso la suerte de contar con una importante inmigración siria y libanesa compuesta mayormente por pequeños comerciantes que contribuyeron también a cimentar (*consolidate*) el mencionado espíritu empresarial. Todo ese valioso "capital humano" quedó desplazado cuando el gobierno de Castro expropió tanto las compañías extranjeras como todas las industrias y empresas comerciales cubanas y sustituyó a su personal por empleados afectos (*loyal*) al régimen. La filas del exilio cubano se enriquecieron así con el aporte de una generación joven, apta y emprendedora (*enterprising*).

Ejercicios y actividades

A. Preguntas sobre la lectura

1. Dice el texto que en décadas recientes algunas minorías hispanas han mostrado una tendencia hacia la dispersión. ¿Qué se quiere decir con esto?

2. ¿Por qué ha habido la tendencia en los Estados Unidos a clasificar a los hispanos como "no blancos"?

3. ¿En qué sentidos fue diferente el censo del año 2000 al identificar a los hispanos que viven en los Estados Unidos?

4. El "barrio" ha sido una parte muy importante de la vida hispana en los Estados Unidos. ¿Por qué?

5. ¿Ha respondido la Iglesia Católica estadounidense a la necesidad de incorporar a los católicos hispanos a sus filas? Dé dos ejemplos.

6. ¿Qué significa el término "música latina"?

7. ¿Qué tipo de música es la "salsa"?

8. ¿Por qué la revolución de Fidel Castro tuvo un importante impacto en la música hispana de los Estados Unidos?

9. ¿En qué consistía el *Bracero Program*?

10. ¿Qué ocurrió en la comunidad mexicano-americana durante la activista década de 1960?

11. ¿Qué problemas tuvieron muchos puertorriqueños que llegaron al área de Nueva York?

12. ¿Qué aspectos importantes de su cultura han logrado preservar aun los puertorriqueños más pobres en los Estados Unidos?

13. Mencione dos razones por las que la minoría cubana ha sido bastante exitosa en los Estados Unidos.

14. ¿Por qué creó problemas la llegada a la Florida en 1980 de los refugiados cubanos del Mariel?

15. ¿Qué objetivos principales han tenido los programas bilingües?

B. Sinónimos. Encuentre parejas de palabras sinónimas en las dos columnas.

1. ____ aporte
2. ____ oficio
3. ____ exigencia
4. ____ valla
5. ____ talla
6. ____ vínculo
7. ____ comercio
8. ____ pertenencia

a. estatura
b. muro
c. ocupación
d. propiedad
e. negocio
f. lazo
g. requerimiento
h. contribución

C. Selección. Encuentre en la lista las palabras que correspondan a las siguientes definiciones.

boricua   cuñado   ecuánime   plantilla
primo   redada   retrasado   sindicato
sobrino   padrino   urbe   viñedo

1. _____ Así se le llama al esposo de una hermana.

2. _____ Asociación de obreros.

3. _____ Un campo sembrado de plantas de cuyas frutas se extrae el vino.

4. _____ Calificativo referente a las cosas y personas de Puerto Rico.

5. _____ Lista de obreros y empleados de una empresa.

6. _____ Así se le llama al hijo de un hermano.

7. _____ Otro nombre que se le da a una ciudad muy populosa.

8. _____ Dícese de la persona que se comporta con serenidad en momentos de crisis.

9. _____ Dícese de la persona que no posee un nivel de inteligencia promedio.

10. _____ Asalto por sorpresa de la policía para arrestar a un grupo de personas.

D. Definiciones. Ahora, dé una definición de los siguientes términos:

1. chicano
2. la Migra

3. marielitos
4. *Little Havana*

E. Complete las siguientes oraciones.

1. El _____ de Pedro es Rodríguez.

2. Rodolfo Valentino fue un ídolo del cine _____.

3. Buena parte de la población de Union City, Nueva Jersey, es de origen
   _____.

4. "Mi viejo San Juan" es una canción muy querida por los
   _____.

5. Muchos dominicanos que emigran a Estados Unidos van a vivir en
   _____.

6. Granada es una ciudad española pero la canción "Granada" es de Agustín
   Lara, un eminente compositor que era de nacionalidad _____.

7. Algunos atribuyen a Israel López, "Cachao", la invención del
   _____ .

8. Rubén Blades es un conocido cantante _____.

F. Identificación geográfica. Indique a qué país de la lista pertenecen los siguientes tipos de canciones.

bossa nova	cha-cha-cha	conga	corrido
cumbia	mambo	merengue	rumba
samba	tango		

1. _____ Argentina
2. _____ Brasil
3. _____ Colombia

4. _____ Cuba
5. _____ República Dominicana
6. _____ México

G. Opiniones e hipótesis

1. Dice el texto que muchos jóvenes hispanos conocen no sólo la música de su generación sino también la que estaba de moda en tiempos de sus padres y hasta de sus abuelos. ¿Es este el caso de la mayoría de los jóvenes norteamericanos? Comente.

   Vamos a hacer una pequeña prueba. Trate de dar la ocupación exacta de las siguientes figuras del mundo del entretenimiento:

actor	actriz	bailarín	bailarina
cantante	comediante	compositor	trompetista
pianista	director de orquesta		

   a. _____ Buster Keaton

   b. _____ Glenn Miller

   c. _____ Joan Fontaine

   d. _____ Oscar Hammerstein

   e. _____ Gene Kelly

   f. _____ Cole Porter

   g. _____ Harry James

   h. _____ Margot Fontaine

   i. _____ María Callas

   j. _____ Tyrone Power

   k. _____ Jackie Gleason

   l. _____ Diana Durbin

   m. _____ Dean Martin

   n. _____ Ronald Colman

   o. _____ Eddy Duchin

2. La primera "comedia de situación" que triunfó en la televisión norteamericana, "*I Love Lucy*", popularizó a Ricky Ricardo (Desi Arnaz) como prototipo del hombre hispano. ¿Puede describirlo? ¿Cree que se trataba de un estereotipo? ¿Por qué?

3. Hay unos cuantos enclaves de población hispana en los Estados Unidos —por ejemplo, la población cubana del área de Miami— donde es posible vivir una vida normal sin hablar una palabra de inglés. ¿Qué opina usted de esto? ¿Piensa que esos hispanos hacen bien en mantener su identidad cultural, o que deberían mezclarse más con la población de habla inglesa y su cultura?

4. ¿Cree que debe ofrecerse asistencia médica y servicios educacionales a los hijos de los inmigrantes ilegales? ¿Por qué?

5. ¿Qué piensa, en general, de la idea de ofrecer enseñanza bilingüe en las escuelas norteamericanas? De los varios sistemas de enseñanza bilingüe que se han intentado en este país, ¿cuál le parece mejor y cuál indeseable?

6. ¿Ha tenido usted contactos con una o más minorías étnicas? ¿Con cuáles? Explique las circunstancias de esos contactos.

7. ¿Cree usted que todavía hoy en los Estados Unidos existe discriminación contra las minorías hispanas en el mercado de trabajo? ¿Qué ocurre, en particular, en el mundo académico? ¿En el mundo corporativo de Madison Avenue? ¿En la industria del cine y de la televisión?

Latinoamérica en la red

The following Web sites and descriptions have been kindly furnished by Ms. Sue K. Norman, Librarian, Waidner-Spahr Library, Dickinson College.

Ancient Mesoamerican Civilizations
http://www.angelfire.com/ca/humanorigins/index.html

Background notes: U.S. Department of State
http://www.state.gov/r/pa/bgn/
This site provides information on hot topics, press briefings, organizations, international policy by region and issue, budget travel, etc.

Biblioteca virtual do estudiante brasileiro
http://www.bibvirt.futuro.usp.br
This site, maintained by the Universidade de São Paolo, provides access to classic Brazilian and non-Brazilian literature, and much more.

The Latin American narrative "Boom" in its cultural and literary context
http://www.ups.edu/faculty/velez/FL380/Intro380.htm

Borderlands Encyclopedia
http://www.utep.edu/border/
This site will help anyone gain better understanding of the current issues confronting the U.S.–Mexico border area. With text, graphics, audio clips, and links to other sources.

Centro de Información sobre Migraciones en América Latina
http://www.oim.web.cl/
Includes information and statistics on migration within Latin America.

CIA World Factbook
http://www.odci.gov/cia/publications/factbook/fbhome.html
Provides basic information on almost every country in the world.

Comisión Económica para América Latina y el Caribe
http://www.eclac.org
This is the official Web site of the Economic Commission for Latin America and the Caribbean, a United Nations agency, where you may access electronic versions of many of their documents.

Congressional Research Service WWW Accessible Reports
http://gwis2. circ.gwu.edu/~gprice/crs.htm
This site provides access to those reports created by the Congressional Research Service that are accessible via the Web. Many have to do with Latin American issues.

Council on Foreign Relations
http://www.cfr.org
This site allows one to access the Council, which is a nonpartisan membership organization, research center, and publisher. It is dedicated to strengthening America's role in and understanding of the world by better comprehending global trends and contributing ideas to U.S. foreign policy.

Country reports on human rights practices
http://www.state.gov/g/drl/hr/
This site covers internationally recognized individual, civil, political, and worker rights in each foreign country.

Environmental History of Latin America: bibliography
http://www.stanford.edu/group/LAEH/
Contains more than 400 references to items dealing with the environmental history of the Latin American countries.

Estumundo: Latin American university community portal
http://www.estumundo.com/
Offers original student-tailored content produced in each of three countries: Mexico, Argentina, and Brazil. The site is highly interactive, with students voicing opinions and voting on likes and dislikes.

Federation of International Trade Associations
http://www.fita.org/webindex/index.html
This site provides more than 1000 links to sites related to international trade.

Foreign government resources: Central and South America and the Caribbean
http://www.lib.umich.edu/govdocs/foreign.html
Provides access via the Internet to government resources by selected region or country.

Hispanic Society of America
http://www.hispanicsociety.org
Provides a "free museum and reference library for the study of the arts and cultures of Spain, Portugal, and Latin America."

InfoBrazil
http://www.infobrazil.com
This site offers independent analysis and opinion on Brazilian current affairs. It is a useful tool for anyone seeking up-to-date analysis and in-depth information on Brazilian current affairs. English language content is updated weekly. Politics, business, and the economy are frequently covered, but the arts, women's issues, and media are also covered.

Info-Latinoamerica
http://www.nisc.com
This site covers business, economics, politics, and social issues from 1988 to the present. Multidisciplinary information is compiled from more than 1500 leading international (mostly non-U.S.) newspapers, journals, etc., and is updated weekly.

Instituto para la Integración de América Latina y el Caribe
http://www.iadb.org/intal/
Provides information about the regional integration blocks in Latin America and the Caribbean and international trade.

Inter-American Development Bank
http://www.iadb.org
This site allows you to choose language and preference, so Spanish and Portuguese students can test their language ability. Information on the bank's projects, publications, statistics, etc.

International Business Resources on the WWW
http://ciber.bus.msu.edu/busres.html
This site lets you access business resources with an international focus.

International Monetary Fund
http://www.imf.org
This organization, composed of 182 member countries, was established to promote international monetary cooperation, exchange stability, etc.

International Trade Administration
http://www.ita.doc.gov
This site from the U.S. Department of Commerce provides access to information on all aspects of international trade: statistics, market research, briefings, policy initiatives, etc.

Latin American History Internet Resources
http://www.mindspring.com/~fifetown/index.htm

Latin American Network Information Center at the University of Texas at Austin
http://lanic.utexas.edu
This is the premier WWW resource for Latin America (search code word: LANIC).

Bibliografía

Capítulo 1. Las grandes civilizaciones precolombinas (I)
Capítulo 2. Las grandes civilizaciones precolombinas (II)

Adams, Richard E. W. *Prehistoric Mesoamerica*. Boston: Little Brown, 1977.

Benson, Elizabeth P., ed. *Mesoamerican Writing Systems*. Washington, DC: Dumbarton Oaks Research Library, 1973.

Bernal, Ignacio. *Mexico Before Cortez: Art, History and Legend*. Trans. Willis Barnstone. Garden City, NY: Dolphin Books, Doubleday, 1968.

Bingham, Hiram. *Lost City of the Incas: The Story of Machu Picchu and Its Builders*. New York: Atheneum, 1979.

Chán, Román Piña. *El Estado de México antes de la conquista*. México: Universidad Nacional Autónoma de México, 1987.

Coe, Michael D. *America's First Civilization* [ensayo sobre la cultura olmeca]. Eau Claire, Wisconsin: American Heritage Publishing Co., 1968.

—*Mexico*. New York: Praeger, 1962.

—*The Maya*. New York: Praeger, 1966.

Graham, John A. *Ancient Mesoamerica*. Palo Alto, CA: Peek Publications, 1966.

Haas, Jonathan et al., eds. *The Origins and Development of the Andean State*. Cambridge, MA: Cambridge UP, 1987.

Labbé, Armand J. *Colombia before Columbus: People, Culture and Ceramic Art of Prehispanic Colombia*. New York: Rizzoli International Publications, 1986.

La Fay, Howard. "The Maya, Children of Time." *National Geographic*, December 1975: 729–811.

Lehmann, Henri. *Las culturas precolombinas*. Buenos Aires: Editorial Universitaria de BA, 1960.

León Portilla, Miguel, ed. *Aztec Thought and Culture: A Study of the Ancient Nahuatl Mind*. Trans. Jack Emory Davis. Norman: U of Oklahoma P, 1963.

—*The Broken Spears: The Aztec Account of the Conquest of Mexico*. Boston: Beacon Press, 1992.

—*Tiempo y realidad en el pensamiento maya: ensayo de acercamiento*. México: Instituto de Investigaciones históricas, Universidad Nacional Autónoma de México, 1968.

McDowell, Bart. "Mexico's Window on the Past." *National Geographic*, October 1968: 492–521.

McIntyre, Loren. "The Lost Empire of the Incas." *National Geographic*, December 1973: 729–786.

—"Mystery of the Ancient Nazca Lines." *National Geographic*, May 1975: 716–728.

Pomar, Felipe Cossío del. *El mundo de los incas*. México: Fondo de Cultura Económica, 1969.

Sanders, William T. and Barbara J. Price. *Mesoamerica: The Evolution of a Civilization*. New York: Random House, 1968.

Séjourné, Laurette. *América Latina: antiguas culturas precolombinas*. Vol. 1: Historia Universal, Mexico: Siglo Veintiuno, 1971.

Thompson, J. Eric S., intro. *Maya Hieroglyphic Writing*. 3rd ed. Norman: U of Oklahoma P, 1971.

Von Hagen, Victor W. *World of the Maya*. New York: Mentor Books, 1960.

—*The Aztec: Man and Tribe*. New York: Mentor Books, 1960.

—*Realm of the Incas*. Revised ed. New York: Mentor Books, 1961.

Wilkerson, S. Jeffrey K. "Man's Eighty Centuries in Veracruz." *National Geographic*, August 1980: 203–231.

Willey, Gordon R. and Jeremy A. Sabloff, intro. *Pre-Columbian Archaeology*. San Francisco: W.H. Freeman, 1980.

Capítulo 3. Europa en la época del descubrimiento de América

Arciniegas, Germán. *América es otra cosa*. Santa Fe de Bogotá: Intermedio Editores, Círculo de Lectores, 1992.

Brandon, William. *New Worlds for Old: Reports from the New World and Their Effect on the Development of Social Thought in Europe, 1500–1800*. Athens, OH: Ohio UP, 1986.

Colón, Fernando. *The Life of Admiral Christopher Columbus by His Son Ferdinand*. Trans. and ed. by Benjamin Keen. New Brunswick, NJ: Rutgers UP, 1959.

Columbus, Christopher. *Diario*. English and Spanish. *The Diario of Christopher Columbus's First Voyage to America, 1492–1493*. Oliver Dunn and James E. Kelley, eds. Norman: U of Oklahoma P, 1989.

Dor-Ner, Zvi. *Columbus and the Age of Discovery*. New York: Morrow, 1991. [Companion volume to the PBS television series of the same title]

Elliott, John Huxtable. *The Old World and the New, 1492–1650*. Cambridge [Eng.]: Cambridge UP, 1970.

Flint, Valerie I. *The Imaginative Landscape of Christopher Columbus*. Princeton, NJ: Princeton UP, 1992.

Gillespie, James Edward. *A History of Geographical Discovery, 1400–1800*. New York: H. Holt, 1933.

Grafton, Anthony et al. *New Worlds, Ancient Texts: The Power of Tradition and the Shock of Discovery*. Cambridge, MA: Belknap Press of the Harvard UP, 1992.

Greenblatt, Stephen J. *Marvelous Possessions: The Wonder of the New World*. Chicago: U of Chicago P, 1991.

Jara, René and Nicholas Spadaccini, eds. *Amerindian Images and the Legacy of Columbus*. Minneapolis: U of Minnesota P, 1992.

Kristeller, Paul Oskar. *Renaissance Thought and its Sources*. Ed. Michael Mooney. New York: Columbia UP, 1979.

Morison, Samuel Eliot. *Admiral of the Ocean Sea, a Life of Christopher Columbus*. Boston: Little, Brown, 1942.

Capítulo 4. La conquista de la América Hispana

Cortés, Hernán. *Cartas de relación*. Séptima edición. México: Porrúa, 1973.

Descola, Jean. *The Conquistadors*. Trans. Malcolm Barnes. New York: A. Kelley, 1970.

Díaz del Castillo, Bernal. *Historia de la conquista de la Nueva España*. Cuarta edición. México: Porrúa, 1966.

Eyzaguirre, Jaime. *Ventura de Pedro de Valdivia*. Tercera edición. Madrid: Espasa-Calpe, 1967.

Faron, Louis C. *The Mapuche Indians of Chile*. New York: Holt, 1968.

Gibson, Charles, ed. *The Black Legend*. New York: Knopf, 1971.

—, ed. *The Spanish Tradition in America*. New York: Harper & Row, 1968.

—*Spain in America*. New York: Harper & Row, 1967.

Hanke, Lewis. *The Spanish Struggle for Justice in the Conquest of America*. Boston: Little, Brown, 1965.

—, ed. *History of Latin American Civilization*. 2 vols. Boston: Little, Brown, 1973.

Kirkpatrick, F.A. *The Spanish Conquistadores*. Cleveland & New York: World Publishing Co., 1967.

León Portilla, Miguel, ed. *Visión de los vencidos*. Sexta edición. México: UNAM, 1972.

Madariaga, Salvador de. *The Rise of the Spanish American Empire*. New York: The Free Press, 1965.

Moreno Cebrián, Alfredo. *Túpac Amaru*. Madrid: Anaya, 1988.

Morison, Samuel Eliot. *The European Discovery of America. The Southern Voyages*. New York: Oxford UP, 1974.

Pereyra, Carlos. *Hernán Cortés*. Séptima edición. Madrid: Austral, 1969.

Piossek Prebisch, Teresa. *Las conquistadoras. Presencia de la mujer española en América durante el siglo XVI*. Buenos Aires, 1989.

Prescott, William H. *Conquest of Mexico*. New York: The Book League of America, 1934.

—. *History of the Conquest of Peru*. New York: Harper & Row, 1847.

Capítulo 5. El sistema colonial

Bennassar, Bartolome. *La América Española y la América Portuguesa. Siglos XVI–XVIII*. Trans. Carmen Artal. Madrid: Akal, 1980.

Burkholder, Mark and Lyman L. Johnson. *Colonial Latin America*. New York: Oxford UP, 1990.

Casas, Bartolomé de las. *Brevísima relación de la destrucción de las Indias*. Buenos Aires: Editorial Universitaria de BA, 1966.

Curtin, Philip D. *The Atlantic Slave Trade. A Census*. Madison: U of Wisconsin P, 1969.

Davidson, Basil. *The African Slave Trade*. Boston: Little Brown, 1961.

Gibson, Charles. *Spain in America*. New York: Harper & Row, 1966.

—. *The Spanish Tradition in America*. New York: Harper & Row, 1968.

Hanke, Lewis, ed. *History of Latin American Civilization*. 2 vols. Boston: Little Brown, 1973.

Haring, C. H. *The Spanish Empire in America*. New York: Harcourt Brace, 1963.

Konetzke, Richard. *América Latina. La época colonial*. Trans. Pedro Scaron. Décimosexta edición. Volumen 22: Historia Universal, Madrid: Siglo Veintiuno, 1984.

Leonard, Irving. *Baroque Times in Old Mexico*. Ann Arbor: U of Michigan P, 1966.

Lockhart, James and Stuart B. Schwartz. *Early Latin America*. New York: Cambridge UP, 1983.

Madariaga, Salvador de. *The Rise of the Spanish American Empire*. New York: The Free Press, 1965.

Mannix, Daniel P. and M. Cowley. *Historia de la trata de negros*. Trans. Eduardo Bolívar Rodríguez. Madrid: Alianza Editorial, 1968.

Parry, J. H. *The Spanish Seaborne Empire*. New York: Alfred Knopf, 1966.

Price, Richard, ed. Maroon Societies. *Rebel Slave Communities in the Americas*. 2nd ed. Baltimore: John Hopkins UP, 1979.

Reiter, Frederick J. *They Built Utopia: the Jesuit Missions in Paraguay, 1610–1718*. Potomac, MD: Scripta Humanistica, 1995.

Ricard, Robert. *The Spiritual Conquest of Mexico*. Berkeley: U of California P, 1966.

Ybot León, Antonio. *La Iglesia y los eclesiásticos españoles en la empresa de Indias*. Barcelona: Salvat, 1954.

Zavala, Silvio. *New Viewpoints on the Spanish Colonization of America*. Philadelphia: U of Pennsylvania P, 1943.

Capítulo 6. Sociedad, vida y cultura en el mundo colonial

Anderson-Imbert, Enrique. *Historia de la literatura hispanoamericana*. 2 vols. Cuarta edición. México: Fondo de Cultura Económica, 1962.

Castedo, Leopoldo. *A History of Latin American Art and Architecture*. Ed. and trans., Phyllis Freeman. New York: Praeger, 1969.

Cortés, Hernán. *Cartas de relación*. Séptima edición. México: Porrúa, 1973.

Crow, John A. *The Epic of Latin America*. New York: Doubleday, 1946.

de la Cruz, Sor Juana Inés. *Obras completas*. Segunda Edición. México D.F.: Editorial Porrúa, 1972.—. *Respuesta a Sor Filotea de la Cruz. A Woman of Genius: The Intellectual Autobiography of Sor Juana Inés de la Cruz*. Trans. and Introd. by Margaret Sayers Peden. Salisbury, CN: Lime Rock Press, 1982.

Juan, Jorge y Antonio de Ulloa. —, *Discourse and Political Reflections on the Kingdoms of Peru* [traducción al inglés de *Noticias secretas de América*]. Ed. John J. Tepaske. Trans. John J. Tepaske and Besse A. Clement. Norman: U of Oklahoma P, 1978.

Noticias secretas de América. Parte II. Londres: David Barry, 1826.

Díaz del Castillo, Bernal. *Historia de la conquista de la Nueva España*. Cuarta edición. México, Porrúa, 1966.

Elliott, J. H. *El viejo mundo y el nuevo. 1492–1650*. Trans. Rafael Sánchez Mantero. Madrid: Alianza Editorial, 1970.

Gage, Thomas. *A New Survey of the West Indies, 1648*. Ed. A. P. Newton. New York: Robert McBride, 1929.

Haring, C. H. *The Spanish Empire in America*. New York: Harcourt Brace, 1963.

Henríquez-Ureña, Pedro. *Literary Currents in Hispanic America*. Cambridge: Harvard UP, 1945.

Kelemen, Pál. *Baroque and Rococo in Latin America*. 2 vols. 2nd ed. New York: Dover, 1967.

—, *Art of the Americas. Ancient and Hispanic*. New York: Thomas Crowell, 1969.

Lanning, John Tate. "The Reception of the Enlightenment in Latin America" in *Latin America and the Enlightenment*. Ed. Arthur P. Whitaker. 2nd ed. New York: Cornell UP, 1961.

Leonard, Irving A. *Baroque Times in Old Mexico*. Ann Arbor: U of Michigan P, 1966.

Merrim, Stephanie, ed. *Feminist Perspectives on Sor Juana Inés de la Cruz*. Detroit: Wayne State University, 1991.

Paz, Octavio. *Sor Juana Inés de la Cruz o Las trampas de la fe*. México: Fondo de Cultura Económica, 1988.

Schell Hoberman, Louisa and Susan Migden Socolow, eds. *Cities and Society in Colonial Latin America*. Albuquerque: U of New Mexico P, 1986.

Stoetzer, Carlos O. *The Scholastic Roots of the Spanish American Revolution*. New York: Fordham UP, 1979.

Capítulo 7. El siglo XIX. La independencia y sus consecuencias

Bernstein, Harry. *Modern and Contemporary Latin America*. New York: Lippincott, 1952.

Bushnell, David and Neill Macaulay. *The Emergence of Latin America in the Nineteenth Century*. New York/Oxford: Oxford UP, 1988.

Domínguez, Jorge I. *Insurrection or Loyalty: The Breakdown of the Spanish American Empire*. Cambridge, MA: Harvard UP, 1980.

Fisher, Lillian E. *The Last Inca Revolt, 1780–1783*. Norman: U of Oklahoma P, 1966.

Griffin, Charles C. "Economic and Social Aspects of the Era of Spanish-American Independence." *Hispanic American Historical Review* 29 (1949): 170–187.

Herr, Richard. *The Eighteen-Century Revolution in Spain*. Princeton, NJ: Princeton UP, 1958.

Humphreys, R.A. and John Lynch, eds. *The Origins of Latin American Revolutions, 1808–1826*. New York: A. Knopf, 1965.

Lynch, John. *The Spanish American Revolutions, 1808–1826*. New York: W.W. Norton, 1973.

Masur, Gerhard. *Simón Bolívar*. Albuquerque: U of New Mexico P, 1969.

Metford, J. C. J. *San Martín the Liberator*. London: Longmans, 1950.

Woodward, Jr., Ralph Lee, ed. *Positivism in Latin America, 1850–1900*. Lexington, MA: D.C. Heath, 1971.

Capítulo 8. Latinoamérica a vista de pájaro

Burns, E. Bradford. *Latin America: A Concise Interpretive History*. 3rd. ed. Upper Saddle River, N.J.: Prentice Hall, 1982.

Cowell, Adrian. *The Decade of Destruction. The Crusade to Save the Amazon Rain Forest.* New York: Henry Holt, 1990.

Davidson, William V. and James J. Parsons, eds. *Historical Geography of Latin America.* Baton Rouge: Louisiana State UP, 1980.

Dickinson, Robert E., ed. *The Geophysiology of Amazonia.* New York: John Wiley, 1987.

García, Rigoberto, et al., eds. *Economía y geografía del desarrollo en América Latina.* México: Fondo de Cultura Económica, 1987.

Herring, Hubert. *A History of Latin America.* 2nd ed. New York: Knopf, 1961.

Keen, Benjamin, ed. *Latin American Civilization: History and Society, 1492 to the Present.* 4th ed., rev. Boulder, CO: Westview Press, 1986.

Meyer, Michael C. and William L. Sherman. *The Course of Mexican History.* 5th edition. New York: Oxford UP, 1995.

Pendle, George. *A History of Latin America.* Rev. ed. London: Penguin, 1976.

Robinson, Harry. *Latin America. A Geographical Survey.* Rev. ed. New York: Praeger, 1967.

Schurz, William L. *This New World. The Civilization of Latin America.* New York: Dutton, 1964.

Skidmore, Thomas E. and Peter H. Smith. *Modern Latin America.* 3rd ed. New York: Oxford UP, 1992.

Waldmann, Peter. *América Latina: síntesis histórica, política, económica y cultural.* Barcelona: Editorial Herder, 1984.

Williamson, Edwin. *The Penguin History of Latin America.* London: Penguin, 1992.

Capítulo 9. El siglo XX. Panorama latinoamericano

Balassa, Bela et al. *Towards Renewed Economic Growth in Latin America.* Washington DC: Institute for International Economics, 1986.

Bonner, Raymond. "A Reporter at Large. Peru's War." *The New Yorker* (January 4, 1988): 31–58 [excelente descripción de la historia y actividades de la guerrilla "Sendero Luminoso"].

Business Week. "The Big Move to Free Markets." (June 15, 1992) 50–62.

Collet, Merrill. *The Cocaine Connection. Drug Trafficking and Inter American Relations.* New York: Foreign Policy Association, 1989.

Gillin, John P. "Some Signposts for Policy," in *Social Change in Latin America Today.* Council on Foreign Relations, ed. New York: Vintage Books, 1960 [contiene un buen análisis del sistema de valores tradicional en Latinoamérica].

Gwyne, Robert N. "Modern Manufacturing Growth in Latin America," in *Latin American Development: Geographical Perspectives.* David Preston, ed. New York: John Wiley, 1987, 102–140 [este volumen contiene otros excelentes artículos y bibliografía sobre el panorama económico de la región].

Kelley, Jonathan and Herbert S. Klein, *Revolution and the Rebirth of Inequality. A Theory Applied to the National Revolution in Bolivia.* Berkeley: U of California P, 1981.

Krauss, Clifford. *Inside Central America: Its People, Politics and History.* New York: Touchstone/Simon & Schuster, 1992.

Lipset, Seymour Martin. "Values, Education and Entrepreneurship," in *Elites in Latin America*, Seymour Martin Lipset and Aldo Solari, eds. New York: Oxford UP, 1967 [a pesar del tiempo transcurrido desde su publicación, este riguroso análisis mantiene su valor, siempre que se recuerden los importantes cambios ocurridos en la sociedad latinoamericana en años recientes].

Miller, Francesca. *Latin American Women and the Search for Social Justice*. Hanover, NH: UP of New England, 1991.

Oxford Analytica. *Latin America in Perspective*. Boston: Houghton Mifflin, 1991.

Ruhl, J. Mark. "Agrarian Structure and Political Stability in Honduras," *Journal of Inter-American Studies and World Affairs*. 26 (Feb.): 33–68.

Skidmore, Thomas and Peter H. Smith. *Modern Latin America*. 3rd ed. Oxford UP, 1992.

Stromquist, Nelly P., ed. *Women and Education in Latin America*. Boulder, CO: Lynne Reiner Press, 1992.

Strong, Simon. "Where the Shining Path Leads," *The New York Times Magazine*. (May 24, 1992): 12–17; 35.

Wickam-Crowley, Timothy P. *Exploring Revolution. Essays on Latin American Insurgency and Revolutionary Theory*. Armonk, NY: M.E. Sharpe, 1991.

Woodward, Jr., Ralph Lee. *Central America. A Nation Divided*. New York: Oxford UP, 1976.

Capítulo 10. La escena cultural hasta la Segunda Guerra Mundial
Capítulo 11. La escena cultural desde la Segunda Guerra Mundial

Alazraki, Jaime, ed. *Jorge Luis Borges*. Madrid: Taurus, 1987.

Alegría, Fernando. *Historia de la novela hispanoamericana*. Tercera ed. México, 1966.

Alonso, Amado. *Poesía y estilo de Pablo Neruda*. Buenos Aires: Sudamericana, 1951.

Argan, Giulio Carlo. *El arte moderno. Del iluminismo a los movimientos contemporáneos*. Trad. Gloria Cué. Madrid: Akal, 1991.

Bajarlía, Juan Jacobo. *El vanguardismo poético en América y España*. Buenos Aires: Nuevo Mundo, 1957.

Barrenechea, Ana María. *La expresión de la irrealidad en la obra de Jorge Luis Borges*. México: El Colegio de México, 1957.

Bayón, Adrián, ed. *Arte moderno en América latina*. Madrid: Taurus, 1985.

Bellini, Giuseppe. *Historia de la literatura hispanoamericana*. Madrid: Castalia, 1985.

Canaday, John. Metropolitan Seminars in Art. Portfolio 8. New York, 1958.

Caracciolo Trejo, E. *La poesía de Vicente Huidobro y la vanguardia*. Madrid: Gredos, 1974.

Casal, Lourdes, ed. *El caso Padilla; literatura y revolución en Cuba: documentos*. Miami: Ediciones Universal, 1971.

Castedo, Leopoldo. *A History of Latin American Art and Architecture*. Ed and trans., Phyllis Freeman. New York: Praeger, 1969.

Chang-Rodríguez, Eugenio. *La literatura política de González Prada, Mariátegui y Haya de la Torre*. México, 1957.

Charlot, Jean. *The Mexican Mural Renaissance (1920–1925)* New Haven: Hacker Art Books, 1967.

Chase, Gilbert. *Contemporary Art in Latin America*. New York: Macmillan, 1970.

—, "The Artist". *Continuity and Change in Latin America*. Ed. John J. Johnson. Stanford, CA: Stanford UP, 1964. Rpt. 1967. 101–135.

Chilvers, Ian, Harold Osborne y Dennis Farr. *Diccionario de arte*. Versión española de Alberto Adell et al. Madrid: Alianza Editorial, 1992.

Cline, Howard. *Mexico, Revolution to Evolution (1940–1960)*. New York: Oxford UP, 1962.

Collazos, Oscar, compilador. *Los vanguardismos en América Latina*. Barcelona: Península, 1977.

Comas, Juan. *Ensayos sobre indigenismo*. Prólogo de Manuel Gamio. México, 1953.

Debicki, Andrew P. *Poetas hispanoamericanos contemporáneos*. Madrid: Gredos, 1976.

Donoso, José. *Historia personal del "boom"*. 1972. Barcelona: Seix Barral, 1983.

Fernández, Teodosio. *La poesía hispanoamericana en el siglo XX*. Madrid: Taurus, 1987.

—, "Sobre la última narrativa hispanoamericana: una aproximación provisional", en Victorino Polo, ed. *Hispanoamérica. La sangre del espíritu*. Murcia: Universidad de Murcia, 1992.

Ferrari, Américo. *El universo poético de César Vallejo*. Caracas: Monte Avila, 1974.

—, coordinador. *César Vallejo. Obra poética*, edición crítica simultánea. París: Univ. Paris X & Madrid, 1988.

Flores, Angel. "Magical Realism in Spanish American Fiction." *Hispania* vol. XXXVIII (1955) 187–201.

—, compilador. *Aproximaciones a César Vallejo*. 2 vols. New York: Las Américas Publishing Co., 1971.

Fouchet, Max Pol. *Wifredo Lam*. Prólogo de Pierre Gaudibert. Barcelona: Ediciones Polígrafa, 1989.

Fox, Arturo A. "Realismo mágico: algunas consideraciones formales sobre su concepto", en *Otros mundos, otros fuegos. Fantasía y realismo mágico en Iberoamérica*. East Lansing: Michigan State UP, 1975.

Franco, Jean. *Historia de la literatura hispanoamericana*. Trad. Carlos Pujol. Octava edición. Barcelona: Ariel, 1990.

—, *The Modern Culture of Latin America*. 1967. Rev. ed. Baltimore: Penguin, 1970. [Traducido como *La cultura moderna en América Latina*] Trad. Sergio Pitol. México: Joaquín Mortiz, 1971.

Gallagher, David. *Modern Latin American Literature*. Oxford: Oxford UP, 1973.

Gálvez, Marina. *La novela hispanoamericana contemporánea*. Madrid: Taurus, 1987.

Gimferrer, Pere, ed. *Octavio Paz*. Madrid: Taurus, 1982.

Goldman, Shifra M. *Contemporary Mexican Painting in a Time of Change*. Austin: U of Texas P, 1981.

González Prada, Manuel. *Horas de lucha*. Lima, Perú: PEISA, 1989.

Harss, Luis. *Los nuestros*. Buenos Aires: Suramericana, 1966. Publicada en inglés con el título de *Into the Mainstream*. Trans. L. Harss and Barbara Dohmann. New York: Harper & Row, 1967.

Jiménez, José Olivio, ed. *Antología de la poesía hispanoamericana contemporánea: 1914–1987*. Tercera Edición. Madrid: Alianza Editorial, 1988.

Kantor, Harry. *Ideología y programa del movimiento aprista*. México, 1955.

Marcos, J.M. *De García Márquez al postboom*. Madrid: Orígenes, 1986.

Mariátegui, José Carlos. *Siete ensayos de interpretación de la realidad peruana*. Segunda ed. Lima: Amauta, 1942.

Marras, Sergio. *América latina, marca registrada*. Buenos Aires: Zeta, 1992.

Meyer, Michael and William L. Sherman. *The Course of Mexican History*. 5th ed. New York: Oxford UP, 1995.

Morton, F. Rand. *Los novelistas de la revolución mexicana*. México: Editorial Cultura, 1949.

Neruda, Pablo. *Obras completas*. 2 vols., Tercera edición. Buenos Aires: Losada, 1967.

Pacheco, José Emilio. *Alta traición: antología poética*. Selección y prólogo de José María Guelbenzu. Madrid: Alianza, 1985.

Paz, Octavio. *Poems. Selections*. Trans. G. Aroul et al. Ed. Eliot Weinberger. New York: New Directions, 1984.

—. *Corriente alterna*. 17a ed. México: Siglo Veintiuno, 1986.

—. *El arco y la lira*. 3a ed. México: Fondo de Cultura Económica, 1973.

—. *El laberinto de la soledad*. 2da ed. México: Fondo de Cultura Económica, 1973.

—. *The Labyrinth of Solitude, The Other Mexico, Return to the Labyrinth of Solitude, Mexico and the United States, The Philanthropic Ogre*. Trans. Lysander Kemp et al. New York: Grove Press, 1985.

Rodríguez Monegal, Emir. *El viajero inmóvil. Introducción a Pablo Neruda*. Buenos Aires: Losada, 1966.

—, *El desterrado, vida y obra de Horacio Quiroga*. Buenos Aires: Losada, 1968.

Shaw, D. L. *Nueva narrativa hispanoamericana*. Madrid: Cátedra, 1981.

Sommers, Joseph. *After the Storm, Landmarks of the Modern Mexican Novel*. Albuquerque: U of New Mexico P, 1968.

Tibol, Raquel. *Frida Kahlo: una vida abierta*. México: Editorial Oasis, 1983. English trans.: *Frida Kahlo: An Open Life*. Trans. Elinor Randall. Albuquerque: U of New Mexico P, 1993.

Townsend, William C. *Lázaro Cárdenas, Mexican Democrat*. Ann Arbor: U of Michigan P, 1952.

Vizcaíno, Fernando. *Biografía política de Octavio Paz*. Málaga: Algazara, 1993.

Weyl, Nathaniel. *The Reconquest of Mexico, the Years of Lázaro Cárdenas*. New York: Oxford UP, 1939.

Williamson, Edwin. *The Penguin History of Latin America*. New York: Penguin, 1992.

Yurkievich, Saúl. *Fundadores de la nueva poesía hispanoamericana*. 1971. Barcelona: Ariel, 1984.

Zamora, Martha. *Frida Kahlo: The Brush of Anguish*. Abridged and trans. by Marilyn Sode. San Francisco: Chronicle Books, 1990.

Capítulo 12. Centroamérica y México

Aguilar Camín, Héctor and Lorenzo Meyer. *In the Shadow of the Mexican Revolution: Contemporary Mexican History, 1910–1989.* Trans. of *A la sombra de la Revolución Mexicana.* Trans. Luis Alberto Fierro. Austin: U of Texas P, 1993.

Ávila Carrillo, Enrique. *El Cardenismo (1934–1940)* México, D. F.: Ediciones Quinto Sol, 1987.

Ball, Patrick. *State Violence in Guatemala, 1960–1996.* Washington, DC: American Association for the Advancement of Science, 1999.

Barry, Tom et al. *Inside Panama.* Albuquerque, NM: Resource Center P, 1995.

Biesanz, Mavis H. *The Ticos: Culture and Social Change in Costa Rica.* Boulder, CO: Lynne Reiner Press, 1998.

Brown, Timothy C. *The Real Contra War: Highlander Peasant Resistance in Nicaragua.* Norman: U of Oklahoma P, 2001.

Buckley, Kevin. *Panama: The Whole Story.* New York: Simon & Schuster, 1991.

Cline, Howard F. *Mexico, Revolution to Evolution: 1940–1960.* New York: Oxford UP, 1963.

Euraque, Darío A. *Reinterpreting the Banana Republic: Region and State in Honduras.* Chapel Hill: U of North Carolina P, 1996.

Grandin, Greg. *The Blood of Guatemala: a History of Race and Nation.* Durham, NC: Duke UP, 2000.

Grenier, Yvon. *The Emergence of Insurgency in El Salvador.* Pittsburgh: U of Pittsburgh P, 1999.

Guillén Romo, Héctor. *Orígenes de la crisis en México. Inflación y endeudamiento externo (1940–1982)* México D.F.: Ediciones Era, 1984.

El Colegio de México. *Historia general de México.* Segunda edición. 4 Vols.: 3 y 4. México, 1977.

Jonas, Susanne. *Of Centaurs and Doves: Guatemala's Peace Process.* Boulder, CO: West View P, 2000.

Krauze, Enrique. *Biografía del poder.* 8 vols. México: Fondo de Cultura Económica, 1987. Vol 1: Porfirio Díaz; 2: Emiliano Zapata; 4: Francisco Villa; 5: Venustiano Carranza; 6: Álvaro Obregón; 7: Plutarco Elías Calles; 8: Lázaro Cárdenas.

McCullough, David G. *The Path between the Seas: the Creation of the Panama Canal, 1870–1914.* New York: Simon & Schuster, 1977.

Meyer, Michael C. and William L. Sherman. *The Course of Mexican History.* 5th edition. New York: Oxford UP, 1995.

Miller, Robert Ryal. *Mexico: a History.* Norman: U of Oklahoma P, 1985.

Oppenheimer, Andrés. *México: en la frontera del caos.* Trans. Isabel Vericat. México: Vergara Editores, 1996 [publicado originalmente con el título de *Bordering on Chaos* by Little, Brown & Company].

Pelupessi, John, and Ruben Ruerd. *Agrarian Policies in Central America.* New York: Praeger, 1990.

Prevost, Gary and Harry E. Vanden. *The Undermining of the Sandinista Revolution.* New York: St. Martin's P, 1999.

Rodríguez, Victoria E. and Peter Ward, eds. *Opposition Government in Mexico.* Albuquerque: New Mexico UP, 1995.

Ross, Stanley R. *Francisco Madero, Apostle of Mexican Democracy*. New York: AMS Press, 1970.

Salomón, Leticia. *Democratización y Sociedad Civil en Honduras*. Tegucigalpa, Honduras: Centro de Documentación de Honduras, 1994.

Skidmore, Thomas E. and Peter H. Smith. *Modern Latin America*. 3rd ed. New York: Oxford UP, 1992.

Stacy, May and Galo Plaza Lasso. *The United Fruit Company in Latin America*. Washington DC: National Planning Association, 1958.

Townsend, William C. *Lázaro Cárdenas, Mexican Democrat*. Waxhaw, NC: International Friendship, 1979.

Weyl, Nathaniel. *The Reconquest of Mexico; The Years of Lázaro Cárdenas*. London, NY: Oxford UP, 1939.

Williams, Philip J. *Militarization and Demilitarization in El Salvador's Transition to Democracy*. Pittsburgh: U of Pittsburgh P, 1997.

Wilkie, James W. and Albert L. Michaels, eds. *Revolution in México: Years of Upheaval, 1910–1940*. New York: Knopf, 1969.

Wilson, Bruce M. *Costa Rica: Politics, Economics and Democracy*. Boulder, CO: Lynne Reiner Press, 1998.

Womack, Jr., John. *Zapata and the Mexican Revolution*. New York: Vintage Books, 1968.

Capítulo 13. El área del Caribe: Haití, la República Dominicana, Cuba

Abbott, Elizabeth. *Haiti: the Duvaliers and their Legacy*. New York: McGraw-Hill, 1988.

Baklanoff, Eric N. *Expropriation of U.S. Investments in Cuba, Mexico and Chile*. New York: Praeger, 1975.

Betances, Emilio. *State and Society in the Dominican Republic*. Boulder, CO: Westview Press, 1995.

Bethell, Leslie, ed. *Cuba: A Short History*. New York: Cambridge UP, 1993.

Bonsal, Philip W. *Cuba, Castro and the United States*. London: Henry M. Snyder & Co, n.d. Reprint: Pittsburgh: U of Pittsburgh P, 1971.

Castro, Fidel. *Palabras a los intelectuales*. La Habana: Ediciones del Consejo Nacional de Cultura, 1961.

Crassweller, Robert D. *Trujillo: The Life and Times of a Caribbean Dictator*. New York: Macmillan, 1966.

Diederich, Bernard. *Papa Doc: Haiti and its Dictator*. Maplewood, NJ: Waterfront P, 1991.

Domínguez, Jorge I. *Cuba: Order and Revolution*. Cambridge, MA: Harvard UP, 1978.

Draper, Theodore. *Castroism, Theory and Practice*. New York: Praeger, 1965.

Dupui, Alex. *Haiti in the World Economy: Class, Race and Underdevelopment since 1700*. Boulder, CO: Westview Press, 1989.

Eberstadt, Nick. "Literacy and Health: The Cuban Model." *The Wall Street Journal*, December 10, 1984.

Franqui, Carlos. *Family Portrait with Fidel: A Memoir*. Trans. Alfred MacAdam. New York: Random House, 1984.

Geyer, Georgie Anne. *Guerrilla Prince: The Untold Story of Fidel Castro*. Boston: Little Brown, 1991.

González, Edward. *Cuba under Castro: The Limits of Charisma*. Boston: Houghton Mifflin, 1974.

Gorriti Ellenbogen, Gustavo. *The Shining Path* [*Sendero Luminoso*]: *a History of the Millenarian War in Peru*. Trans. Robin Kirk. Chapel Hill: U of North Carolina P, 1999.

Levine, Robert M. *Cuban Miami*. New Brunswick, NJ: Rutgers UP, 2000.

Mesa-Lago, Carmelo, ed. *Revolutionary Change in Cuba*. Pittsburgh: U of Pittsburgh P, 1971.

—. *The Economy of Socialist Cuba: A Two-Decade Appraisal*. Albuquerque: New Mexico UP, 1981.

—. *Cuba After the Cold War*. Pittsburgh: U of Pittsburgh P, 1993.

Montaner, Carlos Alberto. *Víspera del final: Fidel Castro y la revolución cubana*. Madrid: Globus, 1994.

Moya Pons, Frank. *The Dominican Republic: a National History*. New Rochelle, NY: Hispaniola Books, 1995.

Pérez, Louis A. *Cuba. Between Reform and Revolution*. New York: Oxford, 1988.

Pierre-Charles, Gérard. *Radiografía de una dictadura: Haití bajo el régimen del doctor Duvalier*. México: Editorial Nuestro Tiempo, 1969.

Quirk, Robert E. *Fidel Castro*. New York: W.W. Norton, 1993.

Ripoll, Carlos. *Harnessing the Intellectuals: Censoring Writers and Artists in Today's Cuba*. New York: Freedom House, 1985.

Roorda, Eric. *The Dictator Next Door: the Good Neighbor Policy and the Trujillo Regime in the Dominican Republic, 1930–1945*. Durham, NC: Duke UP, 1998.

Szulc, Tad. *Fidel: A Critical Portrait*. New York: William Morrow, 1986.

Thomas, Hugh. *Cuba: The Pursuit of Freedom*. London: Eyre & Spottiswoode, 1971.

Triay, Víctor Andrés. *Bay of Pigs: an Oral History of Brigade 2506*. Gainesville: UP of Florida, 2001.

Wiarda, Howard J. *Dictatorship and Development: the Methods of Control in Trujillo's Dominican Republic*. Gainesville: UP of Florida, 1968.

Wucher, Michele. *Why the Cocks Fight: Dominican, Haitians, and the Struggle for Hispaniola*. New York: Hill and Wang, 1999.

Capítulo 14. La Hispanoamérica andina: Ecuador, Perú, Bolivia

Barret, Pam. *Perú*. 3rd ed. Singapore: APA Publications, 1999.

Conaghan, Catherine M. and James M. Malloy. *Unsettling Statecraft: Democracy and Neoliberalism in the Central Andes*. Pittsburgh: U of Pittsburgh P, 1994.

Fundación José Peralta. *Ecuador, su realidad*. Segunda edición, 1994.

Godoy, Ricardo A. *Mining and Agriculture in Highland Bolivia*. Tucson: U of Arizona P, 1990.

Isaacs, Anita. *Military Rule and Transition in Ecuador, 1972–92*. Pittsburgh: U of Pittsburgh P, 1993.

Kelley, Jonathan et al. *Revolution and the Rebirth of Inequality: A Theory Applied to the National Revolution in Bolivia*. Berkeley: U of California P, 1981.

Klein, Herbert S. *Bolivia: The Evolution of a Multi-ethnic Society*. 2nd ed., New York: Oxford UP, 1992.

Luykx, Aurolyn. *The Citizen Factory: Schooling and Cultural Production in Bolivia*. Albany: SUNY, 1999.

Matto de Turner, Clorinda. *Torn from the Nest [Aves sin nido]*. Trans. John H.R. Polt. New York: Oxford UP, 1998.

Osborne, Harold. *Bolivia. A Land Divided*. London: Oxford UP, 3rd ed. 1964.

Pareja Diezcanseco, Alfredo. *Breve historia del Ecuador*. Caracas: Academia Nacional de la Historia, 1992.

Pearson, Dave and Les Beletzky. *Ecuador and its Galapagos Islands*. San Diego, CA; London: Academic, 1999.

Salles-Rees, Verónica. *From Viracocha to the Virgin of Copacabana: Representation of the Sacred at Lake Titicaca*. Austin, TX: U of Texas P, 1997.

Sánchez Parga, José. *Las cifras del conflicto social en Ecuador: 1980–1995*. Quito: Centro Andino de Acción Popular, 1996.

Schodt, David W. *Ecuador: An Andean Enigma*. Boulder, CO: Westview Press, 1987.

Stephenson, Marcia. *Gender and Modernity in Andean Bolivia*. Austin: U of Texas P, 1999.

Toranzo, Carlos F. (coord.) et al. *Bolivia hacia el año 2000. Desafíos y opciones*. Caracas: Editorial Nueva Sociedad, 1989.

Van Lindert, P. and Otto Verkoren. *Bolivia: a Guide to the People, Politics and Culture*. Trans. John Smith. New York: Monthly Review P, 1994.

World Bank. *Poverty and Social Development in Peru, 1994–1997*. Washington, DC: World Bank, 1999.

Capítulo 15. Los países del cono sur: Paraguay, Uruguay, Argentina, Chile

Alemann, Roberto T. *Breve historia de la política económica argentina 1500–1989*. Buenos Aires: Editorial Claridad, 1989.

Alexander, Robert J. *The Perón Era*. New York: Columbia UP, 1951.

—. *Juan Domingo Perón: A History*. Boulder, CO: Westview Press, 1979.

Balze, Felipe A. *Remaking of the Argentine Economy*. New York: Council of Foreign Relations Press, 1994.

Barnes, John. *Evita, First Lady: A Biography of Eva Perón*. New York: Grove Press, 1978.

Borroni, Otelo y Roberto Vacca. *La vida de Eva Perón*. Buenos Aires: Editorial Galerna, 1971.

Ciria, Alberto. *Política y cultura popular: La Argentina peronista, 1946–1955*. Buenos Aires: Ediciones de la Flor, 1983.

Cores, Hugo. *Uruguay hacia la dictadura, 1968–1973: La ofensiva de la derecha, la resistencia popular y los errores de la izquierda*. Montevideo: Ediciones de la Banda Oriental, 1999.

Ensalaco, Mark. *Chile under Pinochet: Recovering the Truth*. Philadelphia: U of Pennsylvania P, 2000.

Goldwert, Marvin. *Democracy, Militarism and Nationalism in Argentina, 1930–1966*. Austin: U of Texas P, 1972.

Hite, Katherine. *When the Romance Ended: Leaders of the Chilean Left, 1968–1998*. New York: Columbia UP, 2000.

Hodges, Donald Clark. *Argentina's "Dirty War": An Intellectual Biography*. Austin: Texas UP, 1991.

James, Daniel. *Resistance and Integration: Peronism and the Argentine Working Class, 1946–1976*. Cambridge, MA: Cambridge UP, 1988.

Jordán, Alberto R. *El proceso: 1976–1983*. Buenos Aires: Emecé Editores, 1993.

Labourdette, Sergio Daniel. *El menemismo y el poder*. Capital Federal, Argentina: Editorial Quirón, 1991.

Lavrin, Asunción. *Women, Feminism and Social Change in Argentina, Chile and Uruguay, 1890–1940*. Lincoln, NE: U of Nebraska P, 1995.

Lynch, John. *Argentine Dictator: Juan Manuel de Rosas*. Oxford: Oxford UP, 1981.

Martínez Estrada, Ezequiel. *Radiografía de la pampa*. 2a ed. Buenos Aires: Losada, 1957.

Newton, Ronald C. *The "Nazi Menace" in Argentina, 1931–1947*. Stanford, CA: Stanford UP, 1992.

Nickson, R. Andrew, compiler. *Paraguay*. Rev. ed. Oxford, England; Santa Barbara, CA: Clio P, 1999.

Page, Joseph A. *Perón, a Biography*. New York: Random House, 1983.

Potash, Roberto A., ed. *Perón y el G.O.U.: los documentos de una logia secreta*. Buenos Aires: Editorial Suramericana, 1984.

Riordan, Roett, and Richard Scott Sacks. *Paraguay: The Personalist Legacy*. Boulder, CO: Westview P, 1991.

Roniger, Luis and Mario Sznaider. *The Legacy of Human-rights Violations in the Southern Cone: Argentina, Chile and Uruguay*. New York: Oxford UP, 1999.

Simpson, John and Jana Bennett. *The Disappeared and the Mothers of the Plaza*. New York: St. Martin's Press, 1985.

Taylor, Julie M. *Eva Perón, the Myths of a Woman*. Chicago: Chicago UP, 1979.

Tolosa, Cristián and Eugenio Lahera, ed. and trans. *Chile in the Nineties* [*Chile en los noventa*]. Stanford, CA: Stanford U Libraries, 2000.

Torres-Ríoseco, Arturo. "La literatura gauchesca", Capítulo IV de *Nueva historia de la gran literatura iberoamericana*. Buenos Aires: Emecé Editores, 1960.

Ward, Catherine E. "La epopeya del gaucho." *Américas*. XVII. Nº 12 (diciembre 1965): 8–15.

Wynia, Gary W. *Argentina: Illusions and realities*. New York: Holmes & Miers, 1986.

Capítulo 16. Los hispanos en los Estados Unidos

Bean, Frank D. and Marta Tienda. *The Hispanic Population of the United States*. New York: Russell Sage Foundation, 1990.

Boswell, Thomas D. and James R. Curtis. *The Cuban-American Experience*. Totowa, NJ: Rowman & Allanheld, 1984.

Evora, Tony. "Playa, ron y salsa". *Cambio 16*. Madrid, 23 agosto 1993, XXXV.

Fagen, Richard R. et al. *Cubans in Exile: Disaffection and the Revolution*. Stanford, CA: Stanford UP, 1968.

Fitzpatrick, Joseph P. *Puerto Rican Americans. The Meaning of Migration to the Mainland*. 2nd ed. Englewood Cliffs, NJ: Prentice Hall, 1987.

Heer, David. *Undocumented Mexicans in the United States*. Cambridge: Cambridge UP, 1990.

Levine, Robert M., and Moisés Asís. *Cuban Miami*. New Brunswick, NJ: Rutgers UP, 2000.

Rodríguez, Clara E. *Puerto Ricans: Born in the U.S.A*. Boston: Unwin Hayman, 1989.

Stoddard, Ellwyn R. *Mexican Americans*. New York: Random House, 1973. Rpt. by Univ. Press of America.

Weyr, Thomas. *Hispanic U.S.A. Breaking the Melting Pot*. New York: Harper & Row, 1988.

Vocabulario

The following types of words have been omitted from this vocabulary: identical cognates and some close cognates whose meaning is clear; conjugated verb forms; personal pronouns, possessive and demonstrative adjectives, and pronouns unless they have a special meaning in the text; easily recognizable adverbs that end in **-mente,** as well as common diminutives (**-ito, -ita**) and superlatives (**-ísimo, -ísima**); numerals; days of the week and months of the year; and simple words found in elementary texts.

Adjectives ending in **-o** in the masculine and **-a** in the feminine are given in the masculine form only.

Gender is not indicated for masculine nouns ending in **-o** and feminine nouns ending in **-a.**

Reflexive verbs are indicated by the reflexive pronoun **se,** attached to the infinitive, or by the abbreviation **vr** when they appear in the text as both reflexive and transitive or intransitive verbs.

Abreviaturas:

adj	adjective	*m*	masculine noun
adv	adverb	*n*	noun
Angl	Anglicism	*pl*	plural
f	feminine noun	*vr*	reflexive verb
inf	infinitive	*vt*	transitive verb

A

abanico fan
abastecer to supply, provision
abastecimiento provisioning;
— **s** provisions
abatido dejected
abatir to strike down
abigarrado motley
abogacía legal profession
abogado lawyer
abolir to abolish
abonar to pay
abordar to board
aborrecer to abhor, detest
aborto abortion

abrazo embrace, hug
abrigo warm clothing (e.g., sweater, overcoat); — **de pieles** fur coat
absentista absentee
absolución *f* absolution, acquittal
abstemio abstemious, temperate
aburrido boring
acabar to finish; to end up; — **de** to have just
acampar to camp
acaparar to monopolize
acariciante *adj* caressing
acarrear to carry; to cause
acaudalado wealthy

acceder to accede, gain access; to agree
accidentado irregular, rough
acendrado pure
acequia ditch
acercamiento approach
acercar to place near, approach; *vr* to approach
acero steel
acervo cultural wealth
aclarar: — el día to dawn
acoger to welcome, receive; — **se** to seek the protection, take advantage
acogida reception
acometer to undertake

aconsejar   to advise
acontecimiento   event
acoplar   to fit together
acorazado   armored ship
acordar   to agree
acorde   in tune
acoso   harassment
acostar   to put to bed; *vr*   to go to bed
acostumbrado   usual
acostumbrarse: — a   to get used to
acreedor   *m*   creditor
actriz   *f*   actress
actual   present-day
actuar   to act
acuario   aquarium
acudir   to come in, go or come to the rescue; to attend; — a   to resort to
acuerdo   agreement, accord; ponerse de —   to reach an agreement
acuñar   to coin
adelante: en —   henceforth, in the future
adelanto   advance, achievement
ademanes   *m*   manners
adentrarse   to penetrate
adepto   follower
adhesión   *f*   attachment, adherence, support
adinerado   wealthy
adivinar   to guess
adobe   *m*   sun-dried brick
adolecer   to suffer
aduana   customhouse
advertir   to warn
afabilidad   *f*   affability
afán   *m*   desire
afectivo   emotional
afecto   affection, love; *adj*   loyal
afeminamiento   effeminacy
aferrarse   to cling
afición   *f*   fondness
aficionado   amateur; — a   fond of
afín   similar, common
afincado   rooted
aflorar   to emerge
afluente   *m*   affluent, tributary of a river

afueras: las —   the outskirts
agotado   exhausted
agotador   exhausting
agotarse   to become exhausted; to run out
agradable   pleasant
agregar   to add
agriarse   to turn sour
agrícola   agricultural
agricultor   farmer
agrupado   grouped
agua: — dulce   fresh water
aguacate   *m*   avocado
agudo   acute, sharp
águila   *f*   eagle
aguja   needle; hand of a clock
ahí   there; de —   hence
ahijado   godchild
ahorrar   to save (in an economic sense)
airado   angry
aislado   isolated
aislamiento   isolation
ajeno   another's
ajuar   *m*   trousseau
ajustar   to adjust
ajusticiar   to execute, put to death
ala   wing
alabanza   praise
alambrada   barbed-wire barrier
alambre   *m*   wire; cerca de — barbed-wire fence
alarmarse   to become alarmed
albedrío: libre —   free will
albergar   to harbor, accommodate
alcaldía   office of the mayor
alcance   *m*   scope, range
alcantarillado   sewage
alcanzar   to reach; to overtake, catch up
aldea   village
aledaño   adjacent
alegar   to adduce, claim
alegría   happiness
alejado   distant
Alejandría   Alexandria
alejarse   to move away
alentador   encouraging
alentar   to encourage
algodón   *m*   cotton

alienación   *f*   alienation
aliento   encouragement
alimentos   foodstuffs
algo   something; somewhat
algodón   *m*   cotton
aliarse   to form an alliance
alimentar   to feed; to encourage
alimenticio   pertaining to food
alimento   food
alistar   to get ready
alivio   relief
allá: más —   beyond
allegado   (emotionally) close
alma   *f*   soul
almirante   *m*   admiral
almohadón   *m*   large pillow
alquiler   *m*   rent
alrededor   around
altibajos   variations, ups and downs
altura   altitude, height; estar a la —   to live up to
alojar   to lodge
altiplano   high plateau
alucinatorio   hallucinatory
alzar   to raise; *vr*   to rise up
ama de casa   homemaker
amable   kind
amaestrar   to tame
amamantar   to breast-feed, nurse
amanecer   to dawn
amante   *mf*   lover
amañado   rigged, dishonest
amargo   bitter
amargura   bitterness
amarrado   tied
amasar   to amass (a fortune)
ambiental   environmental
ambiente   *m*   environment
ámbito   realm, circle
ambos   both
ambulante   ambulatory, roving
amenaza   threat
amenazar   to threaten
amigable   friendly
amo   master
amortiguar   to soften, cushion
amparo   protection
ampliar   to enlarge
amplitud   *f*   amplitude, breadth
analfabetismo   illiteracy

anarquismo anarchism

ancho wide

anchura width

anclar to anchor

andadas: volver a las — to revert to one's old ways

andaluz Andalusian

andamio scaffold

andino Andean

anglo Anglo-American

angustia anguish

ánima *f* soul

animal: — de tiro draft animal

ánimo: dar — to encourage

anonimato anonymity

ansia longing

antepasado ancestor

anticipación: de, con — in advance

anticonceptivo contraceptive device

antigüedad *f* antiquity

antiguo ancient; former

anular to annul

añadir to add

apaleadura beating

aparato apparatus, device

aparcero sharecropper

aparecer to appear

apariencia: — física physical appearance

apelación *f* appeal

apellido last name

apenas scarcely, hardly

apertura opening, openness

apiadarse to take pity

ápice *m* apex, height

apilar to pile up

aplacar to placate

aplanar to flatten

aplastante crushing

aplastar to crush

apodar to nickname

apoderarse to take possession of, capture

apogeo apogee

aportar to contribute

aporte *m* contribution

apostar to bet, to opt for; — por: to be in favor of

apóstol *m* apostle

apoteósico epoch-making

apoyar to support; *vr* — en to be based upon, to depend on

apoyo support

aprendiz apprentice

apresurado hasty

apretón: — de manos handshake

aprovechar to take advantage of

aprovisionador supplier

apto able, fit

apuesto handsome

apuntar to point out

apuro difficulty

aquejado afflicted by

aquejar to afflict

aquel he who, the one that

aquietamiento relaxation, calming down

Aquiles: talón de — Achilles' heel, weakness

arado plow

arancel *m* tariff, (customs) duty

arancelario pertaining to custom duties

araña spider

arar to plow

aras: en — de for the sake of

arbitraje *m* arbitration

árbol *m* tree

arca *f* vault; — de Noé Noah's Ark

arcabuz *m* harquebus (16th-century shotgun)

archivo archives

arco arch

arcoiris *m* rainbow

argüir (y) to argue

argumento plot

armada navy

armar to assemble

aro ring

arqueólogo archaeologist

arquetipo archetype

arrancar to tear

arrastrar to drag along

arreglar to fix; to arrange; arreglárselas to manage the best one can

arreglo arrangement; agreement

arrestar to arrest, detain

arribar to arrive

arriesgado daring, risky

arrojar to throw; to show results

arrollador sweeping

arroyo brook, small stream

arroz *m* rice

arte *m*: — orfebre goldsmith work

artes *f*: bellas — fine arts

artesanías arts and crafts, handicrafts

artículo article; — de consumo commodity, merchandise; — de primera necesidad essential consumer good

arzobispo archbishop

asa handle (of a vase or cup)

asaltante *mf* attacker

ascendencia ancestry

ascender to ascend; to be promoted

ascendiente *m* ancestor; influence

ascenso promotion

asediar to besiege

asegurar to secure, consolidate

asentamiento settlement

asentarse to rest, be based upon; to settle

aserto assertion

asesor adviser

así so; thus

asiático Asiatic

asiento seat; place of settlement

asilo old people's home; (political) asylum

asistencia: — sanitaria medical care

asomar to loom, begin to appear, to be revealed

asombrar to astonish

asombro astonishment

asombroso astonishing

áspero harsh

astilleros shipyards

astro star

astrónomo astronomer

astucia cunning

asumir to assume; to accept, take responsibility

asunto matter, business, affair

asustar   to frighten
atacante   *mf*   attacker
atacar   to attack
atadura   tie, bond
atañer   to concern, appertain
ataque   *m*   attack
atar   to tie down
atemperar   to temper, mollify;
   vr   to cool
atentado   aggression, attack
aterrante   frightening
atractivo   *adj*   attractive,
   appealing;   *pl*   attractive
   features
atraer   to attract
atrapar   to trap
atrasado   backward
atravesar   to cross; to go through
atreverse   to dare
atrevido   daring
audaz   daring
audiencia   tribunal
auditorio   audience
auge   *m*   highest point
augurar   to augur, predict, antici-
   pate
aumentar   to augment, increase
aumento   increase
aun   even
aún   still; yet
aunarse   to coalesce
ausencia   absence, lack
ausentarse   to absent oneself
autocrático   autocratic, dictatorial
autóctono   aboriginal, indigenous
autoridad   *f*   authority, expert
autorizado   respectable
autorretrato   self-portrait
avalar   to support
avance   *m*   advance
ave   *f*   bird; — de corral   poultry
avejentado   aging
avenida   avenue
avenirse   to be in accord, agree
aventurado   ventured
avergonzarse   to be ashamed, to
   feel shame
avidez   *f*   eagerness
avión   *m*   airplane
aviso   warning
avistar   to descry at a distance

ayuda   help
azar   *m*   chance; al —   at
   random
azotar   to scourge; to lash
azote   *m*   scourge
azúcar   *m*   sugar

B

bachiller   *mf*   bachelor (academic degree)
bachillerato   secondary education
bagaje   *m:* — intelectual   intellectual weight
bahía   bay
bailar   to dance
baja   casualty
bajón   sudden drop
bajorrelieve   *m*   bas-relief
balanza: inclinar la —   to tip the
   scale
balcón   *m*   balcony
ballena   whale
ballesta   crossbow
baloncesto   basketball
banca   banking
bandera   flag, banner
bando   faction
bandolero   highwayman
banquero   banker
baratija   trinket
barba   beard
barbarie   *f*   savagery, incivility
bárbaro   barbarous, uncivilized
barbudo   bearded man
barco   ship; — de vapor
   steamship; — negrero   slave-
   carrying ship
barra   bar
barracón   *m*   large hut
barrer   to sweep
barrera   barrier
barriada   poor city district
barro   clay
barroco   Baroque
bastante   quite, rather; a great
   deal
bastión   *f*   stronghold
batalla   battle
batracio   batrachian, amphibian,
   frog- or salamander-like animal
bautismo   baptism

bautizar   to baptize
beber   to drink
bedel   *m*   custodian
bélico   war-like; material —
   military equipment
belicoso   quarrelsome
bellas: — artes   fine arts
belleza   beauty
bembón   thick-lipped
biblioteca   library
bien   *m*   good, merchandise;
   property; más —   rather; irle
   — a uno   to do well; estar a —
   to be in good terms
bienestar   *m*   welfare; estado
   de —   welfare state; well-being
bifurcarse   to fork
bigote   *m*   mustache
bisonte   *m*   bison
bizco   cross-eyed
blanco   target
blando   soft
bloque   *m*   city block
bloquear   to block
bochornoso   shameful
boda   wedding
bodega   ship's hold
boga: en —   fashionable
boina   beret
bola   ball
bolsa   bag; — de valores   stock
   exchange
bolsillo   pocket
bondadoso   kind, generous
borde   *m:* al —   on the verge
boricua   Puerto Rican
borrachera   drunkenness
borrar   to erase
bosque   *m*   wood, forest
bosquejar   to outline
bota   boot
botín   *m*   booty
brasileño   Brazilian
bravo   angry
brazo   arm
breñal   *m*   brambled ground
brillar   to shine
brindar   to offer
brisa   breeze
brujería   witchcraft
brújula   compass
bucanero   buccaneer

buey *m* ox
búho owl
buque *m* ship; — **frigorífico** refrigerated ship
burgués *n & adj* bourgeois
burguesía bourgeoisie
burla mockery
burlar to evade; *vr* to make fun of
burlón mocking
busca: en — **de** in search of
búsqueda search

C

caballería cavalry; **novela de —** chivalry novel
caballero gentleman
caballete *m* easel
caballo horse
cabecilla *m* chieftain, head of a revolt
caber to fit; **cabe preguntar** one may ask
cabida: dar — to find room, e.g., for an idea
cabildo municipal council
cabo cape; corporal; **al —** in the end, finally
cabra goat
cacerola stew pan, saucepan
cacique *m* Indian chief; political boss
cadena chain
cafetal *m* coffee plantation
caída fall
calabaza pumpkin, squash
calavera skull
calcetín *m* sock
calculador shrewd, sly
calcular to calculate, estimate
cálculo calculation, estimate
calendario calendar
calentamiento heating
calidad *f* quality
cálido warm, hot
californiano from California
cáliz *m* chalice
calvo bald
callado quiet, reserved
callejera: turba — unruly street crowd

calzada roadway, causeway
camarilla clique
camarón *m* shrimp
cambiar to change
cambio change; **en —** on the other hand
camello camel
camino road
camión *m.* truck
campamento camp; **— de vera-neo** summer camp
campana bell
campaña campaign
campesino peasant
camuflar to camouflage
canalizar to channel
campo field; countryside
canela cinnamon
canjear to exchange
canoa canoe
canónico canonical
cantante *mf* singer
cantera quarry
cántico chant
cantidad *f* quantity, amount
caña: — **de azúcar** sugar cane
cañón *m* cannon
caos *m* chaos
capa echelon
capataz *m* overseer
capaz capable
capitanear to head, have the command
capítulo chapter
capricho whim
caprichoso whimsical
captar to attract, win
cara face; **de — a** as it faces
carabela caravel
cárcel *f* jail
cardenista pertaining to Mexico's president Lázaro Cárdenas
carecer to lack
carente lacking
cargamento shipment
carga load, burden; charge
cargar to charge
cargo position; **a — de** in charge of; **hacerse —** to take charge, take over
caribeño *adj* Caribbean
carne *f* meat; flesh

carrera career, profession; race
carretera highway
carro: — **patrullero** patrol car
carta letter; charter
cartel *m* sign
cartera portfolio
casa: — **propia** one's own household
casamiento marriage
casarse to get married; **— con** to marry
casco helmet
caso: darse el — to happen
casta caste
castidad *f* chastity
castigar to punish
castigo punishment
casto chaste
castrense *adj* military
castrismo Castroism
casualidad *f* coincidence, chance
catecismo catechism
cátedra professorship
catequista *mf* catechist
caucásico Caucasian
cauce *m* riverbed, channel
caucho rubber
caudillismo tradition of caudillo-ruled government
caudillo strong leader with charismatic appeal
cautela caution
cautivador *adj* captivating
cautivar to charm
cautiverio captivity
caza hunting
cebolla onion
ceder to yield
ceja eyebrow
celda cell
celebrar to hold an event
célebre famous
celeridad *f* celerity, velocity
celo zeal
celoso jealous
censura censorship
centenar hundred
central *f:* — **eléctrica** generating plant
ceñir to gird
cera wax

cerca fence; **— de alambre** barbed-wire fence
cercanías vicinity
cercano nearby
cerco: poner — to lay siege
cerdo pig
cernirse to hover
cero zero
certamen *m* literary contest
certeza certainty, certitude
cerveza beer
cesar to cease
césped *m* lawn
charco pond
charretera epaulet
checo Czech
chile *m* chili, American red pepper
chinche *f* bedbug
chino Chinese
chispa spark
chiste *m* joke
chocante shocking
chocar to collide, clash; to be upset (by an event)
choza hut
cicatrizar to heal
ciclo cycle; **— sinódico** synodic cycle
ciclón *m* hurricane
ciencia: a — cierta for certain
cierto true
cifra number, figure
cima top
cimentar to strengthen, consolidate
cincel *m* chisel
cintura waist
cinturón *m* belt
circundante *adj* surrounding
cisma *m* schism
cisne *m* swan
claro of course
clase *f*: **— obrera** working class
clasista class-oriented
clave *adj* key
clavo clove
clero clergy
coacción *f* coercion
cobrar to charge; to collect
cobre *m* copper
cobro collection

cocinero cook
cochino pig
códice *m* codex
código code
codicia greed
codiciar to covet
coercitivo coercive
coetáneamente simultaneously
cofradía brotherhood
coger to catch; to get; to take; **— desprevenido** to surprise, catch by surprise
cohete *m* missile
cola tail
colega colleague
colina hill
colmo: para — to make matters worse
colocar to place
colombiano Colombian
colonia colony; **— de caña** sugar plantation
colonizador colonizer
colono colonist
comarca region
comerciante *mf* merchant
comicios elections
comida food; meal
comienzo beginning
comitiva retinue
como how, in what way; because, since, inasmuch as
comodidad *f* comfort
compartir to share
competencia competition; competence, aptitude
complacer to please; *vr* to take pleasure in
complejidad *f* complexity
complejo complex
componerse: — de to consist of
comportamiento behavior
comportar to entail; *vr* to behave
comprobación *f* checking, comparison
comprobar to verify
concha shell
concilio council
concurso contest, competition; **— de oposición** academic competition for a professorship

condado county
condena condemnation
condiscípulo fellow student
confección *f* manufacture
confiable reliable
confianza trust
confiar to trust
confiscar to confiscate
confluir to coalesce
conforme satisfied
congelación freeze, freezing
congelado frozen
congelar *vt* & *vr* to freeze
congregarse to gather
conjunto: en — as a whole
conllevar to entail
conmovedor *adj* moving
conmover to move (emotionally)
conocimiento knowledge
conquistar to conquer
conseguir to get, obtain; **+ inf** to succeed in
consejero adviser, councelor
consejo advice; council
constar: — de to consist of
consumo consumption; **artículo de —** commodity, merchandise
contabilidad *f* accounting
contienda war, fight
contención containment
contorno contour
contradecir to contradict
contraer: — matrimonio to marry
contrahecho deformed
contrapartida countermeasure
contrapesar to counterbalance, compensate
contraproducente counterproductive
Contrarreforma Counter-Reformation
contrarrestar to counteract
contratar to hire
contrato contract
contundencia: con — bluntly
contundente forceful
convenir to suit, to be suitable
converso: judío — a Jew converted to Christianity
convivencia living together; companionship

convocar to convoke, convene; to call for
convocatoria calling
coraje *m* courage
corazón *m* heart
corbata necktie
corcovado hunchback
coro: a — in unison
corona crown
coronel *m* colonel
corredor runner
correos post
corrida: — de toros bullfight
corsario corsair, privateer
cortapisa impediment
cortar to cut
corte *f* court; *m* cutting blow; cut; blocking; style
cortejar to court
cortés courteous, polite
cortesano courtier
corteza tree bark
cortina curtain
corto short
costarricense Costa Rican
costear to finance; **poder —** to be able to afford
costo cost
costoso costly
costumbre *f* custom, habit
coterráneo compatriot
cotidianamente daily
cotidiano *adj* everyday
cotización *f* contribution
cráneo skull
creados: intereses — vested interests
crecer to grow (in size)
creciente *adj* growing
crecimiento growth
credo creed
crédulo credulous, naïve
creencia belief
creyente *mf* believer
criado servant
crianza breeding
criar to breed; to raise
crónica chronicle
cronista *mf* chronicler
cruce *m* crossing
cuadrante *m* quadrant
cuarentena quarantine

cuantioso abundant, rich
cuartel *m* army barracks
cuarzo quartz
cubo cube
cuchillo knife
cuello neck
cuenca (river) basin
cuenta account; bill; **por — propia** self-employed; **por — de uno** on one's own account
cuentista *mf* short-story writer
cuento short story
cuerda string
cuero hide, leather
cuerpo body; **— de policía** police force
cuestión *f* matter
cuidadoso careful
culpa guilt
culpar to blame
cultivo crop; cultivation
cumpleaños *m* birthday
cumplir to fulfill; to honor (a commitment)
cuna cradle
cuñado brother-in-law; *pl* brothers- and sisters-in-law
cúpula dome, vault
cura *m* priest
cúspide *f* apex, tip, top
cutis *m* skin of the human face

dama lady; **— de compañía** lady-in-waiting
dantesco dantesque, terrifying
danza dance
dañar to harm
dañino harmful
daño harm
darwinista Darwinist
datar to date, begin from
deambular to roam, stroll
debajo under, below
debatirse to agonize (between two alternatives)
debidamente duly
débil weak
debilidad *f* weakness
debilitado weakened
década decade

decenio decennium, decade
decepcionante disappointing
décima: — parte one tenth
decretar to decree, determine
decreto decree
dedo finger
deficitario deficit-ridden, deficit-based
degenerar to degenerate
degollar to cut the throat of a person or animal
deidad *f* deity, god
dejar: — de + inf to stop or cease + -ing
delantal *m* apron
delgado thin
delictivo *adj* of an illegal nature
delito crime, illegal act
demagogia demagogy
demás: los, las — the others
denominar to name
deponer to depose
deporte *m* sport
depredador like a predator
depurado polished
derecho right; straight; law
derramiento (de sangre) bloodshed
derretir to melt
derribar to throw (to the ground)
derrocamiento overthrow
derrocar to overthrow
derrotar to defeat
derrumbarse to crumble, collapse
desacuerdo disagreement
desafío defiance
desalentado disheartened
desalentar to discourage
desalojar to dislodge
desanimado discouraged
desanimar to discourage
desaparecer to disappear
desarrollarse to develop
desatar to unleash
desbordar to overflow; surpass
descalzo barefooted
descansar to rest
descanso rest, leisure
descargar to discharge, release
descarnado unadorned, harshly realistic
descollar to stand out

desconfiado distrustful

desconocedor: — de not familiar with

desconocer to ignore

desconocido: lo — the unknown

descuartizar to quarter

descubridor discoverer

descubrimiento discovery

descubrir to discover; to uncover, unmask

desdichado unhappy

desechar to lay aside, discard

desembarco landing

desembocadura mouth of a river

desembocar to flow into, empty into (e.g., the sea)

desempeñar to discharge (an office or duty); **— un papel** to play a role

desempleo unemployment

desencadenar to unchain, unleash

desencantado disappointed

desengaño disappointment

desenlace *m* outcome, denouement

desentenderse to neglect

desertar to desert

desértico desert-like

desfilar to march

desgastar to weaken

desgracia misfortune

deshacerse: — de to get rid of

desheredado underprivileged

desierto desert

desigual uneven

deslealtad *f* disloyalty

deslumbrante glaring; dazzling

deslumbrar to dazzle

desmantelar to dismantle

desmayo dismay

desmedidamente excessively

desmontado cleared of trees

desmontar to dismount; to dismantle

desnudar to undress

desnudo naked

desolado desolate

despacho office

despectivo derogatory

despedida farewell

despedir to dismiss, fire

despegue *m* takeoff

despejar to clear

despertar to awaken

desplazar to displace; *vr* to move

despliegue *m* display

desplomarse to collapse

desplome *m* collapse

desposeídos: los — the poor

despreciable insignificant

despreciar to despise

desprecio contempt

desprestigio loss of prestige

desprevenido off guard

destacado important, outstanding

destacar (se) to excel, stand out

destituir (y) to dismiss from office

destrozado ruined, torn to pieces

destrozar to cut to pieces, annihilate

desviación *f* deviation

desviar to divert

deterioro deterioration

deuda debt

devorar to devour

devoto devotee

diablo devil

diario journal, diary; *adv* daily, every day

dibujante drawer, draughtsman

dibujo drawing

dictador *m* dictator

dictadura dictatorship

dictamen *m* opinion, judgment

diente *m* tooth

dieta diet

diezmar to decimate

diezmo tithe

difundir to disseminate

digno worthy, dignified

dilación *f* delay

dilapidar to dilapidate, squander

diluir to dilute

diminuto small, minute

dinastía dynasty

dinero money; **— efectivo** cash

dios *m* god

dirigente *mf* leader

dirigir to direct; *vr* to head for, go toward

díscolo rebellious

discurso speech

discutir to discuss

diseñar to design

diseño design

disfrazado disguised

disfrute *m* enjoyment

disímil dissimilar

disimular to conceal

disipado dissolute, licentious

disminuir to diminish, decrease

disolver to dissolve, break up

disparar to shoot, fire; *vr* to increase very rapidly

dispensar to dispense; to sell

disponer to have at one's disposal

disponible available

disposición *f* directive

dispuesto willing

distinto distinct, different; in a different way

disturbio riot

disuasorio dissuasive

divisas reserves of foreign currency

doblar to fold, bend

doblegar to humble

doctrinar [adoctrinar] to indoctrinate

dolencia ailment

dolor *m* pain, suffering

dolorido *adj* aching

domador: — de caballos horse breaker

dominicano Dominican

don *m* gift, talent

donar to donate

doncella young woman, maiden

dorado golden

dotado endowed

dotar to endow

dote *f* gift, talent

dramaturgo playwright

dueño owner

dulce sweet; **agua —** fresh water

duque *m* duke

duramente harshly

durar to last

dureza harshness

duro hard, tough

E

echar to throw; **— hacia atrás** to turn back

eco echo

ecuador *m* equator

ecuánime   calm, level-headed

edad   *f*   age; era; **persona de —** elder person

editar   to publish

editora   publisher, publishing house

editorial   *f*   publisher

efectivamente   really, actually

eficaz   efficacious

efímero   ephemeral, short-lived

Eje   *m*   Axis (alliance of Germany, Italy, and Japan during World War II)

ejecutar   to execute

ejecutor   *m*   executioner

ejemplar   *m*   copy (of a book or magazine); *adj* exemplary

ejercer   to exert; to exercise

ejercicio   exercise, practice; **hacer —**   to exercise

ejercitar   to exercise

ejército   army, armed forces

elegido   chosen

elogiar   to praise

elogioso   laudatory

embajada   embassy

embajador   ambassador

embalsamar   to embalm

embarazada   pregnant

embarazar   to embarrass; to hinder

embarazoso   embarrassing

embarcación   *f*   vessel, ship

embarcarse   to embark

embargo: sin —   however

emboscada   ambush

embriagarse   to get drunk

embrollo   tangle

emotivo   emotional

empeorar   to worsen

emperador   *m*   emperor

empero   however

empleador   employer

emplear   to employ, use

empleo   employment

emprendedor   enterprising

emprender   to undertake

empresa   enterprise, business

empresario   entrepreneur

empujar   to push

empuñar   to grip

enamorarse   to fall in love

enano   dwarf

enardecido   excited

encabezar   to head, lead

encajar   to fit

encaje   *m*   lace

encaminar   to direct; to gear

encantador   charming

encanto   charm

encarar   to face

encarcelamiento   incarceration

encarcelar   to jail

encarecer   to increase in price

encendido   fiery

encerrarse   to lock oneself up

enclavado   rooted

encomiable   worthy, praiseworthy

encontrar   to find; **— se con**   to run across

encuentro   encounter, meeting

encuesta   opinion poll

enderezar   to aim

endurecer   to harden

enemistad   *f*   enmity

enemistarse   to become an enemy of

enfermar   to fall ill

enfermería   nursing

enfermo   sick person

enfilar   to direct the course

enfoque   *m*   approach

enfrascarse   to become involved

enfrentamiento   encounter

enfrentar   to face

enfriamiento   chill

enfriar   to cool

enfurecido   angry

engañar   to deceive

engañoso   deceitful, deceptive

engrandecido   magnified

engrosar   to augment

enjuiciar   to bring to trial, impeach

enlazar   to tie, bind

enmienda   amendment

enraizado   rooted

ensayar   to try

ensayista   *mf*   essayist

ensayo   essay

enseñanza   teaching; education

ensuciarse   to get dirty; **— las manos;**   to dirty one's hands

entendimiento   understanding

enterarse: **— de**   to find out, learn about

enterrar   to bury

entidad   *f*   entity, firm, company

entonces   then; **de —**   of that period

entorno   environment

entorpecer   to hinder

entrada: **de —**   to start with, at the outset

entrañas   core; entrails

entredicho: **poner en —**   to put in doubt

entregar   to hand over; *vr* **— a** to engage in

entrenado   trained

entrenamiento   training

entrenar   to train

entretanto   meanwhile

entretenimiento   amusement, entertainment

entrever   to foresee, catch a glimpse

entrevista   interview

entrevistar   to interview

envalentonar   to embolden

envejecido   aged

enviar   to send

época   epoch, period

equipar   to fit, equip

equipo   team; equipment, gear

equitativo   equitable

equivocarse   to be wrong, make a mistake

erguido   erect

erudito   scholar

esbozo   outline

escala   stopping place; scale

escalinata   monumental staircase

escalofriante   chilling

escalofrío   chill

escalón   *m*   step of a stair

escasear   to become scarce

escasez   *f*   scarcity, shortage

escaso   scarce

escenificar   to stage

escisión   *f*   split

esclavitud   *f*   slavery

esclavizar   to enslave

esclavo   slave

escoba   broom

escoger   to choose

escolar   schoolchild

escolarización   schooling

escolasticismo   scholasticism

escoltar   to escort
escopeta   shotgun
escritor   writer
escritura   writing
escudero   squire
escudo   shield
escudriñar   to search, scrutinize
esculpir   to sculpture
esfera   sphere, circle
Esfinge   *f*   Sphinx
esforzarse   to try hard
esfuerzo   effort
esfumarse   to vanish
esgrima   fencing
esmaltado   enameled
espada   sword
especia   spice
especie   *f*   species; kind, type
espectro   spectrum
espejo   mirror
espera   wait
esperanza   hope
esperanzado   hopeful
espía   *mf*   spy
espina   thorn; fish bone
esquema   *m*   scheme, model
estación   *f*   season
estacionario   stationary
estadista   *mf*   statesman
estadísticas   statistics
estado   state; en — pregnant;
   — de ánimo: mood
estalinista   Stalin-like
estallar   to break out; to explode
estallido   outburst
estancado   stagnant
estancamiento   stagnation
estancia   hacienda, large farm;
   stay, sojourn
estanciero   hacienda owner
estaño   tin
estatal   belonging to the state,
   state-run
estela   stele, upright slab of carved
   stone
estilo   style
estimado   estimate
estorbo   hindrance
estrecho   narrow; strait
estrellarse   to crash
estribo   stirrup
estropear   to spoil, damage

estuario   estuary
estudiantado   student population
estupefaciente   *m*   drug,
   narcotic
etapa   period
etiqueta   label
étnico   ethnic
europeizado   europeanized
europeo   European
evadir   to evade, elude
evitar   to avoid
exaltar   to extol, praise
excedente   *m*   surplus
excomunión   *f*   excommunica-
   tion
exención   *f*   exemption
exigencia   demand
exigir   to demand
exiguo   exiguous, small
éxito   success; con — success-
   fully
exitoso   successful
expediente   *m*   dossier
experimentado   experienced
experimentar   to experience
exposición   *f*   exposé; exhibit,
   exhibition
expuesto   exposed
expulsar   to expel
exterminio   extermination
extraer   to extract, pull out
extranjero   *n*   foreigner; *adj*
   foreign; en el — abroad
extrañar: no es de —   (it) is not
   surprising
extraño   strange
extremeño   a native of Extremadura

F

fábrica   factory; marca de —
   trademark
fabricar   to manufacture
facción   *f*   feature; faction
faceta   facet, aspect
fachada   façade
factible   feasible, practicable
facultad   *f*   school within a university
faja   strip
falda   skirt

fallar   to pass judgment, to decide;
   to fail
fallecimiento   death
fallido   failed
falsedad   *f*   falsehood
falta   lack
faltar   to lack, be missing
farándula   show business
fase   *f*   phase
fastuoso   lavish
fatiga   fatigue, lassitude
fazendeiro   large plantation
   owner in Brazil
fe   *f*   faith; dar — to attest;
   profesión de — calling,
   commitment
fecha   date
fechoría   misdeed
feligrés   parishioner
felino   feline
férreo   iron-like
ferrocarril   *m*   railroad
festejo   festivity
fidedigno   reliable
fidelidad   *f*   loyalty
fidelista   pertaining to Fidel
   Castro
fiel   loyal, faithful
fieles   *m*   parishioners, church-
   goers
fiera   wild beast
figurilla   figurine
fijeza   steadfastness
fila   rank
fin   *m*   end, ending; objective;
   a — de   in order to; a fines de
   toward the end of
financiero   financial
finca   farm
firmante   signatory
firmar   to sign
fiscal   prosecutor, district attorney
fisco   national treasury; evadir
   el — to evade paying taxes
Flandes   Flanders
flanquear   to flank
flor   *f*   flower; — de lis   fleur-
   de-lis, heraldic lily
florecer   to flower, blossom; to
   prosper
Florencia   Florence
florido   flowery

flota   fleet

flotar   to float on a liquid or in the air

flote: a —   afloat

fluir (y)   to flow

flujo   influx

foco   center, hot point

fomentar   to foment, encourage

fondo   bottom; fund

foráneo   foreign, alien

forja   forging

forjar   to forge, build

fortalecer   strengthen

fortaleza   strength

forzar (ue)   to force

fracasar   to fail

fracaso   failure

fraile   *m*   friar

franco   frank

franja   strip

franqueza   frankness

freír   to fry

frenar   to slow down; to apply the brakes

frente   *f*   forehead; *m*   front; *adv*   in front ; **al —**   at the command

fresco   fresh; method of painting on a wall or ceiling

frescura   freshness

freudiano   Freudian

frigorífica: planta —   meat-packing plant

frijol   *m*   bean

frondoso   bushy

frontera   border

fructífero   fruitful

fruta   fruit

fruto   produce, product, e.g., of one's efforts

fuego   fire

fuerza   force, strength; **a la —**   by force

fuga   flight

función   *f*   function; show

funcionar   to function, to work out satisfactorily

funcionario   official

fundador   founder

fundar   to found

fundo   large farm

fusil   *m*   rifle

fusilamiento   execution by firing squad; **pelotón de —**   firing squad

fútil   futile

G

gabinete   *m*   cabinet

gallego   Galician

gallina   hen

galón   *m*   stripe worn on a military uniform

gamín   street urchin

ganadería   cattle raising

ganadero   *adj*   cattle

ganado   cattle

ganancia   profit

ganar   to win; **— se la vida**   to make a living

garante   *m*   guarantor

garantía   warranty, guaranty

garrote   *m*   garrote (device used to strangle as a means of execution); club, big stick

gasa   gauze

gastar   to spend (money)

gato   cat

gauchesco   that which pertains to the gauchos

gaucho   cowboy of the Argentine and Uruguayan pampas

Génova   Genoa (Italy)

genovés   Genovese

germen   *m*   trace, source

gestar   to develop

gestión   *f*   action or step in a legal or bureaucratic procedure

gesto   gesture; mannerism

gigante   *m*   giant

gigantesco   gigantic

gira   tour

girar   to revolve, rotate

giro   turn

glifo   glyph

Gobernación: Secretario de —   Home Office Minister

gobernador   governor

gobernante   *m*   ruler

gobernar   to govern, rule

golpe   *m*   blow, stroke; **— de estado**   coup d'état

gordura   fatness, corpulence

gozar   to enjoy

grabado   engraving

grabar   to engrave; to record

grácil   graceful

grado   rank; degree

grande   (Spanish) grandee

grandeza   grandeur, greatness

granja   farm

gremio: — de comerciantes   merchants' guild

griego   Greek

gritar   to shout, scream

grito   shout, scream

grueso   thick; **el —**   most of, the majority

guardar   to keep

guarnición   *f*   garrison

guayaba   guava

guerra   war

guerrero   warrior; *adj*   warlike

guión   *m*   hyphen

guisar   to cook

gusano   worm

H

haber: hay que   one must; **— de**   must

habitar   to inhabit

hacendado   hacienda owner

hacer   to do, make; *vr*   to become; **— de**   to acquire

hacha   ax

hada   fairy

hallazgo   discovery, finding

harina   flour

harinero: molino —   flour mill

hazaña   exploit

hechicero   witch, wizard

hecho   fact; **— consumado**   fait accompli, accomplished fact

hectárea   hectare (2.471 acres)

heredar   to inherit

heredero   heir

hereje   *m*   heretic

herencia   heritage; inheritance

herida   wound

herir   to wound

herradura   horseshoe

herramienta   tool

hervir   to boil

hielo   ice

hierba grass
hierro iron
hígado liver
hilar to spin
hilo wire
hincapié: hacer — to emphasize
hiperrealismo photolike realism
hipotecar to mortgage
hirviente *adj* boiling
hito milestone
hogar *m* home
hoguera bonfire; **morir en la —** to die at the stake
hoja leaf
holandés Dutch
homenaje *m* tribute
horno oven; **alto —** blast furnace
horrorizado horrified
hospicio hospice, orphanage
hostigamiento harassment
huelga workers' strike
huella track, footstep
huérfano orphan
huevo egg
huída flight, escape
huir (y) to flee
humanidad *f* mankind, humankind
humilde humble
hundir to sink

I

ibérico Iberian
iconoclasta iconoclast, nonconformist
idear to come up with an idea
idilio love affair
idoneidad *f* suitability
igual same; **— que** just as
ileso unharmed
iluminismo Enlightenment
ilustrado enlightened
imagen *f* image, statue, effigy
imparable unstoppable
impedir to impede, prevent
impensable unthinkable
imperar to prevail
imperio empire
implantar to establish, implant
imponente imposing
imponer to impose; *vr* to prevail

impregnar to fill
imprenta printing press
impreso printed
imprevisible unpredictable
imprevisto unforeseen
impuesto tax
inalcanzable unattainable
incansable tireless
incapaz incapable; incompetent
incendio fire
incertidumbre *f* uncertainty
incluso even; including
incómodamente uncomfortably
incómodo uncomfortable
inconexo unconnected
inconfundible unmistakable
incontables countless
incontenible unstoppable
inculcado inculcated, stamped, impressed upon
incumbencia: ser de la — to be someone's business or concern
incumplir to fail to comply
indagación *f* inquiry
independizarse to become independent
indeseable undesirable
indiano from the Indies (the New World)
Indice *m* Index (catalog of books prohibited by the Catholic church)
indicio clue
indígena *mf* indigenous person; *adj* indigenous
indiscutible unquestionable
indisponer to indispose
indiviso undivided
inédito new
ineficaz (-ces) ineffectual
inesperado unexpected
infame infamous, despicable
infiel infidel
infligir to inflict
influyente influential
informático: programa — computer program
infortunio misfortune
ingeniero engineer
ingenio creative nature or faculty
ingenioso ingenious, clever
ingenuo naïve

ingerir to ingest
inglés English citizen
ingrata: tarea — thankless task
ingresar to enter; to join, become a member
ingreso(s) income
inicio beginning
injerencia meddling
inmiscuirse to meddle
innegable undeniable
inquietante unnerving
inquieto restless
insólito unusual
integrado: — por made out of, composed of
intento attempt
intentona rash attempt
intercambiar to exchange
interceder to intercede, mediate
intereses: — creados vested interests
internarse to go deeply into
interregno interregnum
interrogante *f* question
intestino *adj* internal
intrascendente unimportant, irrelevant
intrincado elaborate, complicated
inundación *f* flood, flooding
inundar to inundate, flood
inusitado unusual, exceptional
invasor invader
invernadero: efecto — greenhouse effect
inversión *f* investment
inversionista *mf* investor
inversor investor
invertir to invest
investigador researcher
involucrar to involve someone in an affair
ira ire, anger
irlandés Irish
irrisorio ridiculous
isla island
istmo isthmus
itinerante; vivir — roving life

J

jactarse to boast
jardín *m* garden
jardinero gardener

jarra pitcher, jar
jefe boss
jerarquía hierarchy
jeringuilla syringe
jeroglífico hieroglyph; *adj* hieroglyphic
jinete *m* horseman
jornada workday
jornal *m* daily wage
joya jewel
joyería jeweler's shop; jeweler's type of work
judío *adj* Jewish; *n* Jew
juego game; gambling
juerga drinking party
juez *m* judge
jugador *m* player; gambler
jugar to play; to gamble
juicio judgment; opinion; trial
jungla jungle
juntos together
jurar to swear, make an oath
jurista jurist
justo *adj* just; *n* a just person
juventud *f* youth; the young
juzgar to judge; to try (in a judicial court)

L

labios lips
labores: — domésticas house chores
labrado carved, chiseled
labrar to till; to do needlework, embroider, spin; to carve
lacra fault, vice
ladera slope
lado side; **de un —** on the one hand; **de otro —** on the other hand
ladrón thief
lago lake
laguna lagoon
laico lay
lamentablemente unfortunately
lana wool
languidecer to languish
lanzarse to rush upon
larga: a la — in the long run
largo long; **a lo — de** along
látigo whip

lavar to wash; **— oro** to pan for gold
lazo tie, bond
leal loyal
lealtad *f* loyalty
leche *f* milk
lecho bed; river bed
lectura reading
legado legacy
legitimar to legitimate
lejanía distance, remoteness
lejano distant
lema *m* motto
lento slow
lepra leprosy
leprosario leprosarium
letra letter of the alphabet
levantamiento uprising
levantar to build; to raise
ley *f* law
libanés Lebanese, from Lebanon
libertario libertarian (ref. to the advocacy of civil liberties)
libertinaje *m* licentiousness, excessive degree of freedom
libra pound
librar to free; to fight (a battle, a war)
librería bookstore
librero bookseller
libreta: — de racionamiento ration card book
licencia: — de conducir driver's license
líder *Angl mf* leader
liderar to lead
liderazgo leadership
lidiar: — con to deal with
lienzo canvass
ligar to tie
ligero light
limpieza cleanliness
linaje *m* lineage
lindo pretty
línea line
lineal linear
lingote *m* ingot
lino linen
Lisboa Lisbon
listo ready
litro liter
llama flame
llamamiento call

llanero plainsman, cowboy
llano flat; plain
llanura plain, prairie
llevar to take; to wear
llorar to cry; **echarse a —** to burst into tears
lluvia rain
lluvioso rainy
lobo wolf
locura madness
logro achievement
lomo back (of an animal)
longitud *f* length
lote *m* lot
lucha fight, struggle
luchador *m* wrestler
lucir to display
lucrar to profit
lugarteniente deputy
lujo luxury
luna moon; **— de miel** honeymoon
lusitano Portuguese
lustrar to shine
luto mourning

M

macizo solid
madera wood
madrugada dawn
madurar to mature
maestría mastery
maestro teacher
magisterio magisterial or teaching career
magistrado magistrate judge
magistral masterly
majestuoso majestic
malamente hardly
malanga Caribbean edible root
maldición *f* curse
malestar uneasiness
maleta suitcase
maligno *adj* wicked, evil
maltrato ill-treatment
manchar to tarnish
mandato (presidential) term
mandar to command
manejar to manipulate
manejo management, handling
maní *m* peanut
manido trite

manifestación *f* demonstration; **— estudiantil** student demonstration

maniobra maneuver

manipular to manipulate

mano *f* hand; **— de obra** labor; **a — llenas** liberally

manojo bunch, bundle

manta blanket

mantener to keep; to maintain, support

manzana apple; city block

maquillaje *m* makeup

maquinaria machinery

mar: hacerse a la — to set sail; **en alta —** on the high seas

marca mark; brand; **— de fábrica** trademark

marcha: ponerse en — to set out

marchar to move; to parade; *vr* to leave; **— a la zaga** to lag behind

marco frame; backdrop

marfil *m* ivory

margen *f* shore; **al —** on the fringes, unmindful

marginado neglected

marido husband

marina navy

marinero sailor

marino seaman

mariposa butterfly

marqués *m* marquis

masas masses

máscara mask

masón *m* freemason

masónica: logia — freemason lodge

masticar to chew

matadero slaughterhouse

matador killer

matanza slaughter, massacre

matar to kill

materia matter; material; **— prima** raw material

matización *f* distinction of shade or degree

mayor greater; larger; older; elder

mazorca: — de maíz ear of corn

meca Mecca, most important center of an activity

mecanismo mechanism

Media: Edad — Middle Ages

mediados: a — de in or about the middle of

mediante through

mediar to mediate

medicamento medication, medicine

medida measure; **a — que** as; **en buena —** to a good extent

medio middle, center; means; **— ambiente** environment; medium

medir to measure

médula essence, backbone

mejilla cheek

mejorar to improve

mejoría improvement

memoria memoir; memory

mendicidad *f* beggary

mendigo beggar

menor smaller; younger; lesser

mensaje *m* message

mensajero messenger

mentalidad *f* mentality

mente *f* mind

mercado market

mercancía merchandise

mercante: barco — merchant ship

merecer to deserve

meridional southern

mermar to diminish, decrease

merodear to maraud

mesada monthly stipend

meseta plateau

meta goal, objective

meter to put in, insert; *vr* to get into

método method

metro meter

mezcla mixture

miedo fear

milagro miracle

milagrosamente miraculously

milicia militia

militar to be a member or advocate of a party or ideology

milla mile

mina mine

mineiro *adj* from Minas Gerais, Brazil

minero miner; *adj* mining

ministerio ministry

minuciosidad thoroughness

minueto minuet

mirada gaze, glance

mirilla: — telescópica rifle scope

misa mass

miserable *n* miserable, wretched person

mismo same; himself

mitad *f* half

mítico mythical

mito myth

mitología mythology

moda fashion; **ponerse de —** to become fashionable

modales *m* manners

modisto clothes designer

modo way

molestar to bother

molido *adj* ground

molino mill; **— harinero** flour mill

moneda coin; currency

monja nun

monje *m* monk

mono monkey

monolito monolith, stone column

montaje *m* act of mounting, setting up

montar to get on

monte *m* wood, forest; mountain

moreno dark-skinned

moro Moor

Moscú Moscow

mosquete *m* musket (16th-century predecessor of the modern rifle)

mostrar to show

motivo cause, motivation

muchedumbre *f* crowd

muda: — de ropa change of clothes

mudarse to move (a household)

mudo silent, mute

muerte *f* death

muerto dead body; **ser —** to be killed

muestra sample; sign

mujeriego womanizer

mula mule

multa fine

multitud *f* crowd
multitudinario attended by large crowds
muñón *m* stump of an amputated arm or leg
muralla wall, rampart
muro wall
músico musician
musulmán Muslim
mutuo mutual

nacer to be born
nacimiento birth
nadar to swim
naipe *m* playing card
naranja orange
narrador narrator
natalidad *f* birthrate
nativismo trend that emphasizes the native traits of a national culture
nativista *adj* related to native cultures
natural *m* native (of a country or region)
naufragar to be shipwrecked
naufragio shipwreck
náufrago shipwrecked person
nave *f* ship
navegante *mf* navigator
navegar to navigate
neblina mist
necio ignorant, stupid
negar to deny
negocio business
neoyorquino *adj* related to New York
nevado snow-covered
nicho niche, suitable position
nido nest
nihilismo nihilism, extreme form of disbelief
niñez *f* childhood
nitrato nitrate
nivel *m* level
noble *m* nobleman, noble; **los — s** the nobility
nobleza nobility
noche *f* : **de la — a la mañana** overnight

nocivo harmful
nombramiento appointment
nombrar to name; to appoint
nombre: — de pila Christian name
nómina payroll
nopal *m* prickly-pear tree
normal: escuela — teachers' training schools
norteño northern
notar to note, notice
noticia news item, piece of news; **— s** news
novedoso innovative
nudo knot

ñame *m* tropical edible root

O

obispo bishop
obligado obligatory
obra work; **mano de —** labor
obrero worker
occidental *adj*; western; *mf* westerner
ocultar to hide, conceal
odiar to hate
oferta offer; supply
oficial *m* army officer
oficialidad *f* officer corps
oficio occupation, trade
ofrenda offering
oído ear
ojeada glance, look
ola wave
oleada surge, wave
oligarquía oligarchy
Olimpo Olympus
olivo olive tree
oloroso fragrant
olvido oblivion; forgetfulness, neglect
ominoso ominous
onceno eleventh
ondina nymph
onírico dream-related
opacar to obscure
oponerse to oppose
opositor opponent

opresor *adj* oppressive
oprimido oppressed
optar to choose
orador *m* public speaker
ordenar to order
orfanato orphanage
organismo organism, organization
orgullo pride
orgulloso proud
orilla bank (of a body of water)
oro gold
oscuro dark
otorgar to grant, bestow
oveja female sheep

P

padecer to suffer
padrino godfather; *pl* godparents
paga salary
pagano pagan
pago payment
país *m* country, nation
paisaje *m* landscape
paja speck
pájaro bird
palacete *m* mansion
paliativo mitigating circumstance
palillo toothpick
palo stick; **— de brasil** Brazil wood
pancarta sign
pandilla gang
pantanoso swampy
panteón *m* pantheon
pañal *m* diaper
papa potato; *m* pope
papel *m* role; **jugar un —** play a role; **— moneda** paper currency
parabién *m* congratulation
paradisíaco paradisiacal
paradoja paradox
paraguayo Paraguayan
paraíso paradise
parar to stop; **ir a —** to end up
parcela lot of land
pardo brown
parecer to seem; **al —** apparently

parecido *adj* similar

pareja couple

parentesco (family) relationship, kinship

paridad *f* parity

pariente *m* relative; **— sanguíneo** blood relative

parodia parody

parra vine

párroco parish priest

particular: persona — private individual

partida band, party of soldiers; **punto de —** point of departure

partidario advocate, partisan; **ser — de** to be in favor of

partido party

partir: a — beginning

parto childbirth

pasaje *m* passage

pasajero passenger; *adj* temporary, short-lived

pasamontañas *m.* ski mask

pasar to spend (time); to pass; *vr* to switch sides

paso step; pass, passage; pace; **de —** in the process, while at it; **a su —** in his/her path

pastar to graze

pastoreo shepherding

pastoril: novela — pastoral novel (a novel that portrays the life of idealized shepherds)

patilla whisker

patria fatherland

patrocinar to sponsor, finance

patrocinio sponsorship; **— guvernamental** government's support

patrón *m* pattern

patronato patronage

patrulla patrol

patrullar to patrol

paulista *adj* from São Paulo, Brazil

pavimentar to pave

pavimento pavement

pecado sin

pecho chest, breast

pedazo piece, portion; **—s de juncos** pieces of rush

pedestre vulgar

pedir to ask for, request; **— prestado** to borrow

peldaño step (of a flight of stairs)

pelea fight; **— de gallos** cockfight

pelear to fight

película film

peligro danger

peligroso dangerous

pelo hair

pelota ball

pelotón *m* : **— de fusilamiento** firing squad

peluca wig

peluquería hairdresser's establishment

pena penalty

penalidad *f* hardship

penoso painful

pensamiento thought, mind

pensionado pensioner

penuria penury, poverty

peón *m* laborer, esp. in a hacienda

peor worse

perdedor loser

perder to lose; *vr* to get lost

perecer to die

peregrino pilgrim

perenne perennial

perfil *m* profile

pericia expertise

periódico newspaper

periodístico journalistic

perjudicial harmful

permanecer to remain

permear to permeate

permutar to permute, exchange

peronismo movement inspired by Argentina's Juan Perón

perplejidad *f* perplexity

perro dog

perseguir to pursue

personaje *m* character (e.g., in a novel or play)

pertenecer to belong

perteneciente *adj* belonging

pertenencias *f* belongings

pertrechos weapons and munitions

peruano Peruvian

pesadilla nightmare

pesado heavy

pesar to weigh; **a — de** despite

pesca fishing

pescado fish

pescador *m* fisherman

peste *f* bubonic plague

pétreo stonelike

pez (pl. peces) *m* fish

picaresca: novela — picaresque novel (type of Spanish novel with a rogue for hero)

pico peak

pie *m* foot; **al — de la letra** literally; **dar —** to give cause; **en —** standing

piedra stone

piel *f* skin

pieza piece; **— de repuesto** spare part

pilotear to pilot

pimienta pepper

pintor painter

pintoresco picturesque, flamboyant

pintura paint; painting

piña pineapple

pirámide *f* pyramid

pistola pistol; **— al cinto** packing a pistol

placa plaque; plate

placer *m* pleasure

plagar to plague

plana: primera — front page

planeamiento planning

plano flat

plantear to pose, e.g., an enigma; *vr* to present itself

plantilla staff, personnel

plata silver

plateresco (architecture) Plateresque

platero silversmith

plato plate, dish; course (of a meal)

playa beach

plaza square

plazo term

plebeyo plebeian

plenamente fully

plenitud: a — fully

pluma feather

población *f* population; town
poblado populated; thick
poblano from the city of Puebla, Mexico
pobreza poverty
poder *m* power; **por —** by proxy
poderío power, might
poderoso powerful
podrido rotten
poesía poem; poetry
política policy; politics
político political; politician
póliza insurance policy
polo pole
polvo dust
poner to put; *vr* to become
porcentaje *m* percentage
portador *m* carrier
portar to carry
portátil portable
porte *m* air, appearance
porteño an inhabitant of Buenos Aires
porvenir *m* future
posado perched
poseer to possess, own
positivista *mf* positivist, a follower of positivism; *adj* pertaining to positivism
postular to postulate; **postularse para** to run for (public office)
potencia power (nation)
practicante *m* churchgoer
pradera prairie
prebenda sinecure
preciado valued, priced
precio price
precolombino pre-Columbian
preconizar to advocate
predecible predictable
predecir to predict, forecast
prédica preaching
predicar to preach
predominio predominance
prejuicio prejudice
prelado prelate, official of the church
premio prize
prensar to press
preñado pregnant, full; charged
preocupante troubling

prepotencia arrogant display of power
presa prey
presagio omen
presenciar to witness
presente *m* present, gift
préstamo loan
prestar to lend; **— atención** to pay attention
presunto presumed, alleged
presupuestario budgetary
presupuesto budget
pretender to intend
preterir to neglect, ignore
prevalecer to prevail
primo cousin; *pl* male and female cousins; **— hermano** first cousin
princesa princess
príncipe prince
principio principle
prisa haste; **tener —** to be in a hurry
privado private
privar to deprive, take away
probar to test; to try; to prove; **— suerte** to try one's luck
probo honest
procurarse to obtain, secure
prójimo fellow human being
proletariado proletariat, lower classes
promedio average
prometedor promising
promover to promote, advance
promulgar to promulgate, pass a law
pronto soon; speedy; **de —** suddenly; **tan — como** as soon as
propenso prone, disposed
propicio favorable
propio + noun itself, himself, herself; the same
proponer to propose
propósito purpose, objective; **a —** on purpose
propuesta proposal
propugnar to advocate
prosista prose writer
protegido protégé
provecho profit, benefit

proveer (y) to provide
proveniente proceeding
próximo next
psiquis *f* psyche, mind
publicar to publish
pudiente wealthy
pueblo people; town
puente *m* bridge
puerco pig, pork
puerto port
puesto post, position
pugna rivalry
pujante robust, powerful
pulgada inch
pulmón *m* lung
punto point; dot; **— de vista** point of view; **a — de** on the verge of, about to
pupila pupil of the eye
pupitre *m* school desk
pureza purity
purga purge
purificar to purify
pusilánime pusillanimous, faint-hearted

 Q

quedar to be left; *vr* to stay, remain
quehacer *m* task; craft
queja complaint
quejarse to complain
quema *n* burning
quemar to burn
quid *m* crux, crucial point
quintuplicar to quintuple
quitar to take, take away; *vr* to take off; **— se de en medio** to remove oneself, get out of the way

 R

rabia anger
racionamiento rationing
radicado located
raíz *f* root; **a — de** immediately after
rama branch
rana frog
rango rank

rasgo   feature, characteristic
rastro   trail
rayar   to border on
raza   race
reacio   reluctant
real   royal
reanudar   to resume
reavivar   to revive
rebaja   reduction
rebajar   to lower, reduce
rebaño   herd
rebasar   to go beyond, surpass
rebatir   to refute
rebelde   *m*   rebel; *adj*   rebel, rebellious
recaudación   *f*   collection, e.g., of taxes
recaudar   to collect rents or taxes
recelar   to be suspicious
recelo   suspicion
receloso   suspicious
rechazar   to reject
rechazo   rejection
rechoncho   chubby
recibo   receipt
recién: — llegado   newly arrived
reclamar   to claim
recluir   to intern, shut up
reclutar   to recruit
recoger   to gather
recompensa   reward
recompensar   to reward
reconocer   to recognize
recorrer   to travel
recorte   spending cut
recreo   recreation
recto   straight; **sentido —**   true meaning
rector   *m*   university president
recurso   resource
red   *f*   net, network
redactar   to write
redada   raid
redentor   redeemer
redondilla   quatrain
redondo   round
reducción   *f*   Indian community established under the supervision of a religious order
reducto   stronghold
refinado   refined, polished
reflejar   to reflect
reflejo   reflection, image

refugiado   refugee
refugiarse   to take refuge
regalar   to give as a gift
regalo   gift
regañadientes: a —   reluctantly
regar   to water
regatear   to haggle
regateo   haggling
regencia   regency
regidor   *m*   town councilman
regir   to rule, govern
registrar   to search
reglamentar   to regulate
regodearse   to enjoy, find pleasure in
regreso   return; **de — en**   back in
rehén   *m*   hostage
reina   queen
reinado   reign
reino   kingdom
relajar   to relax
relato   narration, narrative
relevos   relays
rellenar   to fill; to refill
relocalizarse   to relocate
relojero   watchmaker
remedar   to emulate
remedio   remedy; **no tener más —**   to have no choice but
remiso   reluctant
remontar: — la corriente   to navigate upstream; *vr*   to date back, go back
renacentista   relating to the Renaissance
Renacimiento   Renaissance
rendirse   to surrender
renglón   *m*   item
rentable   profitable
renuencia   reluctance
renuente   reluctant
renuncia   resignation
renunciar   to renounce; to resign
reparación   *f*   repair
reparar: — en   to notice
repartir   to distribute
repercutir   to resonate
repleto   replete, very full
represalia   reprisal
representante   *mf*   representative; player, actor; **— a la Cámara**   Congressman/woman
reprimir   to repress

repudio   rejection
repujar   to emboss
requerir   to require
res   *f*   head of cattle
rescatar   to rescue
rescate   *m*   ransom; rescue
resentido   resentful
reseña   book review
residir   to reside
respaldar   to back, back up
respetuoso   respectful
respuesta   answer, response
resquebrajarse   to crumble
restaurar   to restore
restos   remains
restringido   limited
resucitar   to resurrect
resuelto   resolved
resultado   result
resumen   *m*   summary, extract
resumir   to sum up
retablo   altarpiece
retar   to challenge
retener   to retain; to keep
retirada   retreat
retirar   to retire; to withdraw
reto   challenge
retocar   to revise, touch up
retrasar   to delay
retrato   portrait
revelar   to reveal, show
reventar   to burst
reverenciado   revered
revés   *m*   setback
revista   magazine
revuelta   revolt
rey   *m*   king
reyes   kings; king and queen
reyezuelo   kinglet
rezar   to pray; to read
rico   rich
riego   irrigation
riendas   reins
riesgo   risk
riqueza   wealth; *pl*   riches
rivalidad   *f*   rivalry
rivalizar   to rival, compete
robo   robbery
robustez   *f*   strength
rodar   to film, shoot a picture; to roll; to ride
rodear   to surround
rodilla   knee

rodillo roller
rojizo reddish
rol *Angl m* role
rollizo plump
romance: lengua — Romance language
rompecabezas *m* jigsaw puzzle
romper to break
ropa clothes, clothing
rostro face
rubicundo rubicund, rosy
rubio blond
ruborizarse to blush
rueda wheel
ruinas ruins
rumano Romanian
rumbo course
rumiar to ruminate
ruptura rupture, break
ruta route
rutinario *adj* routine

S

saber *m* knowledge
sabiduría wisdom
sabor *m* flavor
sabotear to sabotage
sacar to take out
sacerdote *m* priest
sacralizar to make sacred
sagrado sacred
salinidad *f* saltiness
saltinbanqui acrobat
saludable healthy
salvador savior
salvaje *mf* savage; *adj* savage, wild
samba type of music and dance from Brazil
sanear to sanitize
sangrante *adj* bleeding
sangre *f* blood
sangriento bloody
sanguinario bloodthirsty
sanidad *f* public health
santo saint
saquear to plunder
saqueo plunder, plundering
sarampión *m* measles
sartreano influenced by J.P. Sartre, the existentialist French philosopher

sastrería tailor's shop
satélite *m* satellite
sátira satire
seco dry
secuestrar to kidnap
secuestro kidnapping
sed *f* thirst
seda silk
sede *f* seat of an organization, headquarters; site
seguidor follower
seguro *adj* safe; *n* insurance
sello stamp; seal; imprint
selva jungle
sembrar to sow
semejante similar; such
semejanza similarity
semilla seed; **— de cacao** cacao bean
senador senator
sencillez *f* simplicity
sencillo simple
sendero path
seno bosom
sensible sensitive
sentar to set (a precedent, an example)
sentido sense, meaning
sentir to feel; *nm* feeling, way of feeling
señalar to signal; to set, dictate
señorito aristocratic young man
ser: — humano human being
serpiente *f* serpent; **— emplumada** plumed, feathered serpent; **— de cascabel** rattlesnake
servidumbre *f* servitude
siderúrgico pertaining to the iron and steel industry
siervo serf
siglo century
significado meaning
significativo significant
sílaba syllable
simpatizante sympathizer
sindical: líder — trade-union leader
sindicalismo trade unionism
sindicalista pertaining to trade unions
sindicato trade union
sinódico synodical

síntoma *m* symptom, syndrome
sintoniza: — bien goes well, is in tune with
sinuoso devious
sirio Syrian
sirviente *m* servant
sitio place; siege
soberanía sovereignty
soberbio superb
sobornar to bribe
sobrecogedor *adj* blood-curdling, chilling
sobrenombre nickname
sobrepasar to go beyond, surpass, exceed
sobresalir to stand out
sobrevivir to survive
sobrino nephew; *pl* nephews and nieces
sofocar to put down
soja: frijol de — soybean
solapado sly
soldado soldier
soleado sunny
soledad *f* solitude, loneliness
soler (ue): — pres. & pres. perf. tenses + inf usually; **imperfect + inf** used to
solo *adj* single, alone
sólo *adv* only
soltar to release
soltero single
sombra shadow; **hacer —** to outshine
someter to subdue; to submit
son *m* sound, music
soneto sonnet
sonido sound
sonreir to smile
sonrisa smile
sonrosado rose-red
sopa soup
soportar to bear, endure
sorprender to surprise, catch by surprise
sosegado peaceful
soslayar to sidestep
sospechar to suspect
sospechoso suspected
sostener to sustain, maintain
sostenimiento financial support
suavizar to soften
subdesarrollado underdeveloped

subdesarrollo underdevelopment
súbito sudden
subpoblado underpopulated
subrayar to underline
subyacente *adj* underlying
suceder to happen
suceso event
sud *m* south
sudor *m* sweat
suegro father-in-law; *pl* parents-in-law
sueldo salary
suelo ground, soil, floor
sueño dream
suerte *f* luck; **tener —** to be lucky; **una — de** a sort of
sufrir to suffer
sugerencia suggestion
sugerir to suggest
suicidarse to commit suicide
Suiza Switzerland
suizo Swiss
sujetar to hold
sujeto subject
sumar to amount to
sumario: — de cargos indictment
suministrar to supply
suministro supply
suntuoso sumptuous, luxurious
superar to surpass; to overcome
superponer to superpose
supervivencia survival
suponer: cabe — one can assume, imagine
suprimir to suppress
supuesto: por — of course
surgir to appear, come out
surtir: — efecto to have the desired effect
suscitar to stir up, produce, raise
sustentar to support, sustain
sutil subtle

T

tabla board
tabú *m* taboo
tachar to accuse
taimado sly
tajante sharp, acute
tal such
talentoso talented

taller *m* shop, workshop; **— de sastrería** tailor's shop
talón *m* heel; **— de Aquiles** Achilles' heel, weakness
tamaño size
tambaleante staggering
tanque *m* tank
tanto: en — in the meantime
tapadera front, cover
tarea task, toil
tarjeta card
tartamudear to stutter
tasa rate
técnico *adj* technical; *n* technician
tejer to weave
tela fabric, canvas
televisor *m* television set
temblar to tremble
temer to fear
temeroso fearful
temible awe inspiring
temor *m* fear
templado temperate
templo temple
temporada season; vacation, holiday time
tender to tend, be inclined to
tendero shopkeeper
tendido: — sin vida lying dead
tener: — que ver con to have to do with
teniente *m* lieutenant
tentador tempting
tentar to tempt
teñir to dye
teología theology
terciopelo velvet
tergiversar to distort
ternura tenderness
terrateniente *m* landowner
terremoto earthquake
terreno terrain, ground
tesoro treasure; treasury
testarudo stubborn
testigo witness
tierno tender
tierra land; earth
tifus *m* typhus, typhoid fever
tinte *m* dye
tintero inkstand
tío uncle; *pl* uncles and aunts

tira strip
tirador marksman
tirano tyrant
tiro gunshot
títere *m* puppet
titubear to hesitate
título title
tocar to touch; to knock
tomo tome, volume
tonelada ton
tono tone; **a — con** compatible with
torcer to twist
torneo tournament
torno: en — a around, in the vicinity of
torre *f* tower; **— de marfil** ivory tower
trabajador *m* worker
trabajo work, labor; task; job
traducir to translate
traficar to trade
traicionar to betray
tras after
trascendente: lo — that which transcends the material universe (e.g., God, the Absolute)
trasladar to move, remove, transport; to transfer; *vr* to move one's household
traspasar to hand over, transfer
trastorno disruption
trata slave trade
tratado treaty
tratamiento treatment
tratarse: — de to be a matter of, to be
trato treatment
travesía sea or river crossing
trazar to draw
tregua truce
tribu *f* tribe
tribuna rostrum
tributo tribute, contribution
trigo wheat
trinchera trench
tripulación *m* crew
triste sad
trompo spinning top (toy)
trono throne
tropa armed band; drove of cattle or horses; *pl* troops

tropezar to stumble
tropiezo difficulty
tuberosa tuberose
tumba tomb
tupido thick
turba mob, unruly crowd
turco Turk
turnarse to take turns
turno turn
Turquía Turkey
tutela tutelage

U

ubicación *f* location
ubicuo ubiquitous
ultramarino *adj* overseas
único only; unique
unir to unite; *vr* to join
urbe *f* large city
urgir to urge
urna ballot box
útil useful
utilidad *f* profit
uva grape

V

vaca cow
vacilante irresolute
vacilar to hesitate
vacío vacuum; *adj* empty
vacuno: ganado — cattle
vagón *m* railway coach
vaivén *m* fluctuation
valentía gallantry
valeroso courageous
valerse to manage
validez *f* validity
valioso valuable
valla fence
valle *m* valley
valor *m* valor, courage; value;
  cosas de — valuable things
vapulear to beat

varilla staff, small rod, stick
varita short stick
varón *m* male
vasallo vassal
vástago descendent
vaticinar to predict
vecino neighbor; *adj* neighboring
vejación *f* humiliation
vela sail; **— latina** lateen sail
velado veiled
velamen *m* sails
vena vain
vencedor victor
vencer to defeat
vencido defeated
vendedor *m* retailer, salesman
Venecia Venice
venezolano Venezuelan
ventaja advantage
ventajoso advantageous
ver: tener que — con to have to
  do with
veraneo summer recreation
verdad *f* truth; **en —** indeed,
  certainly
vernáculo vernacular, native
verso verse; line of poetry
vestido dress; dressed
vestigio vestige, trace
vestimenta clothes
vestir to dress
vez *f* time, occasion; **en — de**
  instead of
vía way; **— férrea** railway
viajero traveler
vías: en — de in the process of
vicio vice, bad habit
vid *f* grapevine
viento wind
vientre *m* abdomen
vigente in force
vigilar to watch, keep a watch
vigilia state of being awake
vil vile, worthless

villa town
villista *mf* follower of Pancho
  Villa
vincular to unite, bond
vínculo tie, bond
viñedo vineyard
violeta violet
virreinal pertaining to the viceroy
virreinato viceroyalty
virrey *m* viceroy
virtud *f* virtue
viruela smallpox
vista: perder de — to lose sight
  of; **punto de —** point of view
vitalicio for life, lifelong
  (appointment)
¡viva! long live!
vivienda lodging
vocero spokesperson
volar to fly; to blow up
voluntad *f* will
volverse to turn
vorágine *f* vortex, whirlpool
voto vow; vote
voz *f* (**pl voces**) voice; **en —
  alta** out loud
vuelta: dar la — to go around

Y

yacer to be situated
yacimiento bed or deposit of a
  mineral
yate (*Angl*) *m* yacht
yerba grass
yodo iodine
yuca yucca

Z

zaga: a la — behind
zanjar to settle (e.g., a dispute)
zapatista *mf* follower of
  Emiliano Zapata
zapato shoe

Créditos

p. 4 Dumbarton Oaks Research Library and Collections, Washington D.C.; p. 5 Arturo A. Fox; p. 6 Arturo A. Fox; p. 7 Dumbarton Oaks Research Library and Collections, Washington D.C.; p. 8 Arturo A. Fox; p. 11 Collection of the Art Museum of the Americas, Organization of American States; p. 12 Arturo A. Fox; p. 13 Arturo A. Fox; p. 20 Courtesy of the Library of Congress; p. 21 Dumbarton Oaks Research Library and Collections, Washington D.C.; p. 23 Courtesy of the Library of Congress; p. 24 Arturo A. Fox; p. 25 Dumbarton Oaks Research Library and Collections, Washington D.C.; p. 26 Douglas Buchele; p. 27 Douglas Buchele; p. 37 Arturo A. Fox; p. 38 Arturo A. Fox; p. 39 (top) Arturo A. Fox; p. 39 (bottom) Courtesy of the Library of Congress; p. 43 Courtesy of the Library of Congress; p. 52 Courtesy of the Library of Congress; p. 53 Courtesy of the Library of Congress; p. 69 Courtesy of the Library of Congress; p. 71 Arturo A. Fox; p. 72 Arturo A. Fox; p. 87 Collection of the Art Museum of the Americas, Organization of American States; p. 88 (top and bottom) Collection of the Art Museum of the Americas, Organization of American States; p. 89 (top) Arturo A. Fox; p. 89 (bottom) Collection of the Art Museum of the Americas, Organization of American States; p. 90 Courtesy of the Library of Congress; p. 91 Courtesy of the Library of Congress; p. 102 Reproduced with permission of the General Secretariat of the Organization of American States; p. 105 Reproduced with permission of the General Secretariat of the Organization of American States; p. 108 Reproduced with permission of the General Secretariat of the Organization of American States; p. 119 Arturo A. Fox; p. 120 Arturo A. Fox; p. 122 Arturo A. Fox; p. 123 Arturo A. Fox; p. 125 Arturo A. Fox; p. 127 Dr. Enrique Martínez Vidal; p. 128 Dr. Enrique Martínez Vidal; p. 129 Arturo A. Fox; p. 140 Dr. Enrique Martínez Vidal; p. 147 Dr. Enrique Martínez Vidal; p. 149 AP/Wide World Photos; p. 162 Reproduced with permission of the General Secretariat of the Organization of American States; p. 163 Reproduced with permission of the General Secretariat of the Organization of American States; p. 164 Reproduced with permission of the General Secretariat of the Organization of American States; p. 167 Diego Rivera, "Nina indigena". ©2003 Banco de Mexico Diego Rivera & Frida Kahlo Museums Trust. Av. Cinco de Mayo No. 2, Col. Centro, Del. Cuauhtemoc 06059, Mexico, D.F.; p. 172 Reproduced with permission of the General Secretariat of the Organization of American States; pp. 173–174 PABLO NERUDA: "Poema 15" (VEINTE POEMAS DE AMOR Y UNA CANCION DESESPERADA), © 1924; fragmento de la parte IV de Alturas de Machu Picchu (CANTO GENERAL), © 1950 "Walking Around", (RESIDENCIA EN LA TIERRA) © 1933; p. 182 Collection of the Art Museum of the Americas, Organization of American States; p. 183 Arturo A. Fox; p. 184 Frida Kahlo, "Las Dos Fridas," 1939. Oil on

Índice